Allitera Verlag

Monika Ehrenstein, 1957 in Mainz geboren, studierte Sonderpädagogik. Nach dem Studium war sie Wissenschaftliche Mitarbeiterin im Modellversuch »Integration Körperbehinderter in das Gymnasium«. Seit 1983 war sie in Förderschulen und allgemeinen Schulen tätig. Sie unterrichtete lernbehinderte Kinder und arbeitete mehrere Jahre mit mehrfachbehinderten Jugendlichen. Im Rahmen eines Schulversuchs zum »Gemeinsamen Unterricht von behinderten und nichtbehinderten Kindern« war sie in einer Grundschule tätig. In beratender Tätigkeit war sie an eine Integrierte Gesamtschule teilabgeordnet. Außerdem hat sie als Kunsttherapeutin Angebote für Erwachsene und Kinder begleitet. Als Lehrbeauftragte an der Universität Koblenz-Landau war sie im Fachbereich Körperbehindertenpädagogik an der Ausbildung von Lehramtsstudierenden beteiligt. Seit 2001 arbeitet sie in Grundschulen (Schwerpunktschulen) mit.

Monika Ehrenstein

Der Zauberstein

Wege der Inklusion gehen

Allitera Verlag

Weitere Informationen über den Verlag und sein Programm unter:
www.allitera.de

August 2014
Allitera Verlag
Ein Verlag der Buch&media GmbH, München

Herstellung: Kay Fretwurst, Freienbrink
Printed in Germany · ISBN 978-3-86906-670-7

Inhalt

Erzählte Ereignisse legen nicht fest, was zwingend ist und immer gilt; wohl aber zeigen sie auf, was einmal war und immer wieder sein könnte. So laden sie ein, die eigenen Einstellungen zu den Schulstoffen und das eigene pädagogische Handeln zu überdenken und dabei vielleicht neue Visionen zu entwickeln.

(Urs Ruf, Peter Gallin: Dialogisches Lernen
in Sprache und Mathemarik, 2003)

Mein Weg zu diesem Buch

Welche Schule ist die richtige für ein Kind? Welche Förderung braucht ein Kind? Die Fragen sind die immer gleichen. In einer sich aktuell wandelnden Schullandschaft aber sind sie in einem neuen Kontext zu beantworten. Inklusion ist in aller Munde. Die Forderung lautet: *Eine Schule für alle Kinder.* Der pädagogische Anspruch ist: Die Förderung aller Kinder im gemeinsamen Unterricht soll gelingen. Das ist eine Forderung, die Grundschullehrkräfte und Fachkräfte aus der Sonder- und Sozialpädagogik in Kooperation umsetzen sollen.

Während meiner gesamten beruflichen Tätigkeit arbeitete ich nicht nur in Förderschulen, sondern auch immer wieder in allgemeinbildenden Schulen. Die Mitarbeit in Grundschulen hat Erinnerungen an meine eigene Zeit als Erstklässlerin wiederbelebt. Sie sind an einschneidende Erlebnisse geknüpft: das erste »erlesene« Wort und die damit verbundene freudige Aufregung; die Erkenntnis, wie man in Textaufgaben manchmal »rückwärts« denken muss; die Erfindung eigenartiger Rollenspiele während der Hofpausen; der Stolz auf das Lob über das gelungene Bild einer Schlittenfahrt; die Angst vor den Ziffern unter den Diktaten; die gehorsam auf dem Schultisch verschränkten Arme; das Erdulden drakonischer Strafmaßnahmen, die die Klassenlehrerin bei Fehlverhalten ausübte. Da ist auch dunkel die Erinnerung an die Mitschülerin Karin, von der wir Kinder alle Abstand hielten, weil wir nicht verstanden, was mit ihr los war. An manchen Tagen schickte die Lehrerin sie wieder nach Hause, weil sie unangemessen gekleidet war. Karin blickte immer voller Angst und hilfesuchend um sich, wenn die Lehrerin sie aufrief. Manchmal machte sie in solchen Situationen in die Hose. Sie sprach nicht. Sie lernte die Buchstaben nicht. Eines Tages war sie nicht mehr da.

Immer wieder werde ich, im professionellen wie im privaten Umfeld, gefragt, wie das gehen soll: »Behinderte Kinder im normalen Unterricht?« Dann erzähle ich die Geschichten von jenen Kindern, mit denen ich in der Grundschule zusammengearbeitet habe. Oft rufen solche Geschichten Mitgefühl und Erleichterung hervor, auch – oder gerade – bei Zuhörern, die mit dem Lehrberuf gar nichts zu tun haben. Ich erzähle von Lena, die ganz im Einverständnis mit sich selbst ihren Mitschüler Jakob bittet, ihr einen Text vorzulesen, den sie selbst nicht lesen kann. Ich erzähle von Mia, die selbstbewusst mitteilt, dass sie doch behindert sei. Ich erzähle von Daniels Erleichterung, als er sich endlich ohne Scham zu sagen traut: »Hilf mir, ich kann es nicht.« Ich erzähle von einem Unterricht, in dem *alle* Kinder unabhängig von Bewertungen entspannt und angstfrei unterwegs sind und lernen …

Im Rahmen der Neuerungen, die seit 2001 in Rheinland-Pfalz gefordert, geplant und veranlasst werden, konnte ich als Fachperson aus der Sonderpädagogik meine berufliche Tätigkeit im selben Jahr ganz in die Grundschule verlegen. Nun habe ich mich entschieden, einige meiner Erfahrungen aufzuschreiben. Angetrieben wurde dieses Ansinnen durch die heftig entfachten Diskussionen um notwendige Veränderungen in der Schullandschaft seit Inkrafttreten der UN-Behindertenrechtskonvention im Jahr 2008.

Die Lerngeschichten der Kinder, die in diesem Buch vorgestellt werden, belegen, dass auch in der Grundschule außergewöhnliche Lernwege begleitet werden können, vorausgesetzt, die Schulen und die einzelnen Lehrkräfte sind bereit, bestehende Strukturen aufzubrechen. Die Vehemenz, mit der allerdings viele Lehrkräfte sich dagegen verwahren, hat guten Grund. Mein Wechsel in die Grundschule konfrontierte mich mit den Bedingungen und dem traditionellen Selbstverständnis unseres leistungs- und prüfungsorientierten Bildungssystems ganz anders, als dies jemals in der Förderschule der Fall war. Erst allmählich wurde mir bewusst, was da von den allgemeinen Schulen gefordert wird. Mit Kindern zusammenarbeiten? Förderung vom Kind aus gestalten? Mein »sonderpädagogischer Blick« auf die Kinder, deren Entwicklung durch eine Behinderung, eine Krankheit, eine kognitive Einschränkung oder durch psychosoziale Probleme erschwert ist, erwies sich als nur begrenzt kompatibel mit der bestehenden Unterrichtskultur. Ich stieß auf ungeklärte Fragen, auf Ängste, ambivalente Haltungen, unklare Kooperationsangebote, hohe Erwartungen. Es war zunächst schwierig, die konfliktträchtigen Begegnungen mit Kollegen und Kolleginnen nicht persönlich zu nehmen, sondern als Bedingung meiner Arbeit zu verstehen. Die Lehrkräfte erleben, dass unter der Überschrift *Inklusion* die schulischen Strukturen, die der zunehmenden Wettbewerbsorientierung in unserer Gesellschaft Rechnung tragen, nun infrage gestellt werden.

»*Eine Schule für alle* ist im Grunde eine Metapher. Sie steht für eine gute alte pädagogische Idee« (Speck 2011, 89). Angesichts dessen, »wie schwer und bislang unmöglich es war und ist, diese in Praxis umzusetzen«, ist die Maximalforderung, »dass alle Schüler in unbegrenzter Vielfalt, von den hochbegabten bis zu den schwer- und mehrfach behinderten, in einer Schule bzw. Klasse nicht nur willkommen sein sollen, sondern auch das Optimum ihrer Lernleistungen erreichen können (…) geradezu mit der Quadratur des Kreises zu vergleichen« (a. a. O.).

Bei allem Verständnis für die »Distanzierung der Allgemeinen Schule, zusätzlich zu den jetzt schon vorhandenen schulischen Problemen auch noch alle Schüler und Schülerinnen mit Behinderungen mit unterrichten zu sollen« (a.a.O., 87), führt aber kein Weg daran vorbei, Schule zu verändern, im Sinne der Verantwortung für jene, die auf unsere Hilfe, Mitmenschlichkeit und Solidarität besonders angewiesen sind. Darum möchte ich meine beruflichen Erfahrungen in die Diskussionen zu Fragen der Unterrichtsentwicklung einbringen. In dieser Absicht ist dieses Buch entstanden. Die Lern- und Entwicklungsgeschichten, die hier nacherzählt werden, ereigneten sich in verschiedenen Schulen. Mit Grundschulkolleginnen, die sich grundlegenden Fragen des Unterrichtens stellten, war es möglich, die Unterrichtsgestaltung dem lebensvollen Alltag in einer Klasse mit sehr verschiedenen Kindern anzupassen und die Förderangebote sinnvoll den Bedürfnissen der Kinder anzugleichen.

Zur Orientierung

Das Buch besteht aus drei Teilen, in denen ich meine Erfahrungen als Sonderpädagogin in der heutigen allgemeinen Grundschule reflektiere und Lösungen für die Unterstützung von Kindern mit einer umfänglichen Behinderung und von Kindern mit Lernschwierigkeiten in einem gemeinsamen Unterricht darstelle.

Durch alle Kapitel des Buches hindurch spinnen die Lerngeschichten der Kinder bunte Fäden. Sie sind konkret und lassen sich als Praxiseinblicke zum großen Teil auch unabhängig vom übrigen Text lesen. Die Kinder selbst sollen zur Sprache kommen. Indem sie mit uns kooperieren, zeigen sie uns, wie die Zusammenarbeit mit ihnen gut gelingen kann. Als Lehrerinnen und Lehrer haben wir die Chance, von ihnen zu lernen. Manchmal gleicht die Zusammenarbeit mit ihnen einem Spurenlesen auf der Suche nach dem Schlüssel, einer Initialzündung, einem Zauberstein, der die Ereignisse wandelt: »(…) vielleicht, vielleicht, dass einer ihn entdeckt, den Stein, den Stein, den Zauberstein, der Tote auferweckt«.[1] In der Zusammenarbeit mit den Kindern erleben wir eine Lebendigkeit, die uns durch unser Berufsleben trägt.

Im **ersten Teil** geht es um die Herausforderung, aber auch die Zumutung, die sich daraus ergibt, dass auf dem Weg der Inklusion jede Schule (und jede einzelne Lehrkraft) die Strukturen erst finden muss, die *inklusiv* genannt werden können und der Schule bzw. der Arbeit mit den Kindern *integrative Wirkung* verleihen. Ich schildere die Konflikte, die, besonders in der Anfangszeit, durchgestanden werden müssen, solange eine gemeinsame Sprache zwischen den Fachkräften aus der Sonderpädagogik und den Grundschulkolleginnen und -kollegen noch nicht gefunden ist.

Einblicke in die Praxis zeigen die Handlungsspielräume zur Förderung der Kinder auf, die mit Einschränkung auch innerhalb der traditionellen Strukturen möglich ist. Die Lerngeschichten von Okan, Daniel, Fabiano und Johanna stehen als Beispiele dafür.

---

[1] vgl. S. 318

Fragen zum Förderplan, die Mia, ein Kind mit einer geistigen Behinderung, aufwarf, führten mich zu grundsätzlichen Gedanken darüber, was genau wir meinen, wenn wir das Recht auf Bildung und Teilhabe als Recht auf *inklusive* Bildung und Teilhabe formulieren. Diese Gedanken betreffen die Gemeinschaft und die Berechtigung des Einzelnen als Teil der Gemeinschaft. Insbesondere Mias Entwicklungsgeschichte verdeutlicht, dass die *soziale Integration* und der *individuelle Bildungsanspruch* keinen Widerspruch darstellen, sondern voneinander abhängen.

Eine Schule, die sich dem Anliegen öffnet und die Verantwortung für ihre eigene Weiterentwicklung zu übernehmen bereit ist, muss sich der Thematik von vielen verschiedenen Seiten her zuwenden und sich über verschiedene Aspekte der Schul- und Unterrichtsentwicklung Klarheit verschaffen. Gedankenanstöße unter anderem zu den Stichworten kollegiale Zusammenarbeit, offener Unterricht, Lehrerhandeln im Unterricht, die Rolle der Schulleitung, Leitgedanken der Förderarbeit schließen den ersten Teil ab.

Der **zweite Teil** basiert in der Hauptsache auf der mehrjährigen Zusammenarbeit mit einer Grundschulkollegin, die bereit war, im Tandem mit mir eine Klasse zu übernehmen, in die Kinder mit und ohne Behinderungen gemeinsam gingen. Diese Zusammenarbeit zeitigte besonders eindrückliche Erfahrungen, die meine Haltung zum *gemeinsamen Unterricht* nachhaltig geprägt haben. Wir handelten gemeinschaftlich. Unsere Kooperation war nicht über Rollen oder Funktionen definiert. Wir kooperierten aus einem gemeinsamen Anliegen heraus und brachten unsere Kompetenzen ein. Wir entwickelten unterrichtliche und schulalltägliche Strukturen, die Kindern mit sehr unterschiedlichen Förderbedürfnissen das gemeinsame Lernen ermöglichten. Dabei spielten die freie Arbeitszeit und andere offene Unterrichtsphasen eine bedeutsame Rolle. Didaktische Leitlinien, die wir für die grundschulpädagogischen Kernbereiche *Erwerb der Kulturtechniken* und *Sachunterricht* fanden, illustriere ich mit vielfältigen Beispielen. Die Entwicklung individueller Förderpläne, die besondere Situation, gemeinsam im Unterricht zu stehen, und die Auseinandersetzung mit der Unvermeidbarkeit von Leistungsbeurteilung werden in gesonderten Kapiteln bedacht. Der Beziehungsaufbau der Lehrperson zum Kind erhält einen eigenen Abschnitt.

Lena, deren Lerngeschichte ich ausführlich schildere, stellte die Tragfähigkeit unserer Entscheidungen auf die Probe. Insofern wurde sie zum

Schlüssel für unsere Haltung zur Integration/Inklusion[2] und bestärkte uns in unserer Argumentation *für* den gemeinsamen Unterricht. In Zusammenhang mit Lenas Geschichte zeige ich in einem eigenen Kapitel die Fragwürdigkeit einer üblichen Schuleingangsdiagnostik auf und plädiere für eine enge Kooperation von Kindergarten und Schule bereits im Vorfeld der Einschulung.

Der **dritte Teil** des Buches kann als Entwurf eines eigenständigen Arbeitsbereichs für Beratung und spezielle Förderung innerhalb der allgemeinen Schule, den die Fachkräfte aus der Sonder- und Sozialpädagogik verantworten, gelesen werden. Von hier aus konnten Kinder bedarfsorientiert und unabhängig vom Klassenunterricht unterstützt werden. Für Hanna und Hài Manh, die in diesem Teil ausführlich zur Sprache kommen, lag in diesen Förderstunden eine besondere Chance.

Viele Lehrerinnen und Lehrer, die ihre berufliche Tätigkeit als traditionell arbeitende Grundschullehrkräfte begannen, brauchen solche Übergangslösungen auf dem Weg zu einer inklusiven Schule. Die damit verbundene Problematik wird angesprochen.

Einleitend jedoch breite ich die Probleme einer Schulrealität aus, in der Lehrkräfte sich in der Situation mit behinderten Kindern weitgehend überfordert sehen. Vielfach kann in der derzeit üblichen Schulpraxis »von einem wirklichen Willkommenheißen dieser Kinder (...) nicht die Rede sein, eher von einer ›Wahnsinnsdiskussion‹ unter den Lehrern« (a.a.O. 87). Die Vertreter der Sonderpädagogik werden dabei in eine »Förder-Nische« abgedrängt.

2 *Inklusion* oder *Integration*? Als ich mit den Notizen für das Buch begann, war der Begriff *Inklusion* in der Lehrerschaft noch weitgehend unbekannt. Man sprach von *Integration*. Mit dem Gebrauch des Begriffes *Integration* schließe ich immer das Bewusstsein von den besonderen Bedingungen mit ein, die Kinder mit Behinderung für ihre Entwicklung brauchen, gleich ob sie in der Förderschule oder in der allgemeinen Schule lernen. Der Begriff *Inklusion* steht im allgemeinen Gebrauch für eine Forderung (Nichtaussonderung), die nicht mehr mit Besonderheiten verbunden ist, da alle Kinder individuell gefördert werden (vgl. Haupt 2013, 45). Beim Stand der aktuellen Diskussionen um die Schul- und Unterrichtsentwicklung aber ist es mir wichtig, beim Gebrauch der Wörter das Bedenken von Bedingungen und Besonderheiten schulischer Förderung immer einzuschließen, daher ziehe ich es vor, den vormals gebräuchlichen Begriff *Integration* mitzubenutzen (vgl. S. 27f.).

Ein Schuljahr beginnt

1. Der erwartungsvolle Blick auf das erste Schuljahr

Neugierig, aufgeregt und stolz, sicherlich auch ein wenig ängstlich betreten die Kinder an ihrem ersten Schultag das Schulhaus. Für sie beginnt ein ganz neuer Lebensabschnitt und sie sind voller Erwartung. Scheu an der Hand der Eltern halten sie Ausschau nach bekannten Gesichtern unter all den fremden Menschen. Vielleicht haben sie ihre Lehrerin oder ihren Lehrer an einem Besuchstag in der Schule schon einmal gesehen und suchen deren/dessen freundlich zugewandten Blick. Viele unausgesprochene Fragen kann man auf ihren Gesichtern lesen. Die Eltern begleiten sie durch die Gänge bis zur Klassenzimmertür. Sie lassen die Kinder in dem Raum zurück, in dem sie von nun an Lesen, Schreiben, Rechnen und vieles mehr lernen werden. Viele Eltern sind sich sicher, dass für ihre Kinder mit dem Schritt in die Schule »der Ernst des Lebens« beginnt. Ab jetzt werden ihre Kinder jeden Tag die Wohnung verlassen und den Schulweg bewältigen, um dann mehrere Stunden in diesem Gebäude zu verbringen. Für Eltern ist es nicht einfach, ihre Kinder der neuen Situation, auf die sie nur begrenzt Einfluss nehmen können, anzuvertrauen. Sie kennen ihre Kinder und bringen Erfahrungen und Erwartungen mit, die sie den Lehrkräften gerne mitteilen möchten. Die Bereitschaft der Lehrkräfte, sich den Sorgen und Ängsten der Eltern zu öffnen, ist eine Voraussetzung für eine gelingende Zusammenarbeit.

Auch die Lehrerinnen und Lehrer sind an diesem Tag aufgeregt. Was wird wirklich auf sie zukommen? Sie haben sich auf das neue Schuljahr vorbereitet. Sie haben darüber entschieden, wie die Umgebung für die Kinder und die Bedürfnisse, die sie mitbringen, vorbereitet sein soll. Der Klassenraum weist Merkmale ihrer Arbeitsweise und der Strukturen auf, die ihrem Unterricht zugrunde liegen. Auch Persönliches kommt zum Ausdruck. Mit der Atmosphäre, die sie schaffen, sorgen sie dafür, dass die Kinder sich mit ihren Erwartungen willkommen fühlen. Einige haben die zukünftigen Schülerinnen und Schüler ihrer Klasse schon im Kindergarten besucht. Sie haben Vorinformationen über sie erhalten.

Vielleicht fragen sie sich, ob sie gut auf sie werden eingehen können. Mit dem, was die Lehrkräfte in subjektiver Verantwortung für ihren konkreten Unterricht entscheiden, und der Haltung, die sie den Kindern gegenüber einnehmen, schaffen sie den Rahmen, in dem sich schulisches Lernen ereignen wird.

Die Kinder versammeln sich nach der Begrüßung durch die Schulleitung bei ihren Klassenlehrerinnen und Klassenlehrern. Bei der Zusammensetzung der Klassen waren im Vorfeld Hinweise der Eltern und Informationen aus dem Kindergarten einbezogen worden.

Maria geht strahlend auf ihre Lehrerin zu. Sie hat sie bereits vor den Sommerferien im Kindergarten kennengelernt und vor wenigen Tagen einen Willkommensbrief von ihr erhalten. Luisa dagegen fängt an zu weinen, als sie sich von ihren Eltern trennen muss. Unter den Kindern ist auch Thomas. Er ist – so verlauten die Akten – lernbehindert. Von Jakob ist bekannt, dass er schon lesen kann. Die Mutter von Matthias hatte bei der Schulanmeldung besorgt mitgeteilt, dass man auf die körperlichen Schwächen ihres Kindes werde achten müssen. Über Katharina hörte man, sie sei ein sehr kluges, braves Kind. Marina dagegen sei nicht gut auf die Schule vorbereitet. Sie spreche kaum Deutsch und habe selten den Kindergarten besucht. Okan steht verlegen am Rand der Stuhlreihen, zusammen mit seiner Mutter, die von der Begrüßungsfeier sicher nur wenig verstehen konnte. Tim kommt forsch herbeigelaufen. Ihm eilt der Ruf voraus, er könne nicht »eine Minute ruhig sitzen«. Mia sieht man an, dass mit ihr etwas *besonders* ist. Sie ist ein Kind mit Trisomie 21. Über die Frage, in welcher Klasse sie »gut aufgehoben« sein würde, hat die Schulleitung mit Kolleginnen und Kollegen im Vorfeld beraten. Bei der Schulanmeldung waren da noch die Eltern von Christoph gewesen. Ihnen war davon abgeraten worden, die Grundschule vor Ort als Wunschschule anzugeben. Sie haben einen Platz in der Schule für sprachbehinderte Kinder gefunden. Sarahs Name taucht erst gar nicht auf der Liste der angemeldeten Kinder auf. Das Gesundheitsamt hatte die Eltern mit ihrer Tochter an die Schule für körperlich beeinträchtigte Kinder weiterverwiesen.

Unter den Kindern, die jetzt noch unschlüssig mit ihren Schultüten in der Turnhalle warten, ist auch Giannina. Ihre Oma hat sie an diesem ersten Tag zur Schule gebracht. In der Nähe steht Anna mit ihren Eltern und ihrem kleinen Bruder. Giannina und Anna kommen aus demselben Kindergarten.

All den Kindern, die kurze Zeit später auf »ihren« Plätzen sitzen, stolz ihre Schultaschen auspacken und die schönen neuen Mäppchen vorzeigen werden, sieht man nicht an, welche Herausforderungen sie für ihre Lehrerin oder ihren Lehrer bereithalten.

Die Lehrkräfte wissen, dass es höchst anspruchsvoll sein wird, sich im komplexen Geschehen unterrichtlicher Situationen auf diese Vielfalt einzustellen und in geeigneter Weise auf die unterschiedlichen Kinder einzugehen. Sie möchten davon ausgehen können, dass die meisten »ganz normal lernen werden, wie die Kinder vor ihnen auch«. Aber sie wissen, dass auch schwierige Situationen nicht ausbleiben werden. Darauf sind sie unterschiedlich vorbereitet.

2. Ein schwieriger Anfang für Frau Müller und Okan

2.1 Frau Müller ist Berufsanfängerin

Für eine junge Lehrkraft, die ihr Berufsleben in der Grundschule beginnt, ist das erste Jahr eine besonders mühsame Zeit. Sie kennt die Arbeitsanforderungen nur aus den Lehrversuchen und der Anschauung. Sie ist lange nicht auf alles, was ihr bevorsteht, vorbereitet und es gibt noch keine Routinen.

Der folgende Abschnitt beruht auf Gesprächen mit Kolleginnen und Kollegen, die Situationen aus ihrer Anfangszeit schilderten.

> Eine junge Lehrerin, sie soll hier Frau Müller heißen, tritt nach dem Referendariat ihre erste Stelle an. Frau Müller hat vor Beginn des Schuljahres Kontakt zu den anderen Kolleginnen auf der Stufe, der sie zukünftig zugeteilt ist, aufgenommen. Dort wird sie von erfahrenen Lehrerinnen »an die Hand genommen«. Ihr wird mitgeteilt, dass man auf jeder Klassenstufe »parallel arbeitet«. Frau Müller ist es recht, auf verlässliche Vereinbarungen zu stoßen, an die sich alle Kolleginnen einer Klassenstufe halten. Die eingeführten Lehrwerke bilden die Grundlage für die Erstellung von Arbeitsplänen, die die Unterrichtsinhalte in ein festgelegtes zeitliches Raster einfügen. Die junge Frau fühlt sich durch die Absprachen mit den Kolleginnen abgesichert. Das enthebt sie in gewisser Hinsicht der alleinigen Verantwortung für die pädagogischen Entscheidungen. Mit der Gewissheit der Erfahrenen strahlen die Frauen eine große Sicherheit aus. Sie stellen sich als »Wir« dar. »Wir« schippern alle in dem gleichen beruhigenden Fahrwasser (vgl. Pennac 2009, 128). Das Schuljahr kann beginnen.

Die Grundschule, in der Frau Müllers Berufsleben beginnt, nimmt von diesem Schuljahr an auch behinderte Kinder auf. Die Kolleginnen und Kollegen konnten sich auf diese Verantwortung vorbereiten. Fortbildungen zu den Themen »Integrierte Förderung« und »Kooperation« wurden angeboten. Aber nur wenige Lehrkräfte der Schule haben diese Möglichkeit bisher genutzt. Vielleicht hofft die eine oder andere, dass in diesem Schuljahr »der Kelch, ein behindertes Kind in der Klasse zu haben, an ihr vorübergehen« wird. Einzelne Kinder, »Einzelfälle« wie Thomas zum Beispiel, der als behindertes Kind Frau Müllers Klasse besuchen wird, wurden bei der Planungsarbeit nicht in den Blick genommen. Von den Kolleginnen wurde Frau Müller darauf hingewiesen, dass für Thomas die der Schule zugewiesene Förderschullehrerin oder eine sogenannte Integrationshelferin zuständig sein wird.
Die ersten Schulwochen sind anstrengend. Die Erfahrungen, die Frau Müller nun macht, beunruhigen sie. Einige der Kinder, die ihr während der ersten Schultage mit erwartungsvollen Blicken begegneten, stolz ihre Mäppchen vorzeigten, neugierig in der Fibel blätterten und erste Zeichnungen in ihren Heften ausführten, entpuppen sich als »Sorgenkinder«. Manche stören den Unterricht, sind unruhig, kommen mit dem Arbeitsmaterial, mit Stift, Schere und Klebstoff nicht zurecht. Einige verstehen nicht, was man von ihnen will, sie sind mit den komplexen Strukturen der Lernarrangements überfordert, können inhaltlich nicht folgen, nicht einmal ihren Namen schreiben und ihre Adresse nennen. Luba und Tafari beherrschen die deutsche Sprache nur bruchstückhaft. Da ist aber auch Lukas, der alle Erwartungen sprengt, weil er schon alles kann, was Frau Müller einführen will. Frau Müller merkt, dass die materielle Ausstattung unzureichend ist. Unter den Kindern sitzt Thomas, der vor sich hinträumt und den die Integrationsfachkraft unaufhörlich ermahnt, sich aufmerksam der Lehrerin zuzuwenden. Es irritiert Frau Müller, dass da eine erwachsene Person mit im Klassenraum sitzt.
Frau Müllers Arbeitsbereich ist, das bekommt sie vor allem zu Beginn des Schuljahres zu spüren, nicht auf die Vorbereitung und Durchführung des Unterrichts beschränkt. Da sind Eltern, die angespannt die erste Zeit ihrer Sprösslinge in der Schule verfolgen und Frau Müller schon vor Unterrichtsbeginn am Morgen oder beim Abholen ihrer Kinder belagern. Sie vertreten die Ansprüche ihres Kindes und wünschen Gesprächstermine. Frau Müller wird von Hortmitarbeitern, Ämtern und therapeutischen Einrichtungen um Stellungnahmen gebeten.

> Von den Forderungen, die mit Thomas auf sie zukommen, fühlt sie sich wie aus heiterem Himmel getroffen. Das Gutachten über Thomas hat sie nicht gelesen. Sie weiß nicht, wie sie sich gegenüber der Integrationshelferin verhalten soll.
> Frau Müller wird also mit vielem konfrontiert, auf das sie sich nicht gut oder gar nicht vorbereitet fühlt. Einer Kollegin, der sie vertraut, erzählt sie von all dem.
> Frau Müller gewinnt einen anderen Blick auf den Arbeitskontext. Das Kollegium mit seinen Absprachen erscheint nicht mehr als sichere Burg. Die Arbeitsbedingungen erweisen sich als strukturelles Brachland. An vielen Schulen lautet die manchmal unverblümt ausgesprochene Maxime: »Man muss sich durchbeißen und sich die Hörner abwetzen.«

Es ist ein komplexes Arbeitsfeld, auf dem die Grundschullehrerin täglich auf vielen Ebenen Entscheidungen fällen muss. Mit den Kindern, die besondere Förderbedürfnisse mitbringen, können Probleme auf sie zukommen, die mit vielem, was in allgemeinen Schulen – noch immer – üblich, gewohnt und »Regel« ist, nicht zusammenpassen (Ehrenstein 2007, 161f.).

Nicht unerheblich für das Gelingen schulischer Förderung ist der kollegiale Rahmen, in dem Lehrerinnen und Lehrer sich mit den Fragen des Unterrichtens beschäftigen. Aber es gibt in der Regel keine Strukturen für Beratung, Teamgespräche und Supervision im Konfliktfall. Hinter der Klassenzimmertür ist eine Lehrerin, ein Lehrer »im Normalfall« sich selbst überlassen. Die einzelne Lehrkraft ist verantwortlich für zwanzig bis dreißig Schülerinnen und Schüler und fühlt sich mit dieser Verantwortung allein. Rückendeckung durch die Schulleitung erhält sie gegenüber den Eltern. Aber interne kritische Auseinandersetzungen werden gescheut. Es wird so getan, als sei der Unterricht bei allen Absprachen letztlich doch »Privatangelegenheit der einzelnen Lehrkraft« und die eigene Klasse »Tabubezirk für andere Kollegen« (Ortmann 1993, 386). Daran hat sich nichts geändert, auch wenn wir heute mit großer Selbstverständlichkeit über die Notwendigkeit von Supervision, kollegialer Fallberatung und Teamarbeit reden.

2.2 Okan wird eingeschult

Schon vor der Einschulung fiel Okan als ein Kind auf, das im normalen Schulbetrieb Lernschwierigkeiten erwarten ließ. Ein sonderpädagogisches Gutachten wurde erstellt, in dem Okans Verhalten dem »autistischen Formenkreis« zugeschrieben wurde. Es wurde zudem auf eine »umfängliche Sprachentwicklungsverzögerung« hingewiesen. Die Testergebnisse ließen aus Sicht der Gutachterin eine Lern- oder geistige Behinderung vermuten. Die Eltern gaben bei der Schulanmeldung an, dass sie die Einschulung ihres Jungen in die Regelschule wünschten.

Die Schule am Wohnort teilte der Schulbehörde mit, dass sie sich außerstande sehe, einem Kind wie Okan gerecht zu werden. Kolleginnen und Kollegen beklagten, dass die Aufnahme eines solchen Kindes einer Zumutung gleichkomme, die mit ihrem Auftrag nichts zu tun habe. Die Eltern reagierten betroffen, waren empört. Sie blieben bei ihrer Entscheidung. Gegen den Willen der Schule und des Kollegiums wies die Behörde den Jungen der Regelschule des Wohngebietes zu. Okans Schullaufbahn begann also damit, dass er in der Schule, die er nun täglich betreten sollte, nicht willkommen war.

Die betroffene Lehrerin verwies am ersten Elternabend darauf, dass sie sich fachlich nicht in der Lage sehe, das Kind zu unterstützen: Sie verlasse sich auf die *Integrationsfachkraft*[3], die bewilligt und von Anfang an Okan zur Seite gestellt sei, und hoffe, dass ihrer Klasse im Rahmen der *Integrierten Förderung*[4] eine Fachperson aus der Sonderpädagogik zugeteilt werde.

Auch die Eltern richteten nun ihre ganze Aufmerksamkeit auf die Integrationsfachkraft, die ihren Sohn morgens am Bus, der ihn zur Schule brachte, in Empfang nahm und ihn mittags wieder dem Busfahrer über-

---

3 Integrationshelfer/innen (Integrationsfachkraft, Schulbegleiter/in, Schulassistenz, Lernbegleiter/in) werden als personelle Unterstützung nach § 35a SGB VIII und § 53 SGB XII bewilligt und auf der Grundlage einer Teilhabe-/Hilfeplanung eingesetzt. Sie sind keine schulischen Mitarbeiter/innen. Die Durchführung der Integrationshilfe (Eingliederungshilfe) wird in der Regel einem freien Träger übertragen. Sie wird von den Eltern für ihr Kind beantragt (vgl. Arbeitshilfe »Integrationshilfe an Schulen« des Amtes für Jugend, Familie, Senioren und Soziales (Jugendamt) der Stadt Koblenz, 2008).

4 Unter den Begriff »Integrierte Förderung« (IFö) nach § 28 der Schulordnung für die öffentlichen Grundschulen in Rheinland-Pfalz (GrSchulO RP 2008) fallen Fördermaßnahmen, die vorwiegend präventiv (Verhinderung längerfristiger Lernschwierigkeiten) greifen sollen. Sie können als vorübergehende sonderpädagogische Förderung für Schülerinnen und Schüler mit Lernschwierigkeiten und Lernstörungen gewährt werden. Die Aufgabe übernimmt eine Lehrkraft der Förderschule, die dafür stundenweise an die betreffende Grundschule abgeordnet wird. Grundlage der Förderung ist ein individueller Förderplan.

Von dieser Maßnahme ist der »Integrative Unterricht« nach § 29 GrSchulO zu unterscheiden, der für Kinder mit sonderpädagogischem Förderbedarf gilt, die gemäß § 59 Abs. 4 SchulG in einer Grundschule gefördert werden (vgl. Bildungsserver Rheinland-Pfalz: Integrierte Fördermaßnahmen).

gab. Aus der benachbarten Förderschule wurde eine Förderschullehrerin für fünf Stunden an die Regelschule abgeordnet. Dort beriet sie die Klassenlehrerin von Okan zu Fragen der besonderen Förderung.

Die Eltern zogen sich aus dem Kontakt zur Schule zurück. Sie luden hin und wieder die »Hilfskräfte« zur Familie nach Hause ein, wenn über die Förderpläne beraten werden musste. Notwendige sonstige Absprachen wurden telefonisch erledigt.

Jede Kollegin, jeder Kollege hat schon erlebt, dass Kinder von dem Unterricht, den man anbietet, nicht wie erwartet profitieren. Alle kennen das vage Gefühl des Ungenügens und Unvermögens, das sich daraufhin einschleicht. Der einen oder anderen Lehrkraft erscheint es opportun, den Problemen einfach keine Worte zu geben und sie auf diese Weise aus der Wahrnehmung zu verbannen. Wie gerne möchten alle das »Drohende« der noch unbestimmten Anforderungen abweisen können. »Über Einzelfälle nicht nachdenkend«, so schreibt Daniel Pennac (2009, 128), »suchen wir [als Lehrkräfte] für unser Tun die Bestätigung einer guten Doktrin, den Schutz einer kompetenten Autorität, die Rückendeckung einer Verordnung, den ideologischen Blankoscheck. Dann richten wir uns in einer Gewissheit ein, die von nichts, auch nicht von der täglichen Wirklichkeit, widerlegt werden kann.«

Was aber, wenn es *nicht* dauerhaft gelingt, jene Schüler-Einzelfälle *nicht* zu sehen? Der Druck auf die einzelne Person wächst. Die Angst vor Überlastung und Überforderung ist groß. Das Gefühl, *es* nicht (mehr) zu schaffen, droht. Pennac (a.a.O. 166f.) beschreibt dieses *Es* als eine Falle, nennt es »das Verlies unserer plötzlichen Erschöpfungszustände«, in dem wir »endlos kreisen, in der Regel mehr damit befasst, Schuldige zu suchen, als Lösungen zu finden«. Man möchte vielleicht die Verantwortung an Eltern oder außerschulische Fachinstitute abgeben können. Oder man erwartet von der Schulleitung oder der Schulaufsicht eine Lösung. In den Schwerpunktschulen[5] möchte man den Förderauftrag an die Fachkräfte aus der Sonder- und Sozialpädagogik delegieren und begründet dies mit der eigenen Hilflosigkeit: »Sag mir, was ich tun soll,

[5] Schwerpunktschulen haben einen erweiterten pädagogischen Auftrag: Sie bieten gemeinsamen Unterricht für Schülerinnen und Schüler mit und ohne Behinderung an und erweitern so das Angebot an inklusivem Unterricht in Rheinland-Pfalz. Grundlage der Förderung ist § 34 der Schulordnung für öffentliche Sonderschulen in Rheinland-Pfalz (SoSchulO RP 2000) (Bildungsserver Rheinland-Pfalz: Inklusiver Unterricht an Schwerpunktschulen). Es können Grundschulen und weiterführende Schulen in der Sekundarstufe I Schwerpunktschulen sein.

ich habe doch keine Ahnung von Sonderpädagogik«, oder noch einfacher: »Mach du. Ich kann *es* nicht.«

Als Okan in die zweite Klasse kam, wurde seine Schule Schwerpunktschule. Das Kollegium wurde im Zuge einer sogenannten Grundversorgung um Fachkräfte aus der Sonder- und Sozialpädagogik erweitert. Die neue Kollegin aus der Sonderpädagogik erhielt den Auftrag, »sich um die Klasse mit Okan, der geistig behindert ist, zu kümmern«.

> Es ist große Pause. Auf dem Pausenhof schreien und toben die Kinder. Die Förderschullehrerin sieht aus der Ferne, wie Okan um die Gruppe der Jungs seiner Klasse herumstreicht, die Fußball spielen. Er sucht ganz offensichtlich ihre Nähe und will, dass sie ihn registrieren. Aber er spricht sie nicht an. Seine Klassenkameraden reagieren auf seine Annäherungsversuche nicht. Okan wendet sich verlegen ab, als eine aufsichtführende Person ihn fragt, ob er dort mitspielen wolle.
> Die Förderschullehrerin hospitiert in der Klasse und lernt Okan im Unterricht kennen. Okan kann nicht lesen und schreiben. Im Unterricht wirkt er in einer Weise unbeteiligt, als fühle er sich von der Klassenlehrerin überhaupt nicht angesprochen. Oft legt er den Kopf auf den Tisch. An Klassengesprächen beteiligt er sich nicht. Den Arbeitsplänen für die Klasse liegen Lernzielkataloge aus den Lehrplänen und Seiten aus den eingeführten Lehrwerken zugrunde. Die Themen werden durch einen Vortrag, ein Bild, die Vorführung eines Experimentes oder die gemeinsame Betrachtung einer Seite aus dem Lehrbuch eingeführt. Okan scheint die Vorgaben nicht mitzuverfolgen. Das, was zu lernen ist, wird von den Schülern anschließend in Arbeitsblattsammlungen und Arbeitsheften niedergelegt, die im Orkus von Ordnern und Fächern verschwinden. Das Gelernte wird wieder hervorgeholt, wenn die Inhalte für einen Test repetiert werden müssen. Der Umgang mit der Vielfalt der eingeführten Hefte und Lehrwerke, so berichtet die Integrationshelferin, überfordere Okan.
> Okan befolgt die Anweisungen der Integrationshelferin, die ihm das Arbeitsmaterial, das die Lehrerin den Kindern austeilen lässt, auf dem Tisch zurechtlegt. Sie schreibt ihm Wörter vor, die er auf das vorliegende Arbeitsblatt übertragen soll. Er malt die Buchstaben ab, und sie lobt ihn, wenn es ihm leserlich gelingt.
> Sie arbeitet mit Okan an einem Tisch auf dem Gang, wenn die stillen Arbeitsphasen im Unterricht nicht gestört werden sollen. Dort bringt sie ihm bei, wie Plus- und Minusaufgaben zu lösen sind.

Okan steckt seinen ganzen Ehrgeiz in die Entwicklung der Fähigkeit, Wortbilder wiederzuerkennen. Er will unbedingt lesen lernen. Der Inhalt eines Wörterkästchens, in dem er Wörter, die er kennt, sammelt, umfasst inzwischen eine reiche Anzahl an Nomen.
Während des Schulvormittags verfolgt Okan den Gang der Zeiger auf der Uhr am Handgelenk der Integrationshelferin. Er wartet auf die Pause. Die Integrationshelferin erzählt, dass die große Wanduhr aus der Klasse verbannt wurde, weil Okan zu sehr darauf fixiert gewesen sei.
Okan erfüllt die Erwartungen an ein Schulkind nicht. Wenn die Lehrerin dies Außenstehenden plausibel machen will, verweist sie auf die unleserlichen Abschriften, die Okan anfertigt und von denen er ja zudem nichts verstehe.
Die Förderschullehrerin versucht, mit Okan ins Gespräch zu kommen. Die Verständigung ist sehr schwierig. Okan fallen Begriffe, mit denen er sich ausdrücken will, nicht ein. Er artikuliert zudem so verwaschen und bruchstückhaft, dass kaum zu erraten ist, was er sagen möchte. Die Integrationshelferin muss übersetzen und die Verständigung in weiten Teilen für ihn übernehmen. Sie beschreibt ein sehr abhängiges Verhältnis zwischen ihr und Okan.
Okan führt der Förderschullehrerin vor, was er kann. Er ordnet seinen Wortbildern aus dem Kästchen passende Bildkarten zu und »liest« stolz die Wörter von den Wortkarten ab. Er weiß nicht, dass das, was er tut, nicht »Lesen« ist.
Es wird klar, dass Okan eine sehr weitreichende Entwicklungsunterstützung braucht. Die Förderschullehrerin spricht mit der Klassenlehrerin darüber: Okan fehlten sinnvolle Anlässe für Kontakt und Interaktionen mit den Mitschülerinnen und Mitschülern. Er brauche dringend Angebote für die Entwicklung seiner Ausdrucksfähigkeit. Der Schriftspracherwerb baue auf Voraussetzungen auf, die Okan fehlten. Daher müsse bedacht werden, dass noch nachholende Entwicklungsunterstützung notwendig sei. Das Mathematik-Lernen, insoweit es an Sprechen und Sprache gebunden sei, müsse vom Lehrwerk abgekoppelt werden.
Die Organisationsstrukturen, wie sie sich in Ablagesystemen, Regalordnungen, Heftsammlungen niederschlagen, müssten für ihn sehr einfach und übersichtlich gestaltet werden und wenige Stichworte umfassen. Die in der Klasse benutzten Lehrwerke und »Lernwerkstätten« präsentierten sich als hochdifferenzierte Systeme, die Okan nicht überblicke. Sie müssten vereinfacht werden. Desgleichen brau-

che er einfache, klar abgegrenzte zeitliche und räumliche Strukturen, die sich von einem rhythmisierten Tagesablauf ableiten. Vor allem müssten die Arbeitspläne im Hinblick auf verschiedene Lernniveaus differenziert ausgearbeitet werden, damit Okan passende Lernangebote im Sachunterricht vorfinde. Über die »Blattarbeit« hinaus müssten Themen so aufbereitet werden, dass Ausschnitte aus der Lebenswelt der Kinder zur Geltung kämen und sie den Kindern konkrete Handlungserfahrungen böten. Veranschaulichende Repräsentationen durch Fotos und Zeichnungen, in Bilderbüchern und Filmen würden den Themen Präsenz verleihen. Die Helferin könnte sich darauf beziehen, wenn sie mit Okan die Themen sprachlich aufarbeiten wolle. Mit einer Auswahl von in Reichweite untergebrachter Materialien (Stifte, Blätter, Klebstoffe, Scheren, Bildkarteien, Blankomaterialien) wäre es der Helferperson eher möglich, auch situationsbezogen und »spontan« Lernhilfen für Okan zu kreieren.
Die Förderschullehrerin kann sich vorstellen, bei einer der nächsten Unterrichtseinheiten in die Planung mit einzusteigen, um gemeinsam herauszufinden, wie ein Angebot aussehen könnte, in dem Okan für sich Lern- und Arbeitsanlässe finden würde. Sie bietet beratende Unterstützung an. Sie handelt mit der Schulleitung aus, dass dieser Klasse täglich zwei Stunden in Doppelbesetzung zugestanden werden.

Einen solchen Gesprächsverlauf hat Okans Lehrerin nicht erwartet. Sie wünschte sich durch die Mitwirkung der Fachkraft Entlastung. Stattdessen fühlt sie sich nun unter Druck gesetzt. Die Lehrerin weiß, dass sie mit ihrem Lehrbuch- und Blattunterricht von solchen Überlegungen, wie sie die Förderschullehrerin anstellt, weit entfernt ist. Die Fragen der Sonderpädagogin erlebt sie als Bedrohung.
Bevor der entstehende Konflikt offen zur Sprache kommt, wird er durch die Klassenkonferenz abgewehrt. Dort wird »beschlossen«, dass allein die Förderschullehrerin für die Förderung des Jungen zuständig ist.

Die Sonderpädagogin wurde auf Förderzeiten verwiesen, die parallel zum Klassenunterricht eingerichtet werden sollten. Die Klassenlehrerin nahm sich daraufhin nicht mehr in ihrer Verantwortung für den Jungen wahr. Niemand, weder die Schulleitung noch jemand aus dem Kollegium, hatte Einwände. Okans Eltern wurden lediglich informiert. So wurde Okans Lerngeschichte aus dem Klassenverband ausgegliedert und aus dem Bewusstsein der Grundschulkollegin mehr oder weniger ausgeblendet. Man gestand ihm lediglich eine »Lern-Nische« zu, die die Förderschullehrerin für ihn arrangieren sollte.

Teil I: Die Grundschulen im Zeichen des »I«

1. Zur aktuellen Entwicklung der Grundschulen als Schulen für alle Kinder

1.1 *Inklusion* – ein Stichwort mit Veränderungspotenzial

Mit der Verabschiedung der UN-Behindertenrechtskonvention (2006) verpflichteten sich die Vertragsstaaten zu gewährleisten, dass es Menschen in jeglichen Lebenslagen möglich ist, selbstbestimmt zu leben und gleichberechtigt am gesellschaftlichen Leben teilzuhaben. Das Menschenrecht auf Selbstbestimmung und Teilhabe wurde für Menschen mit Behinderung konkretisiert.

In Artikel 24 werden die Forderungen für den Lebensbereich »Bildung« ausgeführt. Die Debatte um die Förderung von in ihrer Entwicklung gefährdeten, beeinträchtigten und behinderten Kindern und die Rolle, die die allgemeinen Schulen dabei spielen sollen, wird seither auf allen Ebenen heftig geführt. Viele Akteure melden sich zu Wort. Neben den Kindern und ihren Eltern sind da die Lehrpersonen in den allgemeinen Schulen, die Fachkräfte aus der Sonder- und Sozialpädagogik, die jeweiligen Berufsverbände, die Schul-, Sozial- und Jugendämter, die Ministerien, die Schulleitungen und die Schulträger, die alle ihre spezifischen Vorstellungen von dem haben, was zu tun ist.

Für die Schulen bedeutet das Inkrafttreten der UN-Behindertenrechtskonvention[6], dass der Kreis der Schülerinnen und Schüler mit besonderen Förderbedürfnissen, die die allgemeinen Schulen besuchen, immer größer wird. Es darf von der allgemeinen Schule keinem Kind wegen seiner Behinderung die Aufnahme verweigert werden (Diskriminierungsverbot, vgl. Speck 2010, 126). Der sogenannte Ressourcenvorbehalt kann nicht mehr gegen die Aufnahme in eine bestimmte Schule ins Feld geführt werden (vgl. a. a. O. 112). In den Bundesländern soll die Wahl des Schulortes als Elternrecht im Schulgesetz verankert werden.

---

[6] verabschiedet von der Generalversammlung der Vereinten Nationen am 13.12.2006, ratifiziert in Deutschland am 21.12.2008, veröffentlicht im Bundesgesetzblatt am 31.12.2008.

Der Begriff *Inklusion* erlangte seit der Salamanca-Erklärung[7] zunehmende Bedeutung. Bis dahin sprach man zumindest in Deutschland stets von *Integration*, wenn es um die gemeinsame Förderung behinderter und nichtbehinderter Kinder ging. In der deutschen Übersetzung der Salamanca-Erklärung werden noch beide Begriffe nebeneinander verwendet. In der Übersetzung der UN-Behindertenrechtskonvention wird der Begriff der »inklusiven Bildung« mit »integrativem Bildungssystem« wiedergegeben (vgl. a.a.O. 56). Der Begriff der *Inklusion* hat die Debatte um den gemeinsamen Unterricht behinderter und nichtbehinderter Kinder neu belebt. »Es sollte (...) ein weiter reichender Anspruch unterstrichen werden, als er unter dem Leitbegriff der ›Integration‹ bisher erhoben worden war. Er erhielt eine besondere Note dadurch, dass er im Sinne eines neuen Denkansatzes im Hinblick auf das schulisch gemeinsame Lernen behinderter Kinder mit der Parole ›*Eine Schule für alle!*‹ *definitiv* verbunden wurde« (a.a.O. 59).

Inklusion ist kein präziser, klar definierbarer Begriff. Vom Ursprung her lässt er verschiedene Deutungen zu. Er erhält »innerhalb eines bestimmten Bezugssystems oder durch einen bestimmten Wortgebrauch (...) [seine] inhaltliche Wertung« (a.a.O. 61). Er steht, so Otto Speck weiter, »als Metapher« für die Einforderung von Veränderungen, die das Bedürfnis nach Zugehörigkeit und Teilhabe betreffen. Judith Hollenweger (2009, 184) formuliert, dass der Begriff der *Inklusion* in seiner Vagheit am ehesten als allgemeines Symbol für den »Ausdruck einer Sehnsucht nach der Veränderung der Praxis und der gesellschaftlichen Realitäten, nach einer anderen, besseren Schule« verstanden werden kann.

Die Vertreter des Terminus *Inklusion* grenzen ihn gegen die Begriffe *Exklusion*, *Separation* und *Integration* ab. Sie gehen so weit, ein Stufenmodell zu konstruieren: von der *Separation* über die *Integration* zur *Inklusion*. Damit distanzieren sie sich von der Integrationsbewegung (vgl. Speck 2010, 60). »Nichtaussonderung« wird zum neuen Paradigma in der Förderung behinderter Kinder erklärt. Dieser Position stehen die Skeptiker gegenüber, die keine realistische Chance sehen, dass Schulen die damit verbundenen Anforderungen in absehbarer Zeit einlösen können. Sie fordern neben dem Ausbau »inklusiver Schulen« den Erhalt der Förderschulen.[8]

7 Schlussdokument der UNESCO-Weltkonferenz »Pädagogik für besondere Bedürfnisse«, 1994, Salamanca/Spanien, vgl. Speck 2010, 59.

8 Beispielhaft seien hier einige Stellungnahmen genannt, die unterschiedliche Positionen verdeutlichen:
Elternverbände, die in der »Bundesarbeitsgemeinschaft Gemeinsam leben –

Die Debatten verlaufen in jeder Hinsicht emotional aufgeladen. Es entstehen Spannungsfelder zwischen den Positionen, zwischen den Gruppen der Betroffenen, zwischen den unterschiedlichen Ebenen der Schulverwaltung. Das erschwert die Arbeit in den Schulen. Dort sehen die Praktiker das Kind vor sich, für das sie sich verantwortlich fühlen. Die Lehrkräfte sind verunsichert und »lavieren zwischen der Idee der Integration/Inklusion und der Wirklichkeit (realer besonderer Bedürfnisse und fraglicher Möglichkeiten adäquater Förderung)« (a.a.O. 117f.).

Ursula Haupt (2013, 55) schlägt im Zusammenhang mit der Förderung körperbehinderter Kinder folgende Unterscheidung der Begriffe *Inte-*

Gemeinsam lernen« organisiert sind, formulieren »Eckpunkte für eine zukunftsfähige Schulpolitik« und fordern den Ausbau eines Integrationsplans, »der die weitere Entwicklung zur schulischen Inklusion vorbereitet« (LAG Nordrhein-Westfalen »Gemeinsam leben – gemeinsam lernen« 2011). Sie stellen sich auf langwierige Prozesse ein. Die LAG Rheinland-Pfalz (2012) schreibt mit Blick auf die Haushaltslage in Rheinland-Pfalz: »Da der Aufbau eines inklusiven Schulsystems überhaupt nur zu finanzieren ist, wenn deutliche Veränderungen am Förderschulsystem vorgenommen werden, fordert die LAG daher: (...) Die derzeitige parallele Struktur von Förderschul- und inklusivem Schulsystem kann aus inhaltlichen und finanziellen Gründen nicht aufrechterhalten werden. Das Förderschulsystem in seiner jetzigen Form ist abzuschaffen« (a.a.O.).

»PRO Förderschule e.V.« befürchtet, dass »mit einem flächendeckenden Abbau der bewährten Förderschulstrukturen« eine »Verschlechterung der schulischen Rahmenbedingungen für Kinder und Jugendliche mit Behinderung droht« (PRO Förderschule e.V. 2011, 1), dass also mit dem Paradigmenwechsel in der Konsequenz eine Beschneidung der Bildungschancen für einige Kinder und Jugendliche mit Behinderung einhergehen könnte.

Der Philologenverband unterstellt, dass mit der Inklusion »die Einheitsschule und die Einheitslehrer« (DPhV 2011, 3) durchgesetzt werden sollen, und sieht die Förderung von Leistung als Bildungsauftrag der Gymnasien und anderer Schularten gefährdet. Das lernzielgleiche Lernen als Leitgedanke für die Förderung an allgemeinbildenden Regelschulen steht für die Vertreter außer Frage (vgl. a.a.O.).

Die Gewerkschaft Erziehung und Wissenschaft beschließt 2013: »Der Weg zur inklusiven Schule muss verbunden sein mit konkreten Schritten zur Überwindung der Mehrgliedrigkeit des deutschen Schulsystems. Im Ergebnis einer konsequent durchgeführten Inklusion kann es nur ›Eine Schule für alle‹ geben. Jede Schule wird inklusive Schule. (...) Solange in den Bundesländern noch verschiedene Säulen von Schulen existieren, müssen sich alle Schulen für alle Kinder und Jugendlichen öffnen. So genannte Schwerpunkt- oder Vorreiterschulen wie auch besondere Klassen für Inklusion sind nur als ein Schritt in Richtung Inklusion zu sehen. Die Zielperspektive ist ein zieldifferentes und binnendifferenziertes Arbeiten an allen Schulen. (...) Die entsprechenden Aktionspläne zur Umsetzung sind gemeinsam mit allen relevanten gesellschaftlichen Gruppen zu entwickeln.«

gration und *Inklusion* vor: »Integration kann bedeuten, dass Kinder zwar gemeinsam beschult werden, die Kinder mit Körperbehinderungen aber spezielle persönliche und sächliche Hilfen erhalten, d.h. dass Unterschiede gemacht werden je nachdem, ob ein Kind beeinträchtigt ist oder nicht. Der Begriff der Inklusion betont mehr die Umgestaltung der gesamten schulischen Förderung dahingehend, dass alle Schülerinnen und Schüler individuell gefördert werden durch hohe Flexibilität hinsichtlich von Lehrplänen, Stoffauswahl für alle SchülerInnen, Notengebung. Bei vollständiger Inklusion wird die schulische Förderung behinderter SchülerInnen gemeinsam mit nichtbehinderten Kindern in keiner Hinsicht mehr mit Besonderheiten verbunden sein. Inklusion ist ein anspruchsvoller Prozess, der in dem Maße gelingen kann, in dem alle Mitglieder der Gesellschaft mit daran arbeiten.«

Der Begriff *Inklusion* steht für eine Perspektive in der Schulentwicklung.

1.2 Die allgemeine Schule verändern? – Vorbehalte und Fragen

»Akuter Handlungsbedarf besteht in erster Linie für die *allgemeine Schule*. Sie ist gemäß Art. 24 der UN-Konvention *primärer Adressat* und damit *primär verantwortlich* für den Aufbau eines ›inklusiven Schulsystems‹, offiziell gesagt, eines ›integrativen Bildungssystems‹, wie er laut deutschem Bundesgesetz gefordert ist« (Speck 2010, 112). Die Realität der Schulen ist von dem Denkbild, das mit dem Begriff *Inklusion/Integration* verbunden wird, jedoch weit entfernt. Die schulischen Voraussetzungen müssen erst noch geschaffen werden.

Notwendige Veränderungen betreffen die räumliche Ausstattung der Schulgebäude, bauliche Barrieren, die materielle Ausstattung für den Unterricht, die personelle Versorgung.[9] Aber auch die administrativen Rahmenbedingungen müssen sich ändern, damit auf Schul- und Unter-

[9] Die Bertelsmann Stiftung veröffentlichte Berechnungen, nach denen – je nach Berechnungsgrundlage – »kein personeller Mehrbedarf« entstehe bis dahin, dass ein »Mehrbedarf von insgesamt etwa 9300 *Vollzeitlehrereinheiten*« (Klemm 2012, 7) anfalle. Die Angaben gelten für die Primar- und die Sekundarstufe I zusammen, wenn »alle Kinder und Jugendlichen aus den Förderbereichen Lernen, Emotionale und soziale Entwicklung sowie Sprache (LES) und jeweils 50 Prozent der Schüler aus den übrigen Förderbereichen, die derzeit noch exklusiv unterrichtet werden, im Schuljahr 2020/21 eine allgemeinbildende Schule besuchen« (a.a.O. 15). Nicht einbezogen ist der Bedarf an Integrationshelfern, da von keiner aussagekräftigen Datenlage ausgegangen werden kann (vgl. a.a.O., 13).

richtsebene Entwicklungen möglich werden. Diese betreffen vor allem curriculare Vorgaben, Leistungsbewertung nach Zensuren, Klassenfrequenzen usw. Die Mitarbeit von Fachkräften aus anderen Berufsfeldern muss strukturell eingebunden werden. Das betrifft auch die Mitarbeit von Integrationshelfern. Die Ausbildung muss sich den neuen Anforderungen anpassen. Die Fortbildung für Lehrkräfte muss höher bewertet werden, auch für Lehrpersonen, die bereits auf jahrelange Erfahrungen zurückblicken und ihr berufliches Selbstverständnis längst gefunden zu haben glauben. Schulämter, Schulverwaltung, Schulträger, Universitäten sind aufgefordert, an der Entwicklung mitzuwirken.

Niemand kann jedoch bisher sagen, wie und in welchem Zeitrahmen das alles geschehen soll und kann. Weder die zu erwartenden Kosten noch die Träger derselben sind bisher geklärt.

Peter Struck konstatierte: »Wenn Deutschland mit seinem Beitritt zur entsprechenden UN-Konvention seine Sonderschulen weitgehend abschaffen will, dann braucht es viermal so viele Sonderschullehrer wie heute. Erst dann ließe sich die zurzeit umgesetzte Billiglösung der Inklusion, mit der man einer Grundschullehrerin zwei Behinderte dazugibt, während sich an ihren sonstigen Bedingungen nichts ändert, effizient überwinden. Die ›Lehre von den sinnvollen Größen‹ sagt eindeutig: Die optimale Klassenfrequenz betrage 18 Schüler, bestehend aus zwei Jahrgängen, zwei Behinderten und bis zu 30 Prozent Migrantenkindern, in zwei Räumen mit zwei Pädagogen. Erst dann könnten wir eine gesellschaftliche Integration, wie sie über die finnischen Schulen möglich geworden ist, erreichen« (Struck 2012).

Die Lehrerinnen und Lehrer, die sich der veränderten Situation in der Grundschule unvorbereitet ausgesetzt fühlen, realisieren nur allmählich, was ihnen widerfährt. Viele schrecken davor zurück, sich mit den neuen Anforderungen, unter denen sie sich »nichts Konkretes« vorstellen können, zu befassen. Sie sind unsicher.

Ein nicht geringer Teil der Grundschulfachkräfte jedoch wehrt die Diskussion um Möglichkeiten des gemeinsamen Unterrichts offen ab. Es gibt jene, die sagen: »Das machen wir doch eh schon alles.« Andere rufen: »Was sollen wir denn noch alles machen!«

Die Auseinandersetzung mit besonderen Herausforderungen muss die Grundschule schließlich schon seit jeher führen: Kinder mit Teilleistungsschwächen unterstützen, den vielen Kindern mit nichtdeutscher Muttersprache helfen, sozial benachteiligte und emotional belastete

Schülerinnen und Schüler aus prekären Verhältnissen nicht verlieren, besonders begabte Kinder bedenken, verhaltensauffällige Kinder für schulische Inhalte gewinnen, schwächere Schüler und Schülerinnen nicht mutlos werden lassen und vieles mehr.

Schon immer wurden auch Kinder mit heil- oder sonderpädagogischen Förderungsbedürfnissen in der Regelschule gemeinsam mit nichtbehinderten Schülerinnen und Schülern unterrichtet. Es gibt Beispiele insbesondere von Kindern mit Körperbehinderungen, die eine Regelschule besuchten und qualifizierte Abschlüsse erreichten. Schulen sind in diesen Fällen aufgefordert, den Kindern einen Nachteilsausgleich für behinderungsbedingte Benachteiligungen zu gewähren.[10]

Der Grundschulverband jedoch formuliert im Jahr 2010 lapidar: »Die für alle gemeinsame Grundschule, wie sie von der deutschen Nationalversammlung am 11. August 1919 im Rahmen der neuen Reichsverfassung beschlossen wurde und wie sie selbstverständlicher Standard einer demokratischen Gesellschaft sein sollte, ist in Deutschland immer noch nicht Realität. (...) Unterschiede werden in vielen Schulen noch immer als Störfaktor statt als didaktische Herausforderung wahrgenommen. Noch immer bleiben Kinder sitzen und werden meist schon nach der vierten Klasse, also im internationalen Vergleich ungewöhnlich früh, entsprechend ihrer vermuteten Leistungsfähigkeit auf die verschiedenwertigen Schularten des Sekundarbereichs sortiert, um dort möglichst homogene Lerngruppen zu erreichen. Noch immer sind die in Armut lebenden Kinder – darunter besonders viele Kinder mit Migrationshintergrund – in der Schule benachteiligt und noch immer werden Kinder mit Beeinträchtigungen überwiegend aus den allgemeinen Schulen herausgenommen und in speziellen Schulen unterrichtet.

Es gelingt der allgemeinen Schule in Deutschland bisher nicht hinreichend, auf Unterschiede in den vor- und außerschulischen Erfahrungen der Kinder einzugehen. Die Besonderheiten der Kinder werden zu wenig

10 Nachteilsausgleich: »Damit bei gemeinsamem Unterricht (Integration/Inklusion) eine faire Leistungs- und Benotungssituation für die SchülerInnen mit Behinderungen möglich ist, können diesen SchülerInnen in allen Bundesländern auf Antrag beispielsweise genehmigt werden: Zeitverlängerungen bei Arbeiten, spezielle Arbeitsmittel, besonders ausgestattete Arbeitsplätze, unterschiedliche Aufgaben bei Klassenarbeiten, mündliche statt schriftliche Leistungsnachweise oder umgekehrt, Arbeiten mit Assistenz, Leistungsbeschreibungen statt Noten in Ziffern, individuelle Regelungen im Sportunterricht« (Haupt 2013, 56).

respektiert und nicht als Ausgangslage pädagogischen Handelns verstanden« (a.a.O. 18).

Vor diesem nicht sehr ermutigenden Hintergrund wird also nun der Kreis der Schülerinnen und Schüler, die in ein und derselben Schule gemeinsam lernen sollen, erweitert. Es geht um jene Kinder, die wegen ihres sonderpädagogischen Förderbedarfs bisher in den Regelschulen nicht ausreichend unterstützt werden konnten. Den allgemeinen Schulen soll plötzlich per Anordnung etwas gelingen, zu dem sie sich bisher außerstande sahen.

Die Lehrerinnen und Lehrer sehen sich bereits jetzt insbesondere durch Kinder mit sozialen Benachteiligungen, entstanden aus Armutslebenslagen und Migrationshintergrund, einer stetig zunehmenden Belastung ausgesetzt. Schulen befürchten, dass einzelne behinderte Kinder für sie zu einem »noch weiteren zu lösenden Problem« werden. Angesichts der Probleme, die sich ihnen »eh schon stellen«, vermeiden viele Schulen – wenn irgend möglich – die Aufnahme behinderter Kinder.

Das »Kerngeschäft« – so scheint es vielen Kolleginnen und Kollegen – wird angesichts der Anforderungen, *alle* Kinder am gleichen Ort zu unterrichten, immer mehr aufgeweicht. Sie beklagen, dass man den Leistungsansprüchen in den Schulen bei zunehmender Heterogenität der Schülergruppen immer weniger gerecht werden könne.

Sie bestehen auf der altgewohnten Gutachtenpraxis, die ihnen weiterhin ermöglichen soll, sich gegen Anforderungen zu verwahren, die sie in ihrem beruflichen Selbstverständnis für unangemessen halten. Förderpädagogik? Methodik und Didaktik für Behinderte? Unterrichtsorganisation für gemeinsamen Unterricht? Diese Stichworte werden nicht unbedingt mit eigenen beruflichen Vorstellungen verbunden, sondern Fachkräften aus anderen Berufsfeldern zugeordnet.

Nun jedoch stehen die Lehrkräfte allgemeiner Schulen ungefragt in der Verantwortung, einen ganz konkreten Beitrag zur *Integration/Inklusion* behinderter Menschen zu leisten und sozialpolitisch Stellung zu beziehen (vgl. Speck 2010, 26). Sie müssen sich mit ihrer Haltung zu Behinderung und Krankheit auseinandersetzen.

Die Lehrkräfte in den Grundschulen verlangen von den Schulbehörden und den Jugend- und Sozialämtern die Zuweisung geeigneter Fachkräfte aus der Sonder- und Sozialpädagogik, an welche sie hohe Erwartungen knüpfen. Die zusätzlichen Fachkräfte sollen in ausreichender Zahl zur Verfügung stehen. Sie möchten die Aufgabe, spezielle Förderangebote für einzelne Kinder zu entwickeln, zu ihrer Entlastung delegieren können. Sie wollen für ihr Alltagsgeschäft eine unangreifbare Absicherung, wenn sie das Recht auf Nachteilsausgleich umsetzen sollen. In Fortbildungskatalogen suchen sie Angebote zu den Themen »Förderpläne« und »Methoden eines *integrativen* Unterrichts«. Sie fragen sich, wie sie die Leistungsnachweise im zieldifferenten Unterricht erheben und bewerten sollen, und verlangen nach entsprechenden Regeln und Richtlinien. Themen wie »Nachteilsausgleich«, »Gutachtenpraxis«, »Leistungsmessung« müssen auf breiter Ebene diskutiert und neu geregelt werden.

Die Grundschullehrkräfte wünschen eine großzügige materielle Ausstattung mit Lernmaterialien und technischen Hilfsmitteln. Sie erwarten, dass Klassenzimmer in geeigneter Weise eingerichtet und überhaupt räumliche Bedingungen verbessert werden (Nebenräume, Pflegeräume usw.). Sie wünschen sich großzügige Vertretungsregelungen. Sie möchten sich nicht mit der Auskunft abfinden, dass die finanziellen Belastungen für all die Forderungen, die gestellt werden, nicht zu stemmen seien.

Der Hinweis auf das »Kerngeschäft« deckt Grundlegendes auf. Otto Speck (2010, 19) weist darauf hin, wenn er schreibt: »Das Gelingen von Integration ist weithin auch von den Strukturen und Aufgabenstellungen abhängig, wie sie für jede soziale Gruppe oder Institution konstitutiv gegeben sind. (...) Was in einer Spielgruppe integrativ möglich ist, muss es nicht auch in einer Schulklasse sein.«

Zu Recht sind schwierige schulische Rahmenbedingungen und die hinlänglich bekannten Überlastungen der Lehrkräfte im schulischen Alltag zu beklagen. Für die Mitwirkung an der Schulentwicklung ist die verbleibende Zeit knapp bemessen. Freistellung für Fortbildungsmaßnahmen der Lehrkräfte gehen auf Kosten der Unterrichtszeit. Viele sehen in all dem gute »Argumente, sich dem gemeinsamen Unterricht zu verweigern«, resümiert Widmer-Rockstroh (2010, 6). Dieses berechtigte Klagen bleibt am Äußeren haften. Dahinter verbirgt sich die Schule als Spiegel gesellschaftlicher Verhältnisse. Die Rolle der Schule als auf Leistungsforderung und Auslese ausgerichtete Einrichtung erschwert es, Denkweisen zu integrieren, die diese gesellschaftliche Funktion nicht unterstützen.

Diese ungeklärten Widersprüche setzen sich im Unterricht fort. Lehrkräfte beschreiben ihre Schwierigkeiten, sich Alternativen zu den bisherigen Routinen vorzustellen. Mit Blick auf die Gedanken, die sich für sie mit behinderten Kindern verbinden, fühlen sie sich mit Forderungen konfrontiert, die allzu rasch ausgesprochen sind und aus ihrer Sicht den Bezug zur Praxis vermissen lassen.

1.3 Zur gleichen Zeit alle gemeinsam *und* jeden individuell unterrichten …?

Die Anforderungen an die Lehrerin und den Lehrer im Unterricht sind konkret. Sie müssen im Unterricht fortlaufend Handlungsentscheidungen fällen. In den Diskussionen dazu ist immer von Veränderungs*prozessen* die Rede. Wie aber soll man sich diese Prozesse vorstellen, wenn man hier und jetzt den Unterricht für alle Kinder zugleich »unter einem Dach« bewerkstelligen soll? Im Versuch, dies herauszufinden, fördern die Praktikerinnen und Praktiker mit ihren traditionellen Vorstellungen von Unterricht Fragen und Widersprüche zutage, die nicht einfach aufzulösen sind.

In einem hauptsächlich frontal geführten lernziel- und leistungsorientierten Unterricht, in dem für alle das gleiche Angebot bereitgehalten wird, sind Kinder heilfroh, wenn sie sich in der Lage sehen, den Anforderungen zu genügen. Sie finden die positive oder negative persönliche Bestätigung im Vergleich mit jenen, die die Anforderungen entweder besser oder weniger gut erfüllen. Ein behindertes Kind erlebt in solch einem Unterricht nicht selten, dass es »wieder mal« nicht mitkommt, die Aufgabenstellung unverstanden an ihm vorbeigeht, es das anvisierte Ziel nicht erreicht und die schlechtesten Leistungen erbringt. Es wird von seinen Mitschülerinnen und Mitschülern hauptsächlich in seinen Defiziten und nicht in seinen Kompetenzen gesehen. Das hat natürlich schwerwiegende negative Auswirkungen auf die Entwicklung des Selbstwertgefühls und des Selbstbewusstseins.

Die traditionelle Sichtweise von Unterricht, der leistungsstarke Schülerinnen und Schüler »hervorbringt« und eben auch weniger leistungsstarke bis schwache, fassen manche Lehrkräfte in der Bemerkung zusammen: »Wir hatten schon immer solche und solche.« Kinder mit handfesten Beeinträchtigungen oder Behinderungen lassen sich nicht unter eine solche Überschrift fassen. Die Sortierung entlang festgelegter Leistungsbänder, die sich »normal« Lernende im traditionellen Unterricht in der Regel gefallen lassen müssen, lässt sich für Kinder mit ganz anderer Entwicklungsorientierung nicht durchhalten. Die Formulierung sonderpädagogischer Förderbedürfnisse, die Forderung des Nachteilsausgleichs für behinderte Schülerinnen und Schüler und die Erwartung, dass individuelle Lernangebote bereitgehalten werden, stellen Rechte dar, die sich in den traditionellen Vorstellungen, die viele Lehrkräfte von ihrem Auftrag haben, nicht unterbringen lassen. Sie fragen sich, ob sie nun zwei Unterrichtskonzepte nebeneinander – solche aus der Regelpädagogik und solche aus der Sonderpädagogik – zeitgleich und im selben Raum umsetzen sollen.

Oder sie denken weiter und empfinden, dass die Forderungen, die im Zusammenhang mit einem gemeinsamen Unterricht für alle Kinder formuliert werden, nicht nur den beeinträchtigten Kindern zuzubilligen seien. Denn sonst stünden, so wird kritisch bemerkt, alle Kinder mit Lernschwächen oder sonstigen »normalen Besonderheiten« gegenüber »offiziell behinderten« Kindern als Benachteiligte da. Aber welcher Schluss ist zu ziehen? Soll die Regelschule zu einer Art Sonderschule umgebaut werden? Das ist die beängstigende Frage, die vielen Grundschullehrkräften in den Sinn kommt.

Tatsächlich ist in den allgemeinen Schulen, so meine Erfahrung, häufig die Situation anzutreffen, dass dem behinderten Kind gesonderte Inhalte und stark individualisierte Lernwege zugestanden werden, während allen anderen, die da in der Klasse sitzen, ein einheitliches Aufgabenangebot vorgegeben wird. Nicht unüblich ist es, dass im Einzelfall die individuelle Förderung in einem separaten Raum unabhängig vom Klassenunterricht durchgeführt wird, vorausgesetzt, es gibt Helfer/innen (Integrationsfachkräfte, Förderschullehrer/innen, pädagogische Fachkräfte), die dies umsetzen. Besorgt fragen Eltern, ob es einem »besonders behandelten Kind« denn nichts ausmache, wenn es von einer anderen Person »ein Extraprogramm bekomme und nicht dasselbe machen dürfe wie die anderen«. Diese Besorgnis äußern oft gerade die Eltern nichtbehinderter Kinder, wenn Individualisierung als durchgängiges Unterrichtsprinzip vorgestellt wird, individuelle Angebote also nicht exklusiv den Kindern mit besonderem Förderbedarf vorbehalten bleiben sollen. Lehrkräfte und Eltern mit ihren Vorstellungen von einem traditionell leistungsorientierten Unterricht verstehen die Maßnahmen innerer und auch äußerer Differenzierung als Ausschluss aus der Klassengemeinschaft. Mit dieser Ansicht liegen sie in einem traditionell geprägten Schulsystem nicht falsch, denn »im Kontext einer selektierenden Schulstruktur wird individuelle Förderung vor allem mit kompensatorischen Maßnahmen gleichgesetzt« (Schäfers 2009, 41). Dabei werden Besonderheiten zu Kriterien für die Trennung in unterschiedene Lernsituationen. Es vollzieht sich rasch eine Unterscheidung eines »Wir« von »dem anderen Kind«. Ulrich Heimlich (2003, 48) berichtet über die Ergebnisse einer Untersuchung zu integrativen Effekten einer solchen separierten individuellen Förderung in der Schweiz und resümiert: »Während sich dabei (...) die Schulleistungsvorteile (...) in dieser individualisierten Form bestätigen lassen, werden gleichzeitig Prozesse der sozialen Ausgrenzung beobachtet.«

Darüber hinaus und weitaus bedrohlicher scheint allerdings die Befürchtung zu sein, dass Kinder leistungsmäßig vom Stand der Klasse abgehängt würden, wenn man ihnen individuelle Lernwege ermöglicht. Ebenso irritiert Lehrkräfte und Eltern aber auch die umgekehrte Vorstellung, nach der alle Kinder in ein und demselben Unterricht erreicht werden sollen. Sie fragen sich, ob sich etwa der ganze Unterricht in einer integrativen Klasse nun am schwächsten Kind orientieren soll.

All diese Fragen gründen auf konventionellen Vorstellungen von Unterricht und weisen auf die Bedenken hin, vor allem auch die der Eltern, dass optimale Leistungsförderung und soziale Integration nicht ohne Weiteres zu vereinbaren seien (vgl. Speck 2010, 24f.). In dieser Art zu denken zeigt sich ein Dilemma, das unlösbar scheint.

2. »Plötzlich ist da jemand aus der Förderschule ...«

2.1 Die Erwartungen von Grundschulfachkräften

Grundschullehrkräfte waren in der Regel bisher »Einzelkämpfer« in Klassen mit manchmal bis zu dreißig Lernenden. Kinder mit Beeinträchtigungen oder Behinderungen fielen als solche in ihren Klassen dann auf, wenn sie vom allgemeinen Unterricht nicht genügend profitierten. Für diese konnten die Lehrkräfte einen Überprüfungsantrag stellen, und es wurden alternative Einrichtungen gesucht, die sich auf die besonderen Bedürfnisse einstellen würden.

Dagegen beschäftigten sich die Förderschullehrkräfte in ihrem bisherigen Berufsfeld hauptsächlich, meist sogar ausschließlich, mit Kindern, für die das Lernen durch verschiedenste Umstände besonders erschwert ist. Für jedes Kind mussten sie im Einzelnen herausfinden, wie Entwicklung erleichtert werden kann. Jedes Kind hat seine sehr besonderen Seiten, aber das wiederum war im Kontext der Förderschule »normal«. Die Klassen dort sind klein. Viele der Förderschullehrkräfte kennen die Situation, gemeinsam mit einer Kollegin, einem Kollegen im Unterricht zu stehen. Das »Einzelkämpferdasein« ist ihnen eher fremd. Mit der Wirklichkeit der Regelschulen verbinden die meisten Förderschullehrkräfte keine beruflichen Erfahrungen.

Jetzt bleiben die Kinder mit besonderen Förderbedürfnissen an der allgemeinen Schule. Die Fachkräfte aus der Sonderpädagogik kommen dazu. Plötzlich ist mit ihnen jemand vor Ort, von dem Grundschulfachkräfte annehmen, dass sie oder er sich auskennt: jemand aus der Förderschule. Was ist da naheliegender, als diese Kinder wiederum an die Fachkräfte aus der Sonderpädagogik abzugeben? Ohne dass es sogleich bemerkt würde, geraten die Sonderpädagoginnen und Sonderpädagogen auf diese Weise in die Situation, die Verantwortung für notwendig werdende Veränderungsprozesse zu übernehmen (vgl. Werning/Urban 2001, 186). Es kann sein, dass das Engagement für ein Kind von der Fachkraft aus der Sonderpädagogik ausgeht und diese den Versuch macht, die Kooperationsbereitschaft bei der Grundschullehrkraft einzuwerben. Viele Sonderpädagoginnen und Sonderpädagogen in den Regelschulen wünschen sich einen gleichberechtigten Austausch. Sie werden jedoch häufig genötigt, »als Experten [zu] agieren« (a.a.O. 184). Wenn sie sich dann unversehens in der Rolle der »Avantgarde« (a.a.O. 183) wiederfinden, stoßen sie – mit Recht – auf skeptische Blicke. Rolf Werning und Michael Urban beschreiben die Probleme, die entstehen können, wenn Auftrag und Rolle nicht klar definiert sind. Die Fachkräfte aus der Sonderpädagogik werden »in der Formulierung dieser Funktion [als Experte und Ideengeber] sehr vorsichtig, verstecken die Expertise und ihre Veränderungsintention« (a.a.O. 185).

Mit ihrem förderschulpädagogischen Arbeitsverständnis geraten sie an systembedingte Grenzen. Die eigenen Ansprüche lassen sich in dem Bedingungsgefüge einer Grundschule nicht einfach verorten. Es besteht die Gefahr, dass sie ins Taktieren geraten, um Ziele zu erreichen, die gar nicht gemeinsam beschrieben worden sind und sich in der schulischen Realität vor Ort nicht vermitteln lassen (vgl. a.a.O. 183).

»Je stärker sie die Verantwortung für das Gelingen der Kooperation und der Integration übernehmen, desto mehr entlasten sie die Institution Grundschule, gemeinsamen Unterricht als Veränderungsprozess und damit als Entwicklungsaufgabe der gesamten Schule zu verstehen« (a.a.O. 186). Die Gefahr besteht, dass sie es als persönliches Scheitern empfinden, wenn sich Anforderungen nicht umsetzen lassen. Treffen sie auf eine von vornherein ablehnende Haltung zum Auftrag der Integration/Inklusion, womit nach wie vor zu rechnen ist, bleibt jegliches Engagement ohnehin ohne Einfluss. Ein hohes Maß an Engagement bei den Fachkräften aus der Sonderpädagogik verleitet dazu, dieses »als Ressource zu instrumentalisieren und an Stellen zu verschleißen, an denen ein durchdachter Einsatz organisatorischer Vorgaben viel effektiver wäre« (a.a.O. 184).

Ute Andresen äußert sich aus gewerkschaftlicher Sicht zu dieser Problematik: »Pädagogisches Berufsethos auf den Einzelnen zu fokussieren, ist (...) ein Fehler. Er unterläuft dann, wenn die notwendige Zusammenarbeit und die damit verbundene gemeinsame kollegiale Verantwortung fehlen. Entgrenzung des Verantwortungsgefühls und pädagogische ›Allmachtsphantasien‹ können zum ernsthaften Problem werden« (Andresen 2013, 25).

Selten aber gibt es in den allgemeinen Schulen Strukturen für die Entwicklung kooperativer Arbeitsformen. Fachkräfte aus sonderpädagogischen und sozialpädagogischen Berufsfeldern geraten ins Schlingern und Stolpern. Einige treten nach kurzer Zeit den Rückweg in sonderpädagogisch orientierte Fördereinrichtungen an. Die, die bleiben, weil es den Bedarf an Fachkräften ja nun einmal gibt, müssen selbst herausfinden, wie sie ihre sonderpädagogisch oder sozialpädagogisch geprägten Vorstellungen von Mitarbeit im System der Grundschule verankern können. Damit aber sind sie auf sich allein gestellt. Dieses Auf-sich-gestellt-Sein bringt es mit sich, dass Probleme und Missverständnisse programmiert sind, die auf beiden Seiten zu Kränkungen führen, Abwehr provozieren und Ängste verstärken, statt sie zu reduzieren.

2.2 Konfliktpotenzial

Einige Beispiele aus den ersten Jahren meiner Arbeit an Grundschulen sollen einen Eindruck davon vermitteln, welche Stolpersteine oder Fallstricke sich für die Fachkräfte aus der Sonderpädagogik ergeben können, wenn sie Gepflogenheiten, Einstellungen, systembedingte Grenzen einer Grundschule nicht kennen. In den exemplarisch geschilderten Szenen trafen die Grundschullehrkräfte und ich als Förderschullehrkraft mit ganz unterschiedlichen, sich teilweise widersprechenden Erwartungen und Vorstellungen aufeinander. Ich ahnte zum Beispiel nicht, wie schwierig es für eine Grundschullehrkraft sein kann, die Anwesenheit einer zweiten Person im Unterricht in ihre Vorstellungen zu integrieren.

Die folgende Begebenheit zeigt, dass bereits die Hospitation im Unterricht zum Problem werden kann. Der betreffenden Grundschullehrerin ging die Vorstellung der Förderschullehrkraft, ein Kind im Unterricht gesehen haben zu müssen, zu weit.

> Eine Kollegin kommt nach den Herbstferien auf mich zu: »Ich habe da ein Mädchen, Edita, aus dem Kosovo, die ist seit einem Jahr in Deutschland. Aber sie spricht bis jetzt überhaupt nicht. Sie macht nicht mit. Ich kann nicht feststellen, was sie kann. Soll ich da ein Gutachten beantragen? Der Übergang in die weiterführende Schule steht an. Edita wäre doch bestimmt am besten in der Förderschule aufgehoben?«
> Zum vereinbarten Termin – nächster Tag, dritte Stunde – komme ich, um nach Edita zu schauen. Ich begrüße die Lehrerin, die mir zeigt, wer Edita ist. Ich frage, wo ich mich hinsetzen kann, um eine Weile zuzuschauen und zu sehen, wie Edita sich während des Unterrichts verhält, zu wem sie Kontakt hat, wie sie auf Anforderungen reagiert. Ich sehe, wie der Lehrerin das Entsetzen ins Gesicht tritt,

als sie merkt, dass ich – ohne Frage – im Unterricht hospitieren möchte. »Aber Sie bleiben doch jetzt nicht hier? Sie nehmen Edita doch mit ...?« Irritiert verlasse ich mit Edita den Klassenraum. Sie fängt auf dem Weg zum Förderraum an zu weinen und redet natürlich kein Wort. Also bringe ich sie – für heute – gleich wieder zurück. Die Lehrerin bittet mich nachfolgend, Edita trotz deren Widerstands in einer Förderstunde bei mir unterzubringen. Welche Erwartung sie auch immer damit verbindet – ich lasse mich tatsächlich darauf ein. Die Lehrerin thematisiert den Schrecken, den ich ihr ungewollt eingejagt hatte, nicht. Edita weint irgendwann nicht mehr. Aber sie spricht auch nicht. Die Förderstunden bleiben diesbezüglich erfolglos. Auf Wunsch der Klassenlehrerin wird eine Überprüfung beantragt und ein Gutachten geschrieben.[11]

Hatte die Lehrerin nicht bedacht, dass die Planung einer sinnvollen Förderung erst möglich ist, wenn ich ein Kind kenne, und dass dazu auch gehört, sein Verhalten im Unterricht zu erleben? Ich hatte nicht erwartet, dass meine Hospitation als bedrohlich erlebt werden könnte. Um nicht zur Projektionsfläche für Ängste zu werden, die mit meiner Person nichts zu tun haben, ließ ich mich auf das Konstrukt der Förderstunde, wie die Lehrerin es sich wünschte, ein. Die Gelegenheit zur Hospitation, die mir eine eigene Einschätzung von Editas Situation in der Klasse erlaubt hätte, forderte ich nicht ein.

Wenn eine Verständigung zwischen den Fachkräften nicht gelingt, fühlt sich vielleicht die Schulleitung aufgerufen, sich vermittelnd einzuschalten. Aber auch Schulleitungen haben unklare Vorstellungen davon, wie ein Konzept der Zusammenarbeit aussehen könnte. Ihre Unsicherheit wird in folgendem Beispiel deutlich, in dem die Förderschullehrkraft durch die Übertragung einer Fachunterrichtsstunde unversehens zum »Vorführobjekt« wird.

Nachdem die Kooperation zwischen Okans Klassenlehrerin und anderen Fachkräften fehlgeschlagen war, wird die Förderung des Jungen nun mir übertragen. Von Anfang an verbringe ich die »Förderzeit« mit ihm und seiner Integrationsfachkraft in einem separaten

---

11 Am Ende des Schuljahres verließ Edita unsere Schule in Richtung Förderschule. Für Edita war dies eine gute Lösung. Sie begegnete mir nach einem Jahr als selbstbewusstes Mädchen, das inzwischen die deutsche Sprache gelernt hatte.

> Raum, den ich speziell einrichte. Mit dieser Konstruktion arrangiere ich mich, weil es ausgeschlossen ist, im Rahmen des Klassenunterrichts eine passende Förderung zu installieren. Nach einigen Wochen werde ich von der Schulleitung zum Gespräch gebeten. Man möchte einen Prozess hin zur Zusammenarbeit zwischen mir und der Klassenlehrerin anstoßen und bietet mir in dieser Absicht in einem ersten Schritt an, den Fachunterricht »Bildnerische Erziehung« in Okans Klasse zu übernehmen. Auf diese Weise soll ich von der Einzelfördersituation mit Okan eine Brücke in den Kontext der Arbeit mit der ganzen Klasse finden. Die Klassenlehrerin wird gebeten, in meinem Unterricht zu hospitieren, um Anstöße für die Gestaltung ihres eigenen Unterrichts zu gewinnen. Ich übernehme den Fachunterricht, fühle mich dabei jedoch sehr unwohl. Um wen oder was geht es bei dieser Aktion? Ich kann mich unter diesen Bedingungen nicht wirklich mit den Kindern verbinden. Ich bin ideenlos, und die Stunden verlaufen nicht wirklich gut.

Ich exponierte mich also mit meiner Unterrichtsdurchführung, aber daraus erwuchs – was bald zu spüren war – kein Vertrauen. Das Gegenteil war der Fall. Entweder, so schien es mir, erwartete man, dass ich mit meinem Unterricht den beruhigenden Beweis erbringen würde, dass offensichtlich auch eine Sonderpädagogin »nur mit Wasser kocht«, oder ich würde jetzt erst recht zu einer gefürchteten Konkurrentin avancieren.

Im nächsten Beispiel geht die Schulleitung einen anderen Weg, um ein Problem in der Verständigung zwischen den Fachkräften auszuräumen. Die Förderschullehrkraft erhält dabei nicht die Chance, sich zu erklären oder zu positionieren.

> Die Schulleitung meldet mir zurück: »Sie brauchen sich um Kai nicht mehr zu kümmern. Das macht jetzt Herr Beier. Frau Müller war bei mir. Sie hat so ihre Schwierigkeiten mit Ihnen. Es scheint mir, dass zwischen Ihnen beiden die Chemie nicht stimmt.«
>
> Welche Information wird mit einem solchen Satz transportiert? Meiner Bitte um ein gemeinsames Gespräch begegnet man mit unbestimmten Terminaussichten. Auf mein Anliegen antwortet man ausweichend. Irgendwann höre ich auf, eine Aussprache zu fordern.

Der Anlass für das Personalgespräch blieb unausgesprochen. Verschiedensten Deutungen und Gerüchten wurden die Türen geöffnet, denn natürlich wurde im Haus über die neue Anordnung gesprochen. Aber eine vertrauensvolle Auseinandersetzung über unterschiedliche pädagogische oder didaktische Ansichten und Möglichkeiten der Zusammenarbeit rückte so in weite Ferne.

Im Folgenden wird eine Begebenheit aus dem Unterrichtsalltag geschildert. Weil sich die Vorstellungen, die die Grundschullehrkraft mit der Unterrichtsdurchführung verbindet, von denen der Förderlehrkraft in Grundlegendem unterscheiden und eine Verständigung über die Anliegen, die mit der Unterrichtseinheit für verschiedene Kinder verfolgt werden sollen, fehlt, läuft der Versuch der gemeinsamen Vorbereitung einer Unterrichtseinheit ins Leere.

> In einem zweiten Schuljahr trete ich die Nachfolge einer Sonderpädagogin an, die die beiden behinderten Kinder Gülay und Eldin täglich ein bis zwei Stunden separiert unterrichtete. Der Klassenlehrer der beiden Kinder würde dies gerne ändern und Gülay und Eldin lieber im gemeinsamen Unterricht gefördert sehen.
> Ich beginne ein Gespräch darüber, dass die Förderbedürfnisse der beiden der Anlass dafür sein könnten, auch andere Kinder mit nicht so schwerwiegenden Problemen, aber doch ähnlichen Bedürfnissen in den Blick zu nehmen. Das begrüßt der Lehrer, denn er macht sich auch Sorgen um Marina und Bianca. Wir kommen überein, dass wir das nächste Sachunterrichtsthema gemeinsam vorbereiten. Wir wollen eine kleine Unterrichtseinheit, die durch einen Gang zur Bibliothek veranlasst ist, so planen, dass darin Arbeitsangebote für *alle* Kinder enthalten sind. Da ich den Unterricht nicht mit durchführen werde, sammeln und besprechen wir Vorschläge, die durch den Unterricht führen könnten. Es kommen einige Ideen zusammen. Ich verstehe sie als Grundlage für die Planung des konkreten Unterrichts, die in der Verantwortung des Kollegen liegt. Ich fasse – in der Meinung, den Klassenlehrer damit zu entlasten – die Ideen schriftlich zusammen und lege ein Beispiel für ein Arbeitsblatt hinzu, das die Einheit nach Unterrichtsgang, Gespräch und der Arbeit an Bilderbüchern abschließen könnte. Wenige Tage später erhalte ich einen Stapel der von den Kindern bearbeiteten Blätter zurück. Der Klassenlehrer berichtet mir, wie überfordert seine Schüler damit gewesen seien. Bezüglich der behinderten Kinder verweist er mich an die Integrationsfachkraft, die mir ihre Beobachtungen mitteilen soll.

Während der Vorgespräche hatte ich gemeint, die Verständigung sei gut gelungen. Ich war davon ausgegangen, dass es sich bei den Besprechungsergebnissen um Unterrichtsvorschläge handelte, die der Klassenlehrer seinen Vorstellungen und den individuellen Anliegen für die Kinder anpassen würde. Stattdessen setzte er, warum auch immer, die Ideen »Wort für Wort« um. Er übernahm unreflektiert die von mir vorgeschlagenen Arbeitsblätter für alle Kinder. Mit dem »Ergebnis« wurde mir indirekt mitgeteilt, dass ich wohl eine falsche Einschätzung der Kompetenzen der Kinder vorgenommen hatte. Über den konkreten Unterricht und zugrunde liegende Vorstellungen von dem, was die Kinder dabei hätten lernen können oder sollen, wurde nicht mehr gesprochen.

Die gemeinsame Unterrichtsplanung hat also ihre Tücken. Die darüber hinausgehende Erwartung an die Förderschullehrkraft, auch *im* Unterricht mitzuarbeiten, bringt wieder andere Schwierigkeiten mit sich. Im nachfolgenden Beispiel gerät die Förderschullehrkraft in die Position einer Helferin ohne Mitspracherecht.

> Ich werde einer Kollegin, die ein erstes Schuljahr übernommen hat, als Teampartnerin zugeordnet. Die Klassenlehrerin und ich verbringen täglich ein bis zwei Stunden gemeinsam in der Klasse. Sie bestreitet den Unterricht und ich »fädele« mich als neue Mitarbeiterin in die Strukturen, die sie setzt, ein. Die »Sorgenkinder« sind nach wenigen Tagen ausgemacht. Ich sitze eine Weile bei Maurice und helfe ihm bei den Schreibübungen, habe einen Blick auf Leon, für den ich die meisten Anweisungen noch einmal im direkten Kontakt wiederhole, helfe dann Melina beim Sortieren der Rechenmaterialien. Insbesondere in Mathematik sehe ich auf zwei der Kinder Probleme zukommen, wenn der Unterricht sich am eingeführten Buch orientiert. Das möchte ich mit meiner Kollegin besprechen. Die Gedanken, die ich in dem Gespräch über den Anfangsunterricht in Mathematik zur Diskussion stelle, führen von dem Lehrwerk weg, mit dem sie arbeiten möchte. Ich mache darauf aufmerksam, dass Leon beim Lösen der Plus- und Minusaufgaben die Zahlzeichen nicht als Mengenbezeichnung versteht und Rechenoperationen nicht im Sinne des Vergrößerns oder Verminderns einer Menge von Dingen ansieht, also keine Handlungsvorstellung damit verbindet. Die Kollegin verweist auf das Arbeitsheft des Kindes, in dem es doch zu richtigen Ergebnissen gelangt ist. Ich bleibe nach diesem Gespräch ratlos

> zurück. Nach zwei weiteren Versuchen wird klar, dass meine Überlegungen nicht weiter zur Debatte stehen werden.

Indem ich in der Rolle der »Helferlehrerin« agierte, wurde mir eine Anpassungsleistung an etwas abverlangt, das meiner Vorstellung von förderndem Mathematikunterricht nicht entsprach. Nach Ablauf des Schulhalbjahres bat ich darum, mich von der Mitarbeit in dieser Klasse zu entlasten.

In der nachfolgend beschriebenen Begebenheit bezieht sich die Bitte um Mithilfe auf das Material, das die Lehrkraft für den Unterricht vorsieht. Die Bitte wird als konkreter Auftrag vorgetragen.

> Die Lehrerin eines dritten Schuljahres berichtet, dass sie bereits Stationen- und Wochenplanarbeit im Sinne eines sogenannten offenen Unterrichts in ihrer Klasse eingeführt hat.
> Als Nächstes möchte sie das Thema »Wald« durchnehmen. Mit einer Vielzahl von Arbeitsblättern möchte sie den besonderen Bedürfnissen verschiedener Kinder gerecht werden. Im Rahmen der »Wald-Werkstatt«, die sie schon für die Kinder kopiert hat, sollte es, so meint sie, möglich sein, ein differenziertes Angebot auch für die beiden behinderten Kinder einzubauen. Ich solle doch die Arbeitsblätter einmal durchsehen und ihr sagen, welche auch von den behinderten Kindern bearbeitet werden könnten. Ich solle sie gegebenenfalls passend verändern. Vielleicht könnte ich ja das Angebot um Aufgaben ergänzen, die speziell für diese Kinder geeignet wären.

Es wurde offensichtlich nicht erwartet, dass ich als Förderschullehrkraft Grundlegendes zur Differenzierung des Unterrichts für die behinderten Kinder in dieser Klasse zu sagen haben könnte. Ich wusste nicht, wie ich der Kollegin, die mir schon fertige Vorbereitungen offerierte, mit meinen ganz anderen Vorstellungen von Unterrichtsplanung begegnen sollte. Ich arrangierte mich, veränderte einige Arbeitsblätter und reduzierte die Anzahl der Aufträge für die Kinder mit Beeinträchtigungen und half ihnen beim Ausfüllen. Derweil haderte ich damit, dass solche Art Stationen, Werkstätten und Wochenpläne meiner Vorstellung von offenem Unterricht[12] in keiner Weise entsprachen.

[12] Siehe dazu S. 131f.

Neben diesen unterrichtsbezogenen Bedürfnissen, die den Förderschullehrkräften vorgetragen werden, wird außerdem von ihnen erwartet, dass sie diagnostische Abklärungen vornehmen und Förderpläne schreiben. Aber es kann passieren, dass die Förderschullehrkraft mit ihren Fragen auf Widerstände trifft, die, wie im folgenden Beispiel, einen diagnostischen Prozess überflüssig machen.

> Für Kathrin soll ich auf Wunsch ihrer Lehrerin eine lernbegleitende Diagnostik durchführen. Kathrin hänge im Unterrichtsstoff hinterher. Sie verweigere häufig die Mitarbeit. Bei der Arbeit sei sie unendlich langsam. Im Vertrauen erzählt mir die Klassenlehrerin, dass Kathrin an epileptischen Anfällen leide. Dies dürfe auf Bitten der Eltern jedoch nicht offiziell bekannt werden. Kathrin sei medikamentös gut eingestellt, sodass Anfälle in der Unterrichtszeit nie aufgetreten seien. Sie erhalte auch Medikamente gegen eine diagnostizierte ADHS. Ich kläre die Lehrerin über das Krankheitsbild auf, weise auf Nebenwirkungen der Medikamente hin und mache darauf aufmerksam, dass diesem Kind ein Nachteilsausgleich zu gewähren sei und möglicherweise die Note ausgesetzt werden müsse. Eine Diagnostik könne eine Gesprächsgrundlage bieten, entsprechende Vereinbarungen zu treffen. Die Reaktion der Lehrerin ist verblüffend: »Wie soll das gehen? Der schulische Erfolg bemisst sich ja nun mal nach den in einem Jahrgang erwarteten Leistungen, die in einer bestimmten Zeit erfüllt werden.« Was ist aber dann, so frage ich mich, das Motiv, eine Diagnostik zu bestellen?

Die diagnostische Abklärung war nicht mit dem Anliegen verbunden, die Förderplanung solide grundzulegen. Der Wunsch wurde mit unklaren Zielvorstellungen vorgetragen. Ich lehnte die Durchführung einer Diagnostik ab. Vielleicht setzte ich mich damit der Kritik aus, nicht an Problemlösungen mitwirken zu wollen. Anstehende Fragen zur Förderung des Mädchens wurden von der Klassenlehrerin nach meinem ablehnenden Bescheid nicht weiterverfolgt.

Ich spürte das Bemühen der Kolleginnen und Kollegen, mich als neue Mitarbeiterin an der Schule in die Arbeit einzubeziehen. Man trug Bitten an mich heran. Man teilte mir mit, wenn man sich Sorgen um einzelne Kinder machte. Es gab Anfragen an mich als »Fachfrau« in der Hoffnung, ich würde sagen »wie *es* geht«. Ich wurde eingeladen, im Unterricht mitzuarbeiten, ich sollte mich in den Unterrichtsverlauf »einfädeln« und den Kindern helfen, das zu tun, was die Lehrerin ihnen auftrug. Ich spürte auf der Seite der Kolleginnen und Kollegen den Wunsch oder die Erwartung, dass ich in zusätzlichen Förderstunden, in die sie die Kinder gegebenenfalls auch während ihres Unterrichts entließen, fit machen würde für das Mitlernen in der Klasse.

Ich aber hatte andere Vorstellungen. Ich wollte mit den Klassenlehrerinnen und -lehrern über Kinder sprechen. Mir lag daran, Erfahrungen auszutauschen und über pädagogische Praxis und theoretische Hintergründe zu diskutieren. Immerhin ging es doch um Schulentwicklung. Ich erwartete, dass man gemeinsam Unterricht plante, Förderpläne schrieb und Lernhilfen entwickelte. Ich hatte nicht die Vorstellung, dass Letzteres alleine mein Job wäre, den ich zur Zufriedenheit der Grundschulfachkräfte – das heißt in Abstimmung auf ihren Unterricht – zu bewältigen hätte.

Ich sah es auch nicht als meine Aufgabe an zu zeigen, wie »man Unterricht machen muss, damit alle Kinder mitlernen könnten«. Abgesehen davon, dass ich es (erst recht zu Beginn meiner Zeit in der Grundschule) nicht hätte sagen können, ist es mir stets nur möglich, darzustellen oder zu zeigen, wie ich als die, die ich bin, Unterricht plane und gestalte. Es geht bei der Unterrichtsentwicklung aber darum, herauszufinden, wie man die eigenen bis jetzt gegangenen Wege *weiterentwickeln* kann. Dabei können andere Gedanken, Sichtweisen, Ideen, neue Informationen und in Hospitationen gewonnene Eindrücke und Beobachtungen als willkommene Impulse dienen. Es geht nicht darum, etwas ganz Neues umzusetzen, sondern sich für sonderpädagogische Aspekte des Unterrichtens zu öffnen und diese in allmählichen Prozessen in die eigene Arbeit zu integrieren.

Nach vielen Gesprächen blieb ich ratlos zurück. Unklare Rollenvorstellungen, unangemessene Erwartungen, Diskrepanzen in den pädagogischen, methodischen, didaktischen Vorstellungen führten früher oder später dazu, dass sich das Gespräch verhakte und Konflikte entstanden. Es verfestigte sich der Eindruck, in zwei Sprachen zu sprechen. Dieses Problem war auf sachlich-fachlicher Ebene kaum zu überbrücken. Oft stellte ich Beobachtungen, Bedenken, Hinweise, Vorschläge meinerseits zurück. Wenn ich mich mit dem, was ich als wirksame Lernhilfe für ein Kind mit Lernschwierigkeiten vorschlug, nicht in den Unterricht der Klasse einpassen konnte, war meine Mitarbeit infrage gestellt.

Manchmal aber wurde ich zur Hospitation eingeladen, um anschließend gemeinsam mit der Lehrerin nach alternativen Möglichkeiten der Förderung zu suchen. Wenn die betroffene Grundschullehrkraft bereit war, ihre Unterrichtsplanung auf meine Hinweise hin ein wenig zu überdenken, konnten wir für das eine oder andere Kind ein geeignetes individuelles Angebot in die vorgegebenen Strukturen eines traditionellen Grundschulunterrichts einbauen (s. zum Beispiel S. 66ff.).

2.3 Um was geht es für die Kinder? – Anforderungen aus meiner Sicht

Die meisten Bildungseinrichtungen folgen bei der Formulierung ihrer Arbeitsziele der Vorstellung, dass es dabei um die Planung von Entwicklungszielen für lernende Kinder geht. Entwicklungsziele aber kann man nicht planen!

Vielmehr beginnt eine *gute* Entwicklungsunterstützung mit der Frage nach dem Kind als Person, danach, wie es in der Welt steht, was es kann, was es weiß, wie es geworden ist, und danach, wie es von hier aus weitergehen kann. Nach dem Kind zu fragen heißt, seine Lebensumstände, seine Bedürfnisse, seine Entwicklungsimpulse, seine Motivationen, seine Leiden, Freuden, Sorgen, Wünsche und seine Kompetenzen wahrzunehmen. Es heißt, mit ihm und seinen Bezugspersonen in Kontakt zu treten und als professionelle Person das Bezugsnetz für das Kind zu erweitern und sich darin zu positionieren. Eine solche Person ist interessiert, Entwicklungschancen für das Kind in einem manchmal nur begrenzt beeinflussbaren äußeren Bedingungsumfeld mitzugestalten. Das ist etwas ganz anderes, als der Vorstellung zu folgen, es seien zuerst einmal Förderziele festzulegen.

Die sechs Kinder, die ich im Folgenden vorstelle, zeigen beispielhaft, welche Bezüge gemeint sind, in denen schulische Förderung gesehen werden muss. Die Gestaltungskriterien für die Förderung finden sich in der abwägenden Betrachtung eines ganzen Netzes von Entwicklungsbedingungen.

Sarah

Die zwölfjährige Sarah ist in ihren motorischen Möglichkeiten sehr eingeschränkt (beinbetonte Tetraplegie). Sie wird im Rollstuhl gefahren. Sie braucht jemanden, der sie an- und auszieht und die pflegerischen Tätigkeiten ausführt. Ihr wird das Essen gereicht. Ihre Bewegungsmöglichkeiten lassen es zu, dass sie sich Gegenstände herbeiangeln und zum Beispiel einen Kassettenrecorder bedienen kann.

Aber sie sieht sehr schlecht und ihre Augen sind sehr lichtempfindlich. Sarah hört außerordentlich gut. Sie nimmt hoch konzentriert alles wahr, was in ihrer Umgebung geschieht. Sie kann sprechen. Sie erspürt emotionale Schwingungen. Sie begegnet jemandem, der ihr bedürftig erscheint, vielleicht Trost braucht, mitfühlend und liebevoll. Emotionen zeigt sie ungeniert und heftig. Sie grenzt sich klar ab, wenn sie sich verletzt fühlt. Sie beobachtet die Erwachsenen und schätzt sehr genau deren Verhalten ein. Sie erwartet eindeutige Ansagen und die verlässliche Einhaltung von Absprachen. In der Gruppe der Kinder ihrer Klasse genießt sie freundschaftliche Zuwendung. Sie vertritt Meinungen, hat Wünsche, fordert Kontakt, protestiert, wenn ihr etwas nicht passt. Sie verlangt Hilfe, zum Beispiel, wenn sie auf dem Boden gelagert werden möchte, um mit ihrem Freund spielen zu können.
In der Schule erleben die Lehrkräfte, dass Sarah alles verstehen möchte, was um sie herum geschieht, sie fragt nach Zusammenhängen und erbittet Erklärungen. Sie liebt Geschichten und Bücher. Sie lässt sich Notizen, Briefe, Sachtexte, Gedichte, Erzählungen, den Speisezettel, Gebrauchsanweisungen und Rezepte vorlesen. Sie verlangt, dass man ihr ihre Erlebnisse in ein Tagebuch aufschreibt. Sie diktiert Briefe zum Beispiel an den kranken Lehrer.
Sarah ist einer Klasse im Bildungsgang für ganzheitliche Entwicklung zugewiesen. Dort spielt der Schriftspracherwerb im Kanon der Lernziele eine untergeordnete Rolle. Lesen und Schreiben hat sie bis jetzt nicht gelernt. Die Lehrerinnen, die mit Sarah in der Schule neuerdings zusammenarbeiten, sind sich jedoch sicher, dass Sarah lesen und schreiben lernen könnte. Man überlegt, welche Voraussetzungen zu schaffen wären. Ein PC mit umgerüsteter Tastatur wäre notwendig. Sehhilfen müssten angepasst werden. Beratung wäre erforderlich. Angebote müssten eingeholt, Finanzierungen geklärt, Anträge gestellt und Bewilligungen abgewartet werden. Das alles sollte machbar sein, damit Sarah ihre Potenziale ausschöpfen kann. In der Klasse sind Kinder, die in den Leselernprozess schon eingestiegen sind, sodass motivierende Lernsituationen geschaffen werden können. Die Förderkräfte starten den Versuch, Sarah mit Buchstaben als Lautzeichen vertraut zu machen. Sarah lässt sich die Bemühungen gefallen, aber sie wirkt desinteressiert, scheint nicht genau hinzusehen, wenn ihr große Blockbuchstaben präsentiert werden. Sie widmet sich den Hörübungen nur unkonzentriert. Vielleicht ist die Einschätzung, dass Sarah lesen und schreiben lernen könnte, falsch?

> Es ist bekannt, dass Sarah zu Hause oft alleine ist. In einer kleinen Wohnung lebt sie mit ihrer Mutter und der jüngeren Schwester sehr beengt. Sie verbringt die Stunden des Tages, in denen sie nicht in der Schule ist, auf ihrem Bett liegend, während die Mutter arbeitet und die quirlige Schwester mit ihren Freundinnen unterwegs ist. In der Schule findet der interessantere Teil ihres Lebens statt, der Teil, in dem Kontakt und Beziehung ihr Leben reich und lebendig machen. Sarah versichert sich täglich ihrer Helferinnen und Helfer, denen sie erzählt, die ihr zuhören und die an ihren Erlebnissen Anteil nehmen, die ihr vorlesen und für sie schreiben.
> Könnte es sein, dass Sarah gar nicht lesen und schreiben lernen will, weil sie befürchtet, dass sie dann Anlässe verlöre, die Mitmenschen zu bitten, sich mit ihr zu beschäftigen, ihr vorzulesen oder ihr etwas aufzuschreiben? Hat sie Angst, dass man sie am Computer abstellen wird, wenn sie gelernt hätte, damit umzugehen? Könnte es sein, dass die Kontakte, die sie in der Schule einfordert, so sehr ihre Lebensqualität ausmachen, dass ein Zuwachs an Selbstständigkeit für sie nicht attraktiv ist? »Mit mehr Selbstständigkeit würde man ihr unweigerlich zumuten, dass das Maß an Zuwendung, das ihr jetzt zuteilwird, reduziert wird. Das bedeutete einen Verzicht, der in Anbetracht der eigenen Bedürftigkeit gut abgewogen werden muss gegen einen Kompetenzzuwachs, der mit der Fremderwartung verbunden sein könnte, sich dann auch unabhängiger verhalten zu sollen« (Ehrenstein 2002, 129).

Überlegungen, wie die Lehrerinnen von Sarah sie angestellt haben, sind verständlich. Wenn ein Kind intelligent genug dafür ist, soll es lesen und schreiben lernen. Um die motorischen Einschränkungen zu kompensieren, kann eine passende technische Ausrüstung angeschafft werden. Passende Lernanstöße sind bei der Vielfalt methodischer Ideen, die in der Literatur beschrieben werden, mit Sicherheit zu finden. Die Lerngruppe ist als motivierender Faktor zu beachten. Aber Sarah zeigte deutlich, dass das Bemühen um konkrete Unterstützung nicht allein bestimmten äußeren Kriterien folgen darf, wie es manche praxisorientierten Werke suggerieren (vgl. Grünecker 2012, 79ff.). Vielmehr ergeben sich passende Entscheidungen aus der mitmenschlichen Begegnung. Voraussetzung einer guten Förderung ist es, sich »dem Menschen, der mit Behinderung oder Krankheit lebt, in seiner realen Existenz zuzuwenden, sich akzeptierend anzunähern und mit ihm gemeinsam Leben zu gestalten – auf der Basis der Anerkennung seines Soseins« (Haupt 2011, 8). Wertschätzung, Respekt, Mitgefühl, Zuwendung und Annahme sind grundlegende Qualitäten in der Zusammenarbeit mit beeinträchtigten und behinderten Kindern. Gefordert ist die konkrete Auseinandersetzung mit schwierigen Lebenswegen und ungünstigen Entwicklungsbedingungen. Sie dürfen in der Förderung nicht ausgeblendet werden, wenn Lernen so unterstützt werden soll, dass Kinder in ihrem Selbstgefühl nicht irritiert werden. Welche Lernanliegen letztendlich verfolgt und welche Lernhilfen eingesetzt werden, hängt eng mit dem Kind oder Jugendlichen in seinen konkreten lebensweltlichen Bezügen zusammen. Ein anspruchsvolles Lernangebot ist auf mehr als nur den zu erwartenden Kompetenzzuwachs abgestimmt.

Matthias

Matthias ist auffällig klein und zierlich. Er hat nicht so viel Kraft wie andere Kinder. Er braucht Hilfe beim Tragen der schweren Schultasche. Nach dem Gang zur Toilette muss ihm jemand helfen, den Hosenknopf wieder zu schließen. Er braucht beim Arbeiten im Unterricht mehr Zeit als die meisten anderen. Man muss auf ihn warten, wenn er im Schulgebäude Wege zurücklegen muss. Er spricht leise und undeutlich. Die Mutter bittet die Klassenlehrerin, Matthias zur Pausenzeit an sein Schulbrot zu erinnern. Sie erzählt, dass Matthias leicht unter Stress gerät und dann solche Dinge wie das Essen vergisst.

Eine gutachterliche Überprüfung hat ergeben, dass Matthias über durchschnittliche kognitive Kompetenzen verfügt. Es wird ihm zudem bescheinigt, dass er sehr ehrgeizig sei und hoch motiviert an die Arbeit gehe. Die Eltern erhalten die Zusicherung, dass zusätzliche Förderkräfte ihn in der Grundschule unterstützen werden.

Wenige Wochen nach der Einschulung wird Matthias als Kind wahrgenommen, das bei vielem, was gefordert ist, nicht mitkommt. Sein Anderssein wird deutlich erlebt. Das zeigt sich in den verwunderten, fragenden oder ungeduldigen Blicken, die er auf sich zieht. In den Pausen läuft er oft den Kindern, die ihn als Spielpartner nicht ausschließen, aber auch nicht spontan wählen, hinterher. Matthias verliert bald den Anschluss an den Lernstoff im Unterricht. Die Lehrerin mahnt, dass er mehr üben müsse. Matthias gerät unter Druck. Er möchte es seinen Mitschülern gleichtun. Er möchte nicht auffallen. Er möchte sein wie alle anderen, genauso geschickt, schnell und sprachgewandt. Er gerät in Not. Er weint jetzt in der Schule öfter.

> Er zeigt ein zunehmend sonderbares Verhalten, beginnt zu grimassieren, entwickelt Tics, redet stockend und stolpernd. Die Mutter berichtet, dass er Angst vor der Schule hat. Nach dem ersten Schuljahr bereits schätzt seine Lehrerin die Lernlücken als so groß ein, dass sie sich fragt, wie Matthias den vorgesehenen Stoff der Grundschule je schaffen könne. Die Eltern erreichen über den Weg eines Folgegutachtens, dass Matthias in die Schule für körperbehinderte Kinder wechseln kann (vgl. Ehrenstein 2007).

Der Weg zu einem akzeptierenden und versöhnlichen Umgang mit der Tatsache, »anders zu sein« und einen schwierigen Lebensweg gehen zu müssen, ist eine große Herausforderung. Es ist nicht akzeptabel, dass allein die Rahmenbedingungen eines Schulvormittags sich so kräftezehrend auswirken, dass ein Kind wie Matthias im wahrsten Sinne des Wortes nicht mehr »nachkommt«.

Es ist besonders wichtig, ein Kind wie Matthias in seiner emotionalen Entwicklung gut zu unterstützen (vgl. Haupt 2003, 73). Dazu gehört auch, dass Unterrichtsstrukturen gefunden werden, in denen er sich nicht nur in seinen Defiziten erlebt. Eine herausragende Bedeutung kommt der Gruppe zu, in der die Auseinandersetzung mit dem Anderssein offen geführt werden kann und unterstützt wird. Matthias hätte eine Klassengemeinschaft gebraucht, in der ein Gefühl der Zugehörigkeit hätte wachsen können. Die Haltung der Lehrkraft, ihre Vorbildfunktion und Führungskompetenz sind ausschlaggebende Faktoren bei der Gestaltung eines akzeptierenden Umfeldes.

Sebastian

> Sebastian kommt mit sechs Jahren als sehr krankes Kind in die Schule.[13] Die Lehrerinnen ängstigt die Konfrontation mit Sebastians Krankheit. Sie scheuen vor Gesprächen mit der Mutter zurück. Lange Zeit bleibt die Krankheit die Privatangelegenheit der Familie. Sie sorgt für den Transport zur Schule, die Mutter trägt den Jungen in den Klassenraum im ersten Stockwerk, Fehlzeiten werden zu Hause durch ein Mehr an Hausaufgaben kompensiert. In der Klasse wird die Krankheit nicht thematisiert. Sebastian versteckt sich, wenn er Schleim abhusten muss.

[13] Sebastians Lerngeschichte wird in diesem Buch mehrfach als Beispiel herangezogen. Seine Geschichte ist bereits in »Ein Schulort für Sebastian und Matthias« (Ehrenstein 2007) beschrieben worden. Alle ihn betreffenden Zitate entstammen verschiedenen Kapiteln dieses Buches.

Mit Fortschreiten der Erkrankung wächst bei den Lehrerinnen die Vorstellung, dass Sebastian in eine extreme Notlage geraten könnte. Sebastian selbst ist häufiger erschöpft, es sammeln sich immer mehr Fehltage in der Schule, weil Krankenhausaufenthalte häufiger nötig werden. Die Mutter verzweifelt manchmal daran, dass ihr Kind neben all den Belastungen im Alltag mit einer solchen Krankheit auch noch den schulischen Anforderungen genügen soll.

In der Schule wird Sebastian eine Integrationsfachkraft zur Seite gestellt. Mit ihr spricht er über seine Krankheit. Er thematisiert die Lungentransplantation, die eines Tages auf ihn zukommen wird. Auch das Thema Sterben ist kein Tabu. Im Unterricht und im Kontakt mit seinen Mitschülerinnen und Mitschülern bleibt Sebastian verhalten. In Sebastian spielen sich verzweifelte Gedanken ab, während äußerlich so getan wird, als sei nichts Besonderes. Auch von Seiten des Schulamtes wird konstatiert, »... dass Mukoviszidose (...) gar keine Behinderung sei, sondern eine Erkrankung. Eine Lernbeeinträchtigung gehe mit dieser Krankheit nicht einher und somit stelle sich auch die Frage nach einem eventuell vorliegenden sonderpädagogischen Förderbedarf gar nicht.« Sebastian offenbart seine Gedanken einer Studentin, die im Rahmen ihrer Examensarbeit mit ihm in den Dialog tritt und mit ihm Wege hinaus in den Kontakt mit anderen Kindern sucht. Er berichtet, dass er schon zweimal fast gestorben wäre. Einmal als Säugling und vor drei Jahren im Alter von sieben: »Mein starker Wille hat mir mein Leben gerettet. Eigentlich bin ich ein tapferes Kerlchen.« Im Religionsunterricht begegnen ihm Geschichten, die ihn beeindrucken und beschäftigen. Er fragt nach dem Warum und äußert: »Ich verstehe Gott nicht.« Er erinnert sich: »Gefragt haben sie [seine Mitschülerinnen und Mitschüler] nicht. Am Anfang haben wir mal das Buch ›Anna macht mit‹ gelesen. Aber die meisten haben halt noch nicht verstanden, worum es ging.« Eine Mitschülerin erzählt: »Am Anfang haben wir gedacht, der Sebastian sei ganz normal. Er hat nur ziemlich oft husten müssen. Wir wussten, dass er öfter in Kur geht, wussten aber nicht, was genau Mukoviszidose ist. Da kam er mal mit so einem Gerät von der Kur, da haben wir gewusst, dass er krank ist.« Sebastian setzt sich mit Hilfsbereitschaft und Mitleid auseinander: »Für mich ist das komisch, die anderen helfen mir gern, würden die Krankheit ja auch gern wegmachen, wenn sie könnten. Manchmal nervt das. Auch wenn ich nicht unbedingt die ganze Hilfe brauche, wollen die anderen mir unbedingt helfen. Aber sagen will ich auch nichts, sie meinen es ja gut. Wenn ich zum Beispiel die Treppe hochgehe und dann nicht mehr kann und stehen bleibe, zwinkern sie sich zu und tragen mich. Mir ist das dann schon peinlich. Eigentlich würd ich lieber stehen bleiben und warten, aber ich will nichts sagen, das ist ja auch nett und sie meinen es gut.« In den Pausen möchte er mit den anderen zusammen sein. In solchen Situationen nagen manchmal Zweifel an ihm: »Sie tun dann so, als hören sie nichts. Das finde ich doof. Die könnten ja auch warten oder mir wenigstens antworten, aber sie gehen oder rennen weg. Da denk ich, es sind doch nicht so richtige Freunde. Außerdem ärgert es mich. Thorsten sagt, dass ich sein bester Freund sei. Das glaub ich ihm ja auch, aber wenn er dann mit Ralf wegrennt, find ich es blöd. Ich bin dann enttäuscht.« Als Freundinnen und Freunde tragen sie seine Hoffnung mit: »Sebastian ist ganz arg lustig für dass er es doch so schwer hat. Ich denk immer jeden Morgen, dass er vielleicht kommt und sagt, dass er jetzt eine neue Lunge kriegt ... Dann könnt er mit uns spielen, mit raus gehen, vielleicht tät er dann bessere Noten schreiben. Manchmal ist er nicht da, weil er in Kur ist. Und dann kann er nicht mitlernen. Wenn er gesund ist, kann er selbst schneller schreiben, braucht niemand, der für ihn schreibt.«

Eine schwere Krankheit auf den medizinischen Aspekt zu reduzieren, wie es die Schulaufsicht getan hat, bedeutet eine Missachtung der Lebensaufgabe, die für jene Kinder und ihre Familien aus dem Leben mit der Krankheit erwächst.

Sebastian konnte seine Krankheit zu keinem Zeitpunkt aus seinem Leben ausklammern. Schon früh war er mit Fragen nach dem Leben und Sterben konfrontiert, Fragen, die er auch in die Schule mitbrachte. Auch dort darf man sich dem nicht verschließen. Die mitfühlende Beziehung zum Kind wird zur wichtigsten Grundlage der Förderung. Entscheidungen über Schwerpunkte in der Förderung, über Leistungsanforderungen und Maßnahmen der Entlastung müssen mit Entwicklungen im emotionalen Lernbereich gut verbunden und darin gut verankert werden. Fehlzeiten, die durch die medizinische Versorgung entstehen, kann das Kind nicht einfach über ein Mehr an Hausaufgaben kompensieren. Es müssen andere Lösungen gefunden werden.

Fabiano

Fabiano ist durch eine Fehlbildung im Mundbereich entstellt. Er hat bereits einige Operationen hinter sich und eine nächste steht bald bevor. In der Schule wird er anfangs beäugt und einige Mädchen nutzen einen Konflikt mit ihm, um zu urteilen, er sehe aus wie ein Monster und man habe Angst vor ihm. Die Jungen, die er täglich an der Bushaltestelle trifft, rufen ihn mit dem Spitznamen »Einzahn«. Fabiano ist acht Jahre alt.

Mit seinem biografischen Hintergrund gehört Fabiano zu den Kindern, deren Bildungschancen als gering einzuschätzen sind. Er hat einen Migrationshintergrund. Die Mutter traf die Entscheidung, sich von ihrem Mann zu trennen. Sie versorgt ihre drei Kinder seit acht Jahren alleine. Derzeit arbeitet sie fünf Stunden täglich bis in den späten Nachmittag. Fabiano lebt also in prekären Verhältnissen. Er gilt als lernbehindert und verhaltensauffällig. Die Mutter bittet weinend darum, dass ihr Sohn »nicht auf die Sonderschule muss«. Fabiano sagt über sich selbst: »Ich kann sowieso nichts«, und: »Ich bin der Arsch.« Er ist häufig in körperliche Auseinandersetzungen verwickelt. Auf der Straße trifft er Freunde, mit denen er »abhängt«. Manchmal läuft er zum Jugendzentrum, wo er den Betreuungspersonen bekannt ist. Zum Vater besteht kein Kontakt. Die Mutter erwirkt endlich die Scheidung. Das Jugendamt ist eingeschaltet, weil sie eine andere Sorgerechtsregelung wünscht; noch ist es beiden Elternteilen übertragen. Sie nimmt die Termine mit dem Jugendamt, die in dieser Sache anberaumt werden, zuverlässig wahr. Ihre noch mangelnden Deutschkenntnisse jedoch erschweren die Verständigung. Als das Jugendamt weitergehende Hilfe anbietet, bekommt die Mutter Angst, dass Fabiano aus der Familie genommen werden soll. Sie verweigert die Kooperation mit der Mitarbeiterin, die sich speziell um Hilfen bei der Erziehung und ein nachmittägliches Betreuungsangebot kümmern möchte.

Emotional sind Mutter und Sohn sehr eng verbunden, sie stehen zueinander. Fabiano möchte Probleme mit der Lehrerin alleine klären, ohne dass »meine Mutter erfährt, dass ich schon wieder Mist gebaut habe«. Er wünscht so sehr, der Mutter endlich einmal eine gute Note vorweisen zu können. Aber es gelingt ihm bisher nicht, die Anstrengungsbereitschaft, die dafür notwendig wäre, wirklich zu mobilisieren.

Die Unterstützung schulischer Lernprozesse erscheint in Anbetracht der Problemhäufung im Umfeld des Jungen als nachgerade zweitrangig. Sozialpädagogische und psychologische Fragen belasten die schulischen Fachkräfte. Ohne die Vernetzung von Stützsystemen ist eine gute Förderung des Jungen nicht denkbar. Familienhilfe, Hausaufgabenbetreuung, Freizeitangebote, unterrichtliche Lernhilfen, sozialpädagogische Betreuung in der Schule müssen als mögliche Hilfskonzepte in ihrer Abhängigkeit und Wechselwirkung gesehen werden. Die Stärke und unverbrüchlich positive Haltung, wie sie Fabianos Mutter zu ihrem Sohn zeigte, sind wichtige Anhaltspunkte, wenn über außerfamiliäre Unterstützungsmaßnahmen für Fabiano nachgedacht wird. In der Schule muss eine Person gefunden werden, die die notwendigen Kommunikationsprozesse koordiniert, begleitet und Ergebnisse zusammenführt.

Johanna

> Johanna ist ein lernbehindertes siebenjähriges Mädchen. Die Eltern unterstützen sie gut. Auf der Suche nach der passenden Schule für ihr Kind erkundigen sie sich über die unterschiedlichen Möglichkeiten. Sie gehen verschiedene Varianten gedanklich durch und treffen eine Entscheidung. In den vorschulischen Einrichtungen war man geschickt auf ihren besonderen Förderbedarf eingegangen. Johanna kommt als selbstbewusstes Mädchen in die Schule. Sie geht davon aus, dass man sie ernst nimmt. Sie hat Vorstellungen davon, wie Schule ist. Sie will in der Klasse an den allgemeinen Inhalten mitarbeiten. Äußere Differenzierung ist für sie über lange Strecken während der ersten beiden Grundschuljahre keine Option. Sie weiß um die Möglichkeit, die »Helferlehrerin« in Anspruch nehmen zu können. Sie besteht darauf, selbst zu bestimmen, wann sie ihre Unterstützung haben möchte. Sie arbeitet ausdauernd und beharrlich auf Ziele hin, die sie für sich annimmt. Sie »managt« ihr Lernen und »organisiert« sich Lernhilfen. Mit den Eltern steht die Sonderpädagogin der Schule in regelmäßigem Kontakt.

Mit einem Mädchen wie Johanna kann man nicht einfach ein differenziertes Programm abarbeiten, das man sich als Lehrperson in sogenannten »Förderplänen«[14] zurechtgelegt hat. Solche Kinder bestehen

[14] Auf das Thema Förderpläne wird im Kapitel »Gemeinsam Unterricht vorbereiten und gemeinsam im Unterricht stehen« auf S. 253ff. eingegangen.

auf Aushandlungen. Man kann sich auf ihre Einschätzung verlassen. Sie teilen mit, wo sie Dinge gut mitmachen können, und sie formulieren Hilfebedarf, wenn sich Hürden entgegenstellen, die sie überfordern. Sie sorgen selbst mit dafür, dass ihre Zugehörigkeit nicht infrage gestellt wird, sie sind sich ihrer Berechtigung bewusst. Es gibt für sie keine Schwelle, die sie hemmen könnte, individuelle Zuwendung und spezielle Lernhilfen einzufordern. Für sie hängt viel davon ab, ob eine gute Abstimmung gelingt. Das Verhältnis zwischen Kind, Klassenleitung und Helferperson muss offen und verlässlich sein.

Lydia

> Lydia ist ein schwer körperbehindertes Mädchen. Sie ist zehn Jahre alt. Ihren motorischen Möglichkeiten sind enge Grenzen gesetzt. Sie kann mit den Händen kaum etwas tun. Die Fortbewegung im Rollstuhl ist äußerst mühsam. Sie verfügt nicht über die Lautsprache. Sie geht in eine Klasse mit mehrfachbehinderten, ebenfalls nicht sprechenden Kindern in einer Schule mit dem Förderschwerpunkt motorische Entwicklung. Während der Pausen, die die Kinder in den Gängen verbringen, sucht Luzia, die in eine andere Klasse geht, Kontakt zu ihr. Sie fährt sie im Schulhaus herum und redet mit ihr. Eine Studentin beobachtet die beiden. Sie bekommt mit, wie Lydia mit ihrer ausdrucksvollen Mimik, mit Kopfbewegungen und Gestik Interesse, Zustimmung und Ablehnung zum Ausdruck bringt. Sie findet heraus, dass Lydia sich für Schrift und Buchstaben interessiert, und gewinnt im Gespräch mit ihr den Eindruck, dass sie gerne lesen lernen möchte. Sie fragt die Lehrerinnen, ob sie ins Auge gefasst haben, Lydia den Schriftspracherwerb zu ermöglichen.

Der Weg zur Schriftsprache ist für ein Mädchen wie Lydia ungleich mühsamer und zeitaufwändiger als für Kinder, die sprechen können. Es gibt keine methodisch-didaktischen Rezepte. Lernwege müssen für jedes Kind individuell erst gefunden werden. Nichtsprechende Kinder brauchen Menschen, die ihnen über lange Zeiträume sozusagen eine Assistenz anbieten. Diese müssen sich ganz auf die besonderen Lernvoraussetzungen der Kinder einstellen und die Lautsprache für sie hervorbringen. Manchmal sind es außergewöhnliche, eigenwillige, im Anfangsunterricht einer Grundschule eher unübliche Lösungen, die in der Zusammenarbeit mit dem Kind für Probleme gefunden werden. Es geht in der Förderung solcher Kinder um die Öffnung von Entwicklungsperspektiven und die Erweiterung von Lebensqualität. Auch dies sind Aufgaben, die im schulischen Umfeld mitbedacht werden müssen.

Es handelt sich bei der Suche nach Perspektiven für diese Kinder um pädagogische Fragen, die von den allgemeinen Schulen ausgeblendet und an die Sonder- bzw. Förderschulen weitergereicht wurden. Die Bestrebungen, ein *inklusives* Schulsystem umzusetzen, geben die Fragen an die Allgemeinheit zurück. Die Sonderpädagogik muss wieder als ein Teilbereich der allgemeinen Pädagogik verstanden werden. Die Abhängigkeit der Kinder und Jugendlichen mit einer Behinderung von den Haltungen der Menschen in einer mitverantwortlichen und mitgestaltenden Schulgemeinschaft wird offenbar. Wenn es mit der Inklusion ernst werden soll, geht die Frage dahin, ob die Gemeinschaft lediglich Zugeständnisse macht oder ob sie das Selbstbestimmungsrecht und das Recht eines Menschen mit Behinderung auf Teilhabe am gesellschaftlichen Leben achtet. Unversehens werden Kolleginnen und Kollegen, denen dieser Blickrichtungswechsel zugemutet wird, mit ihren Einstellungen zu Behinderung und Krankheit konfrontiert.

2.4 Zumutungen und Entwicklungschancen

Lehrkräfte allgemeiner Schulen sollen den Begriff *Inklusion* mit Vorstellungen füllen und auch jene Kinder mit Beeinträchtigungen oder Behinderungen unterrichten. Sie sind aufgefordert, im Rahmen ihrer pädagogischen Verantwortung und in einer grundsätzlichen Offenheit für die Heterogenität ihrer Schülergruppe ihre Unterrichtskonzepte weiterzuentwickeln, Methodenkompetenz auszubauen und Kenntnisse über Entwicklungswege zu erweitern.

Die Sichtweise auf die Problemlagen muss sich ändern. Fragen müssen aus einer anderen Blickrichtung gestellt werden. Die erforderlichen Veränderungsprozesse müssen einen »anderen« Ausgangsort nehmen. Der Unterricht als leistungsbetonte und ergebnisorientierte Unternehmung steht infrage. Es braucht den Mut, das fertige Schienensystem, auf dem der traditionelle Unterricht verläuft, zu verlassen.

Vorbehalte gegen die Auseinandersetzung mit den eigenen Haltungen sind verständlich, denn »die zugrunde liegenden Wertkonflikte und Interaktionsspannungen (…) sitzen sehr tief und können nach bisher vorliegenden Erfahrungen nur in tiefgreifenden persönlichen und gesellschaftlichen Entwicklungsprozessen überwunden werden« (Haupt 2003, 13).

Relativierungsversuche machen die Ambivalenz deutlich, in der die Auseinandersetzung mit Fragen der eigenen Haltung Gefahr läuft, sich zu verfangen: Sarah wird doch ohnehin eines Tages in der Werkstatt für behinderte Menschen[15] arbeiten. Muss man sich da so viele Gedanken machen? Ist Sebastian denn wirklich behindert? Eigentlich ist er doch nur krank. Bei Fabiano ist die Schule doch von vornherein machtlos, ihm fehlt jegliche Unterstützung von zu Hause, nie hat er die Hausaufgaben gemacht. Da können wir auch nichts dran ändern. Matthias ist doch auch nicht wirklich lernbehindert; der kann nicht lernen, weil er verhaltensauffällig ist. Muss da nicht eher der Psychologe ran? Und geht es bei allem nicht hauptsächlich um die soziale Integration? Die individuelle Förderung muss dahinter zurücktreten. Und ist es nicht auch so, dass die Schüler in der Schule sind, um einen möglichst guten Schulabschluss zu erlangen? Das heißt, es müssen Leistungen von ihnen gefordert werden. Sie sind nicht in der Schule, um kuschelpädagogisch bedient zu werden. Muss Lydia wirklich lesen lernen, wenn sie doch eh ihr Leben lang von umfassender Betreuung abhängig sein wird? Diesem Einwand hätte Kathrin Lemler, die aufgrund einer umfänglichen cerebralen Bewegungsstörung nicht sprechen kann, entschieden etwas entgegenzusetzen. Sie erzählt in ihrem autobiografischen Bericht: »Ich (...) gehe auf ein integratives Gymnasium (...). Dort mache ich gerade mein Abitur« (Lemler/Gemmel 2005, 28).

Die einzelne Lehrperson hat die subjektive Verantwortung dafür, Entscheidungen zu begründen und zu vertreten, für die sie weder Vorgaben noch Modelle hat. Die entstehenden Konflikte belasten sie. Lehrkräfte, die bereit sind, sich den neuen Anforderungen zu stellen, brauchen Unterstützung. Sie müssen die Chance haben, die persönlichen Veränderungsprozesse, die mit der bildungspolitisch gewünschten Schulentwicklung einhergehen, *unbeschadet* durchlaufen zu können.

Auf der Suche nach Lösungen für die Herausforderungen im Schulalltag gilt es zu entscheiden, dem Gefühl, *es* nicht zu schaffen, die Stirn zu bieten. Das hieße, sich allgemeingültigen Routinen und einem allgemeinen Jammern zu verweigern. Damit wäre ein Schritt über den Rahmen

[15] Eine Werkstatt für behinderte Menschen (WfbM) »ist eine Einrichtung zur Eingliederung von Menschen mit Behinderung in das Arbeitsleben [und] ist seit dem 1. Juli 2001 durch das Neunte Buch im Sozialgesetzbuch (SGB IX) gesetzlich verbindlich. Sie löste den seit 1961 im Bundessozialhilfegesetz (BSHG) verwendeten Begriff *Werkstatt für Behinderte (WfB)* ab. Andere veraltete Bezeichnungen sind *Beschützende Werkstätte* oder *Behindertenwerkstatt.*«

des Üblichen hinaus getan. Das wäre der Anfang von möglicherweise vielen Schritten auf Wegen durch noch unbekannte Gefilde.

Man sähe sich wieder als Lernende. Dazu gehören Selbstbewusstsein und Mut – gegenüber Kolleginnen und Kollegen sowie Eltern. Gegebenenfalls sind Konflikte im beruflichen Feld auszutragen und Hilfen zu bemühen.

Es begänne ein wirklich beschwerlicher, vielleicht ängstigender, in jedem Fall auch aufregender Weg. »Zu jedem Prozess gehört ein Wagnis der Unsicherheit, das Risiko des Ungewissen. Daraus folgt, dass das Gelingen eines Prozesses abhängt vom Grad der Ausgewogenheit der beiden Zustände Sicherung und Entsicherung, Beharrung und Lösung. (…) Wenn man das Wagnis des Ungewissen nicht auf sich nimmt, bleibt man auf der Stelle stehen« (Kükelhaus 2006, 38). In der Schule würde die Entscheidung wegführen von einem eingespielten, sicherheits- und harmoniebedürftigen »Lehrkräfte-Wir«, das so zäh sich auch kleinen Veränderungen zu widersetzen sucht (vgl. Pennac 2009, 128). Gegebenenfalls müssen neue Bündnisse geknüpft werden, weil man auf das bisherige Verständnis nicht mehr wird zählen können. Manchmal beginnt damit ein einsamer Weg. Es ist ohne Zweifel ein in vielerlei Hinsicht schwieriger Weg.

3. Handlungsspielräume für die Förderung behinderter Kinder im traditionellen Grundschulunterricht

In einer Schule, in der weitgehend konventionell unterrichtet wird, lassen sich nur mit großen Schwierigkeiten Handlungsspielräume für die Förderung von Kindern finden, die wegen spezifischer Lernvoraussetzungen dort nicht oder teilweise nicht mitlernen können. Die folgenden Abschnitte geben Einblick in die Lerngeschichten von Okan, Daniel, Fabiano und Johanna. Sie konfrontierten mich mit Problemstellungen, die besondere unterrichtliche Maßnahmen erforderten, auf welche die Schule nicht vorbereitet war. Die Lösungen, die sich fanden, können im Nachhinein als Ergänzung oder als Ersatzunterricht angesehen werden. Es handelte sich um Notlösungen. Das gleichschrittige Arbeiten im Klassenunterricht, das auf festgelegte Lernziele ausgerichtet war, blieb von diesen Maßnahmen unberührt.

3.1 Okan

Okans Schulgeschichte begann also damit, dass man auf seinen Bedarf an umfänglicher Entwicklungsunterstützung nicht vorbereitet war (s. S. 19f.). Die Verantwortung für seine Lernentwicklung war im Verlauf des zweiten Schuljahres an mich als Sonderpädagogin abgegeben worden.

»Püppchen spielen« – Ausdrucksförderung auf dem Weg zum Schriftspracherwerb

Täglich arbeitete ich etwa eine Schulstunde mit Okan. In der übrigen Zeit des Schulvormittages übernahm die Integrationshelferin die Förderung. In wöchentlich stattfindenden Gesprächen entwickelte ich mit ihr zusammen Angebote, die sie eigenständig für Okan umsetzte. Man traf die beiden häufig an ausgelagerten Tischen vor dem Klassenzimmer, weil die Klassenlehrerin die Verständigung zwischen der Helferin und Okan – selbst wenn sehr leise gesprochen wurde – als zu störend empfand.

Für meine Arbeit mit Okan stand ein kleiner Raum zur Verfügung, den ich in geeigneter Weise für klassenunabhängige Unterstützungsmaßnahmen eingerichtet hatte. Bei den Überlegungen zur Gestaltung der Förderung ließ ich mich von Okan leiten. Er streifte an den Möbeln und Gegenständen in diesem Raum entlang. Ich wies ihn auf Dinge hin, die es hier gab, er griff etwas auf, drehte es in den Händen, während er mit einem fragenden Blick zu mir schaute, legte das Ding wieder weg, wendete sich etwas anderem zu. Ich folgte ihm auf seinem interessierten Rundgang. So wurde bald klar, welches Lernfeld wir als Erstes betreten würden.

> Das Zimmer ist klein, aber hell und freundlich. Auf einem schmalen Raum zwischen Regalen und Tischen ist Platz, einen kleinen Teppich auszulegen und mit fingergroßen Menschen- und Tierfiguren, Autos, kleinen Bäumen, allen möglichen Alltagsgegenständen etwas zu beginnen. Ich lade Okan dazu ein. Der Hund interessiert ihn? Hat er einen Namen? Wo ist er gerade? Was hat er vor? Ein *Kontaktraum*[16] öffnet sich, den Okan vorsichtig und scheu betritt. Aus dem *Kontaktraum* wird nach kurzer Zeit ein *Spielraum*. Bald entwickeln sich Geschichten. Die Spielmittel funktionieren wie Wörter (vgl. Haupt 2006, 75). Das Spielgeschehen greift über den kleinen Teppich hinaus. Die Zimmerpflanze auf der Fensterbank, ein Stein, ein Kästchen, ein Tuch werden einbezogen. Geräuschkulissen begleiten die Szenen, die sich abspielen. Ich bekomme Rollen zugewiesen. Okan hält mir die entsprechende Figur hin: »Nimm du! Sag du!« Vorsichtig bringe ich eigene Ideen ein. Ich bringe Sprache ins Spiel. Geräusche, Gestik, Mimik, Lautproduktion, Veränderung der Stimmlage und unterschiedliche Lautstärken unterstützen die Verständigung. Wir verfolgen keine festgelegte Absicht. Es geht um Erfahrungen, die wir miteinander teilen. Als Spielbegleiterin und Mitspielerin möchte ich Okan verstehen.
> Ich suche nach Bezugspunkten: »Okan, sag du mir – was soll die Mutter denn machen? Sag du mir, was sie zu dem Krokodil sagen soll.«
> »Hrrrruaaaaaa ...«
> »Oh, sie wird gefressen ...?«
> »Nein, da, rennen du musst!«
> Okan scheint zu erleben, was er inszeniert.

Der Schwerpunkt unserer gemeinsamen Arbeit lag für lange Zeit auf der Ausdrucksförderung.

16 Mit *Kontaktraum* bezeichne ich den Raum, der zwischen dem Kind und der erwachsenen Person entsteht, während beide auf der Suche nach Möglichkeiten der Annäherung vorsichtig gegenseitig ihre Kontaktgrenzen abtasten und Distanz und Nähe zueinander austarieren, mit dem Ziel, Kontakt herzustellen und einen Prozess der Zusammenarbeit zu beginnen (vgl. S. 257ff.).

Jeden Tag frage ich Okan zuerst, was er heute machen möchte. Er könnte auch wählen, ein Bilderbuch anzuschauen, einen Spaziergang in den nahen Ort zu machen oder am PC etwas mit Buchstaben zu probieren, das Lesen zu lernen, eine Geschichte zu malen, zu rechnen. Irgendwann wartet er meine Frage gar nicht mehr ab, sondern stürmt mit dem Ausruf »Püppchen spielen« in den Raum. Es fällt ihm oft schwer, sich am Ende der Stunde aus den Ereignissen zu verabschieden. Manchmal schreibe ich die Geschichte, die Okan gespielt hat, auf. So gut Okan kann, gibt er seine Wörter dazu. Am nächsten Tag drängt er darauf, vorgelesen zu bekommen, was gestern in seinen Geschichten vorging. Daran knüpft er über mehrere Wochen jeweils die Fortsetzung der Geschichte an.

In dem Maße, in dem Okans Selbstbewusstsein wächst, nimmt seine Sprachproduktion zu. Nach einigen Wochen zeige ich den Eltern Filmausschnitte, die ich während des Spielens aufgenommen habe. Die Mutter äußert überrascht: »Okan spricht ja. So viel hat er nie gesprochen.«

Jetzt möchte Okan auch lesen lernen. Vielleicht gab es zu Hause darüber ein Gespräch. Bis Weihnachten, so sagt er, möchte er sein Ziel erreichen. Mit seiner Vorfreude bringt er eine hohe Intensität in unsere Zusammenarbeit. Okan beginnt mühsam zu verstehen, was es damit auf sich hat, wenn ich ihn bitte, genau »hinzuhören« und herauszufinden, wie der Anfang des Wortes klingt, anders, als es dies in der Mitte oder am Ende tut. Er verfolgt meine Mundstellung in Verbindung mit den verschiedenen Lauten, die er hört und die jeweils anders tönen. Er macht es mir nach. Wir versuchen, Anfangslaute zu isolieren. Die Lautanalyse ist offensichtlich etwas völlig Neues für Okan. Die symbolische Übersetzung der Laute in Buchstabenzeichen kann er nicht nachvollziehen. Mit den Buchstaben, die Okan fast alle kennt, verband er bisher Schreibübungen. Es erscheint ihm offenbar als ganz abwegig, sie im Zusammenhang damit zu sehen, was für ihn »Hören« ist. Ich entscheide mich, mit Okan zusammen das symbolische Abbilden von Lauten hier und jetzt neu zu erfinden. So würde ich ihm die erstaunliche Erfahrung ermöglichen, dass man sich mittels bestimmter Symbole, die man für eine Mitteilung wählt, vom Sprechen unabhängig machen kann – analog zur Schriftproduktion. Wir machen keine Umwege über die Erfindung von Zeichen für ein ganzes Wort oder eine Mitteilung. Wir steigen gleich in das Verbinden von Laut und Zeichen ein. Wir denken uns gestische und mimische Bewegungen aus, die wir

den Wortanfängen, die er hören lernt, zuordnen. Er versteht den Zusammenhang von Laut und Zeichen ohne Weiteres, denn er verfügt längst über Symbolverständnis. Mit Hilfe unserer Zeichensprache also könnten wir lernen, stumm miteinander zu sprechen ... Das fasziniert Okan sehr. Aber erst einmal sind wir noch bei den Zeichen für die Wortanfangslaute.
Wir laden einen Jungen aus seiner Klasse ein. Ihm bringen wir die Zeichen bei und entwickeln Ratespiele: Welches Wort könnte ich im Sinn haben, wenn ich mit dem Finger schnalze? Es ist das Zeichen für den Laut [K]. Unser Repertoire an Zeichen ist Okan geläufig. Sein Mitschüler, die Integrationshelferin und ich tun uns ungleich schwerer. Uns drängen sich die Buchstaben dazwischen, wir haben sie als die viel vertrautere »Zeichensprache« immer vor Augen. Uns dreien passiert es immer wieder, dass wir den Umweg über die Buchstabennamen gehen, um uns die Entsprechung in Okans Zeichensprache herzuleiten und die richtige Geste einzusetzen. Das bleibt von Okan nicht unbemerkt. Er wird hellhörig. Irgendwann begreift er: Mit den Buchstaben, die er kennt und die wir so angestrengt zu verheimlichen versuchen, kann man die Zeichen, die wir mit unseren gestischen und mimischen Verrenkungen in die Luft machen, aufnotieren. Er versteht auf einmal: Die Buchstaben, die in unseren gemeinsamen Stunden für lange Zeit außen vor geblieben waren, stehen für Laute! Das ist nun wirklich für Okan die größte Überraschung.
Von jetzt an können wir die Buchstaben ins Lernen einbeziehen – und zwar als Lautzeichen. Okan hat es geschafft: Der Schreiblernprozess beginnt.

In diesen ersten zwölf Monaten der Zusammenarbeit war es in der Einzelsituation gut möglich, Okans Lernentwicklung zu unterstützen. Inzwischen lagen Welten zwischen der Erinnerung an Okans Kärtchen aus der Wörterkiste, von denen er Buchstaben abmalte, und dem komplexen Vorgang des Übersetzens in Zeichensprache, den er mit dem Schreiben zu verbinden begonnen hatte. Welche Kapriolen mussten wir schlagen, um die eintrainierten, als Voraussetzungen für das Lesen- und Schreibenlernen untauglichen Gewohnheiten auszutricksen und zu überwinden!

Die Fördermaßnahmen, die ich während dieser Zeit durchführte, aber auch die Arbeit, die die Integrationsfachkraft täglich für Okan und in Zusammenarbeit mit ihm leistete, stellten einen Ersatzunterricht dar. Hier hatte Okan lernen können. Das war in der Klasse für ihn nicht möglich. So gesehen ist es eine wichtige Überlegung, ob grundsätzlich personelle Ressourcen für Einzelfördermaßnahmen bereitgehalten werden müssen, solange keine befriedigenden Lösungen für die Lernbedürfnisse behinderter Kinder in Regelklassen gefunden sind.

Okan blieb auch nach diesem »umwälzenden« Entwicklungsschritt während der Unterrichtszeiten, in denen im Sprach- und Lesebuch gearbeitet wurde, aus dem Klassenverband ausgegliedert. Die isolierten Bedingungen und der täglich sehr enge zeitliche Rahmen hatten nichts mit dem Bild von Schule zu tun, das sich sicher auch Okan einmal gemacht hatte. Der Fortgang seiner Geschichte zeigt, wie eine kindgerechte Förderung ohne die Gruppe anderer Kinder auf Dauer an Grenzen gerät.

> Okan ist nun im dritten Schuljahr. Es geht auf den Herbst zu. Okan spricht inzwischen viel und die Verständigung gelingt einigermaßen passabel. Aber er artikuliert nach wie vor so ungenau, dass er, wenn er schreiben will, auf die Helferin angewiesen bleibt, die ihm die Wörter korrekt vorspricht. Auch der Umfang seines Wortschatzes ist über die zur alltäglichen Verständigung notwendigen Begriffe und Wendungen noch nicht hinausgekommen.
> In der Förderstunde stagnieren die Fortschritte. Okan beginnt sich zu langweilen. Lernen geht ihm nicht schnell genug und er will in der Klasse bleiben, bei den anderen. Sprechen und Schreiben sind Ausdrucksgeschehen, die in zwischenmenschlichen Kontexten angeregt werden. Und die fehlen Okan in unserer Zweiersituation. Die spannenden Unterrichtsthemen vermutet Okan im Klassenzimmer. Ich wechsele häufig Medien und Lernanlässe, aber immer seltener hole ich ihn damit aus seiner Missstimmung.
> Für eine gewisse Zeit entstehen wieder lebendige Situationen, in denen miteinander gesprochen, gestritten, verhandelt wird, als ich zwei Jungen aus einer anderen Fördergruppe hinzuziehen kann. Gemeinsam erfinden die drei Geschichten, die ich auf dem Computer aufschreibe. Es entstehen Geschichten von tollen Jungs, die mit Jet und Sportwagen unterwegs sind, die in coolen Klamotten beiläufig einen Haufen Geld in teuren Etablissements ausgeben, sich jegliche Portionen Eis leisten können und in Pools baden, die mit den ausgebufftesten Rutschen und Tretbooten ausgestattet sind, und so lange miteinander spielen, bis sie von ihren Eltern vermisst werden und stolz zurückkehren.
> Oder es sind Geschichten von verloren gegangenen Kindern, entführt von Monstern, von Kindern voller Angst und in Sorge, ob sie von

> den Eltern gefunden werden ... Das Geschichtenschreiben ist für eine ganze Weile sehr attraktiv für die drei Kinder. Mit der Zeit aber stellt sich in diesen Stunden ein ungünstiger Effekt ein. Die Jungen beginnen, mich auf die Probe zu stellen. Sie haben zunehmend das Gefühl, bei mir in einem Freiraum ohne Anforderungen unterwegs sein zu können. Das, was wir hier tun, ist für sie nicht Schule. Es gibt keine Verbindung zu dem, was die Kinder in ihren Klassen erleben, wenn sie den Förderraum verlassen. Die Geschichten, die hier entstehen, werden dort nicht aufgegriffen.
> Ich beende zum nächsten Ferieneinschnitt die Arbeit mit dieser Gruppe.

Durch die Bemühungen der Integrationshelferin kam zum vierten Schuljahr der Wechsel in eine Klasse zustande, deren Klassenlehrer bereit war, sich auf Okan einzustellen. Er wurde in seiner neuen Klasse wohlwollend aufgenommen. Das stärkte ihn in seinem Selbstwertgefühl. Während der Pausen fand er Anschluss an die Jungengruppe und gliederte sich dort als Fußballspieler ein. Er begann, im Unterricht aufmerksam zuzuhören. Das war neu. Es blieb mühsam, ihn zu verstehen, denn er sprach nach wie vor nicht deutlich und hatte oft Schwierigkeiten, passende Worte zu finden. Okan blieb auf weitreichende Lernunterstützung angewiesen. Aber die neue Lehrkraft sah ihn, spürte sein Interesse, fragte nach, entwickelte Vorstellungen darüber, wohin die Entwicklung gehen könnte. Das wiederum motivierte den Jungen, eigene Wünsche zu verfolgen (vgl. Bauer 2005, 126). Über die Vermittlung durch die Helferin wurde es Okan möglich mitzureden. So entstanden kommunikative Situationen, in denen Okan bestärkt wurde, sich den anderen gegenüber zu öffnen. Der Unterricht allerdings lief auch in der neuen Klasse nach traditionellen Mustern ab. Es wurde in Kauf genommen, dass Okans Unterstützung weiterhin vom Engagement der Integrationshelferin abhing. Sie ließ sich über die Unterrichtsvorhaben des Klassenlehrers informieren, um Anknüpfungspunkte für die Lernarrangements, die sie für Okan plante, zu finden. Zusätzlich rückversicherte sie sich bei der beratend tätigen Förderschullehrerin über methodische Wege. Die Verantwortlichkeiten blieben ein weiteres Mal ungeklärt.

3.2 Daniel

Auf Daniel wurde ich aufmerksam, als sein erstes Schuljahr schon dem Ende zuging. Er behauptete, er könne lesen und schreiben, und er führte sein Können an Wörtern vor, die ihm als Buchstabenreihe geläufig waren. Er verstand jedoch nicht, was man mit der Frage »Was hörst du am Anfang des Wortes?« meinte. Er mochte solche Fragen nicht. Das war, wie sich zeigen wird, nicht wirklich verwunderlich. Er gab sich große Mühe, seine Schwächen zu verbergen.

Dem Unterricht in der ersten Klasse lag ein klassischer Fibellehrgang zugrunde. Gelernt wurde entlang eines begrenzten Pools an Wörtern, die sich in der Fibel und den dazugehörigen Arbeitsheften vielfach wiederholten. Sie wurden als Lückenwörter angeboten, in Lautgesten (»Zeichensprache«) übersetzt, ins Schreibheft abgeschrieben und gelesen. An der Wand hingen Buchstabenkarten und Wortkarten.

Anfangs »lasen« die Kinder die Wörter, die in der Fibel vorkamen, indem sie sie als Ganzwörter wiedererkannten. Dann begann die Lehrerin, beim Vorlesen von der Tafel die Einzellaute in herausfordernder Weise zu betonen: »Seht, es wird mit Be am Anfang geschrieben. Wenn man das Wort spricht, dann hört man am Anfang [B]. Und dann weiter: [B]..., [Ä]..., [R]..., [B-Ä-R], Bär.« Die meisten Kinder fanden heraus, wie das »Zusammenschleifen« der Laute funktioniert. Sie begannen, auch unbekannte Wörter zu entziffern. Einige von Daniels Mitschülerinnen und Mitschülern hatten es nach einem halben Jahr geschafft: Sie wussten nun, wie Lesen geht. Nicht so Daniel.

»Ich kann das doch nicht!« – Durch den großen Kummer hindurch auf neue Lernwege gelangen

> Die meisten Buchstaben kennt Daniel schon lange. Gewisse Vorkenntnisse erwarb er bereits im Kindergarten. Er benennt die Buchstaben: A, Be, De, Ha, Em ... Er weiß, dass man Wörter aus Buchstaben zusammensetzt. Er schreibt, indem er vorgegebene Wörter nachfährt oder abschreibt. Von vielen Wortbildern, die im Unterricht vorkommen, kennt er die Bedeutung. Er erkennt Wortbilder wieder.
>
> Daniel behauptet, er könne lesen und schreiben. Er führt sein Können an Wörtern vor, die ihm als Buchstabenreihe, als Wortbild, geläufig sind. Aber wenn er aufgefordert wird, den Versuch zu machen, ein Wort zu lesen, gibt er empört zurück: »Das kann ich doch nicht!« Die Lehrerin setzt auf Geduld. Sie findet immer wieder alternative Aufgaben für Daniel, die »irgendwie« auch mit Lesen und Schreiben zu tun haben und ihn nicht entmutigen. Immer wieder probiert sie mit ihm zusammen: »Was hört man bei ...? Ich mache es dir vor ...«

Laute hören? Wenn Daniel »Daniel« hört, hört er seinen Namen, fühlt sich angesprochen. Wenn er »Tiger« hört, denkt er vielleicht an die Gefahr, die von ihm in der Geschichte »Der Tigerprinz« von Chen Jianghong (2005) ausgeht. Die große Entdeckung, dass man Lautfolgen analysieren kann und dieser Vorgang den Weg markiert, der zu den Buchstaben führt, aus denen die Wörter zusammengesetzt sind, bleibt ihm verborgen.

Daniel befand sich nach einem dreiviertel Jahr mit seinen Kompetenzen weitab von jeglichem Verständnis dessen, wie ein Wort zu seinen Buchstaben oder ein geschriebenes Wort zu seiner Bedeutung kommt. Ihm war sicher nicht verborgen geblieben, dass es einen Unterschied gab zwischen dem, was die anderen konnten, und dem, was er konnte, wenn er ein Wort »vorlas«. Aber er bestand darauf, dass er lesen könne. Das machte ihn einsam. Sein Verhalten schien der Lehrerin immer skurriler. Sie fühlte sich jetzt unter Druck. Sie nahm Kontakt zu mir auf.

Daniel und ich spazieren durch das Schulhaus. Ich will mit ihm über Buchstaben reden. Ich sinne laut nach: Er könne schon viele Wörter aufschreiben. Seinen Namen auch. Mag er mir die Buchstaben sagen, die alle in seinem Namen sind? »De, A, Vau, I, De.« Er erklärt mir: »Meinen Namen schreibt man am Anfang mit De.«
»Ja, das ist richtig.«
Wir überlegen, dass es noch viele andere Wörter gibt, die vorne ein De haben, und ich nenne einige. Wisse er auch, wie Dose geschrieben werde? Er schüttelt den Kopf: »Das weiß ich nicht!«
Ich erkläre: »Dose wird am Anfang auch mit De geschrieben.«
»Aha ...«
Nach einer Pause erkläre ich: »Das De hört sich im Wort so an: [D].« Er macht nach, was ich ihm vorspreche. Nach einer Weile erzähle ich weiter: »Die Wörter Dose und Daniel hören sich am Anfang nämlich gleich an. Deswegen haben beide Wörter ein De vorne.«
Da protestiert Daniel. »Bei Daniel hört man [Da]... und bei Dose hört man [Do]...«, stellt er sehr bestimmt fest. Und das sei überhaupt nicht gleich!
Ich muss ihm Recht geben, gebe jedoch zu bedenken: »Du sagst, Daniel fängt mit [De]... an. Aber dann hießest du ja Deniel.«
Er schaut mich irritiert an.
Dieses Erlebnis markiert eine kleine Erschütterung in Daniels Gewissheiten. Wir halten einen Moment inne, bleiben stehen. Schließ-

lich gehen wir zurück in die Klasse. Jetzt bin ich sicher, dass ich mit Daniel zusammen den Weg finden kann, auf dem er das Prinzip der Schriftsprache begreifen wird.

Daniel war über mein Interesse an seiner Person zunächst nicht erfreut. Eine Frau, die wegen bestimmter Kinder kommt und die sogar manchmal Kinder in einen »Förderraum« mitnimmt – das war Daniel suspekt. Er wusste, dass er etwas nicht konnte, und er ahnte wohl, dass ich mit meinem Interesse an ihm genau daran rühren würde. Vorsichtshalber hielt er Abstand zu mir.

Ich respektiere, dass Daniel den Kontakt zu mir meidet. Es gibt in der Klasse Gewohnheiten, mit denen er vertraut ist und an denen ich nicht rühre. Seine Klassenlehrerin hält immer ein spezielles Angebot für ihn bereit, wenn in der Klasse gelesen und geschrieben wird. Er darf etwas abschreiben oder er fährt Buchstaben nach. Er illustriert eine Geschichte, die ihm vorgelesen wird, oder zeichnet seine Erzählung, die er im Morgenkreis vortrug. Immer wieder bemüht sich die Lehrerin, Zeiten zu finden, in denen sie mit Daniel das Lautieren und die Lautanalyse zu üben versucht. Er reagiert verstimmt, als ich ihn darauf anspreche, ob er denn schon einzelne Wörter aufschreiben könne. Er rennt in den hinteren Teil des Klassenzimmers, versteckt sich unter dem großen Sitzkissen. Ein solches Verhalten kennt die Lehrerin. Mit seinen Allüren im Klassenzimmer bringt er seine Mitschüler zum Lachen. Sie selbst treibt dies eher zur Verzweiflung.
Ich erfahre von der Lehrerin auch, dass Daniel im Morgenkreis immer mit Fantasiegeschichten aufwartet. Das irritiert sie und die anderen Kinder in der Klasse. Sie hat den Eindruck, dass Daniel damit von seinen Defiziten ablenken will. Oft scheinen sich für ihn, so vermutet sie, die Grenzen zwischen Realität und den Fantasieerzählungen, die in seinem Inneren wirken, völlig zu verwischen.
Ich hospitiere nun täglich während einer Schulstunde in der Klasse. Daniel ignoriert mich. Er will nichts mit mir zu tun haben. Wenn die Lehrerin Wörter, die sie an die Tafel schreibt, in Lautgesten übersetzen lässt, macht er mit. Für ihn sind die Lautgesten Zeichen für die Buchstaben, die er »ablesen« kann. Er kann auch schreiben, wie jeder sehen kann: Er setzt Buchstaben zu einem Wort, das ihm geläufig ist, zusammen. Ich spreche ihn nicht wieder auf das Problem an, das mit diesem Trugschluss verbunden ist.

Ich registriere etwas anderes, das für ihn Bedeutung hat. Er ruft mich herbei und verwickelt mich in eine Geschichte von Superman, die er am Morgen, so behauptet er, vergessen habe zu erzählen. Superman habe ihm zu Hause geholfen, gegen das Monster zu kämpfen. Ich höre mir seine Fantasiegeschichten an. So nähern wir uns vorsichtig an.
Auf nichts anderes lässt er sich ein. Ich bin gespannt, wann sich ein Kontaktmoment ergeben wird, der weiterführt. Ich stelle mich darauf ein, dass ich einen sehr langen Atem brauchen werde.

Dann, eines Tages, in einem ganz alltäglichen Moment und eher beiläufig am Ende einer Arbeitsphase, ergibt sich ein Gespräch zwischen Daniel, mir und einigen Kindern, die zufällig in der Nähe stehen. Ich sitze neben Simon, Daniels Tischnachbar, und schaue mir dessen Heft an. Daniel ist schon seit einer Weile wieder unter den Kissenbergen im hinteren Teil des Klassenzimmers verschwunden. Simon hat fleißig gearbeitet. Es ging darum, Wörter mit den dazugehörigen Bildern zu verbinden, und er freut sich, dass er mit der Seite so schnell fertig geworden ist. Ich sehe auf Daniels Heft, in dem die Seite mit wenigen Krakeln bedeckt und unbearbeitet geblieben ist. Ich frage, warum Daniel die Seite verkrakelt hat. Simon klärt mich ärgerlich auf: »Das kann der doch nicht!« Ich wende mich nachdenklich zu Daniel um, der wieder in der Nähe ist: »Ja, nicht wahr, das stimmt, was Simon da sagt. Das, was die anderen auf dieser Seite gemacht haben, kannst du so noch nicht.« Ich setze sogleich nach: »Das ist ziemlich schlimm für einen selbst, wenn man immer wieder merkt, dass man das, was die andern mit dem Lesen können, noch gar nicht kann …« Ich berühre ihn am Arm und sehe ihn an, mache eine nachdenklich fragende Miene. Mit meinem Blick bestätige ich ihm, dass ich ahne, wie traurig man darüber sein kann, wenn man etwas, das man so gerne können möchte, einfach nicht versteht. Dass es einen vielleicht auch sehr wütend macht. Da gibt es plötzlich einen Kontaktmoment, der über die Situation hinausweist. Daniel fängt an zu weinen und beginnt verzweifelt und lautstark zu schimpfen. Es ist Ausdruck eines tief empfundenen Selbstgefühls. Ich gebe zu bedenken: »Aber ja, es gibt immer Dinge, die man kann und die man gar nicht gut kann. Und bei jedem ist das ein bisschen anders.« Ich berichte ihm – und die Umstehenden hören interessiert zu –, dass ich gar nicht gut rennen und radfahren kann. Im Turnen hätte ich mich immer sehr geschämt und geweint. Ein Kind lacht, weil es sich das nicht vorstellen kann. Ich fahre fort: »Doch, doch, und das war schrecklich. Ich habe so oft Angst gehabt. Und konnte doch gar nichts dafür. Und wenn andere gelacht haben, war das sehr schlimm für mich. Jetzt ist mir das egal. Dann habe ich eben Angst und es muss mir jemand helfen.« Aber ich könne natürlich schon gut lesen und schreiben. Und malen. Spontan verkündet Irina, dass sie gar nicht gut Mathe könne. Ich frage sie, was sie denn aber gut könne? Lesen – Lesen, ja, das könne sie jetzt schon gut. Nun findet ein reger Austausch zwischen den Kindern statt. Daniels Miene hellt sich auf. Das Klingeln zur Pause beendet das Gespräch. Der Kummer ist ausgesprochen. Die Anteilnahme der Umstehenden ist wohl ein großer Trost.

Bis zu diesem Zeitpunkt waren mehrere Wochen vergangen. Erst nachdem seine ganze Not kein Geheimnis mehr war, musste Daniel nicht mehr davor weglaufen. Eine Erfolg versprechende Zusammenarbeit konnte beginnen. Daniel war bereit, sich auf den Prozess des Schriftspracherwerbs noch einmal neu einzulassen.

Ich verabredete ein Treffen mit seiner Mutter, um mich mit ihr über meine Beobachtungen und Gedanken auszutauschen. Es ergab sich ein überaus aufschlussreiches Gespräch, in dem Daniels Lerngeschichte im Kontext einer schwierigen Biografie (Krankheiten, soziale Umbrüche) verstehbar wurde:

Schon früh müssen Eltern, Erzieherinnen und Ärzte bei Daniel Schwierigkeiten mit dem Sprechenlernen zur Kenntnis nehmen. Er spielt fantasievoll, aber meist für sich alleine. Seine Verständigung gelingt – andere Kinder lernen in dem Alter längst sprechen – über Laute, die emotional aufgeladen und durch Gesten unterstrichen werden. Daniel ist auch ein neugieriges Kind, er ist ehrgeizig und eifrig, voller Fantasie, sehr eigensinnig und mit seinen Wünschen sehr insistierend. Daniel erhält Unterstützung durch eine Logopädin und wird mit vielen weiteren zusätzlichen Förderangeboten bedacht. Er lernt sprechen. Er lernt, in der Kindergruppe aus seiner Isolation herauszutreten. Er reagiert stets sehr emotional. Damit erleichtert er es den Menschen, ihm direkt zu begegnen. Seiner Wissbegier kommt man gerne entgegen. Er ist ein kluges Kind und wird im Rahmen der vielen Förderangebote früh mit einer anregenden Umgebung bekannt. Schrift interessiert ihn schon vor dem Eintritt in die Schule. Seine Fortschritte werden freudig registriert. Er lernt Buchstaben kennen, und in gut gemeinter Absicht werden ihm die Buchstabennamen genannt. »Schau, deinen Namen, DANIEL, schreibt man vorne mit De.« Bald kennt er fast alle Buchstabennamen. Darauf ist er stolz. Im Gespräch mit der Mutter erinnert sich diese gut an Daniels häufige Mittelohrentzündungen. Auf dieses Problem wird nirgends hingewiesen, weder in den ärztlichen Berichten, die im Zusammenhang mit den Problemen in der Sprach- und Sprechentwicklung erstellt wurden, noch im sonderpädagogischen Gutachten (das im Übrigen keinen sonderpädagogischen Förderbedarf feststellte), auch nicht in den Berichten, die aus den Therapieeinrichtungen vorliegen. Die Hörbeeinträchtigung aber ist vermutlich der Grund dafür, dass das Sprechenlernen so schwierig wurde. Häufig gab es Phasen, in denen er gar nichts hörte. Er habe sich dann oft den Kopf gehalten, habe sich versteckt, war besonders unruhig und zappelig. Heute teile Daniel mit, wenn die Ohrenschmerzen ihm das Leben schwer machen: »Ich höre wieder nichts.« Daniel wurde ein Jahr vom Schulbesuch zurückgestellt. Seine Aussprache ist noch immer verwaschen. Fremde Menschen haben Mühe, ihn zu verstehen. Er kann nicht deutlich artikulieren.

Auf dieser Grundlage waren weiterführende Überlegungen zur Förderung möglich.

Die Mutter war ohne Frage sofort bereit auszuhalten, dass wir mit Daniel noch einmal an einer ganz anderen Stelle des Lernprozesses einsteigen würden, als es der in der Schule eingeführte Fibellehrgang vorsah. Wir besprachen mit ihr, dass Daniel vorerst keine Hausaufgaben in den Arbeitsheften zu erledigen hätte. Der Schwerpunkt läge nicht darauf, das immer Gleiche zu üben. Vielmehr käme es darauf an, dass Daniel neugierig würde auf das, was mit »Hinhören« gemeint sei. Entsprechende Anregungen für das gemeinsame Üben zu Hause notierten wir jeweils im Hausaufgabenheft. Die Mutter verstand, dass Daniel einen mühsamen und langwierigen Weg vor sich hatte.

Daniel und ich konnten gut zusammenarbeiten, indem wir uns für bestimmte Zeiten am Tag vom Geschehen in der Klasse unabhängig machten und uns auf ganz eigenen Pfaden bewegten. Die Klassenlehrerin war bereit, diese vom Klassenunterricht unabhängige Maßnahme in ihrer Unterrichtsorganisation zu berücksichtigen, sodass Daniel sozial nicht von seinen Mitschülerinnen und Mitschülern abgekoppelt wurde.

Bei unserem ersten Termin stehen die Wörter »Dose«, »Daniel« und »Deckel« im Mittelpunkt. Zwei dieser Begriffe hatten ja schon einmal für Verstörung gesorgt und dienen nun als erste Anknüpfungspunkte für die gemeinsame Arbeit. Wir suchen in Daniels Erfahrungsschatz oder in der Umgebung nach Dingen, deren Namen sich vorne anhören wie [Da], [Do], [De]. Laut palavernd spazieren wir durch das Haus. Wir nennen das »Hörspaziergänge machen«. Lustig wird es auf der Suche nach Wörtern, die sich vorne wie [Pa], [Po], [Pi] anhören. In den Schulgängen und auf dem Pausenhof ernten wir neugierige Blicke. Ge... Ge... Ge... länder, TrTrTrTr... Treppe, Ja-cke wie Ja-guar wie Ja-smin ... Wir isolieren Silben oder Lautverbindungen, mit denen Wörter anfangen, kleine Einheiten eben, die Daniel hören und in verschiedenen gesprochenen Wörtern wiedererkennen lernt.
Nach einigen Wochen lenke ich Daniels Aufmerksamkeit auf die Anfangslaute. Wir fahren mit unseren Hörspaziergängen fort und suchen nach den Gegenständen, die zum Beispiel mit dem Laut [M] beginnen. Oder dem [K].
Manchmal beziehe ich Kinder aus Daniels Klasse in die Hörspaziergänge ein. Sie steuern ihre Ideen zu den »Höraufgaben« bei. In der Klasse spielen wir gemeinsam ein Hörspiel, dessen Regeln allen auf unterschiedlichstem Niveau die Teilnahme ermöglicht.[17] Da registriert Daniel eines Tages, dass er tatsächlich Anfangslaute identifizieren kann. Er wirkt einen Moment ungläubig, als er merkt, dass er wie die anderen die angesagten Höraufgaben richtig löst, denn es kommt keine Korrektur von der Lehrerin.
Da weiß ich, dass es »Klick« gemacht hat. Seinen fragenden Blick beantworte ich mit einem bestätigenden Lächeln.
Daniel wirkt wie erlöst und ist zugleich ungeheuer aufgeregt. Etwas Neues beginnt. Wir verbringen einige Stunden nur damit, die Anfangslaute aller möglichen Wörter, die Daniel bekannt sind, herauszufinden.

---

17 Beispiele für »Hörspiele«, wie Daniel sie zusammen mit den Kindern seiner Klasse spielte: »Welches Ding könnte ich meinen, wenn ich [Booo] sage?« Oder: »Ich sage euch jetzt lauter Dinge, die hier im Raum sind, und ihr müsst prüfen, ob ihr am Anfang [Taaa] hört. Ihr sagt dann ja oder nein. Also: Regal, Tisch, Stuhl, Tafel ...« Die Lehrerin meldet zurück, ob richtig oder falsch »geraten« wurde. Die Spiele konzentrieren sich irgendwann auf die Anfangslaute, und es werden die Folgelaute einer nach dem anderen ergänzt, um den Ratern zu helfen. Eine Anleitung könnte dann lauten: »Ich sage jetzt die Namen von all den Dingen, die ich in dem Korb habe. Wenn ihr hört, dass es mit [K] anfängt, tue ich es in die

Es vergeht wieder einige Zeit, bis die Endlaute ins Spiel kommen. Daniel artikuliert ungenau und verschluckt die meisten Wortenden – er hört sie also auch nicht. Ich kann ihm helfen, indem ich die Wörter in gutem Blickkontakt mit ihm und mit deutlicher Betonung der Endsilben ausspreche. Er versucht, in seiner Aussprache genauer zu werden. Das fällt ihm schwer. Wiederholt wird er durch Infekte im Hals-Nasen-Ohren-Bereich gebremst. Sie erschweren ihm die differenzierte Lautanalyse. Immer wieder spricht er an: »Ich kann doch nicht hören.« Aber die Fortschritte sind da. Bald werden auch alle anderen Laute gesucht. Es ergeben sich spannende Entdeckungsreisen. Daniel lässt sich nicht mehr entmutigen. Er lernt die Namen der Buchstaben davon zu unterscheiden, wie sie im Wort lauten. Dann lernt er schreiben.

Diese Arbeit wäre im Klassenunterricht nicht möglich gewesen. Ein Kind, das mit Hörproblemen zu tun hat, hat größte Schwierigkeiten, die Abfolge von Lauten und Lautnuancen zu differenzieren. Hintergrundgeräusche, gar ein höherer Lärmpegel, wie er im Unterricht einer ganzen Klasse vorkommen kann, und die Ablenkung durch visuelle Reize, die eine Kindergruppe durch ständiges In-Bewegung-Sein produziert, sind für ein solches Kind sehr ungünstige Bedingungen. Daniel hatte Glück, dass eine zweite Lehrkraft täglich im Deutschunterricht mitarbeiten konnte.

Zum Zweiten war es Daniels Selbstbewusstsein, das ihn schützte und stützte. Er war zudem mit einem guten Gefühl für sich selbst ausgestattet. Er schätzte seine Fähigkeiten realistisch ein. Es kam ihm zugute, dass er in Mathematik und im Sachunterricht mithalten konnte und im Kunstunterricht interessante Zeichnungen lieferte, die ihm positive Aufmerksamkeit bescherten. Daniel war kein Kind, dem der Boden unter den Füßen komplett zu verschwinden drohte. Er war kontaktfreudig und charmant. Den Überforderungen im Anfangsunterricht widerstand er mit seinem »sonderbaren« Verhalten, das die anderen Kinder oftmals zum Lachen brachte.

Die Lehrerin mit ihrer Einstellung war ein weiterer helfender Faktor. Sie nahm Daniels Eigensinn hin. Sie hatte ihren Blick auf den Jungen nie nur von dessen Handicap leiten lassen. Sie machte nicht Daniel dafür verantwortlich, dass er das Lesen und Schreiben nicht wie die anderen Kinder entlang der Fibel lernte. Mit ihrem manchmal aufflammenden Ärger über

Dose.« Die Lehrperson verständigt sich flüsternd mit Daniel, um gegebenenfalls helfend einzuspringen. Daniel ist bei diesen Spielen der Spielleiter.

sein auffälliges Verhalten blieb sie authentisch. Sie ließ dieses so wichtige Gespräch, in dem Daniel sich zu seinem Kummer bekannte, zu. Mit ihrer Freude an der Arbeit mit den Kindern sorgte sie für eine Atmosphäre in der Klasse, in der Kinder sozial und emotional nicht auf »verlorenem Posten« landen konnten. Das ist im so leistungsorientierten Schulbetrieb, in dem Lehrerinnen manchmal verzweifelt über Anforderungen und Erwartungen an sie berichten, nicht einfach. Daniels Selbstgefühl war heil geblieben.

3.3 Fabiano

Nach zwei schwierigen ersten Schuljahren wechselte Fabiano (s. auch S. 55) zum dritten Schuljahr in eine Schwerpunktschule, nachdem der sonderpädagogische Förderbedarf konstatiert worden war. Die Klasse, die er nun besuchte, hatte fünfundzwanzig Schülerinnen und Schüler, die mehrheitlich einem bürgerlichen Milieu entstammten. Drei weitere Kinder mit besonderem Unterstützungsbedarf und er hatten einen schwierigen Stand in dieser Klasse. Fabianos Lehrerin bat mich, ihr während der Stunden in Doppelbesetzung ein wenig von der Sorge um Fabiano abzunehmen. Dies gelang, indem ich Teile der Unterrichtsvorbereitung für die Kinder mit besonderem Unterstützungsbedarf übernahm und während des Unterrichts diesen Kindern half. Die Begleitung des Jungen im Rahmen des traditionellen Grundschulunterrichts war eine Herausforderung. Nicht selten riss der sprichwörtliche Geduldsfaden.

»Na gut, dann mach ich halt …« – Durchhalten als Dauerthema

> Fabiano wirkt müde, deprimiert und traurig, als er am Morgen den Schulraum betritt. Aber die Begrüßung gelingt freundlich. Er zeigt uns seine neuen Schuhe, die er gestern bekommen hat. Er zeigt uns stolz, dass er heute seine Hausaufgaben gemacht hat. Er verabredet sich mit jemandem für die Pause, wo er sich wieder beim Fußballspielen »auspowern« wird. Beiläufig bekommen wir mit, wie er dem Mitschüler erzählt, dass er verliebt sei.
>
> Die Stunde beginnt. Ich setze mich neben Fabiano. Die Arbeiten, die ich ihm (und jenen drei anderen Kindern mit besonderem Unterstützungsbedarf) auftrage, habe ich von dem Material abgeleitet, das die Klassenlehrerin für die Klasse vorbereitet hat. Ich habe für Fabiano die Sachtexte vereinfacht und die Arbeitsblätter in einem schlichten Format verfasst. Ich formuliere die Arbeitsaufträge mündlich. Schließlich kann er noch nicht gut lesen und schreiben und ist sprach-

lich nicht auf dem Stand der Klasse. Auf den ersten Blick tut er das Gleiche wie alle anderen. Inhaltlich trifft dies auch zu. Die Aufträge unterscheiden sich im Schwierigkeitsgrad. Nach der Sachunterrichtsstunde ist Mathematik dran. Er soll sein Buch auf Seite 43 aufschlagen. Das Buch wiederholt den Lernstoff für das zweite Schuljahr.
Im Verlauf der Stunde gibt es keine Situation, in der er ohne wiederholte Verweise mit einer angesagten Arbeit beginnt. Der Unterricht interessiert ihn nicht. Ich setze mich wieder neben ihn. »Fabiano, hier diese Aufgabe kannst du. Schau, bis hierher.«
Fabiano murrt: »Und dann, wie geht das da?« Er weist auf die nächste Seite.
»Die muss dich jetzt nicht interessieren. Mach erst mal das. Wenn du die ersten beiden Teile geschafft hast, kommst du und zeigst sie mir. Danach schauen wir weiter.«
»Und da? Wie soll denn so ein langer Satz da reinpassen!«
»Da bist du doch noch nicht dran, Fabiano! Nur hier die Seite!« Ich habe jetzt keine Zeit, ihn Schritt für Schritt durch die Arbeitsschritte, die ihm aufgetragen sind, förmlich zu ziehen. Irina braucht mich jetzt. Mit ihr ziehe ich mich in den hinteren Teil des Raumes zurück. Die Klassenlehrerin versucht, Fabiano im Auge zu behalten, und mahnt ihn, weiterzuarbeiten.
»Ich mach ja schon! ... Ach, ist ja gut.« Ein wenig später: »Aber ich kann das doch nicht ... Ich kapier das nicht!!!« Der Stift fliegt quer über den Tisch.
»Fabiano, was soll das. Heb den Stift wieder auf! ... Sami, würdest du Fabiano helfen? Dann setzt euch hinten hin, da könnt ihr reden. Frau Ehrenstein, geht das? Oder stören die beiden dich da hinten?«
»Nein, alles okay.«

Kurze Zeit später ist Pause. Am Rande bekommen wir das Gerangel um den Ball mit. Selten geht es auf dem Weg zur Pause ohne Konflikte ab. Wir verbringen die Pause angespannt und sind nicht überrascht, als im Anschluss zwei Jungen aus dem zweiten Schuljahr in der Klassenzimmertür stehen. Ronny weint. Es hagelt Beschwerden über Fabiano, der getreten und gehauen hat.

So oder ähnlich lief es viele Male am Tag. Das, was die Arbeit mit Fabiano so schwierig machte, hatte nichts mit seiner »Lernbehinderung« zu tun. Er forderte uns mit seinem Verhalten heraus. Spätestens während der Pausenzeiten erhielt eine leidlich aufrechterhaltene freundliche Stimmung einen Einbruch. Mehrmals am Tag mussten seine Klassenlehrerin und ich helfen, Konflikte mit anderen Kindern zu klären. Oft blieb Fabiano während der nächsten Pausen im Schulhaus, um eine Eskalation der Streitereien auf dem Hof zu vermeiden. Später kamen Konflikte auf dem Schulweg hinzu. Die Schilderungen anderer Kinder machten Fabiano des Mobbings verdächtig. Von da an begleitete ich ihn nach der Schule einige Male zur Bushaltestelle. Besorgte Kolleginnen aus anderen Klassen schalteten sich ein. Fabianos Verhalten wurde Thema am Elternabend. Nach einem Jahr »flog« er aus der Nachmittagsbetreuung, die ehrenamtlich geführt wurde. Meine Rolle wurde mehr und mehr die der Vermittlerin und Moderatorin in Konfliktgesprächen. Immer wieder musste geschlichtet und geredet werden – mit Fabiano selbst, mit den Mitschülern in der Klasse, mit Kindern aus anderen Klassen, mit empörten Eltern, deren Kinder mit Fabiano kollidiert waren, mit der Schulleitung, mit dem Schulsozialarbeiter, mit dem Jugendamt, mit den Mitarbeiterinnen der Nachmittagsbetreuung, dem Vater, der Familienhelferin, der Leitung des Jugendzentrums. Parallel zu all dem suchte ich regelmäßig den Kontakt zur Mutter.

Erst einmal standen »Durchhalten« und das Bemühen im Vordergrund, Fabianos Bezugssystem zu überblicken und die Kontakte zu koordinieren. Es gelang im Laufe der Zeit, ein vertrauensvolles Verhältnis zu seiner Mutter aufzubauen. In offen geführten Gesprächen erfuhren wir von der schwierigen Lebenssituation, in der Fabiano sich zurechtfinden musste. Die Mutter ließ zu, dass ich sie zum Jugendamt begleitete. Meine Vermittlung nahm ihr ein wenig von ihrer Angst und sie ließ sich endlich auf eine dort angebotene Hilfemaßnahme ein. Die Kooperation zwischen der Mutter, der Familienhelferin und mir gelang zuverlässig. Regelmäßige Telefon-, Brief- und E-Mail-Kontakte waren die Voraussetzung dafür. Ein Nachlassen konnten wir uns nicht erlauben, weil wir sonst mit neuen Schwierigkeiten konfrontiert worden wären. Über den Schulsozialarbeiter konnten wir erwirken, dass das Jugendzentrum in der Nähe des Wohnviertels Fabiano für zwei Nachmittage in der Woche eine Hausaufgabenbetreuung zusagte. Aber auch dorthin musste der Kontakt gepflegt werden, denn Fabiano wurde kein regelmäßiger Besucher.

Die Mutter gewann ein neues Zutrauen in ihre Fähigkeiten und verbesserte sich in kürzester Zeit in der deutschen Sprache. Für sie klärten sich nach vielen, vielen Schritten die familiären Verhältnisse. Dies ließ hoffen, dass nun auch Fabiano die Möglichkeit haben würde, die Geschehnisse Schritt für Schritt verarbeiten zu können.

Wir waren sehr unzufrieden mit dem Verlauf der beiden Schuljahre. Der tägliche Unterricht war eine große Belastung. Wir sahen keine Möglichkeit, Grundlegendes zu ändern. Am kräftezehrendsten waren jedoch nicht die unterrichtlichen Situationen, sondern die Anforderungen, die sich um Fabianos Gesamtsituation rankten. Wir gaben unser Bemühen nicht auf – auch Fabiano gehörte dazu. Aber es war auch klar geworden, dass ein Kind wie Fabiano Themen aufwirft, die die ganze Schule betreffen. Für solche Herausforderungen braucht es ressourcenorientierte Rahmenbedingungen, die gesamtverantwortlich in einem Kollegium entwickelt werden müssen.

Trotz der geschilderten Schwierigkeiten, bei denen stets das Gefühl des Scheiterns mitschwang und immer wieder alle positiven Perspektiven überschattete, konnte Fabiano mit der Unterstützung im Unterricht grundlegende Kompetenzen verbessern. Er lernte zu lesen und zu schreiben. Er entwickelte eine leserliche Handschrift. Er sprach grammatikalisch korrekt. Er weitete seinen Wortschatz aus und verstand die Inhalte einfacher Sachtexte. Er lernte nachzufragen. Er addierte und subtrahierte im Zahlenraum bis 100. Fabiano war zwar im Lernen behindert, aber alles andere als ein kognitiv beeinträchtigter Junge. Jedoch war eine Weiterführung in einer Schule, die sich konzeptionell nicht auf die Schwierigkeiten einstellen würde, nicht vorstellbar. Ich besuchte mit der Mutter die Förderschule, in der sie Einblicke in die dortige Arbeitsweise erhielt. Sie überwand ihre Vorbehalte und entschied sich, ihren Sohn zum fünften Schuljahr dort anzumelden.

3.4 Johanna

Bevor ich Johanna (s. auch S. 56) näher kennenlernte, war ich darauf eingestellt, den Mathematikunterricht für sie unabhängig vom Klassenunterricht gestalten zu müssen. Aus meiner Sicht musste der Unterricht für sie anderen Leitgedanken folgen, als es das eingeführte Mathematikbuch vorsah. In Absprache mit ihrer Klassenlehrerin nahm ich sie ab der dritten Schulwoche in die kleine bereits existierende Fördergruppe auf.

»Hast du Zeit?« – Hilfe spontan abrufen können

> Es ist die sechste Schulwoche. Die Kinder haben jetzt Mathematik. Johanna und ich treffen uns mit den anderen Kindern der Fördergruppe im Förderraum. Auch heute will ich in konkret gestalteten Situationen Grundlegendes zur Mengenvorstellung anbieten.

Johanna wirkt unentschlossen. Dann rückt sie mit ihrer Frage heraus.
»Frau Ehrenstein, muss ich zu dir?«
Ich stutze. Warum fragt sie das?
»Ich glaube, ich kann das mitmachen, was die Frau K. in der Klasse macht. Ich will das auch machen.«
Es stellt sich heraus, dass sie während des Mathematikunterrichts in der Klasse nicht entlang meiner Vorgaben arbeitete, sondern sich in den Unterricht der Klasse einfädelte, was von der Lehrerin unbeachtet geblieben war. Ich bin nicht ganz glücklich über ihr Ansinnen, denn ich weiß, dass im Klassenunterricht schon Rechenoperationen mit Zahlen geübt werden. Ich habe Sorge, dass Johanna sich Strategien angewöhnen könnte, die sie auf lange Sicht bei der Entwicklung mathematischen Denkens behindern würden. Aber ich muss natürlich davon ausgehen, dass Johanna in der Vorschule bereits in dieser Richtung instruiert worden war und nun das Gefühl haben könnte, in der kleinen Gruppe bei mir von dem, was sie »doch schon kann«, abgehängt zu werden. Mit Blick darauf darf ich Johanna ihren Wunsch nicht absprechen. Johanna zeigt mir das Mathematikbuch der Klasse, das sie täglich mit sich führt. Im Vorfeld der Einschulung war über differenziertes Material nicht gesprochen worden. Also »lasse ich los« und spreche am Nachmittag mit der Klassenlehrerin über die neue Situation. Johanna wird von nun an in der Klasse mitarbeiten und wir werden sehen, was passiert.
Ab jetzt werde ich immer mal wieder während des Mathematikunterrichts in der Klasse hospitieren. Johanna ist glücklich und zeigt mir stolz, was sie lernt. Sie schreibt schöne Zahlen in ihr Heft und rechnet Plus- und bald auch Minusaufgaben im Zahlenraum bis 10 aus. Vorbehaltlos lässt sie mich an ihren Fortschritten teilhaben und erklärt mir ihre Strategie, die Finger beim Zählen einzusetzen. Ich bestätige ihr, dass das wirklich gute Tricks seien, sich beim Rechnen zu helfen. Sie lernt Zehnerzahlen zu addieren und zu subtrahieren. Die Eltern sind überrascht, wie konsequent ihre Tochter im Klassenunterricht mitarbeitet, und berichten, wie fleißig und ehrgeizig sie sich den Hausaufgaben widmet. Es gibt von allen Seiten nichts zu meckern.
Dann kommen die Seiten im Mathematikbuch, auf denen der Zehnerübergang eingeführt wird und die Kinder angeleitet werden, wie sie Mengen aufteilen und zum vollen Zehner ergänzen müssen. Ich bin auch jetzt in der Klasse und bekomme Johannas neueste

Rechenakrobatik mit. Ich bestätige ihr, was ich sehe: dass da gerade etwas richtig kompliziert wird. Nach einigen Stunden hat sich Johanna so verheddert, dass sie sagt: »Also, das versteh ich nicht. Du musst mir helfen.«
Wir setzen uns ein wenig abseits und ich versuche mich in Erklärungen, wie sie das Lehrwerk vorsieht. Wann immer sie wieder alleine mit den Aufgaben bleibt, gerät sie erneut an ihre Grenzen. Diese Situation wiederholt sich so oft, bis mir der Zeitpunkt passend erscheint, Johanna einen neuen Vorschlag zu machen. »Ich habe drüben in meinem Zimmer doch den Rechenzug. Den kennst du noch von früher. Erinnerst du dich? Ich kann mir vorstellen, dass ich dir daran diese komplizierten Aufgaben über 10 und über 20 erklären könnte. Vielleicht könnte ich dir sogar schon zeigen, wie man bis 100 rechnet. Sollen wir uns anschauen, wie das geht?«
»Ja, ich überlege mal.«
Beim nächsten Mal bringe ich ein paar Wagen des Rechenzuges mit, erläutere ihr das Material, versuche das, was ich ihr erzähle, mit ihrem Vorwissen in Zusammenhang zu bringen. Während der nächsten Mathematikstunden ziehen wir uns immer wieder kurz in den Förderraum zurück, weil wir da miteinander sprechen können, ohne jemanden zu stören.
Während einer Stunde, in der sie wieder alleine auf sich gestellt ist, fragt sie ihre Lehrerin, ob sie zu mir gehen dürfe, damit ich ihr etwas erkläre. Sie begibt sich im Haus auf die Suche nach mir und findet mich in die Arbeit mit den drei Kindern der Mathefördergruppe vertieft.
»Frau Ehrenstein, hast du Zeit? Ich kapier gar nichts mehr.«
»Ich habe jetzt keine Zeit, mich zu dir in die Klasse zu setzen. Aber wir können Frau K. fragen, ob du in dieser Stunde hier bleiben kannst.«
Ich notiere eine kleine Nachricht, die sie ihrer Lehrerin bringt, und kurze Zeit später sitzt sie bei uns und verfolgt, was wir da machen.

So begann eine vierjährige Zusammenarbeit. Johanna entschied selbst, wann ich etwas für sie tun konnte. Während der nächsten Monate klinkte sie sich aus dem Mathematikunterricht der Klasse aus und kam zu uns in die Förderstunden. Als sie – endlich – verstanden hatte, was es mit »dem Zehner« als Repräsentation einer bestimmten Anzahl von Elementen im Zahlensystem auf sich hatte und dass die Ziffern 5 oder 6 oder 4 und 3 Teilmengen der Zehnermenge repräsentierten, waren viele

Gedanken gedacht, Zusammenhänge festgestellt, Anzahlen bestimmt und Rechenvorgänge zurückverfolgt worden. Vom Abzählen kleiner Mengen war sie mit ihren Vorstellungsbildern in den Zahlenraum bis 100 vorgedrungen. Stolz und entschlossen fädelte sie sich fortan mit dem Lehrwerk, in das ich sie eingeführt hatte,[18] und mit speziellen ergänzenden Übungs- und Lernheften, die ich für sie zusammenstellte, wieder in den Klassenunterricht ein. Während sie in der Regel konsequent von ihrem Lernstand aus weiterarbeitete, entgingen ihrer Aufmerksamkeit jedoch nicht die Themen, mit denen sich die Klasse derweil beschäftigte. Manchmal klinkte sie sich dann in das Unterrichtsgeschehen ein. Nach wie vor kam sie mit ihren Fragen zu mir. So konnte es sein, dass sie in zwei Bänden des Lehrwerkes gleichzeitig arbeitete. Sie lenkte ihr Lernen selbstständig. Jeder Erfolg bestätigte sie in ihrer Überzeugung, so viel lernen zu können, wie sie nur wollte. Grenzen, an die sie stieß, thematisierte sie. Sie stellte Themen zurück, wenn sie merkte, dass sie eine Überforderung bedeuteten. Wir sprachen die Hausaufgaben flexibel miteinander ab. Hin und wieder mussten die Eltern und ich uns kurzschließen, um uns über Pensum, Methoden, Inhalte und Möglichkeiten der Hilfestellung auszutauschen.

Bis zum Ende des vierten Schuljahres blieb die Zusammenarbeit mit Johanna eine flexible Angelegenheit im Wechsel zwischen der Mitarbeit am Stoff der Klasse oder der Arbeit in der Fördergruppe. Mit soliden Grundlagen in Mathematik (Grundrechenarten, Zahlenraum bis 1000, einfache Sachrechenaufgaben, alltagspraktischer Umgang mit Größen und Maßen) konnte Johanna nach dem vierten Grundschuljahr in die Gesamtschule, die als weiterführende Schwerpunktschule konzipiert war, wechseln.

18 Die grundlegenden Einsichten in mathematische Denkvorgänge erwarb Johanna im praktischen Tun. Dabei spielten anfangs vielerlei reale Dinge und Mengen von Dingen sowie als strukturierendes Lernmaterial der Rechenzug, den Reinhard Kutzer (»Mathematik entdecken und verstehen«, 1998) als Anschauungsmittel seinem Unterrichtswerk beigefügt hat, und die »Zählmaschine« (s. S. 287) eine Rolle. Nachdem sich Johanna die grundlegenden mathematischen Denkvorgänge angeeignet hatte, arbeitete ich mit den Bänden 1–3 des Lehrwerkes »Mathematikus« von Jens Holger Lorenz et al. weiter. Die Übungshefte setzte ich flexibel ein. Gegebenenfalls veränderte ich einzelne Seiten und ergänzte sie. Johanna griff immer wieder auf die Vorstellungsbilder zurück, die sie in der Arbeit mit dem Rechenzug erworben hatte.

3.5 Kinder mit schweren Mehrfachbehinderungen kommen nicht vor

Die vier vorgestellten Kinder Okan, Daniel, Fabiano und Johanna verbrachten ihre ersten Schuljahre in einer weitgehend traditionell arbeitenden Grundschule. Ich konnte mich in die Förderung der Kinder einschalten und sie in manchem unterstützen, wenn Lernen schwierig wurde. Aber meine Handlungsspielräume waren begrenzt.

In gutachterlichen Einschätzungen, die subjektiv sind und »unter systemischem Einfluss stehen« (Speck 2010, 36), wird auf die Förderbedingungen für ein Kind hingewiesen. In den Gutachten werden Förderbedürfnisse benannt und notwendige Fördermaßnahmen beschrieben. Diese werden mit Annahmen über Möglichkeiten der Umsetzung in den verschiedenen Schulen abgeglichen. Dabei können die Vorstellungen davon, wie Unterstützungsmaßnahmen zu realisieren seien, weitab von den internen Bedingungen und realen Möglichkeiten einer allgemeinen Schule liegen. Auch bei größtem Bemühen des einzelnen Kindes und aller an der Förderung beteiligten Personen können sich unüberwindliche Hindernisse einstellen, wenn die Grundschule sich für grundlegende Aspekte eines gemeinsamen Unterrichts noch nicht öffnen kann. Otto Speck nimmt diesbezüglich die Kinder mit schweren und schwersten Behinderungen in den Blick. »Die Integrationsidee scheint bei den schwerstbehinderten Kindern vor einer Nagelprobe zu stehen. (...) Diese Kinder sind vielfach nicht gemeint, wenn es um die Integration aller Kinder geht. Wenn also proklamativ im Sinne eines grundlegenden Systemwandels die Abschaffung aller Sonder- oder Förderschulen gefordert wird, so wird diese Totalforderung unglaubwürdig« (a.a.O. 55).

Mit der Forderung nach *dem einen* Lernort *für alle* Kinder wird der gemeinsame Lernort in einer Weise aufgewertet, dass der Bildungsanspruch eines Kindes mit besonderen Förderbedürfnissen in den Hintergrund geraten könnte. Im Extremfall wird das Recht auf angemessene Bildung zur Disposition gestellt, solange die notwendige Wandlung schulischer Systeme nicht mitgedacht wird. Die Forderung von verschiedener Seite, dass Förderschulen vorerst bestehen bleiben müssen, ist in diesem Zusammenhang verständlich (s. S. 28 (Anmerkung 8), 97f.).

4. Inklusion/Integration – Versuch einer praxisbezogenen Klärung

Die vorausgehenden Lerngeschichten von Kindern mit Behinderungen bzw. Beeinträchtigungen zeigen, dass es »irgendwie« möglich war, Lösungen zu finden. Aber ich zögere, sie als gelungene Beispiele für die Ansprüche heranzuziehen, die mit der Idee einer *Schule für alle* in einem *inklusiven* Unterricht verbunden werden. Mit Integration oder Inklusion haben die Geschichten noch wenig zu tun. Es lohnt an dieser Stelle, die Gedanken zu vertiefen, die durch den Begriff ausgelöst werden, wenn wir von Inklusion sprechen.

Einleitend soll noch einmal Daniels Geschichte (s. S. 66ff.) aufgegriffen werden.

In der Klasse 2b gab es die Kinder, die im Unterricht das meiste mitlernen konnten, und da war Daniel, der längst gespürt hatte, dass er im Deutschunterricht leistungsmäßig nicht mithalten konnte. Die Lehrerin nahm seine Schwierigkeiten und sein auffälliges Verhalten »im Interesse der Integrationsbemühungen« einfach unkommentiert hin. Entsprechend verhielten sich auch die Kinder der Klasse so, »als wäre nichts«. Die Lehrerin berücksichtigte die Lernschwächen des Jungen, indem sie ihm alternative Beschäftigungen anbot. Das erwies sich jedoch bezüglich des Bildungsanspruchs als Sackgasse. Daniel war sich seiner besonderen Situation sehr wohl bewusst. Mit seinem merkwürdigen Verhalten, das er an den Tag legte, versuchte er, sein Handicap zu verstecken. Im Unterricht geriet er zunehmend ins Abseits. Nur in den Pausen war die Unterschiedlichkeit aufgehoben und die Zugehörigkeit nicht infrage gestellt.

Niemand hatte den Mut, das Problem, das doch so offensichtlich war, auch offen zu thematisieren. Oder sah man die Notwendigkeit nicht? Erst in dem beiläufigen Gespräch, das ich mit Daniel im Kreise seiner Mitschülerinnen und Mitschüler führte (s. S. 70), wurde der ganze Leidensdruck offenbar, unter dem Daniel insgeheim litt. Die Situation, in der das Gespräch zustande kam, kann als eine *integrative Situation* bezeichnet werden. In der entspannten Klassenatmosphäre war es möglich, spontan und aus der vorgefundenen Situation heraus ein Gespräch über Können und Nichtkönnen zu entspinnen, das so kaum planbar gewesen wäre. Die Klassenlehrerin ließ dieses so wichtige Gespräch zu, indem sie sich wohlwollend zuwandte und Sicherheit signalisierte. Kontakt und das entstandene Vertrauen waren die Basis, auf der Daniels Lerngeschichte weitergehen konnte. Nachdem die Tür zu diesem Weg aufgestoßen war, erlebte Daniel die Einzelförderstunde, die für ihn eingerichtet wurde, nicht als »Besonderung«, die ihn aus der Klassengemeinschaft ausschloss, sondern als Lernhilfe, die ihm Teilhabe ermöglichte. Es war für die Kinder der Klasse von nun an selbstverständlich, dass man seine Schwierigkeiten sah und darauf einging.

4.1 »Ich bin anders und gehöre dazu« – Die Bedeutung integrativer Situationen

In den Lerngeschichten, die sich durch dieses Buch ziehen, zeigt sich immer wieder, wie wichtig es ist, dass sich verantwortungsbewusste Lehrkräfte den *Unterschieden* zwischen den Kindern ihrer Klasse offen zuwenden und diese in geeigneter Weise thematisieren. Es muss erlaubt sein – auch den Kindern! –, über das zu sprechen, was »anders« ist, und eigene Ansichten dazu zu formulieren. Fragen müssen gestattet sein und man muss erwarten dürfen, Antworten zu erhalten. Das Anderssein anzuerkennen ist die Voraussetzung dafür, dass unterschiedliche Entwicklungsverläufe auf einem breiten, gemeinsamen Lernfeld als etwas Selbstverständliches erlebt werden können.

Menschen erkennen sich in den Unterschieden, den Ähnlichkeiten und den Gemeinsamkeiten. Unterschiede zeigen sich auch in unterschiedlichen Bedürfnissen. Sie beeinflussen, mit wem man sich zusammentun oder von wem man sich distanzieren möchte. Vielleicht bleibt man als Mitglied einer Gruppe den zum Ausdruck gebrachten Interessen und Notwendigkeiten gegenüber neutral und schlägt sich keiner Seite zu. Es können sich kurzfristige Kooperationen oder längerfristige Freundschaften ergeben. Bewertungen spielen eine Rolle. Sie können solidarisches oder ausgrenzendes Verhalten zur Folge haben.

Es ist besser, über diese Dinge zu sprechen und sich und dem anderen die Chance zu geben, gehört, gesehen, verstanden zu werden. Gegenseitiges Verstehen reicht über das Hinnehmen von Verschiedenheit und die pure Akzeptanz des anderen hinaus. Probleme, die aus dem »Anderssein« erwachsen, können zu Aspekten eines solidarischen Miteinanders werden. Manchmal werden dabei auch schmerzliche seelische Prozesse durchlaufen. Wenn die Mitglieder der Gruppe Zeugen solcher Prozesse sein dürfen und sich mitfühlend zuwenden, sind schmerzliche Erfahrungen leichter zu tragen. Integration von Unterschieden gelingt, wenn eine Gemeinschaft in »praktizierter Solidarität« (Heimlich 2003, 172) auch als Unterstützungssystem funktioniert, das emotionale Sicherheit bietet. So entsteht Zugehörigkeit.

Das Gefühl der Zugehörigkeit bestätigt sich in den Momenten, in denen die Mitschülerinnen und Mitschüler und die Lehrkräfte dem einzelnen Kind mit Achtung begegnen und Bezug darauf nehmen, was ihnen von ihm entgegenkommt. Das kann etwas sein, das der junge Mensch erzählt, es kann ein Wunsch sein, den er zum Ausdruck bringt, eine Mitteilung, die er weitergeben möchte, ein Hilfebedürfnis, das er signalisiert. Das Gefühl der Zugehörigkeit stellt sich in dem Maße ein, wie es Möglichkeiten gibt, miteinander zu reden, zu spielen, zu arbeiten und voneinander zu lernen. Die Lehrperson ist dafür verantwortlich, in ihrem Unterricht Gelegenheiten für Kommunikation und Interaktion unter den Schülern und zwischen den Schülern und der Lehrperson vorzusehen. Damit unterstützt sie die Entstehung *»integrativer Situationen«* (Heimlich 2003, 171). Zugehörigkeit bestätigt sich dann im sozialen wie im personalen Sinne. Von der Gemeinschaft ausgehend lautet die Botschaft: »Du gehörst dazu.« Der Einzelne gibt an die Gemeinschaft die Botschaft: »Ich fühle mich euch zugehörig.«

Otto Speck (2010, 20) weist darauf hin, »dass Integration in hohem Maße (...) subjektiv bestimmt wird. Jeder hat individuell verschiedene Bedürfnisse nach sozialer Zugehörigkeit. Der eine fühlt sich ›überall zu Hause‹ und der andere bevorzugt seine eigene ›kleine Welt‹ oder soziale Nische, aus welchen subjektiven Gründen auch immer.« Er betont, dass soziale Integration in Wechselwirkung zur personalen Integration steht (vgl. a.a.O. 19). Bedürfnisse ändern sich, Zugehörigkeiten ändern sich. »Jeder Beteiligte muss *von sich aus*, d.h. auf der Basis seiner persönlichen Eigenart, sich zugehörig fühlen und zustimmen können. Er muss auch die Möglichkeit haben, seine sozialen Beziehungen selber zu gestalten bzw. sich die für ihn passende soziale Gruppe aussuchen zu können. Die in Gang kommenden sozialen Prozesse sollten ihn nicht überfordern oder benachteiligen. Integration muss der eigenen Identitätsbildung *dienlich* sein, was nicht heißt, dass es der Einzelne nicht auch mit Herausforderungen und Risiken zu tun bekommt. Sie müssen verkraftbar sein« (a.a.O. 19).

Ulrich Heimlich (2003, 171) hat auf dem Hintergrund einer integrativen heilpädagogischen Tradition »zu zeigen versucht, dass integrative Pädagogik sich auf die Gestaltung von integrativen Situationen bezieht«. Unter einer *integrativen Situation* versteht er »nicht nur die Summe von Umständen für menschliches Handeln, [sondern] sie werden erst durch einen Handlungszusammenhang konstituiert. (...) Integrativ sind Situationen nun immer dann, wenn sie eine Erfahrung ermöglichen, an der alle Menschen teilhaben und zu der alle Menschen beitragen können. (...) Gemeinsamkeit setzt Verständigung voraus. (...) Integrative Situationen sind (...) Situationen, in denen durch Begegnung Verstehen möglich wird« (a.a.O. 171ff.).

Die Verständigung über die Unterschiede stiftet Gemeinschaft. *Inklusiv* kann eine Schulgemeinschaft genannt werden, die offen ist für vielerlei Zugehörigkeiten und vielerlei Differenzen und die sich auf einem gemeinsamen Feld bewegt, auf dem sich unterschiedliche Aktivitäten verflechten und auch ganz eigene Wege beschritten werden können. In der konkreten Situation, die behinderte und nichtbehinderte Menschen miteinander konstituieren, können sie lernen, ihr Unterschiedlichsein anzunehmen und Verständnis füreinander zu entwickeln.

Zwei Beispiele mit unterschiedlichem Ausgang verdeutlichen die Bedeutung dessen, was gemeint ist.

Sebastian traut sich, über sich zu sprechen

Als die neue Lehrerin Sebastian in dessen drittem Schuljahr kennenlernte, erlebte sie einen verschlossenen Jungen, der keinesfalls bereit war, sein Anderssein zu thematisieren. Das Interesse, das ihm seitens der Lehrerin entgegengebracht wurde, befremdete ihn. Wortkarg lehnte er Angebote, mit denen man ihm entgegenkommen wollte, ab. Kontaktversuche erwiesen sich als schwierig. Die *integrativen Situationen*, in denen Sebastian dieses für ihn so existenzielle Thema des Andersseins einbringen konnte, ergaben sich erst im Laufe einer einfühlsamen Begleitung des Jungen auf ungewohnten Wegen.

> Sebastian ist krank und von externer Sauerstoffversorgung abhängig. Er führt ein Leben, das sich extrem von dem seiner Mitschülerinnen und Mitschüler unterscheidet (s. auch S. 52f.).
> Aber eben nicht grundsätzlich. Er formuliert das später so: »Ich hab halt ein Problem mit der Lunge. Es ist eine Lungenkrankheit, bei der die Lunge nicht richtig funktioniert. Wie ist es, normal rennen zu können? Nach ein, zwei, drei, vier Metern bin ich schon außer Atem und fange an zu hecheln. Aber sonst bin ich natürlich normal und gar

nicht behindert. Ich kann auch gar nicht sagen, ob ich mich anders fühle, weil ich nicht weiß, wie die anderen sich fühlen.«

Sebastian bringt seine Verzweiflung zum Ausdruck: »Wer eigentlich kann sich das vorstellen, wenn das Leben einfach nur scheiße ist, zwar nicht nur, aber doch ziemlich? Man kann fast nichts machen, wenn man die Krankheit hat. Warum ich? Warum bloß ich? Es gibt so viele Millionen Menschen auf der Erde. Warum aber ich? Ich muss immer um halb sechs aufstehen, weil ich noch inhalieren muss. Ich würde so gerne mal rumrennen, so dreißig oder vierzig Runden, weißt du? Aber es geht nicht. Ich kann das nicht. Die Lunge ist zu schwach dafür. Die packt das nicht, von der Ausdauer her.« Viele Gedanken, Feststellungen, Fragen, die das Anderssein zum Ausdruck bringen. Aber sie bleiben vorerst unausgesprochen. Kontakte zu seinen Mitschülerinnen und Mitschülern pflegt Sebastian freundlich distanziert.

Sebastian ist mit seiner Integrationsfachkraft im Gespräch. Dort spricht er erstmals existenzielle Fragen an: »Wie wäre das für dich, wenn dein Kind krank wäre?« Und: »Würdest du einverstanden sein, die Lunge von deinem Kind zu spenden?« Andere werden an den Gesprächen vorerst nicht beteiligt.

Es klingelt zur Pause. Sebastian bleibt alleine zurück. Die anderen sind nicht bereit, auf ihn zu warten. Sie rennen zu ihren Spielplätzen davon. Das enttäuscht Sebastian sehr. Angeblich sind sie seine Freunde und sie wollen ihm immerzu helfen, andererseits lassen sie ihn in der Pause alleine. Er zweifelt daran, dass sie es mit der Freundschaft ernst meinen. Sebastian erlebt ein Dilemma.
Eines Tages hat er den Mut, im Gespräch mit der Lehrerin seine Zweifel zu äußern. Er problematisiert auch die Hilfsbereitschaft, die ihm die Mitschüler angedeihen lassen. »Ich traue mich nicht, ›nein‹ zu sagen, wenn sie mich die Treppe hochtragen wollen. Sie meinen es ja schließlich gut.« Eigentlich empfindet Sebastian das Verhalten aber als übergriffig. Der Umgang damit ist schwierig. Er will die Mitschüler nicht durch die Ablehnung der Hilfe verletzen.

Mit der Zeit gelingt es Sebastian, sein Anderssein nach außen zu thematisieren. Sebastian wünscht sich, dass man seinen Schleim für etwas Normales hält. Sein Tischnachbar sagt ehrlich: »Eklig.

Abhusten, das kann er ruhig machen, ist mir egal, dann dreh ich mich halt um.« Die Kinder lernen, offener miteinander umzugehen. Als Sebastians Freundin bei Pausenbeginn mal wieder gleich losrennen will, beschwert er sich darüber. Er bekommt zur Antwort: »Weißt du, jetzt habe ich so lange gesessen, ich will jetzt rennen. Es geht nicht immer um dich.«

In einem Gespräch mit der Lehrerin, in dem er über sein Verhältnis zu den Mitschülern spricht, kommt Sebastian zu einer bewegenden Erkenntnis: »Was? Kai ist auch behindert? Deswegen versteht der so gut, wie es mir manchmal geht …« Da gibt es offensichtlich eine Solidarität, die Sebastian irgendwie gespürt hat, für die er aber bisher keine Erklärung fand. Kai besucht als lernbehinderter Schüler die Klasse. Er ist bereits ein Jahr älter als die anderen, wächst mit vielen Geschwistern ohne Vater und in prekären Verhältnissen auf und hadert ununterbrochen mit seinem Schicksal, das ihn in seinen Augen dazu zwingt, immerzu zu kämpfen und sich gegen einen Status als Versager zur Wehr zu setzen. Der Kontakt zwischen den beiden Schülern wird zu einem emotional sicheren Ort – für beide, obgleich sie während des Unterrichts auf sehr unterschiedlichen Wegen und oft auch in unterschiedlichen Gruppen unterwegs sind.

Sebastian lernte sich in der Gemeinschaft der Schülerinnen und Schüler zu positionieren. Er fand heraus, dass man Gefühle, Bedürfnisse, Wünsche, Notwendigkeiten nach außen vermitteln kann, ohne das als etwas Peinliches zu empfinden. Es begannen Verständigungsprozesse, die Sebastian während der gesamten weiteren Grundschulzeit begleiteten. Sie mündeten in einem vorläufigen Höhepunkt: Sebastian arbeitete zusammen mit Mitschülerinnen und Mitschülern ein Referat über seine Krankheit aus (s. S. 144). Bis dahin war es ein langer und schwieriger Weg, auf dem die Kinder der Klasse zu einem tieferen Verständnis füreinander fanden. Die Auseinandersetzung mit dem Thema Zugehörigkeit endete für Sebastian damit nicht. Sie musste in der weiterführenden Schule fortgesetzt werden.[19]

---

19 Sebastians Krankheit schritt fort. Er konnte viele Monate nicht zur Schule gehen. Während dieser Zeit, die er hauptsächlich im Krankenhaus verbrachte, wartete er auf ein Spenderorgan. Es war lange nicht sicher, ob eine rechtzeitige Operation gelingen würde. Sebastians Mutter gab ihre Arbeit auf und begleitete ihn während der Zeit der Ungewissheit, nachdem eine Transplantation ihm das Leben zwar gerettet hatte, es aber überhaupt noch nicht sicher war, ob Sebastian die Abstoßungsreaktionen überleben würde.

Matthias hält den Druck nicht mehr aus

Auf Wunsch der Eltern war für Matthias vor der Einschulung ein sonderpädagogisches Gutachten erstellt worden. Die überprüfende Förderschullehrkraft bescheinigt darin eine durchschnittliche Intelligenz (s. auch S. 51). Im Gutachten steht weiterhin, dass Matthias hoch motiviert sei, es den anderen Kindern gleichzutun, und einen starken Willen habe. Die Mutter aber ist besorgt und schildert im Vorfeld der Schulanmeldung Probleme, die Matthias' Stellung in der Klasse beeinträchtigen könnten. Die zukünftige Klassenlehrerin jedoch strahlt Zuversicht aus.

Im Unterricht bestärkt die Klassenlehrerin Matthias in seinem Leistungsstreben. Sie unterstützt ihn darin, das Gleiche hinzubekommen wie die anderen. Sie gibt ihm zusätzliche Übungsaufgaben. Sie traut ihm zu, dass er es schaffen kann, »gleich zu sein« wie die anderen.

Aber Matthias ist anders. Er wäre so gerne wie seine Mitschüler! Er fühlt sich unter zunehmendem Druck. Das wirkt sich auf sein Verhalten in Interaktionen mit den anderen Kindern aus, denen er nacheifert, aber deren Erwartungen er beim Spielen und Lernen nie gerecht wird. Er entwickelt ein auffälliges Verhalten. Von den Mitschülern wird er gemieden. Die Kinder stoßen sich an seinen Wunderlichkeiten. Er gerät in eine Außenseiterposition. Der Klassenlehrerin gelingt es nicht, sich von ihrem leistungsorientierten Blick auf die Kinder ihrer Klasse zu lösen. Sie stellt fest, dass er auch mit mehr Übung die Ziele, die sie vorgibt, nicht erreichen kann. Matthias genügt ihrer Ansicht nach den Anforderungen der Grundschule nicht. Matthias erlebt sich als Versager. Er kann auf Dauer der psychischen Belastung nicht standhalten. Die Eltern erwirken zum folgenden Schuljahr einen Wechsel in die Schule für körperbehinderte Kinder. Der Wechsel ist für seine Eltern mit der Hoffnung verbunden, dass er dort Anschluss finden und Zugehörigkeit erleben wird, die ihm in der Grundschulklasse versagt geblieben ist.

Matthias' Geschichte zeigt, dass »starke Anpassung an Normen, der Versuch eines behinderten Kindes, nichtbehindert zu sein, der Druck auf ein behindertes Kind, ›normal‹ zu sein im Sinne von nicht beeinträchtigt, (...) des-integrierend« (Haupt 2002, 12) ist. Die ohnehin bestehenden Entwicklungserschwernisse potenzieren sich, wenn Kinder wie Matthias »in Konkurrenz zu den Nichtbehinderten [stehen] und an sie annähernd gleiche Erwartungen wie an Nichtbehinderte gestellt«

werden (Haupt 1985, 162). Die emotionale Not, die in der Auseinandersetzung mit Behinderung und damit einhergehenden Enttäuschungen für einzelne Schülerinnen und Schüler entstehen kann, muss gesehen und ausgehalten werden. Das kann nicht dem Kind alleine zugemutet werden. Der Unterricht in Matthias' Klasse in der Grundschule aber war nicht auf integrativ wirksame Situationen hin konzipiert. Es gab keine unterrichtlichen Arrangements, die darauf ausgerichtet gewesen wären, Entwicklung gegenseitigen Verständnisses zu ermöglichen und Solidarität zu praktizieren. Es ging hauptsächlich um Leistung, an der sich die Unterschiede maßen. Unsicherheit und die Angst vor dem Gefühl, ausgeschlossen zu werden, sind in einem solchen Klima unvermeidliche Folgen. Verhaltens- und Interaktionsprobleme zwischen den Kindern sind dann absehbar.

Das folgende Erlebnis zeigt beispielhaft, welche Verantwortung einer Lehrkraft zukommt, wenn sie bereit ist, sich den Auseinandersetzungen über Verschiedenheit in der Kindergruppe zu stellen. Die Kinder tauschen Begründungen, Argumente, Vorschläge, Einschätzungen, Ablehnungen aus und wägen sie gegeneinander ab. Es wird eine Dynamik deutlich, die kennzeichnend für Prozesse der Entscheidungsfindung ist, wenn diese in der Mitverantwortung jedes Gruppenmitgliedes gesehen wird.

Die Kinder der 4b treffen Entscheidungen gemeinschaftlich und die Lehrerin redet mit

> Ein Schullandheimaufenthalt steht bevor. Die Kinder ringen um die Zuteilung der Zimmer. Wieder sind sie damit konfrontiert, dass ihre Klassenzusammensetzung sehr »speziell« ist. Es werden vier Plätze im Klassenzimmer bestimmt, an denen sich diejenigen, die in der Jugendherberge gemeinsam ein Zimmer beziehen möchten, zusammenfinden sollen. Liane und Emily, die unzertrennlichen Freundinnen, stehen eng umschlungen da, Mia, ein geistig behindertes Mädchen mit Trisomie 21, springt zu ihnen. Sie wird nicht gerade willkommen geheißen. »Oh, Mia, nicht zu uns. Du schnarchst doch so.« Emily und Liane rufen nach Clara. Aber Clara hält sich abseits, sie will sich zunächst keiner Gruppe zuschlagen. »Wir können doch auch losen. Dann ist es gerecht.«
> Zur Klasse gehört Sven, ein hochbegabter Junge, der die anderen manchmal mit seinen als sehr eigentümlich empfundenen Verhaltensweisen irritiert. »Wo soll ich denn hin?« Fragend schaut er in die Runde.

Mario, der sich in Konfliktsituationen nicht gut zurechtfindet und oft davonläuft, ist eine Herausforderung für die Gruppe. Die Kinder haben ihn vor einem halben Jahr zum Klassensprecher gewählt, weil er bei den Erwachsenen unerschrocken die Anliegen der Klasse vertritt. Jetzt spürt man, dass sein Gefühl der Verantwortung »fürs Ganze« mit seinen eigenen Bedürfnissen kollidiert. Die Jungen finden sich in Gruppen zusammen, aber keiner ruft jetzt nach ihm. »Mich will ja sowieso niemand.« Er wendet sich ab. »Sei nicht schon wieder beleidigt.« Das ruft Jonas. Philipp, der schnell das Gefühl hat, keiner könne ihn wirklich leiden, ist offensichtlich froh, dass Martin sich zu ihm gesellt und er sich nicht mit Mario vergleichen muss. Sie haben schon oft im Sachunterricht an gemeinsamen Themen gearbeitet. Jonas stellt sich zu den beiden. »Dann komm halt zu uns«, ruft Jonas Mario zu. Als Mario sich auf die Gruppe zu bewegt, will Philipp weg. Er will Martin hinter sich herziehen. »He, lass mich!« Merrit, die die schwelenden Emotionen wahrnimmt, stellt sich zur Gruppe mit Mia. Sie spricht aus, was die Mädchen denken: »Keiner will mit der Mia ins Zimmer. Aber ich schlafe immer gut. Mir macht das Schnarchen nichts aus.« Die Jungen halten kurz inne. Markus, der sich stets rührend um Mia kümmert, wendet sich ihr zu: »Ich würde ja mit dir ins Zimmer, aber ich bin ja ein Junge.« Philipp lenkt ein. Bleiben die Jungen jetzt doch zusammen? Emily wendet sich an die Lehrerin: »Aber Mia lässt einen immer nicht in Ruhe. Die redet dann die ganze Nacht und steht dauernd auf.« Da ist auch noch Elif, die »natürlich« mit ihren türkischen Mitschülerinnen zusammenbleiben will. Juliane, die zurückgezogene »Überfliegerin«, möchte nicht zu dieser »Clique«. Jasmin, die noch neu in der Klasse ist, wirkt etwas hilflos. Maria möchte gerne zu Clara ins Zimmer.

Differenzen werden deutlich. Die Lehrerin beobachtet das Hin und Her geduldig, sie gibt Hinweise, sehr vorsichtige Rückmeldungen, sendet fragende Blicke. Heute finden die Kinder noch keine Lösung. Sie werden Zugeständnisse und Kompromisse machen müssen. Abgrenzungen müssen verstanden und ausgehalten werden. Im Wochenabschlussgespräch am nächsten Tag kommen die Dinge zur Sprache: Gedanken und Überlegungen zu den Ereignissen des Vortages werden ausgesprochen. Die Aushandlungsprozesse sind langwierig. Die Lehrerin verlangt, dass die Schülerinnen und Schüler die unterschiedlichen Wünsche und Bedürfnisse ernst nehmen.

»Juliane, hörst du, was Maria sagt? Sie möchte nicht, dass du denkst, sie könne dich nicht leiden, nur weil sie das Zimmer lieber mit Clara teilen will.« »Clara, du kannst dir vorstellen, in jedes Zimmer zu gehen? Und gibt es jemanden, mit dem du auf jeden Fall in einem Zimmer sein möchtest?« Die Lehrerin fragt auch bei Philipp nach: »Was ist deine Sorge, wenn du dir vorstellst, dass Mario auch in dem Zimmer schläft?«
Die Lösungen, die zu guter Letzt gefunden werden, können von einigen Kindern nur zähneknirschend akzeptiert werden. Nun ist es doch so gekommen, dass Mario mit Philipp in einem Zimmer schlafen wird. Er hatte es wohl schon geahnt und nimmt es achselzuckend hin. Emily und Liane werden sich Ohropax mitbringen. »Und wenn alle Stricke reißen«, merkt die Lehrerin an, »bekommt Mia ein Bett in einem der Erwachsenenzimmer.« Aber Mia verspricht hoch und heilig: »Ich geh schlafen. Ich bin brav.« Zuletzt sind alle froh, dass die Entscheidungen gefallen sind. Sie haben die Anstrengungen ausgehalten. Frust wie Erleichterung sind zu spüren. Das gehört bei solchen Auseinandersetzungen zur Tagesordnung. Die Gruppe ist nicht auseinandergefallen. Nach dem Schullandheimaufenthalt werden die Kinder feststellen, dass die Nächte ihre Freundschaften nicht infrage gestellt haben und nichts verhindert wurde, was sie sich für ihren Aufenthalt gewünscht hatten und was ihnen über Tag wichtig war.

Die Lehrerin sprach den Kindern die eigene Verantwortung nicht ab. So, wie sie die Auseinandersetzungsprozesse begleitete, unterstützte sie die Kinder, Verantwortung zu übernehmen. Jesper Juul (2010, 178) teilt die Erfahrung mit, »dass Kinder, deren Eigenverantwortung gefördert wird, fast automatisch ein hohes Maß an sozialer Verantwortung entwickeln und all die Eigenschaften wie Hilfsbereitschaft, Einfühlsamkeit und Rücksichtnahme an den Tag legen, die wir damit in Verbindung bringen. Wenn sich die soziale Verantwortung vor diesem Hintergrund entwickelt, dann tritt sie nicht als Selbstaufopferung, sondern bewusste Mitverantwortung zutage, die für die Gleichwürdigkeit aller Beteiligten Sorge trägt.«

Lehrerinnen und Lehrer setzen mit ihrem konkreten, alltäglichen Verhalten, mit dem sie den persönlichen Auseinandersetzungen der Schülerinnen und Schüler untereinander begegnen, prägende Akzente. Die Lehrkraft entscheidet – sich der darin liegenden Verantwortung bewusst –, wann sie sich aus der Rolle der Beobachterin heraus stützend und klärend mit eigenen Beiträgen am Gespräch beteiligt. Vielleicht muss sie Partei ergreifen und Sachverhalte erklären, Redebeiträge zusammenfassen und Rückmeldungen zum Verständnis geben. Sie braucht, um solche Prozesse zu begleiten, Souveränität, Gelassenheit und Fingerspitzengefühl.

Wenn die Lehrkraft heraushören kann, was die Kinder bewegt und welche Sorgen sie mit ihrer Meinung zum Ausdruck bringen, kann sie als Erwachsene helfen, die Prozesse der Verständigung sichtbar zu machen. Die Schüler und Schülerinnen tasten sich dann mutig auch an heikle Themen heran. In den immer wieder stattfindenden Gesprächsrunden kommen Missstimmungen, Sympathien, Antipathien, Sorgen, Störendes, Ärger und Freundschaftliches zum Ausdruck. Mit einer fragenden Haltung kann die Lehrkraft dazu beitragen, subjektiv empfundenen Bedeutungen, die nur vage im Raum stehen, zu mehr Klarheit zu verhelfen, sie zu konturieren. Die Schülerinnen und Schüler spüren, ob die Lehrperson ihnen mit Respekt begegnet und für ihre Auseinandersetzung Verständnis hat. Vielleicht müssen Vorurteile thematisiert werden, vielleicht alte Verletzungen aufgegriffen, ablehnende Haltungen verstanden werden.

Letztendlich geht es darum, sich damit, wie das andere Kind denkt und fühlt, nicht nur abzufinden, sondern eine Haltung dazu zu gewinnen, die respektvoll bleibt, auch wenn man dem, was gesprochen und entschieden wird, nicht uneingeschränkt zustimmen kann. Es geht um Berechtigung. Situative Gegebenheiten und die Bedürfnisse der Personen, die das soziale Bezugssystem darstellen, begrenzen aber die Lösungsmöglichkeiten. Das kann frustrierend sein. Es muss die Balance gefunden werden, damit niemandes Schmerzgrenze überschritten wird. Die Zugehörigkeit zur Gruppe darf für Einzelne nicht verspielt werden. Auf der Suche nach Lösungen wird von den Kindern Offenheit, Flexibilität, Risikobereitschaft, die Fähigkeit zu alternativem Denken, Konflikt- und Kompromissbereitschaft und zuletzt Loyalität und Entschlussfähigkeit gefordert. Das alles sind Entwicklungsherausforderungen, die sich für Einzelne in Gruppen ergeben. Die Dynamik, die in der Gruppe entsteht, darf nicht eskalieren. Die Lehrkraft sollte offen und bewertungsfrei die Leitung des Gespräches übernehmen. Je nachdem bleibt sie zurückhaltend oder reagiert offensiv, verhält sich abwartend oder greift lenkend ein. Mit Geschick setzt sie ihre Anmerkungen und bleibt dabei authentisch und einschätzbar. Von ihr hängt es ab, ob sich solche Gespräche integrierend oder desintegrierend auswirken. Es liegt in ihrer Verantwortung, ob sie sich als *integrative Situationen* im besten Sinne erweisen.

Auch das Kind mit Behinderung ist gefordert. Es trägt, wie jedes andere, mit seinen Wünschen, seinen Bedürfnissen, seiner Art zu kommunizieren aktiv dazu bei, auf welches Entgegenkommen und welche Kontaktangebote es in der Klassengemeinschaft trifft. Günther Cloerkes (2001, 212) schreibt mit Bezug auf eine Studie von Köbberling/Schley (2000, 169): »Integration ist kein Spaziergang in einem angenehmen Klima auf überschaubarem Gelände, sondern ein schwerer Weg, auf dem Schüler/-innen mit Behinderungen viel zugemutet wird. Auf diesem Weg werden vom Behinderten Fähigkeiten und Haltungen herausgefordert, die eine Integration in die Gesellschaft bereits vorwegnehmen: Selbstbewusstsein, Auseinandersetzung mit Andersartigkeit.« Auch sie sind herausgefordert, Verantwortung für die eigenen Belange zu übernehmen. Hier brauchen sie allerdings oftmals – mehr als andere Kinder – die Unterstützung in einer grundsätzlich befürwortenden und fürsorglichen Umgebung.

Es kann passieren, dass am Ende gruppendynamischer Prozesse die Erkenntnis steht, sich nicht zugehörig zu fühlen. Kinder, die sich aktiv, laut, fordernd durch den Schulalltag bewegen, erwarten von ihren Mitschülerinnen und Mitschülern, dass sie *gleich* wie sie sind. Welche Möglichkeiten haben dann aber ein in seiner Bewegung eingeschränkter Junge wie Matthias, ein nicht so sprachmächtiger Junge wie Daniel, ein intellektuell unterlegenes Mädchen wie Mia, sich als die, die sie sind, in die Gruppe einzubringen? Als Mitspieler scheidet man bei vielen Spielen aus, wenn man die Spielregeln nicht versteht, nicht mitrennen oder sich nicht verlässlich verständigen kann. Wo findet man im Schulalltag die Nischen, die Partner, die Kompromisse, die eine ausreichende Verankerung im Gruppenleben sichern? Gibt es die integrativen Situationen, in denen sich das Gefühl der Zugehörigkeit deutlich einstellt? Diesen Fragen muss sich eine Gemeinschaft sehr verschiedener Menschen mit unterschiedlichsten Bedürfnissen und Möglichkeiten stellen – mit offenem Ausgang für die Entscheidungen, die damit verbunden sind. Vielleicht ist der Preis der Auseinandersetzung, dass für Einzelne die Suche nach einer Gruppe, in der das Gefühl sich einstellen könnte, wieder neu beginnt, an einem anderen Ort, so wie es für Matthias der Fall war.

Mias Geschichte zeigt, welche Herausforderung es für eine Kindergruppe und die mitarbeitenden Fachkräfte ist, im Spannungsfeld der schulischen Anforderungen die Berechtigung jedes Einzelnen auf Bildung und Teilhabe nicht aus dem Blick zu verlieren.

4.2 »Hauptsache Mia ist dabei« – Reicht das?

Mia lernte im Laufe ihrer ersten beiden Schuljahre, dass »gleich wie alle sein« einen hohen Wert haben musste. Niemand ging davon aus, dass Mia auf gleichen Wegen lernen könnte wie alle. Aber man versuchte im Namen der Integration (*Inklusion* war als Begriff noch nicht geläufig), eine Gemeinsamkeit zu den anderen Kindern der Klasse herzustellen, indem man Aufgaben konstruierte, anhand derer Mia den gleichen Tätigkeiten nachgehen konnte wie die anderen. Zugehörigkeit wurde hier so verstanden, als ginge es darum, wenigstens den Anschein des Gleichseins zu realisieren – so, als läge das Ziel, gleich zu sein wie die anderen, auf dem Weg der Integration.

Mia bestand darauf, die Mitschülerinnen und Mitschüler nachzuahmen. Für den Unterricht bedeutete dies, in den Mathematikstunden etwas mit Zahlen zu machen und in den Deutschstunden etwas mit Buchstaben – das war Mias Bild von dem, was »Schule« sei. Mia hat Trisomie 21 und wurde mit sechs Jahren in die Grundschule des Wohneinzugsgebietes eingeschult.

> Zu Beginn der Schulzeit ist Mias Eltern der Aspekt der sozialen Integration so wichtig, dass sie in Kauf zu nehmen bereit sind, wenn der Bildungsanspruch nicht in angemessener Weise erfüllt werden würde. Außenstehende Beobachter sehen Mias »Integration« in die Klasse, die sie besucht, als gelungen an. Sie ist im Unterricht der Klasse immer dabei. Sie macht alle Klassenrituale mit, die den Unterrichtsalltag strukturieren. Mia erhält Abschreibaufgaben, wenn alle schreiben. Während des Mathematikunterrichts »rechnet« sie, indem sie Zahlen aufmalt, die zu den Mengen passen, die sie abzuzählen gelernt hat. Während der Lesezeiten hält sie ein Buch vor sich und blättert murmelnd Seite für Seite um. »Mia macht alles mit, was die anderen machen«, so berichtet mir ihre Integrationsfachkraft. Sie berichtet auch, dass Mia oft in dem Moment ihr Bedürfnis, zur Toilette zu müssen, äußert, wenn die Lehrerin mit einer Erklärung, einem Vortrag, einem Erarbeitungsgespräch ein neues Thema einleitet. Der Gang zur Toilette ist für Mia eine sozial akzeptierte Pause, die sie sich nimmt, wenn sie sich überfordert fühlt oder sich langweilt. In diesen Pausen geht Mia ihrer Wege.

Man kann sich nicht wirklich gut auf Mia verlassen. Die Lehrkräfte und die Integrationshelferinnen lassen sie keine Minute aus den Augen. Man traut ihr zu, dass sie in unbeobachteten Momenten die Gelegenheit nutzen könnte, auszubüxen und auf »eigen-sinnige« Entdeckungstour zu gehen. Manchmal schließt sie sich in der Toilettenkabine ein und kommt freiwillig nicht mehr heraus.

Es gibt eine Besonderheit während des Schulvormittags, die anderen Kindern verwehrt ist. Die Lehrerin gestattet Mia, während des Unterrichts zum Klettergerüst zu gehen. Mia fordert dies häufig ein. Dann ist der Wunsch, sich zu bewegen und zu klettern, stärker als ihr Ehrgeiz, sich den Kindern im Unterricht anzupassen. So verbringt sie viele Unterrichtszeiten unter der Obhut der Integrationsfachkraft draußen auf dem Schulhof. Sie wird des Kletterns nicht müde.
Es gibt eine weitere Besonderheit: In einer vom Klassenunterricht unabhängigen Förderstunde übt Mia unter Anleitung einer Förderfachkraft lebenspraktische Kompetenzen ein.

Mia ist ein selbstbewusstes Mädchen. Sie sagt: »Ich will ...« Sie hat Vorstellungen, die sie durchsetzen möchte. Aber sie handelt eher impulsgesteuert. Grenzen akzeptiert sie nicht so einfach. Nicht immer kommt die Lehrerin ihrem Willen nach. Passt sie sich an, erhält sie Anerkennung für die Anpassungsleistung und darf den Vormittag weiter im Klassenverband verbringen. Wenn ihr das nicht gelingt, muss sie ihre Aufgaben an einem Tisch vor der Klassenzimmertüre erledigen. Von den Mitschülerinnen und Mitschülern wird Mia wie ein kleines Kind behandelt. Man findet sie »goldig«. Sie erwirbt mit ihren drolligen Verhaltensweisen, mit denen sie die Grenzen der Erwachsenen austestet, die Sympathie ihrer Mitschülerinnen und Mitschüler. Man nimmt sie bei gemeinsamen Unternehmungen an die Hand, um zu verhindern, dass sie etwas anstellt und sich gefährdet.

Mia profitiert, während sie im Unterricht dabeisitzt und vermeintlich Gleiches tut, jedoch nicht so, dass sie Lesen und Rechnen lernt. Weil die Eltern dies, als ihre Tochter noch im Kindergarten war, vorausahnend in Rechnung stellten, meldeten sie Mia im Alter von drei Jahren in einer privaten Fördereinrichtung für Kinder mit geistiger Behinderung an. Die am Nachmittag stattfindende Förderung in dieser Einrichtung wird auch jetzt noch weitergeführt. Hier soll sie lernen, Laute

in einem Wort zu analysieren und Buchstaben zusammenzuschleifen. Sie soll hier lernen, mit Zahlen entsprechend der Regeln für bestimmte Rechenoperationen umzugehen. Es bleiben isolierte Fertigkeiten, die Mia mit dem Lernen in der Schule nicht verbindet.
Die Rückmeldung, dass Mia »in der Klasse alles mitmacht«, beruhigt die Eltern. Aber es kommt der Zeitpunkt, als die Integrationsfachkraft feststellt: »Das Mitarbeiten ist die ganze Zeit gut möglich gewesen. Aber die Schere geht jetzt natürlich immer weiter auf.«
Mia wechselt zu diesem Zeitpunkt ins dritte Schuljahr.

Es war keine Frage: Mia gehörte zu den Kindern ihrer Klasse. Ihr war eine Rolle zugewiesen. Sie fühlte sich wohl, man behandelte sie liebevoll, und immer gab es jemanden, der ihr unaufgefordert bei alltäglichen Verrichtungen half. In ihrer Rolle als »kleines Kind« kam man ihr entgegen. Aber Mia war fast zehn Jahre alt! Es war offensichtlich, dass diesem Mädchen Entwicklungsanstöße fehlten, die sie in ihren sozialkommunikativen und kognitiven Kompetenzen weiterbringen würden. Mia hatte kein Angebot, mit dem sie sich in gemeinsamen Unterrichtssituationen so hätte verankern können, dass auch Mitschülerinnen und Mitschüler ihr mit echtem Interesse für ihre Art zu denken und zu handeln hätten begegnen können. Die anderen waren im Unterricht mit sich selbst beschäftigt und mit ihren Arbeiten auf die Lehrerin bezogen.

Es wurde der Anschein gewahrt, dass Mia das Gleiche tat wie alle. Es konnte aber auf Dauer nicht übersehen werden, dass ihre Entwicklung stagnierte. Die Aufgaben, die dem Kind aufgetragen wurden, erschöpften sich, nachdem sie einige mechanische Fertigkeiten erworben hatte, in einem »So-tun-als-ob-Lernen«. Mia haderte zwar nicht mit ihrer Situation. Der Versuch jedoch, im Sinne der Klassengemeinschaft eine wie auch immer verstandene »Gleichheit« zu behaupten, erwies sich im Hinblick auf Mias Bildungsanspruch als Sackgasse.

4.3 »Ich will lernen« – Die Bedeutung passender Entwicklungsaufgaben

Entweder soziale Integration oder individueller Bildungsanspruch?

Das Gefühl der Zugehörigkeit ist mit dem Erleben wirklicher Beachtung, dem sicheren Gefühl der Berechtigung verbunden und mit der Gewissheit, beteiligt zu sein und an Entscheidungen mitzuwirken. Das Recht auf Teilhabe beinhaltet auch das Recht auf Bildung.

Vielen unterrichtlichen Entscheidungen liegen Missverständnisse über das, was Integration/Inklusion sei, zugrunde. Das Anliegen der Integration erfüllt sich nicht ungeachtet der Relevanz, die ein Lerngegenstand für die einzelnen Kinder haben könnte. Immer dabei zu sein, zu jeder Zeit auf den gleichen Lerngegenstand hin orientiert zu sein wie alle anderen Kinder, stets das Gleiche tun zu dürfen – das ist in vielen Köpfen die Vorstellung, die mit gelingender Integration verbunden ist. Der Wunsch hinter solchen Vorstellungen ist, das Kind mit seiner Behinderung »gleicher« zu machen und vermeintlich gleich zu behandeln, indem auch ein Kind wie Mia »mit Zahlen hantiert« und »etwas mit Buchstaben tut«. In dieser Vorstellung verbirgt sich eine ungeheure Zumutung. Schwierigkeiten im Lernen und im Ausdruck, psychische Belastungen, denen Kinder ausgesetzt sind, und motorische Handicaps, mit denen Kinder zurechtkommen müssen, werden zum Tabu, denn um Lernen *trotz* der Erschwernisse, die damit verbunden sind, geht es dann nicht mehr. Beschäftigung statt Lernhilfe – das hat entschieden nichts mit Schule zu tun. Die Auseinandersetzung mit dem Bildungsanspruch jener Kinder und ihrem Bedarf an Hilfen muss geführt werden. Sehr verantwortungsbewusste Lehrkräfte suchen manchmal den Ausweg in extrem individualisierenden Maßnahmen. Gibt es wirklich keinen anderen Weg, als schwerpunktmäßig entweder Bildungsziele zu verfolgen und notfalls in stark individualisierenden Kontexten zu realisieren oder andererseits den Schwerpunkt integrativer Bemühungen »nur« auf vermeintlich soziale Integration zu legen?

Okans Geschichte ließ bereits deutlich werden, dass die sozialen Integrationsprozesse und individuellen Lernprozesse nicht voneinander getrennt oder gar als sich ausschließende Aspekte integrativer Bemühungen angesehen werden dürfen (vgl. S. 65f).

Entwicklungen brauchen einen sozialen Kontext, in dem sie eine Rolle spielen. Lernfortschritte haben Sinn, wenn sie in die sozialen Prozesse in der Gruppe, zu der man gehört, eingebunden werden können. Mit neu hinzugewonnenen Kompetenzen verändert die Schülerin, der Schüler im Gegenzug die soziale Situation in der Klasse. Es besteht eine Wechselbeziehung und Wechselwirkung. Otto Speck (2010, 30) formuliert: »Im Zentrum der pädagogischen Aufgabe steht *das einzelne Kind* als *Glied einer Gemeinschaft* bzw. die Lerngemeinschaft sich gegenseitig achtender und unterstützender Individuen. Die soziale Eingliederung gelingt umso besser, je mehr das einzelne Kind Lerngewinne für sich persönlich verbuchen kann, und dies gilt sowohl für behinderte als auch für nichtbehinderte Mitglieder einer Lerngemeinschaft. Leistungslernen und soziales Lernen müssen aufeinander abgestimmt sein.« Das ist eine große methodische und organisatorische Herausforderung, besonders dann, wenn der Hilfebedarf eines Kindes mit Beeinträchtigung besonders hoch ist.[20] »Die individuelle heilpädagogische Hilfe, die ein in bestimmter Weise behindertes Kind braucht, muss für alle akzeptabel sein und darf nicht aus Gründen sozialer Intentionen vernachlässigt werden« (a. a. O. 30).

Diese Zusammenhänge werden bei den Bemühungen um einen integrativ wirksamen Unterricht oft nicht genügend reflektiert. Wie Mias spezifische Situation im allgemeinen Unterricht der Klasse anders berücksichtigt werden konnte, als es während ihrer ersten beiden Schuljahre geschah, musste erst herausgefunden werden.

Passende Entwicklungsaufgaben in den Klassenunterricht integrieren

Kinder brauchen Beziehungen und emotionale Sicherheit, damit ihnen Lernen gelingt. Beides erhalten sie in einem sozialen Kontext, in dem sie sich zugehörig, wahrgenommen und geachtet fühlen. Die Entwicklung entsprechender sozialer Kompetenzen in einer Klassengemeinschaft ist auf der anderen Seite davon abhängig, dass die Schülerinnen und Schüler sich selbst und gegenseitig als lernende Kinder wahrnehmen: Die Entdeckung, wie das Kind neben mir seinen Lernweg verfolgt, gibt guten Grund und Anlass, ihm Beachtung zu schenken, womöglich Hilfe anzubieten. Vielleicht lerne ich bei meinem Nachbarn einen anderen Lernweg, kann mich an einer originellen Idee orientieren und etwas »nachmachen« oder »mitmachen« und so vom anderen lernen. Vielleicht bleibt es nur bei der Feststellung: »Aha, so machst du das. Da bist du gerade dran. Kannst du das jetzt?«, und in der Fortsetzung der Unterhaltung geht es

---

20 Hier sei insbesondere auf Kinder mit Mehrfachbehinderungen oder Kinder mit schwersten Behinderungen hingewiesen. Ursula Haupt (2011, 267f.) macht auf die unklare Situation dieser Kinder im Hinblick auf den gemeinsamen Unterricht aufmerksam: »Die Unklarheit der Begriffe (...) macht erhebliche Schwierigkeiten beim Lesen und Verstehen von Konzepten und Erfahrungsberichten zur Integration/Inklusion. Meist bleibt offen, von welchen Kindern die Rede ist. Das ist aber entscheidend wichtig zum Verständnis der Förderbedürfnisse und Lernmöglichkeiten in einem gemeinsamen Unterricht. (...) [Zudem gibt es] weder in der Fachliteratur noch in der Praxis einen Konsens darüber (...), was Bildung für Kinder mit extremen und komplexen Behinderungen sein kann oder ist. Übereinstimmung besteht bezüglich der erforderlichen Qualität des Beziehungsangebots und der Kommunikation in der Interaktion mit betroffenen Kindern, auch über die Qualität der Pflege und Bewegungstherapie. (...) [Darüber hinaus ist der] Bildungsauftrag der Schule für diese Kinder inhaltlich zu bestimmen (...), dann kann überlegt werden, wie die schulische Förderung mit ihnen gestaltet werden kann.«

schon wieder um ganz anderes: »Ich mache jetzt mal hier weiter. Kann ich nachher in der Pause deinen Ball haben?«

Die Schülerinnen und Schüler müssen sich in ihren individuellen Möglichkeiten und Grenzen des Lernens gegenseitig kennenlernen können. Das gelingt, wenn sie Gelegenheit erhalten, eigene individuelle Ziele entlang passender Entwicklungsaufgaben zu verfolgen, die in Anliegen für die ganze Klasse eingebettet sind. Manchmal sind das reale rahmengebende Situationen, die die Lehrkraft gestaltet: eine Wanderung, eine Gesprächsrunde, eine themenbezogene Diskussion, ein Museumsbesuch, eine Festvorbereitung, der Entwurf einer Wandbemalung, ein Theaterstück usw. Solche »Projekte« sind inhaltsübergreifend und umfassen unterschiedliche spezielle Lerninhalte aus verschiedenen Lernbereichen. Sie funktionieren als Klammer, die die Kinder einer Klasse, selbst wenn sie an Unterschiedlichem arbeiten, zusammenhält. Manchmal sind es gemeinschaftlich gestaltete *integrative Situationen*, die Teilhabe ermöglichen. Es können aber auch Freundschaften, die sich zwischen Kindern ergeben, oder »Seelenverwandtschaften« sein (wie bei Sebastian und Kai, s. S. 88), die das Gefühl der Zugehörigkeit stärken und die Beachtung durch die Mitschüler sichern.

Im Fortgang von Mias Geschichte scheint die Wechselwirkung zwischen den verschiedenen Aspekten auf. Mia kam also ins dritte Schuljahr. Der Übergang war mit einem Wechsel der Lehrpersonen verbunden.

> Mias Lernbedürfnisse geraten jetzt anders in den Blick als bisher. Von Mia soll mehr Selbstständigkeit erwartet werden können. Wir, das heißt die Integrationsfachkraft, die Klassenlehrerin und ich als Sonderpädagogin, wollen Mia darin unterstützen, mehr eigene Verantwortung zu übernehmen. Aber was meinen wir damit für dieses Mädchen? Das müssen wir klären. Wir sprechen über Kompetenzen, von denen wir glauben, dass Mia sie brauchen würde, wenn wir ihr schrittweise selbstständigeres und eigenverantwortlicheres Handeln zumuten wollen. Die Planung von Förderangeboten erfordert eine gute Verständigung zwischen uns. Einige wichtige Vorentscheidungen legen wir in Förderplänen (vgl. S. 253) nieder.
> Im Unterricht fühlen wir uns sehr aufeinander angewiesen. Die Integrationsfachkraft ist die Person, die Mia am längsten und besten kennt. Sie ist das Bindeglied zu allem, was in der Klasse vorgeht. Mia verlässt sich auf ihre absolute Loyalität. Mia spricht, wenn sie ihre Integrationshelferin erwähnt, von »ihrer Ute«.

Die Klassenlehrerin Frau Mann ist die Regisseurin der unterrichtlichen Abläufe. Sie ist die »Chefin« und setzt die »Helferlehrerinnen« für den jeweiligen Bedarf ein. Das ist akzeptierte Praxis und für Mia ein außerordentlich wichtiges Strukturmerkmal schulischer Vorgänge. Unabhängige Fördermaßnahmen außerhalb des Klassenraumes und ohne die Integrationshelferin sind vorerst ausgeschlossen.
Als Sonderpädagogin bringe ich Kenntnisse über mögliche Entwicklungswege in die Diskussion ein. Erfahrungen, die ich aus der langjährigen Arbeit mit behinderten Kindern mitbringe, erleichtern es, im konkreten Unterricht die Rahmensituationen aufzuspüren, in die wir für Mia passende Entwicklungsaufgaben integrieren können. Während ich Mia im Unterricht beobachte und mit ihr arbeite, entwickle ich Ideen für die didaktische Aufbereitung der Aufgaben und methodische Vorgehensweisen. Die bespreche ich nach dem Unterricht mit der Klassenlehrerin und der Integrationshelferin.

Neben passenden Entwicklungsaufgaben, die in stützende soziale Rahmenbedingungen eingebettet werden sollen, müssen flankierende Lernhilfen gefunden werden, die sicherstellen, dass Entwicklungshürden auch genommen werden können. Bei der Suche nach Lernhilfen geht es darum, »dass Lernen durch methodische Wege erleichtert wird, die für das Kind gangbar sind. Sich für einen Weg zu entscheiden, den ein Kind gehen kann, erfordert gute Kenntnisse unterschiedlicher methodischer Wege und ihrer Voraussetzungen – und vielleicht auch Mut, wenn zugunsten des Kindes und seiner Entwicklung unübliche Wege beschritten werden« (Haupt 2003, 60). Wenn Entwicklung stagniert, muss in alle Richtungen nachgedacht werden: Sind die Lernhilfen unpassend? Oder müssen die Aufgaben inhaltlich überdacht werden? Entsprechen die Entwicklungsaufgaben selbst vielleicht gar nicht den aktuellen Erfordernissen? Über- oder unterfordert man das Kind mit Anliegen, die mehr mit eigenen Wünschen, die man für das Kind hegt, als mit dem Kind zu tun haben?

Die Geschichte von Mia ist geeignet, die Gratwanderung, die manchmal mit der Suche nach Antworten auf diese Fragen verbunden ist, zu illustrieren. Mia hatte sofort erkannt, dass ich sie ernsthaft mit Lernanforderungen »verfolgen« würde. Diese Frau, so dachte sie vielleicht, macht alles anders. Ich war für sie ein Störfaktor in ihren Gewohnheiten. Meine Versuche, herauszufinden und auszuprobieren, in welcher Richtung und mit welchen nächsten Schritten Mias Entwicklung unterstützt werden konnte, brauchten im unterrichtlichen Rahmen die

Absicherung durch die »Chefin« und die emotionale Absicherung durch die Integrationsfachkraft. Jede von uns war also in ihrer Rolle davon abhängig, dass die anderen ihre Rollen ebenfalls übernahmen.

Wenn es während weniger Unterrichtsstunden möglich war, zu dritt die Arbeit in der Klasse zu realisieren, nutzten wir diese unterschiedlichen Rollen als erstes Experimentierfeld für Mias Selbstständigkeit. Wir knüpften ein Kommunikations- und Handlungsnetz, an dem Mia aktiv mitgestaltete, indem sie zwischen uns vermittelte. Auch Mitschülerinnen und Mitschüler gehörten dazu. Auf dem Weg über das Mitteilungsheft bezogen wir eines Tages auch das Elternhaus in dieses Netz mit ein. Ein Beispiel soll illustrieren, was wir darunter verstanden.

> Von Beginn unseres Kennenlernens an trete ich Mia viel zu fordernd auf. Das gefällt ihr nicht. Sie bleibt mir gegenüber für lange Zeit misstrauisch. Vielleicht denkt sie: Wenn Frau Renstein kommt, will die, ich ohne vorgeschrieben schreibe.
> Auch an diesem Tag begrüßt sie mich wie schon so häufig mit den Worten: »Geh weg, du alte Frau. Pups.«
> Ich wende mich an die Klassenlehrerin: »Was soll Mia jetzt tun?«
> Frau Mann ruft Mia zu sich und weist sie an, an dem angefangenen Bilderrahmen weiterzuarbeiten. »Frau Ehrenstein soll dir helfen. Ute kann dir jetzt nicht helfen. Sie muss Clara erst mal was zeigen.«
> Ute, die Integrationshelferin, war vor Kurzem mit Mia im Baumarkt einkaufen. Ich weiß davon. Ich weiß auch von dem Plan, dass Bilderrahmen hergestellt werden sollen. Ute hat schon mit ihr begonnen, Leisten zu sägen. Mia ist in der aktuellen Situation besonders gefordert, denn Ute ist anderweitig beschäftigt. Ich kenne mich nicht gut genug in der Klasse aus. Mia soll den Werkzeugkasten und das angefangene Werkstück holen. Der Werkzeugkasten ist schwer. Sie muss jemanden bitten, ihn aus dem Regalfach zu heben. Sie weiß nicht mehr, wie sie weiterarbeiten muss.
> »Geh mal zur Ute und frag sie. Sollen wir vielleicht die nächste Leiste sägen?«
> Ute versteht nicht genau, was Mia von ihr will. Clara beschwert sich: »Mia, du störst.«
> Mia kommt zurück: »Was noch mal? Die Ute fragen?«
> Geduldig wiederhole ich und übe mit ihr, die Frage zu formulieren. Aber Ute sagt, dass sie uns jetzt wirklich nicht helfen könne. Wir finden selbst heraus, was zu tun ist. In der Werk-Ecke zeigt Mia mir stolz, was sie schon geschafft hat.

> »Ah ja, da fehlt noch eine Leiste. Wie lang sollte sie sein? Kannst du die mit mir abmessen? Jetzt erinnerst du dich, wie es geht?«
> Während Mia sägt, zeichne ich die Säge ab. Ich mache eine Zeichnung von dem Rahmen, wie er meiner Vorstellung nach werden soll. »Erkennst du die Säge? Ist es so richtig? Wird der Rahmen so? Was muss ich hier daneben schreiben? Ach, das kannst du auch selbst dazuschreiben. Nein? Dann helfe ich dir …«
> Gleich ist Pause. Ich schicke Mia zur Klassenlehrerin. Mia soll ihr zeigen, wie der Plan für den Bilderrahmen aussieht. Sie soll ihr zeigen, was wir geschrieben haben. »Frag Frau Mann, ob sie lesen kann, was wir geschrieben haben.« Mia ist schon auf dem Weg zum Pult und ich rufe ihr noch hinterher, sodass Frau Mann das hören kann: »Frau Mann soll deiner Mama aufschreiben, dass du einen neuen Bleistift brauchst.«
> Frau Mann lässt Mia formulieren: »Ich brauch neuen Bleistift.« Sie hilft ihr, es genau so zu sagen, wie man es aufschreiben muss. Und das Wort Bleistift darf sie selbst versuchen zu schreiben. »Welche Buchstaben musst du schreiben?«
> »Ich weiß nicht.«
> »Dann male einen Bleistift. Dann kann Mama dein Bild lesen.«

Für Mia waren solche Situationen wichtige Lernfelder. Sie musste Informationen, Fragen, Überlegungen, Anweisungen weitergeben. Wir sprachen mit Mia in einfachen Sätzen, die anfangs nicht mehr als nur eine Information enthielten. Wir variierten die Formulierungen. Wir erweiterten nur ganz allmählich die Informationsmenge. Stets mussten wir uns dessen bewusst sein, welche Herausforderung für Mia auf diesen Wegen von einem zum anderen lag. Sie lernte Schritt für Schritt hinzu. Sie lernte, Fragen zu stellen. Sie konnte sich mit der Zeit Informationen merken, ohne noch weitere Male hin und her laufen und nachfragen zu müssen, wie ihr Auftrag lautete. Was sie da lernte, war essentiell: Sie begann zu verstehen, was Verstehen ist. Beiläufig lernte sie auch zu begreifen, was man tut, wenn man etwas aufschreibt und was ein anderer mit dem Aufgeschriebenen anfangen kann.

Andere Vorstellungen, die wir mit dem Wunsch nach mehr Eigenständigkeit für Mia verbanden, waren ebenfalls grundlegend: Mia sollte Türen auf- und zuschließen können, die Schuhe anziehen, eine Scheibe Brot abschneiden und es sich belegen, ein Geschenk verpacken, etwas verloren Gegangenes suchen können. Die Abläufe beim Einkauf sollten ihr geläufig werden, Geldwerte sollte sie einschätzen können. Wir wünschten uns, dass sie im Spiel mit anderen Kindern Regeln, die ihr erklärt und mit ihr eingeübt wurden, einhalten könnte. Sie sollte mit Zeitangaben etwas anfangen und Markierungen auf der Uhr beachten können. Die Bedeutung schriftlicher Nachrichten wollten wir in ihr Blickfeld rücken. Begriffe zur räumlichen Orientierung sollte sie kennenlernen. Verstecke finden, Bilder erinnern, Ähnlichkeiten entdecken, Vergleiche anstellen waren Aktivitäten, die spielerisch angestoßen werden konnten. Die Aufgaben, die wir für sie erfanden, versuchten wir in die Klassenangelegenheiten einzubinden. Das blieb eine Herausforderung, für die wir selten wirklich zufriedenstellende Lösungen fanden. Es fehlte an Einrichtungen, die spontan für alltagsbezogenes Lernen, für Spielen, Werken, Bauen, Konstruieren, Rollenspiele, Musik, symbolisches Spielen hätten genutzt werden können. Es war in dieser Schule nicht üblich, den Unterricht nach draußen zu verlegen. Zum Beispiel wurde Einkaufengehen nicht als wesentlicher Teil des Unterrichts, sondern als eine exotische Unternehmung angesehen. Für das Gros der Klasse blieb Lernen auf den Klassenraum beschränkt. Besuche von Dienstleistungsbetrieben wie Feuerwehr oder Bäckerei waren vorausgeplante Ausnahmen. Angebote von Theatern, Museen und Kirchen wurden natürlich genutzt. Ausflüge zum Erdbeerfeld, ins Schwimmbad, in den Wald, zum Grillen in den nahen Park waren Höhepunkte, die den schulischen Alltag unterbrachen. Aber der Alltag selbst wurde in seiner Bedeutung als Lernfeld nicht wahrgenommen. So waren die Unterrichtsgänge, die wir für Mia planten, eher Inszenierungen mit Realitätsbezug als die Realität selbst. Für Mias Erleben blieb dies allerdings unerheblich. In offenen Unterrichtsphasen fanden sich Kinder in Gruppen zusammen, in die Mia eingebunden wurde und so Gelegenheit erhielt, aktiv mitzuarbeiten. Die Integrationshelferin war in ihrer Bedeutung als Vermittlerin vorerst dabei noch unverzichtbar. Sie half den Mitschülerinnen und Mitschülern zu sehen, wie sie Mia konkret helfen konnten, ohne übergriffig zu sein. Sie vermittelte ihnen ein Gefühl für Nähe und Distanz im Umgang mit ihr. In der Wahrnehmung der Kinder wurde Mia allmählich eine andere. Sie wurde in ihrer Entwicklung gesehen. Die Veränderungen in ihrem Verhalten spiegelten sich in den Reaktionen der anderen Kinder. Sie löste Erstaunen, Anerkennung, bestätigende Worte aus: »Ich finde, dass du mit anderen Leuten coole Witze machst.« Oder: »Ich freue mich, dass du mich beim Mühle-Spielen schon fast besiegen kannst.« Es wurde Anerkennung zum Ausdruck gebracht: »Ich finde, dass du mittlerweile flüssiger reden kannst.« Und: »Das, was du mit Ute gebastelt hast, können wir hier doch gut in unsere Präsentation einbauen.« Plötzlich wurden auch Beschwerden formuliert: »Mia macht einfach nicht mit bei dem, was wir tun sollen.«

Als Lehrkräfte formulierten wir neue Standpunkte im Umgang mit Mia. Wir befanden, dass sie »jetzt endlich« begreifen sollte, wofür Schreiben und Lesen eigentlich gut ist, denn wir vermuteten inzwischen, dass sie Lesen und Schreiben lernen könnte. Wir wurden ungeduldiger. Wir bemerkten die Ungeduld mit gemischten Gefühlen, sie brachte aber eine neue Qualität des Umgangs miteinander zum Ausdruck. Wir trauten Mia Anspruchsvolles zu. Mit zielführenden Aufträgen wollten wir sie herausfordern, ihre Möglichkeiten zu entdecken. Unsere Ungeduld ließ sie aufmerken. Unser Verhalten war eine Gratwanderung. Wir hatten Glück: Das in sie gesetzte Zutrauen und die Zusicherung, jederzeit Hilfe erbitten zu dürfen, ermutigten Mia, unseren Vorschlägen zu folgen.

> Mia macht sich alleine auf den Weg. Sie soll einen angegebenen Raum im Erdgeschoss wiederfinden, in dem sie mich mit ihrer Integrationshelferin schon einige Male besucht hat. Dort soll sie nach dem Rechenkasten schauen – auf dem Schrank mit den Schubladen, gleich neben der Tür. Den soll sie in unseren Raum im oberen Stockwerk bringen, weil wir ihn in der nächsten Stunde brauchen. Ute gibt ihr den Schlüssel mit, denn die Tür würde verschlossen sein. Mia kommt lange nicht wieder. Ute geht auf die Suche nach ihr. Sie trifft auf Mia, als sie gerade von innen die Tür aufschließt und mit dem Rechenkasten herauskommt. »Ei, ich hab Tür zueschlossen. Aber ich nicht rausekommen. Ich wieder aufeschließen.« Wir vermuten, dass Mia die Abläufe durcheinandergebracht hat: den Raum verlassen und *dann* zuschließen? Immerhin hat sie beim Eintreten den Schlüssel *zuerst* benutzt. Aber den Auftrag, für den sie unterwegs war, hat sie sich gemerkt. Unbeeindruckt von der vagen Sorge, die Ute bewogen hat, ihr nachzugehen, marschiert Mia die Treppe hinauf zurück in ihre Klasse und drückt mir stolz den Rechenkasten in die Hand: »Hab gefunden. Da!«

Mia hielt noch die eine oder andere weitere Überraschung für uns bereit, die uns verdeutlichte, was ein Kind im Einzelnen alles begreift, wenn es lernt. Uns wurde bewusst, wie selbstverständlich wir zum Beispiel den Erwerb von Orts- und Zeitangaben bei Schulkindern voraussetzen. Mia wandelte Erlebtes, Gehörtes, Gesehenes nicht einfach in

Erfahrungswissen um, das ihr dann jederzeit zur Verfügung gestanden hätte. Fragen nach räumlicher Zuordnung, danach etwa, ob etwas vor, hinter, in der Mitte, am Rand oder neben etwas liegt, konnte sie nicht beantworten. Die richtige Anwendung der Begriffe musste sie erst lernen. Um zu erleben, wie wichtig die Begriffe sein können, war sie auf entsprechende Lernereignisse oder Lerngelegenheiten angewiesen, die wir für sie »im laufenden Betrieb« suchten und eigens inszenierten.

Immer wieder tauchten völlig unerwartet Entwicklungshürden auf und es mussten passende Lernhilfen für Mia gefunden werden. Sie brauchte neben den konkreten Hilfen viele Wiederholungen. Immer wieder musste man die »Knackpunkte« aufspüren, die einen nächsten Schritt markieren würden. Das war mühsam. Im traditionellen Unterricht der Grundschule ist es nicht vorgesehen, dass um das Lernen eines einzelnen Kindes »solche Umstände gemacht werden«, und man musste sich immer wieder neu auf diese Notwendigkeiten besinnen.

Mias Lernfortschritte veränderten die Interaktionen zwischen ihr und den Mitschülerinnen und Mitschülern und zwischen ihr und den erwachsenen Personen nachhaltig. Mia wurde – endlich – als Lernende wahrgenommen und nicht mehr als »kleines Kind«, das man umsorgte und auf das man Rücksicht nahm. Sie selbst schaute offener in die Welt. Wir registrierten ihre zunehmende Neugier. Alles, was sie interessierte, begriffen wir als Lernfeld, und wir prüften, mit welchen unterrichtlichen Arrangements wir an ihren Interessen anknüpfen konnten.

Ganz allmählich durchlief Mia wichtige kognitive Lernprozesse, allen widrigen und kargen äußeren Bedingungen zum Trotz. Zusammen mit Ute berichtete sie in der Klasse über Erlebtes und über ihre Erfahrungen. Sie führte vor, was sie gelernt hatte und was sie nun Neues konnte. Ihre neu gewonnenen Kompetenzen kamen in kleinen Projekten zum Einsatz und erweiterten sich.

Sie dokumentierte ihr Lernen in Büchlein und auf Plakaten. Einfachen Notizen, die sie auch von Kindern erhielt, entnahm sie Informationen. Sie hantierte mit mathematischen Begriffen im weitesten Sinne, wenn sie nach einem Einkauf auf dem Bauernhof die Äpfel nebeneinander aufreihte und der Größe nach sortierte, weil sie daran Spaß fand. Mia schaute aufmerksamer in die Welt, nahm Dinge wahr, die sie bisher nicht gesehen hatte. Sie war in der Lage, kleine Aufträge eigenverantwortlich zu erledigen. Sie begann auf der Grundlage aktiven Nachdenkens Schlussfolgerungen zu ziehen, die sich ihr nicht nur aus einer emotionalen Befindlichkeit heraus aufdrängten. Sie überraschte uns mit problembezogenen Fragen. So lernte sie, sich mit Argumenten um eigene Belange zu kümmern und nicht mehr nur zu sagen: »Ich will.« Sie begann für ihre Bedürfnisse einzustehen.

Im Zusammenhang mit Mias Lerngeschichte lassen sich die Begriffe »gleich« und »gleichberechtigt« deutlich konturieren. Der Gedanke, im gemeinsamen Unterricht sollen alle Kinder das Gleiche tun, alle müssen gleich behandelt werden und gemeinsam am Gleichen arbeiten, alle streben grundsätzlich gleiche Ziele an, weil jedes Kind in der Klasse die gleichen Rechte hat – dieser Gedanke missversteht den Begriff der *Berechtigung*. Bei der Planung guter Unterstützungsmaßnahmen für Kinder mit besonderem Hilfebedarf müssen Unterschiede in Rechnung gestellt werden – im Sinne der Gleich-*Berechtigung*! Gute Aufgaben müssen auf die Kompetenzen des Kindes abgestimmt und dem Anliegen verpflichtet sein, es in der ihm möglichen Entwicklung zu unterstützen. Sie müssen individuellen Kriterien genügen. Gleich-*Berechtigung* bedeutet eben genau nicht, Unterschiede zu ignorieren. Aber sehr wohl geht es darum, Nachteile auszugleichen, die sich aus unterschiedlichen Voraussetzungen für das Lernen in der Schule ergeben. In diesem Sinne sind wir verpflichtet, die für das einzelne Kind notwendigen »Umstände zu machen«.

Mia erklärt: »Ich bin doch behindert!«

Die Mitschülerinnen und Mitschüler registrierten unseren »Aktionismus« mit großem Interesse. In der Klasse war es eine Selbstverständlichkeit, dass vieles miteinander erarbeitet und zu zweit, zu dritt erledigt wurde. »Mia-Projekte« waren nun bei der Allgemeinheit ebenso gefragt wie Projekte, die Jannik oder Liane oder wer sonst angestoßen hatten. Sie wollten an den Themen, die die Integrationsfachkraft für Mia anregte, beteiligt werden: am Bau der Mal-Leinwände, beim Einkauf der Äpfel für das Mus zum Frühstück, beim Bau eines Guckkastens. Das wurde ermöglicht. Mia wurde auch mit eigenen Beiträgen an gemeinsamen Ausstellungen, abschließenden Gesprächen, Vorführungen, Referaten beteiligt, mit denen Arbeiten abgeschlossen und die einzelnen Vorgänge zu einem gemeinsamen Ergebnis wieder zusammengeführt wurden.

Wir begannen, den Mitschülerinnen und Mitschülern zuzutrauen, dass auch sie Mia im Lernen unterstützen konnten. Wir halfen ihnen zu sehen, wie man konkret helfen und wo man sich zurückhalten musste und konnte.

> In der Klasse steht eine kleine Kindertafel, die mir eine Mutter für die Spielecke geschenkt hat. Für Rollenspiele sind die Kinder dieser Klasse immer zu begeistern. Ich suche Mitspieler für »Schule spielen«. Mia lässt sich einbeziehen. Lana ist die Lehrerin. Wir werden abwechselnd zur Tafel gerufen, um dort etwas zu notieren, ein Wort, eine Rechnung, was auch immer. Auch Mia kommt dran. »So ist es nicht richtig. Man schreibt Markus so ...« Auch ich übernehme einmal die Rolle der Lehrerin. Mia spielt begeistert mit. Für mich ist die Situation mehr als ein Spiel. Ich habe Gelegenheit, mit Mia zu lernen, was mir in der Ernstsituation des Deutschunterrichts in dieser Klasse nicht möglich ist. Nebenbei erleben auch Lana und Markus, die mitspielen, wie ich Mia beim Abhören der Laute im Wort, beim Finden der Buchstaben und beim Schreiben unterstütze. Vielleicht kann die Klassenlehrerin solche Situationen, wie wir sie gerade erleben, hin und wieder in ihre Unterrichtsplanung aufnehmen? Für Mia bliebe in solchen Szenen ihr Bild von Schule erhalten. Zugleich verläuft ein solches Ereignis entspannter. Und – Mias Lernen ist bei solchen Aktionen in eine kommunikative Situation mit anderen Kindern eingebunden!

Die Kinder lernten Mia als Mit-Schülerin neu kennen. Sie verfingen sich nicht mehr in dem Bild von ihr als einem Kindergarten-Kind. Mia forderte die anderen heraus, sich mit ihr auseinanderzusetzen. »Integration provoziert, zwingt zum Nachdenken, macht Widersprüche transparent und öffentlich« (Cloerkes 2001, 187). »Mia hat ›Du bist dumm‹ zu mir gesagt!« Plötzlich mussten Grenzen thematisiert werden: »Guck mal, Mia kriegt das mit der Zeichnung nicht hin.« Man stellte Erwartungen an sie: »Ich verstehe dich nicht. Du musst lauter sprechen.« Auf einmal wurde ihr nicht mehr alles verziehen, weil »sie ja behindert ist«. »In der Pause hat sie mich einfach nicht ans Klettergerüst gelassen.« Sie wurde nicht mehr nur belächelt, weil sie so putzige Fehler machte und in ihrem Kauderwelsch so »goldig« klang. Man begann, Mia in ihren Kompetenzen herauszufordern, statt ihr unaufgefordert zu helfen. Dann konnte es sein, dass sie flapsig zu hören bekam: »Du kannst selbst suchen, wo deine Schere ist.« Ein spiralförmig fortschreitender Prozess kam in Gang, der die Kinder wechselseitig beeindruckte und in ihrem Miteinander beeinflusste.

Mit einem zunehmenden Gefühl für sich selbst und die eigenen Kompetenzen gelang es Mia, selbst-bewusst und mit ausreichendem Selbstvertrauen in der Gemeinschaft ihrer Mitschülerinnen und Mitschüler aufzutreten. Sie wurde mit umso größerer Aufmerksamkeit bedacht, je selbst-bewusster sie auftrat. Sie brauchte genau diese Aufmerksamkeit, um sich im Gegenzug weiter aktiv in das Leben der Gemeinschaft einzubringen. Die Abhängigkeit von Hilfe ging nun nicht mehr mit dem Gefühl eines geringeren Selbstwerts einher. Im Gegenteil: Mia ließ zu, dass ich in Einzelfördersituationen methodisch geeignete Hilfen anbot. Im Unterricht forderte Mia Hilfe ein und wies sie selbstbewusst zurück, wenn sie glaubte, alleine zurechtzukommen.

Es gab eine weitere Entwicklung: Der Blick der Mitschülerinnen und Mitschüler auf die großen Unterschiede, die zu Mia bestanden, änderte sich. Es stellte sich so etwas wie Konkurrenzdenken ein: Wer alles bekommt ein Sonderprogramm? Wem wird etwas nachgesehen und wem nicht? Welche Berechtigungen werden wie verteilt? Die Kinder verlangten Erklärungen. Dieses Vergleichen blieb auch von Mia nicht unbemerkt. Ihr wurde zunehmend bewusst, dass die Unterschiede zwischen ihr und den anderen Kindern groß waren. Sie begann, sich damit auf ihre Weise auseinanderzusetzen.

> Es ist jetzt schon eine Weile her, dass Mia darauf bestand, genau das Gleiche zu tun wie alle Kinder. Inzwischen findet sie es attraktiv, außerhalb des Klassenverbandes unterwegs zu sein. Sie geht einkaufen, untersucht den Schulgarten, läuft ihren Schulweg ab und zeichnet ihn nach, geht zum Bauern und lässt große und kleine Äpfel abwiegen, geht zur Bushaltestelle, um die Abfahrtspläne mit den vielen Zahlen darauf in Augenschein zu nehmen. Arbeitsaufträge werden für Mia so konkret wie möglich gefasst. Meistens sind Kinder aus der Klasse zusammen mit ihr unterwegs, ebenfalls mit bestimmten Aufträgen.
> Heute geht sie mit Markus, Clara und Celia zur Buchhandlung. Die Kinder wollen die für die Klassenbibliothek bestellten Bücher abholen. Im Buchladen benimmt sich Mia nicht so, wie es sich gehört. Sie läuft nachlässig herum, greift in verschiedene Regale, zieht irgendein Buch heraus und blättert grob darin herum. Sie hört nicht auf die Buchhändlerin, die ihr zu erklären versucht, dass die Buchseiten auf diese Weise kaputtgehen.
> »Mia, warum machst du das?«, schimpft Markus.
> »Ich bin doch behindert«, antwortet Mia.
> Dieser Satz fällt jetzt häufig, ohne dass wir zu diesem Zeitpunkt schon verstehen, was passiert. Die Lehrerin will aber Mias Verhal-

ten in der Buchhandlung thematisieren. Sie plant es für das nächste Wochenabschlussgespräch ein.

Nur ganz allmählich begriffen wir, was Mia machte: Sie probierte aus, was sie mit der Ansage, »doch behindert zu sein«, bewirkte. Vielleicht war es der Versuch herauszufinden, was der Begriff »behindert« aussagt, je nachdem, in welcher Situation und gegenüber welchen Personen man ihn benutzt. Sie versuchte, sich über sich selbst klarer zu werden, indem sie aktiv ihre Grenzen aufspürte und sie mit dem Begriff »behindert« in Verbindung brachte. In diesem Sinne ist der Konflikt, der in der folgenden Geschichte geschildert wird, zu verstehen.

Mia ist sehr verstimmt. Sie redet nicht mehr mit mir. Was ist passiert? Habe ich etwas getan oder gesagt, was sie verletzt hat? Es muss sich etwas ereignet haben, dessen Bedeutung für Mia ich nicht mitbekommen habe. Mia wendet sich ab, als ich sie bitte, doch mit mir zu sprechen und mir zu sagen, was los ist. Wer solche Situationen kennt, weiß, wie hilflos man sich fühlen kann, wenn ein Kind seine Verweigerung durchhält. Ich wende mich an die Klassenlehrerin. Die berichtet mir später von dem Gespräch, das sie mit Mia hatte. Mia habe sich geärgert, weil ich wieder von ihr Dinge verlangt hätte, die sie doch nicht kann. Sie sei doch BEHINDERT. Und sie wolle alleine arbeiten, nicht immer mit mir. Die Klassenlehrerin wird Mia bitten, dies in der Wochenabschlussrunde anzusprechen. In dieser Runde darf ungeklärt Gebliebenes zur Sprache kommen.

Es ist Freitag und die Kinder sitzen im großen Kreis beieinander. Der Wochenabschluss beginnt. Die Klassenlehrerin fordert mich auf zu sprechen. Ich wende mich an Mia: »Es hat mich geärgert, dass du gestern nicht mehr mit mir geredet hast. Ich habe überhaupt nicht verstanden, was los war. Ich würde gerne wissen, was dich geärgert hat.« Mia sitzt neben ihrer Lehrerin. Mutig spricht sie aus, was sie mit ihrer Lehrerin besprochen hat. Das ist das erste Mal, dass ich Mia nicht nur in spontaner Reaktion erlebe, sondern etwas wie ein Gespräch beginnt, in dem Gedanken ausgetauscht werden. Ihre Lehrerin hilft ihr, die Worte, die sie braucht, zu finden. Ich kann voller Respekt für diese Leistung zurückgeben: »Ich verstehe, was du sagst. Das tut mir leid, wenn ich da zu viel von dir gewollt habe. Aber weißt du, ich will nicht, dass du immer nur Dinge machst, die du schon kannst. Ich will dir auch mal was Neues zeigen

> und was Neues erklären, zum Beispiel das mit dem Geld.« Das ist nun keineswegs unattraktiv für sie. Es gelingt uns, für die nächsten Schultage etwas abzumachen: Ihre Lehrerin und ich werden jetzt immer gut schauen, dass sie auch während der Zeiten, in denen ich mit im Raum bin, eine Zeit alleine arbeiten darf. Andererseits wird ihre Lehrerin mit ihr Zeiten festlegen, in denen ich ihr etwas Neues zeige.
> Mia schließt das Gespräch ab: »Ja, ich bin einverstanden.«

Diese Episode erinnerte uns an Texte, in denen Jesper Juul (2010) uns darauf aufmerksam macht, dass wir die Kinder in ihrer Integrität schützen müssen und ihre Bereitschaft zur Kooperation nicht gegen sie wenden dürfen. »Wir sind vielmehr gezwungen, im Umgang mit unseren Kindern eine Ethik zu entwickeln, die uns die Sinne für die Fehler schärft, die wir zwangsläufig begehen und die es uns gleichzeitig ermöglicht, ganz offen die Verantwortung für diese Fehler zu übernehmen. Nur die Anwendung einer solchen Ethik erlaubt es den Kindern, sich frei und gesund zu entwickeln. Glücklicherweise können wir uns dabei jederzeit an ihrem kompetenten Feedback orientieren, wenn wir selbst nicht weiterkommen« (a.a.O. 207).

In der besagten Wochenabschlussrunde sprach ich im Anschluss an das Gespräch zwischen Mia und mir die ganze Klasse an:

> »Ich möchte gerne mal mit euch allen darüber sprechen, was das eigentlich ist: ›behindert‹. Mia sagt das manchmal: ›Weil ich behindert bin.‹ Was meint sie damit? Bestimmt habt ihr Gedanken dazu. Die würden mich interessieren.«
> Die Kinder antworten freimütig: Mia wolle dann wahrscheinlich, dass man auf sie Rücksicht nimmt. Aber manchmal sage sie es auch, damit sie nicht geschimpft kriegt.
> Lana sagt: »Ich finde zum Beispiel blöd, wenn Mia bei dem Plakat nicht mitmalt«, und sie richtet sich an Mia: »Weil du kannst das doch auch. Ich finde nicht, dass du so behindert bist.«
> »Aber ich kann nicht rund malen«, insistiert Mia.
> »Aber doch nicht deshalb, weil du behindert bist!«
> »Du brauchst dann Hilfe, oder?«, frage ich. In dem weiteren Gespräch kreisen wir um den Gedanken, was »Hilfe brauchen« mit »behindert sein« zu tun hat. Alle beteiligen sich hoch konzentriert an dem Gespräch. Mia verfolgt das Gespräch aufmerksam.

Sie sucht mit Hilfe ihrer Lehrerin nach Antworten, wenn sie direkt angesprochen wird. Viele Gedanken werden ausgetauscht.
Am Ende der Stunde sieht man Mia an, dass sie erschöpft ist. Schließlich ging es die ganze Zeit um sie. Ihre Lehrerin fragt sie, ob sie noch eine »warme Dusche«[19] schön fände. Ganz im Mittelpunkt der Aufmerksamkeit sitzt sie auf dem Drehstuhl der Lehrerin in der Kreismitte und genießt die Rückmeldungen, die sie von ihren Mitschülerinnen und Mitschülern und uns Erwachsenen erhält.

Passende Entwicklungsaufgaben sollen nicht aus beeinträchtigten oder behinderten Kindern nicht-beeinträchtigte, nicht-behinderte Kinder machen. Passende Entwicklungsaufgaben fordern Entwicklung heraus. Passende Entwicklungsaufgaben sprechen ein Kind in seiner Eigenverantwortung an. Wenn es notwendig ist, gehört dazu auch zu reklamieren: »Hier brauche ich Hilfe. Das kann ich nicht, weil ich behindert bin.« Flankierende Lernhilfen erleichtern Entwicklung.

Mia übernahm Eigenverantwortung. Das gelang in einer wohlwollend gesinnten Gemeinschaft, in der die passende Unterstützung gegeben wurde.

Eigenverantwortung macht stark für die Gemeinschaft. »Ich gehöre dazu und es ist okay, anders zu sein« – ein Kind, das in seinem Umfeld diese Aussage für sich verbuchen kann, ist mit den Mitmenschen in seiner Umgebung vertraut. Sie bestätigen es mit Rückmeldungen, »die sich auf seine Existenz, nicht auf sein Verhalten beziehen« (a.a.O. 118). Ein solches Vertrauensverhältnis zu der Gruppe, der es zugehört, stärkt Vertrauen in die eigenen Kompetenzen. Wer sich selbst trauen kann, wird von Fremdbeurteilungen unabhängig, wird seine Neugier bewahren und seine Lernmöglichkeiten auch ausschöpfen können. Lernen in Verbindung mit einem guten Gefühl für sich selbst ist belohnend und mit Freude verbunden. Individuelle Veränderungen werden von den anderen anerkennend wahrgenommen.

Je mehr sich ein gesundes Selbstgefühl im Kind einstellt und sich erweitert, desto sicherer wird es darin, mit schwierigen Herausforderungen umzugehen und Frustrationen zu ertragen. Es muss sich in seinem Wesen nicht verbiegen oder gar verleugnen, sondern es wird sich lernend

21 Bei der sogenannten »warmen Dusche« darf sich das Kind in die Mitte der Kinderrunde setzen und jeder aus dem Kreis schenkt ihm eine freundliche Bemerkung.

und in der Erweiterung seines Erfahrungsschatzes seiner selbst vergewissern. Es muss seine Eigenheiten nicht verstecken.

Passende Entwicklungsaufgaben schotten Kinder also nicht von der Klassengemeinschaft ab, indem ihnen in wohlmeinender Absicht »besonders passgenaue Arbeitsaufträge« im extrem individualisierenden Unterricht verabreicht werden. Dies würde aus sozialer Sicht extrem desintegrierend wirken. »Die heilpädagogische Aufgabe der Integrationshilfe [erweist sich als] eine *doppelte*: Sie ist darauf gerichtet, dass sich beim Kind ein tragfähiges Selbstkonzept, Ich-Stärke, emotionale Sicherheit und Selbstbestimmung zusammen mit Lernfortschritten, zugleich aber auch seine Kommunikationsfähigkeit und seine Sozialkompetenz ausbilden und stabilisieren können. (...) [Es] muss aus heilpädagogischer Sicht als Grundprinzip das der *Dienlichkeit für das behinderte Kind* gelten. Es bedeutet, dass mit dem integrativen Unterricht eine bessere *Grundlage* für das Lernen des einzelnen Schülers gelegt wird, d.h. dass kein Schüler in seinem Lernen benachteiligt und in seiner psychophysischen Befindlichkeit beeinträchtigt wird« (Speck 2010, 31).

Die Zusammenhänge und Wechselwirkungen sind vielschichtig: Wenn personale Integration gelingen soll, muss die Gemeinschaft bereit sein, sich mit den einzelnen Personen der Gruppe aktiv auseinanderzusetzen. Interaktion und Kommunikation spielen eine große Rolle. Jedes Kind der Gemeinschaft muss Entwicklungsherausforderungen vorfinden, die es in seiner Persönlichkeit stärken und es in die Lage versetzen, selbst zur sozialen Integration beizutragen. Zugleich zeichnet sich eine gute soziale Integration dadurch aus, dass sie jedes Kind darin unterstützt, seine individuellen Lernchancen auszuschöpfen, ohne dass es sich in eine Überforderung manövriert oder, auf der anderen Seite, leer ausgeht. Das behinderte Kind ist in seiner Eigenverantwortung angesprochen und die Anforderungen sind »verkraftbar«.

4.4 Behinderung benennen oder Behinderung nicht benennen?

Inklusion ist kein präziser, klar definierter Begriff. Er steht für die Einforderung von Veränderungen, die das Bedürfnis nach Zugehörigkeit und Teilhabe betreffen.

Bezogen auf die Schule werden mit den neuen Forderungen jene Menschen in den Blick genommen, deren besonderer oder erhöhter Bedarf an Lernförderung oder Entwicklungsunterstützung Fragen aufwirft, auf die die allgemeine Schule mit ihren Bildungszielen in der Regel bisher keine Antworten gefunden hat, auch nicht finden musste.

Für diese Kinder wurde früher die adäquate Förderung im Verantwortungsbereich der Förderschulen gesucht. Das hat sich geändert. Die Lehrkräfte an allgemeinen Schulen stehen nun mit in der Verantwortung, sich auch mit besonderen Förderbedürfnissen zu befassen. »Es kann erforderlich sein, unterschiedliche sprachliche und kulturelle Hintergründe zu beachten, mit sehr gut hörenden und sehenden wie auch mit sinnesbeeinträchtigten Kindern zu kommunizieren und adäquate Unterrichtsmedien für sie zu gestalten, Orientierungs- und Wahrnehmungsprobleme autistischer Kinder zu kennen und zu berücksichtigen, Schüler(innen) mit motorischen Beeinträchtigungen durch Hilfsmittel und physiotherapeutisches Know-how die Teilhabe am Unterricht zu ermöglichen, Kinder für die Bildung zu gewinnen, die sich bisher vor allem die Sprache der Gewalt angeeignet haben. (...) Unterschiedliche kognitive Lernvoraussetzungen machen es erforderlich, Bildungsinhalte über verschiedene Aneignungsmöglichkeiten zugänglich zu machen (...).« (Klauß, zitiert bei Haupt 2011, S. 261f.). Viele weitere Anforderungen können hier aufgezählt werden. In der Klassengemeinschaft geht es also nicht nur vage und theoretisch, sondern *ganz konkret* um Zugehörigkeit und Teilhabe sowie adäquate Entwicklungsunterstützung jeweils *bestimmter* Kinder.[22]

Der Versuch allerdings, den Begriffen der *Integration* oder *Inklusion* zur besseren Verständigung durch die ergänzende Verwendung eines »Behinderungsbegriffes« Kontur zu verleihen, wird in der zuweilen erbittert und sehr polemisch geführten Debatte unterschiedlich beurteilt. Die Gegner wenden ein, dass es bei der Inklusion um Nichtaussonderung gehe; alle Kinder seien gemeint ohne Ansehen der Unterschiede. Beschreibungen von Unterschieden seien Etikettierungen, die Exklusionsbestrebungen den Boden bereiten.

Kritiker des Behinderungsbegriffs argwöhnen, dass mit der Benennung einer diskriminierenden »Besonderung« behinderter Kinder Vorschub geleistet wird. »Sicher kann der Verzicht auf festlegende Benennungen und Zuordnungen Offenheit für das, was hier und jetzt in aktuellen Situationen und Begegnungen geschieht, fördern. Aber im Alltag, auch im pädagogischen Alltag, zeichnet sich die Tendenz ab, es als Wert anzusehen, wenn Behinderungen nicht mehr benannt werden. Was bedeutet das eigentlich? Entsteht eine Behinderung durch Benen-

[22] Bemerkenswert ist, dass die Debatte sich nicht mit gleicher Vehemenz bezüglich der Gruppe der hochbegabten Kinder ausweitet. Für sie wird eher nach exklusiven Möglichkeiten der Begabungsförderung gesucht, ohne dass die damit verbundene Aussonderung reklamiert wird.

nung? Und wird sie ohne sie weniger bedeutsam oder verschwindet sie gar?« (Haupt 2011, 7) Nicht namentlich über diese Dinge zu sprechen, würde ja keinesfalls verhindern, dass Kinder mit Behinderung als »*die* Kinder, um die es geht« in den Köpfen der Menschen vage Vorstellungen wecken. Sie heißen dann »I-Kinder« oder »Gutachtenkinder« und »Schwerpunktkinder«. Aber was heißt das?

Die Kolleginnen und Kollegen vor Ort sind gezwungen, individuelle Lernvoraussetzungen und besondere Förderbedürfnisse so genau wie möglich zu formulieren, wenn sie in der Zusammenarbeit mit einem lernauffälligen oder körperbehinderten, einem autistischen oder geistig behinderten Kind Hilfen für den Unterricht brauchen. Sie können sich einen Streit um Begrifflichkeiten gar nicht leisten. Es muss benannt werden können, was besonderer Beachtung bedarf! Im anderen Fall wäre »die Versuchung groß, notwendige zusätzliche Ressourcen für die Bildung von Kindern mit Behinderungen einzusparen, da ja ›nichts Besonderes‹ vorliegt« (a.a.O. 8). Darüber hinaus fragt Ursula Haupt: »Wie können Verstehen, Empathie, Mitgefühl und Hilfsbereitschaft entstehen, wenn ›eigentlich nichts oder nichts Bedeutsames, das einen Namen verdiente‹, besteht? Solche Qualitäten haben dann keinen Raum mehr« (a.a.O.). Gleichermaßen gilt: »Ein Kind mit einer Behinderung ist vor allem ein Kind, und nicht vor allem behindert« (a.a.O. 7). Wenn Mia sich vorstellt, sagt sie: »Ich bin Mia. Bin sieben Jahre alt. Hobby sind ... hm ... Klettern. Ich hab Bruder. Ist Dario. Oma. Ich kann lesen. Ute hilft.«

Die Unsicherheit in der Verwendung der Begriffe *Inklusion* und *Behinderung* wird in folgendem Gespräch deutlich: Die Väter von zwei sechsjährigen Töchtern lernten sich bei der Schulanmeldung in einer Montessori-Schule kennen und begegneten sich am ersten Elternabend wieder. Beide haben sich mit Blick auf ihre Kinder bewusst für das Konzept dieser Schule entschieden.

»Was war für Sie der Grund, Ihre Tochter in dieser Schule anzumelden?«

»Bei der Schuluntersuchung hat man mir gesagt, Maria habe Inklusionsbedarf.«

»Hm.«

»Ja, meine Tochter hat das Down-Syndrom.«

»Was meinen Sie mit Inklusionsbedarf?«

»Ich weiß auch nicht genau, wie ich es sagen soll. In einer normalen Schule denken sie, dass sie ihr nicht genug helfen können. Aber ich meine – für mich ist Maria ganz normal.«

5. Die Weiterentwicklung des Unterrichts auf dem Weg der Inklusion – was hilft?

Die Verantwortung für die Entwicklung der allgemeinen Schule liegt bei den Schulen selbst. Veränderungen hin zu einer *inklusiven* Schulkultur können nur in allmählichen Prozessen gelingen und »müssen an dem vorhandenen Wissen und den Erfahrungen der Menschen in ihrer jeweiligen Praxissituation anknüpfen« (Boban/Hinz 2003, 8). Ines Boban und Andreas Hinz (2003) bieten mit dem Index für Inklusion (Tony Booth und Mel Ainscow, 2000), den sie übersetzt und für deutsche Verhältnisse überarbeitet haben, einen Materialfundus, der Schulen auf dem Weg ihrer Entwicklung zu einer »Schule für alle Kinder« helfen kann. Darin legen sie Wert auf den Hinweis, dass Schulen sich entscheiden sollten, »nächste – und zwar angemessen große oder kleine, verkraftbare, realistische – Schritte in der Entwicklung zu gehen (...), zum Beispiel im nächsten Schuljahr. Dabei ist weniger mehr, und das übernächste Schuljahr kommt mit ziemlicher Sicherheit!« (a.a.O. 3) Im Vorfeld erster Entscheidungen scheint es mir für ein Kollegium, das sich auf den Weg machen will, wichtig, sich Klarheit über die im Folgenden ausgeführten Aspekte der Schulentwicklung und der konkreten Unterrichtsarbeit zu verschaffen.

5.1 Schulleitungen als Motor der Schulentwicklung

Das Thema Integration bzw. Inklusion zwingt die Schulen, ihre traditionellen Intentionen und Arbeitsweisen zu überdenken. In schwer beweglichen Systemen, die Schulen nun einmal sind, ist es nicht selbstverständlich, dass notwendige fachliche Diskussionen unter den Lehrkräften in Gang kommen. Die Schulleitungen haben hier eine Schlüsselfunktion. Eine Schulleitung, die die Entwicklung ihrer Schule auf dem Weg der Integration fördert, hat »Integration/Inklusion als rechtlich begründete Leitbegriffe« (Speck 2010, 132) für ihre Schule akzeptiert. Diese Schulleitung erkennt an, dass »die Federführung (...) von der Sache her beim Ressort für die allgemeine Schule« liegt, also der »allgemeinen Schule [die] fachliche Priorität für die Umstrukturierung des Schulsystems [zu] kommt« (a.a.O. 132f.). Sie bezieht die Fachkräfte aus der Sonderpädagogik als »subsidiär zuständig« (a.a.O. 133) in die Schul- und Unterrichtsentwicklung ein. Es ist erforderlich, dass die Schulleitung einen Prozess initiiert und unterstützt, der das Kollegium auf einem gemeinsamen Weg der Integration/Inklusion zusammenführt. In einem Schulklima, in dem ein offener Austausch der Kolleginnen und Kollegen untereinander möglich ist und eine zielführende Diskussion in Konferenzen angst- und vorurteilsfrei stattfinden kann, konkretisieren sich Fragen und Richtungen auf dem Weg der Integration. Ein gemeinsam mit dem Kollegium zu entwickelndes Leitbild oder Schulprofil böte die Wegmarken, an denen entlang von Kolleginnen und Kollegen Rechenschaftslegungen über die Entwicklung ihres Unterrichts verlangt werden können. Hilbert Meyer rückt in diesem Zusammenhang die »widersprüchlichen Erwartungen an ihre Amtsführung« (2013, 7) in den Blick. Bestimmte Aufgaben sind nicht diskutabel, andere können nur sinnvoll implementiert werden, wenn Konsens im Kollegium gefunden ist. Da die neuen Entwicklungen dazu führen, dass Menschen unterschiedlichster Profession das Schulhaus bevölkern und die ihnen aufgetragene pädagogische Arbeit idealerweise in Kooperation angehen sollen, ist es wichtig, Aufgabenstellungen, Rollenzuschreibungen, Zuständigkeiten, Arbeitsbelastungen und Arbeitsteilungen, Argumente für Budgetentscheidungen und Stundenverteilung, insbesondere Gründe für Doppelbesetzungen, offenzulegen und der Diskussion zugänglich zu machen. Die Schulleitung interessiert sich für die Entwicklung der Kinder, die die Lehrkräfte vor besondere Herausforderungen stellen. Sie nimmt deren Fortschritte wahr und bringt auf diesem Weg den Lehrkräften Anerkennung entgegen. Teams, die sich insbesondere um die Unterstützung von Kindern mit besonderen Bedürfnissen bemühen, werden bei Problemen mit der Vertretungsregelung nicht als Personalreserve missbraucht (vgl. Schöler 1999). Im Hinblick auf Ideen und Entwicklungsvorhaben einzelner Kolleginnen und Kollegen oder Kollegenteams empfiehlt Meyer (2013) eine innovationsfreundliche Haltung, die Unterstützung der Teamentwicklung (»Die Schulleitung unterstützt Lehrerkooperation und erzwingt sie bei hartnäckiger Verweigerung«, a. a. O. 9), ein gerechtes Belastungsmanagement und die Förderung einer Feedback-Kultur und einer Kultur des Weiterlernens. Mit anderen Worten: Sie initiiert Fortbildungen und sorgt für regelmäßige Teilnahme. Sie geht offen auf ihre Kolleginnen und Kollegen zu und führt vertrauensbildende Personalgespräche. Sie gibt Impulse in Richtung Unterrichtsentwicklung, sie räumt nach Möglichkeit Zeiten für konzeptionelle Arbeit ein, kontrolliert die Verteilung der Ressourcen Zeit und Personal. Ihre Rolle bei der Unterrichtsentwicklung ist eindeutig belegt (vgl. a.a.O. 7f.). Die Kolleginnen und

Kollegen, die gut begründet neue Wege gehen, können im Konfliktfall auf sie zählen. Sie vertritt Entscheidungen intern und nach außen (vgl. Pollert 2011). »Unterrichtsentwicklung ist ein komplexer und störungsanfälliger Prozess. Sie lebt vom Engagement einzelner Lehrerinnen und Lehrer, die mehr zu tun bereit sind, als ihnen abverlangt wird. Deshalb sollte die Steuerung dieser Prozesse durch Schulleitung und Schulaufsicht mit größter Behutsamkeit durchgeführt werden« (Meyer 2013, 1).

5.2 Die Wahrnehmung der Sonderpädagogik als Teil der Allgemeinpädagogik

Die Unterrichtsentwicklung in allgemeinen Schulen, die jetzt auch die Verantwortung für die Bildung von Kindern mit Behinderung übernehmen müssen, soll mit Unterstützung durch Fachkräfte aus der Sonderpädagogik geschehen. »Solange die Realität der allgemeinen Schule weit davon entfernt ist, allen Schülern mit besonderen Lernbedürfnissen wirklich bessere Lernchancen zu bieten, kann der Sonderschulpädagogik ihre subsidiäre Funktion und Aufgabe nicht abgesprochen werden, zumal eine hinreichende Absicherung der individuellen heilpädagogischen Förderungsbedürfnisse nicht klar erkennbar im Fokus einer ›Pädagogik der Vielfalt‹ steht« (Speck 2010, 117). Die Sonderpädagogik bietet einen Fundus an Kenntnissen und Erfahrungen, der den allgemeinen Schulen zur Verfügung gestellt werden kann. Die Fachkräfte bringen Kenntnisse über Lernwege von Kindern mit Entwicklung erschwerenden Bedingungen mit, verfügen über Erfahrungen mit methodischen und didaktischen Konzepten sowie mit unterrichtlichen Organisationsformen. Sie kennen außerschulische Facheinrichtungen, die in die Förderung behinderter Kinder einbezogen werden können, und haben Erfahrungen mit der Nutzung von bestehenden Unterstützungssystemen und Netzwerken. Sie bringen eine von der leistungsorientierten Einstellung sich unterscheidende Wertorientierung mit und verstehen ihre Aufgabe als entwicklungsförderliche Unterstützung von Kindern.[23]

[23] Die Konstruktion der Lehrerausbildung könnte allerdings dazu führen, dass es immer weniger Fachkräfte aus der Sonderpädagogik gibt, die über eine breite Erfahrung und einen fachlich solide abgesicherten Kenntnisstand hinsichtlich besonderer Entwicklungsverläufe und Maßnahmen der Unterstützung verfügen. Darauf weist Otto Speck (2010, 51) hin: »Eine generelle Frage bezöge sich künftig auf die Qualität der unterrichtlichen und erzieherischen Kompetenz der ›Förderschullehrer‹, wenn diese – insbesondere im Sinne einer ›Schule für alle‹, also ohne Förderschule – (fast) ausschließlich nur noch stundenweise in einer beigeordneten und mehr *beratenden* Funktion in verschiedenen Schulklassen tätig

Die Leistungen der Sonderpädagogik sind bei genauer Betrachtung keine vom Kerngeschäft der Grundschule abgrenzbare Nebensache. Vielmehr stellen sie, wenn man bereit ist, das Angebot dafür zu nutzen, einen sinnvollen Beitrag im Alltag der Grundschule dar. Mit den Erfahrungen aus ihren bisherigen Berufsfeldern (Förderschulen, außerschulische Bildungs- und Fördereinrichtungen) können Fachkräfte aus der Sonderpädagogik zur Lösung von Problemlagen beitragen, die in jeder Schülergruppe auftreten (vgl. Schöler 1999).

Die folgende Geschichte aus einer Konferenz legt allerdings den Eindruck nahe, dass beide Bereiche, also die Allgemeine Pädagogik und die Sonderpädagogik, in der Wahrnehmung des Kollegiums dieser Schule nichts miteinander zu tun haben. Diese Geschichte erzählte mir eine Förderschullehrkraft, die für einige Jahre an diese Schule abgeordnet war und bemängelte, dass man sich dem Thema der Inklusion nicht wirklich zuwendete.

> Das Konferenzthema lautet »Differenzierte Diktate«. Man kann annehmen, dass mit dem Thema Differenzierung – insbesondere in der Schwerpunktschule – ein Kernanliegen angesprochen ist. Sicher gehört das »Diktateschreiben« nicht zu den wichtigsten oder gar schwierigsten Differenzierungsthemen in einer Grundschule. Da aber, wie eine Untersuchung von Lilly Kemmler ergab, »die Rechtschreibleistung am schärfsten die erfolgreichen von den schwachen Schülern trennt und dass über diese Zensur die Auslese für das Gymnasium wesentlich bestimmt wurde« (Röbe 2005, 43), kann eine erste

wären. Diese verfügten somit nicht mehr notwendigerweise über eine jahrelange Fülle unmittelbarer Erfahrungen und Fertigkeiten als relativ dauerhaft pädagogisch verantwortlicher Lehrer einer ganzen Gruppe von Schülern und in den verschiedensten pädagogischen Situationen, die den Förderschullehrer erst zum eigentlichen Lehrerspezialisten machen. Das aber wäre er nicht mehr, wenn er im Falle einer Abschaffung der Förderschulen nur noch ›Beratungslehrer‹ wäre. Eine Verarmung sonderpädagogischer Kompetenz müsste die Folge sein. Es entstünde dann ein neuer Typ von ›Förderlehrer‹. Seine Begegnung mit ›seinen‹ Schülern wäre dann eher eine beiläufige. Der heilpädagogisch an sich zentral wichtige Aspekt der Beziehung spielte dann nur noch eine nachgeordnete Rolle. Sein ›Rat‹ an voll eingespannte Lehrer könnte an Wert verlieren, wenn er nicht mehr über eigene schulpraktische Erfahrung verfügte.« Otto Speck formuliert einen weiteren Gedanken: »Je nachdem, wie viele Stunden sie pro Schüler an einer Schule oder an verschiedenen Schulen zur Verfügung haben, werden sie mehr oder weniger *fahrende Lehrer* mit einem reduzierten Schülererleben und damit einer reduzierten pädagogischen Kompetenz sein« (Speck 2010, 132).

Diskussion zum Thema Differenzierung hier ebenso beginnen wie an einem anderen thematischen Ort. Also: alles in allem ein mutiges Thema in der schwierigen Situation einer Grundschule, die sich bisher nicht freiwillig dem Thema Inklusion widmete.
Der Konferenzleiter präsentiert anhand diverser Tabellen ein Differenzierungsmodell für Diktate inklusive eines Bewertungsschemas. Die Förderschullehrkraft ist überrascht: *ein Bewertungsschema?* Die Erläuterung, die dazu gegeben wird, ist: Ein leistungsschwaches Kind, das den zum Üben zur Verfügung gestellten Grundtext mit 0 – 1 Fehler bewältigt, könne immerhin eine Note 4 erreichen; das sei bereits ein Erfolgserlebnis. *Wie meint er das? Ist mit leistungsschwachem Kind auch ein Kind mit Behinderung gemeint? Und die Note 4? Ein Erfolgserlebnis?* Ab zwei Fehlern schlage die Leistung des Kindes allerdings mit einer 5 zu Buche; es hätte ja schließlich den Text auswendig lernen können. *An welche Kinder denkt er da? Was passiert hier gerade …?* Der Konferenzleiter fährt fort: Auf den Grundtext folgen Fortsetzungen, die den anderen Kindern diktiert werden, und zwar unterschieden in weiteren zwei Stufen. Es gebe dann die Kinder der Klasse, die die nächsten dreißig Wörter noch mitschreiben, und die, welche die besondere Herausforderung der dritten dreißig Wörter auch noch bewältigen. (Die Gruppe der schwachen Kinder könne sich in dieser Zeit zum Beispiel mit freier Arbeit beschäftigen.)
Die Differenzierung der Bewertung in Stufen mutet etwas kompliziert an, wird aber überschaubar, als das Schema – an die Wand projiziert – in Tabellenform sichtbar wird. Es soll nun in Arbeitsgruppen diskutiert werden. Anerkennend wird zurückgemeldet, dass einige Kolleginnen und Kollegen bezüglich dieses Modells ja bereits über Erfahrungen verfügten, die sie in die Gruppenarbeit einbringen könnten. Es gibt eine *blaue*, eine *rote* und eine *grüne* Gruppe, deren Mitglieder nach dem Zufallsprinzip zusammenfinden. Und dann gibt es noch – die *gelbe* Gruppe. Der Platz der Gruppe sei hinten an dem Tisch mit der gelben Karte. Dieser Tisch ist für die sonder- und sozialpädagogischen Fachkräfte der Schule vorgesehen. Die Betroffenen schauen verblüfft. Da können, so denkt es sich der Konferenzleiter, die vier Förderschullehrkräfte mal überlegen, was sie ihren »I-Kindern« im Lernbereich Richtigschreiben anbieten würden. Betretene Blicke bei den Angesprochenen. *Ist das sein Ernst?* Abgesehen davon, dass es nicht »ihre« Kinder sind und sie sich auch um andere Kinder als nur die mit sonderpädagogischem

> Förderbedarf kümmern, fragen sich die vier Frauen erstaunt: *Über was genau bitte sollen wir so alleine und nur unter uns nachdenken? Könnte oder sollte es nicht alle die anderen, die da in ihrer roten, blauen und grünen Gruppe sitzen, interessieren, was wir zum Thema differenzierte Diktate zu sagen hätten?* Die Unruhe während des Gruppenfindungsprozesses nutzen sie, dem Konferenzleiter einen Hinweis zu geben. Die Irritation, die sie beim ihm auslösen, führt zu einer kleinen Änderung des Arbeitszieles. Die Frage lautet nicht mehr, ob die Schule mit dem vorgestellten Modell arbeiten wird, sondern: »Wer kann sich vorstellen, dieses Modell einmal auszuprobieren? Und wer sieht erst mal noch weiteren Gesprächsbedarf?« Das Abstimmungsergebnis: 19 : 7.
>
> Später auf dem Heimweg sind die Förderschullehrkraft und eine Kollegin, mit der sie eng zusammenarbeitet, bemüht, für ihre Fassungslosigkeit Worte zu finden. Die eine jammert: »Warum fallen mir die guten Argumente nicht an Ort und Stelle ein? Das entsprach doch alles überhaupt nicht der neuen Grundschulordnung!« Die andere meint: »Was hättest du denn sagen wollen? Die beste Formulierung hätte da nichts genützt. Unsere Vorstellungen hätten das vorgestellte Modell infrage gestellt. Wenn wir das Wort Differenzierung benutzen, meinen wir offenbar etwas ganz anderes als diejenigen, die sich in den Arbeitsgruppen ernsthaft Übungsvorschläge und Korrekturmethoden ausgedacht und sich dabei auf das vorgestellte Modell bezogen haben.«

Eine weitere Geschichte aus meinen eigenen Berufsjahren an der Grundschule erzählt ebenfalls von der Trennung der Sonderpädagogik von der Allgemeinen Pädagogik.

> Einige Kollegen verfolgen während der Pause im Lehrerzimmer ein Gespräch, in dem ich mich mit Kais neuer Klassenlehrerin über dessen Fortschritte unterhalte. In einem verwunderten Kommentar fragt ein Kollege, warum das so herausgestellt werde? Denn Kai komme doch, wie er es einschätze, nach wie vor im Grundschulstoff nicht mit. Ja, er nehme zur Kenntnis, dass Kai inzwischen kleine Geschichten schreibe, und es sei sicher anerkennenswert, dass sie sprachlich immer ausgefeilter werden. »Aber, ehrlich gesagt«, so lässt der Kollege, der im letzten Schuljahr noch als Fachlehrer in Kais Klasse unterrichtete, nun verlauten, »ist das überhaupt gut für

> Kai, hier in der Grundschule zu sein? Der bekommt hier Einzelunterricht. Was das kostet! Wäre er nicht besser in der Förderschule aufgehoben? Er erreicht doch vermutlich den Grundschulabschluss gar nicht. In der Förderschule gäbe es doch wenigstens die richtigen Fachkräfte.« Als »richtige Fachkraft« verschlägt es mir die Sprache. Es kostet einige Disziplin, nicht auszusprechen, was mir »ehrlich gesagt, Herr Kollege …« auf der Zunge liegt. Ich halte auch die Bemerkung zurück, dass Kai gar keinen Einzelunterricht mehr erhält. Die Klassenleitung hat nämlich gewechselt. Die Arbeit entwickelt sich jetzt anders. Kai wird seit diesem Schuljahr nicht mehr bei mir mit einer Förderstunde versorgt. Vielmehr unterstütze ich die neue Klassenlehrerin in einem gemeinsamen Unterricht für alle Kinder. Aber dieser Fakt wurde offensichtlich bisher nicht wahrgenommen.

Diese Einblicke spiegeln nicht die durchgängige Praxis wider. Es gibt zum Glück andere Beispiele, in denen die Bedeutung der Sonderpädagogik als Teilbereich der Allgemeinen Pädagogik wahrgenommen wird.

5.3 Kollegiale Zusammenarbeit

Bei der Weiterentwicklung, die die einzelne Lehrkraft für ihre Unterrichtspraxis anstrebt, hilft die Arbeit im Team. Die Teamentwicklung ist Teil der Unterrichtsentwicklung. Sichtweisen, Haltungen, Gewohnheiten geraten in die Diskussion, müssen abgeglichen werden, stehen möglicherweise zur Disposition, wenn sich die Mitarbeiterinnen und Mitarbeiter aus unterschiedlichen Professionen über ihren veränderten Auftrag zu verständigen beginnen. Darin liegt eine Chance, die Schulen für die Entwicklung hin zu einer »Schule für alle« ergreifen sollten.

Immer wieder traf ich auch auf Grundschullehrerinnen und -lehrer, für die der Gedanke, dass die Sonderpädagogik mit der Allgemeinen Pädagogik zu tun haben könnte, attraktiv war. Fördererfolge, über die ich hin und wieder auch auf Studientagen, in Fachkonferenzen, bei Stufenbesprechungen und in angelegentlichen Gesprächen auf den Schulfluren berichtete, weckten Neugier. Interessierte Kolleginnen warfen einen genaueren Blick in den Arbeitsbereich der »Förderkräfte«.

Diese Kolleginnen und Kollegen sehen ihre eigene Unterrichtsarbeit als entwicklungsfähige Unternehmung an. Immer wieder finden aus diesem Interesse heraus Fachkräfte aus beiden Berufsgruppen zusammen. Es entwickeln sich tragfähige Kooperationen, die bis in die konkrete

Unterrichtsarbeit hineinreichen. Im günstigen Fall können beide mit einem guten Teil ihrer Stunden als Tandem im Unterricht zusammenarbeiten. Kooperationen müssen sich nicht zwingend erst ergeben, wenn es um behinderte Kinder geht.

Bevor Lehrkräfte sich entschließen, als Tandem in der Klasse zu stehen, bietet sich die Zusammenarbeit im Rahmen der Unterrichtsvorbereitung an. Die Verantwortung für die Klasse bleibt dann ganz bei der Grundschullehrkraft.

Im Hinblick auf die Teamentwicklung steht idealerweise ein ausreichender zeitlicher Rahmen zur Verfügung, der es der Fachkraft aus der Sonderpädagogik erlaubt, im Unterricht probeweise mitzuarbeiten und so die Erfahrung eines Klassenunterrichts mit zwanzig bis dreißig Schülerinnen und Schülern zu teilen. Die Bedingungen des Unterrichtens unterscheiden sich sehr von den Rahmenbedingungen in einer Förderschule. Manches Aufstöhnen darüber, »wie das mit der Inklusion alles gehen soll«, und die Sorge, »*es* alles nicht schaffen zu können«, ist von daher sehr verständlich.

Die Zusammenarbeit kann sich darüber hinaus auf die Mitarbeit in ausgewählten Unterrichtsstunden, die im Stundenplan festgelegt werden, erstrecken.

Hans Wocken (2012, 182) führt mit Bezug auf Lütje-Klose (1999) Möglichkeiten aus, wie die »Zusammenarbeit im Unterricht ausgestaltet werden kann:

1. *Lehrerin und Beobachterin*: Eine Pädagogin übernimmt die primäre Unterrichtsverantwortung, während die andere Person beobachtet.
2. *Lehrerin und Helferin*: Eine der beiden Lehrpersonen übernimmt die primäre Unterrichtsverantwortung, die andere unterstützt die Schüler/innen.
3. *Situationsunterricht*: Der Unterrichtsinhalt wird in zwei Bereiche aufgeteilt. Es werden zwei Schülergruppen gebildet, die von einer Lehrperson zur nächsten wechseln, so dass alle Schüler/innen nacheinander von beiden Pädagogen unterrichtet werden.
4. *Parallelunterricht*: Jede/r Lehrer/in unterrichtet eine Klassenhälfte, beide beziehen sich auf dieselben Inhalte.
5. *Niveaudifferenzierter Unterricht*: Ein/e Lehrer/in unterrichtet die Gruppe von Schüler/innen, die den Unterrichtsstoff bewältigen können, die andere arbeitet mit denjenigen, die auf einem andern Niveau operieren.

6. *Zusatzunterricht*: Eine Lehrperson führt die Unterrichtsstunde durch; die andere bietet zusätzliches Material und differenzierte Hilfen für die Schüler/innen an, die den Stoff so nicht bewältigen können.
7. *Gemeinsamer Unterricht*: Regelschullehrer/in und Sonderpädagog/in führen den Unterricht mit allen Schüler/innen gemeinsam durch. Das kann heißen, dass sie gemeinsam oder abwechselnd die Führung übernehmen.«

Kooperation erfüllt sich jedoch nicht mit der Verteilung der Aufgaben und der Aushandlung der Funktionen oder Rollen im gemeinsamen Unterricht. Kooperierende Partner, die sich mit Unterrichtsentwicklung auf dem Weg der Integration/Inklusion beschäftigen, setzen sich mit der Frage auseinander, welche Unterrichtsgestaltung sich als integrativ wirksam erweisen und wie besondere Entwicklungsaufgaben berücksichtigt werden können. Es geht darum, Unterrichtsvorhaben gemeinsam zu entwickeln, aufbauend auf vorgefundenen Bedingungen und unter Berücksichtigung der Bedarfslagen der Schülerinnen und Schüler in einer bestimmten Klasse. Es handelt sich um kreative Prozesse, in die die Gesprächspartner ihre Fragen, Meinungen, Vorschläge, Kompetenzen einbringen. In diesen Auseinandersetzungen ist es nie allein mit Absprachen getan. Diskussionen müssen geführt, Konflikte durchgestanden und Positionen gefunden werden. Austausch von Arbeitsmaterial, Verteilung von Rollen und Aufgaben sind dann nachgeordnete Vorgänge.

Um inhaltlich und konzeptionell zu arbeiten, also zielführend an der Unterrichtsentwicklung auf dem Weg der Integration/Inklusion mitzuwirken, sei es auf der Schulebene oder bezogen auf die Vorbereitung von Unterricht für eine bestimmte Klasse, braucht es kooperative Kompetenz. Diese kann aber nicht vorausgesetzt werden. Die Aussage »Wir sind ein Team« reklamiert auch eine Gruppe von Lehrkräften für sich, wenn sie gemeinsam auf einer Stufenkonferenz Arbeitspläne für die nächsten Monate festlegt. Oder es messen sich die Mitglieder einer Arbeitsgruppe, die ein schulisches Ereignis vorbereitet, das Etikett »Team« zu. In diesen »Teams« werden lediglich Materialien ausgetauscht, Informationen zusammengetragen, Aufgaben und Zuständigkeiten verteilt und in erster Linie Absprachen getroffen. Für Teampartner, die inhaltlich und konzeptionell arbeiten sollen, wird sogleich reklamiert, dass dann aber, wie es oft heißt, »die Chemie stimmen« müsse. Allerdings ist es im professionellen Kontext einer Schule mit begrenzten Personalressourcen eine seltene Chance, Teampartner aussuchen zu können.

Es ist immer hilfreich, wenn die Fachkräfte Einblick in die jeweiligen – bis dahin getrennten – Arbeitsfelder nehmen, um sich gegenseitig verstehen zu können. Lehrkräfte, die im Team zusammenkommen wollen, müssen sich über ihre persönlichen Prämissen für den Unterricht unterhalten. Für die Teamentwicklung ist es wesentlich, sich über die Anliegen, die man für die Kinder verfolgt, verständigen zu können. Dabei geht es um Haltungen und innere Konzepte, die für die pädagogische Arbeit der Lehrkraft bestimmend sind: Werden die Anliegen als Ziele oder Prozesse formuliert? Liegen die Vorstellungen von dem, was erreicht werden soll, fest oder gibt es Spielräume? Werden die behinderten Kinder mit den nichtbehinderten Kindern verglichen oder werden alle Kinder in ihrer Individualität angesehen? Um was geht es bei der Vorbereitung des Unterrichts, um die Klasse, die Kinder, die Lehrplanziele, die Vorgaben in den Lehrwerken oder was auch immer sonst?

Ein Gespräch kann bereits zur großen Herausforderung werden, wenn es um die Verständigung über Anliegen geht, die im gemeinsam geplanten Unterricht verfolgt werden sollen. Und damit ist es nicht getan. Die verschiedenen Unterrichtsebenen – Inhalte, methodische Wege, die Unterrichtsorganisation – müssen auf die Anliegen hin reflektiert werden. Im Rahmen gemeinsamer Unterrichtsplanungen folgen erst im zweiten Schritt die Aufgabenverteilung und die Verhandlung über die Art der Mitarbeit im Unterricht.

Die Verständigung über das Unterrichten selbst, also das Lehrerhandeln und die Aktivitäten der Kinder in der Schulstunde, kann besonders schwierig werden. Hier geht es um die Klärung, welchen Stellenwert Belehrungen, der Austausch der Kinder untereinander, fremd- oder selbstgesteuerte Beschäftigungen, aktive problemorientierte Auseinandersetzung oder verfahrensorientiertes Üben in einer bestimmten Unterrichtsstunde erhalten sollen.

Es erleichtert die Verständigung, wenn man »in der gleichen Sprache« unterwegs ist, wenn man Worte und Statements mit der gleichen Bedeutung füllt, wenn man die gleichen Modelle und Vorbilder schätzt und sich mit seinen pädagogischen Ansichten auf Autoren beziehen kann, die auch der anderen Person bekannt sind.

Erst in den Mikroprozessen des Unterrichts zeigt sich, ob eine grundsätzliche Verständigung im Vorfeld gelungen ist.

Die konzeptionelle Arbeit hin zu einem *Unterricht für alle Kinder* setzt also einerseits die Bereitschaft zu kooperieren voraus und andererseits, da wir in Sachen Kooperation alle nicht geübt sind, auch die

Bereitschaft, die Form der Zusammenarbeit weiterzuentwickeln. Die Entwicklung kooperativer Formen, die *Teamentwicklung* also, wird so zum Teil der Unterrichtsentwicklung.

Die folgende Episode markiert den Beginn einer mehrjährigen Zusammenarbeit mit einer Grundschullehrerin, die ich in ihrem dritten Berufsjahr kennenlernte. Die Erfahrungen, die wir im Hinblick auf Teamentwicklung und Unterrichtsentwicklung im Laufe der Zeit machten, waren zu diesem Zeitpunkt noch nicht abzusehen, wurden jedoch grundlegend für unsere Berufsauffassung. Diese gemeinsamen Erfahrungen haben meine Einschätzung der Möglichkeiten eines *Unterrichts für alle Kinder* nachhaltig beeinflusst.

Frau Seidler fragt mich, ob ich Lust hätte, das Sachunterrichtsthema, das ihr als nächstes vorschwebt, mit vorzubereiten. Sie stellt die Frage in den Raum, wie man das Thema »Wald« sinnvoll einführen könnte. Anhand welcher Angebote könnten unterschiedliche Kinder es für sich lerneffektiv aufarbeiten? Wir treffen uns. Frau Seidler erzählt mir von Tamara, Jenny, Steffen, Thomas, Kevin und all den anderen Kindern ihrer Klasse. Erst in einem zweiten Anlauf geht es um das Unterrichtsthema »Wald«, das ursprüngliche Anliegen. Frau Seidler hat zu diesem Thema eine Menge Material. Sie erwähnt Mappen voller Arbeitsblätter, von denen sie aber weiß, dass Kevin sie nicht bearbeiten könnte. Sie berichtet über ihr Unbehagen, wenn sie darüber nachdenkt, wie sie mit Buch und Arbeitsblättern den Unterrichtsgang »theoretisch« vorbereiten soll. Sie erzählt, dass sie für viele Themen während der Ausbildung mit dem Hinweis auf sogenannte *Werkstätten* und *Stationen* Gestaltungsvorschläge an die Hand bekommen hat, die sie eigentlich unbefriedigend findet. Aber niemand sonst auf ihrer Klassenstufe signalisiert Unbehagen beim Einsatz der vorgefertigten Lehreinheiten. Im Gegenteil, es herrsche immer ein reger Austausch von Kopiervorlagen. Frau Seidler ist unsicher, ob sie sich mit ihren eigenen Überlegungen einfach von dem Selbstverständnis, mit dem sich die anderen absprechen, absetzen könnte. Diese Frage beantwortet sich fast von allein, als wir uns vorzustellen versuchen, wie sich die Kinder selbst »den Wald« erobern würden, und welche Anlässe sie uns gäben, sie in ihrem Erfahrungswissen zu bereichern und Erkenntnisgewinne beizutragen. Wir beginnen die Vorbereitung des Unterrichts ganz konkret und gehen in den Wald. Vor Ort »ackern« wir das Thema durch auf der Suche nach Fragen und Aufträgen, die allen Kindern interessante Ansatzpunkte zum Arbeiten bieten und jedes Kind weiterbringen würden.

Frau Seidler fühlte sich durch die konstruktiven Gespräche abgesichert. Sie ließ ihren Blick nicht mehr vom Blätterwald der Verlage bannen. Unser erster gemeinsam geplanter Unterricht nahm seinen Verlauf. Frau Seidler wurde unvermittelt klar, dass Grundlegendes passiert war. Sie hatte mit ihrem Unterricht zum Thema Wald Spuren abseits der breiten, gut eingefahrenen Wege verfolgt. Die junge Grundschulkollegin registrierte, dass es, wenn sie ihre neue Erfahrung ernst nahm, vermutlich kein Zurück mehr geben würde. Sie hatte den Mainstream verlassen.

5.4 Differenzierung im Unterricht

Wir wiederholten unsere Treffen und entwickelten weitere Unterrichtseinheiten für den Sachunterricht gemeinsam. Dabei kamen wir ins Gespräch über unsere bisherigen beruflichen Erfahrungen, die wir in unterschiedlichen Arbeitsfeldern gemacht hatten. Wir sprachen über Personen, die uns während des Studiums und während Weiterbildungskursen beeindruckt und am meisten beeinflusst hatten. Wir diskutierten über pädagogische Haltungen, Unterrichtskonzepte und konkrete didaktisch-methodische Vorschläge, die uns in der Fachliteratur begegnet waren. Aus ersten Kontakten war ein anregender, regelmäßiger Austausch entstanden. Die Leitgedanken für die Vorbereitung einer Unterrichtseinheit veränderten sich. Es ging immer pointierter um die grundsätzliche Frage, von welcher Art Unterricht Kinder eigentlich am besten profitieren können. Hält zum Beispiel das Konzept *Stationenlernen*, was es verspricht? Wie können Themen sinnvoll aufbereitet werden, ohne dass man sich in Massen differenzierter Arbeitsblätter verliert? War das, was wir versuchten, als offener Unterricht zu bezeichnen?

Die jungen Lehrkräfte kommen mit Vorstellungen von einem modernen Unterricht in den Vorbereitungsdienst, arbeiten mit unglaublichem Aufwand auf gute Abschlüsse hin, werden mit der erschlagenden Materialvielfalt pädagogischer Verlage konfrontiert und stehen dann doch alle immer wieder neu vor genau diesen Fragen, die sich Frau Seidler stellte. Es stehen für sie die Begriffe *differenzierter* oder *individualisierter Unterricht* als jegliche pädagogische Diskussion dominierende Stichworte im Raum und müssen mit Inhalt gefüllt werden.

Hoffentlich gehört zu den seltenen Ausnahmen in der Schullandschaft jene junge Lehrkraft, die bezüglich ihrer neu übernommenen dritten Klasse in einem Gespräch mit einer Kollegin mit folgendem Satz zitiert wurde: »Ich habe keine Probleme. Die Kinder sind von meiner Vorgängerin so gut gezogen, dass es überhaupt keinen Differenzierungsbedarf gibt.« Ihr schien es ein hoher Wert zu sein, eine Klasse zu übernehmen, in der alle Kinder mühelos in einem Gleichschritt gehalten werden konnten. Wenn es denn wirklich so war! Es ist davon auszugehen, dass sich in jeder »normalen« Klasse, die nicht »gut dressiert und aussortiert« ist, eine Schülerschaft in einer großen Bandbreite der Lernniveaus und Lebenswelten findet. Das Unterrichten von Kindern mit und ohne Behinderung setzt voraus, dass Lehrkräfte einen differenzierten oder differenzierenden Unterricht bewerkstelligen können. Der Anspruch eines differenzierten Unterrichts wird nicht erst neuerdings im Rahmen der Inklusionsdebatte formuliert. Aber der Aspekt der Differenzierung im Unterricht ist ein unumgängliches Kriterium für einen Unterricht, der auf *alle* Kinder zugleich zugeschnitten sein soll.

Sabine Czerny (2010, 222) benutzt für ihre Arbeit das Bild eines Mosaiks. »Alle Kinder beschäftigen sich mit der gleichen Sache, arbeiten sozusagen auf ein gleiches Mosaikbild hin, aber jedes Kind setzt seine Mosaiksteinchen zu einem anderen Zeitpunkt und in seiner eigenen Reihenfolge.« Differenzierung im Unterricht lässt eigene Wege zu, ohne dass der Kontext, die inhaltliche Klammer, verloren geht, so wie bei einem Bild, das die Kinder mit Mosaiksteinchen füllen. Das entstehende Mosaikbild, so verstehe ich Czernys Metapher, verfolgt eine Sachlogik und ist im Kern oder in groben Zügen in den Vorgaben, die die Lehrperson macht, schon erkennbar. Es bietet so etwas wie eine Struktur mit Kristallisationspunkten, hat aber keine festen Grenzen. Es ist als Möglichkeit vorhanden und wird von den Kindern, die sich darauf beziehen, zu einem bunten, zu einem lebendigen und vielgestaltigen Bild, das durchaus eigen-sinnige Züge aufweist. Es besteht bei dem einen aus wenigen groben Steinen, beim anderen ist es mit Hilfe sehr kleiner, feiner Steine ausdifferenziert. Manche Steine werden, bevor mit ihnen das Bild weiter vervollständigt wird, schön poliert, andere bleiben unbehandelt. Lebendige Erfahrung, sinnenhaftes und zugreifendes Handeln, emotional berührende Erlebnisse, neugieriges Beobachten, Erkunden und Entdecken, Einsatz und Einüben von Kompetenzen, Zugewinn von Fähigkeiten und Fertigkeiten und Erkenntnissen begleiten die Arbeit daran. Jedes Kind lernt dabei anders und manchmal auch anderes, und jedes wird seine Fragen in der Abfolge und in dem Tempo angehen, wie es ihm gemäß ist.

Mit jedem Thema, jedem Inhalt, jeder Unterrichtssituation macht die Lehrkraft aufs Neue das Angebot, begonnene »Bilder« auszugestalten und Mosaiksteinchen hinzuzufügen. Czerny weist darauf hin, dass die Fähigkeiten und Fertigkeiten, die es zu entwickeln, zu erwerben, einzuüben gilt, für die Kinder einer »normalen« Klasse in der Regelschule fachlich nicht so weit voneinander entfernt sind, wie es die Verteilung der Noten auf die Kinder suggerieren mag. Es »fehlt den Kindern, die die schlechten Noten bekommen, in der Regel nicht das prinzipielle Verständnis einer Thematik, sei es in den Naturwissenschaften oder in anderen Bereichen« (a.a.O. 221). Czerny mutmaßt, dass »die schlechten Noten meist dadurch entstehen, dass das Kind immer noch Lücken im sprachlichen Bereich hat, ihm der Umgang mit Fachbegriffen schwerfällt oder es Sachverhalte nicht genau beschreiben kann. Dem gemeinsamen Lernen an einer Thematik an sich tut das keinen Abbruch« (a.a.O. 221). Sie hat, so schreibt sie, seit sie nach dem Mosaikprinzip unterrichtete, erlebt, »wie schnell Kinder – auch Kinder, die ursprünglich eine Empfehlung für die Förderschule erhalten haben – eventuelle Defizite ausgleichen können, ohne mühsam lernen zu müssen. Und diese Kinder lernen dann auch auf hohem Niveau weiter« (a.a.O. 224).[24]

[24] Solche Aussagen dürfen nicht zu der Vorstellung verleiten, jegliche Art von Entwicklungserschwernis oder Entwicklungsbeeinträchtigung sei bei ausreichendem Bemühen der Fachkräfte aufzufangen. Damit würde man die besonderen Lebenslagen behinderter Menschen mit hohem, im Fall auch lebenslang erforderlichem Unterstützungsbedarf verkennen und die Zusammenarbeit zwischen Lehrkräften und Kindern unter einen unangemessenen Erwartungsdruck stellen.

Es ist sicher zutreffend, dass die Lernprobleme einiger Kinder bei entsprechendem Bemühen der Fachkräfte aufgefangen und eine Förderschulempfehlung vermieden werden können. Dennoch nimmt die Zahl der Kinder, die aufgrund ungünstiger Lernvoraussetzungen im Laufe ihrer ersten Schuljahre auf eine sonderpädagogische Überprüfung zusteuern (vgl. Dietze 2011), zu.

Es wird auf der anderen Seite die Problematik in den Fokus der allgemeinen Aufmerksamkeit gerückt, dass mehr als die Hälfte der Förderschülerinnen und -schüler keinen Schulabschluss erreichen (Klemm 2010, 9). Dies wird dem Bildungssystem angelastet, das die Aussonderung von Kindern mit besonderem Förderbedarf vorsieht. So sieht Klaus Klemm in der »deutlichen Reduktion des in Förderschulen separierenden Unterrichts« einen »Schlüssel zum Erfolg bei der Verringerung der Quote derer (...), die keinen Hauptschulabschluss erreichen« (a.a.O. 26). Dies aber ist von der »Einleitung einer konsequenten Inklusionspolitik« abhängig, die erst dann erfolgreich sein kann, wenn sie »eine Weiterentwicklung der Schulstruktur befördert« (a.a.O.).

Über Organisationsformen, in denen sich ein differenzierter oder differenzierender Unterricht realisieren lässt, ist damit noch nichts ausgesagt.

Auf Studientagen und ähnlichen Veranstaltungen erhoffen sich Lehrerinnen und Lehrer konzeptionelle Vorschläge, die wie Anweisungen umgesetzt werden können, um den Inklusionsanforderungen gut vorbereitet genügen zu können. Allen gerecht werden, für jedes Kind individuelle Förderziele formulieren, Arbeitsmaterialien nach verschiedenen Niveaus differenzieren, individuelle Noten geben, kompetenzorientiert fördern usw. – das sind die Schreckgespenster, die hinter den Erwartungen an den sogenannten »inklusiven Unterricht« vermutet werden. Es wird dann stets der sogenannte »offene Unterricht« ins Zentrum der Überlegungen gerückt. Darin wird die Lösung gesucht. Das geschieht in der Annahme, dass Differenzierung und Individualisierung als konstitutive Aspekte eines offenen Unterrichts anzusehen sind. In der Praxis werden besonders häufig *Wochenplanarbeit*, *Stationenarbeit*, *Werkstätten*, *Projektunterricht* und *Freiarbeit* als Modelle offenen Unterrichts genannt. Die Begriffe wabern durch die Diskussionen wie Zauberformeln der Integration/Inklusion. So, als käme im Rahmen dieser Modelle die Inklusion mit natürlicher Zwangsläufigkeit zur Blüte. Deshalb soll an dieser Stelle ein kritischer Blick auf das gerichtet werden, was in den gängigen Diskussionen unter der Überschrift »offener Unterricht« firmiert.

5.5 Den sogenannten »offenen Unterricht« neu denken

In den 1980er-Jahren begann man über notwendige Öffnungen im schulischen Bildungswesen nachzudenken. Die bildungstheoretischen Diskussionen dieser Zeit waren veränderten gesellschaftlichen Ansprüchen geschuldet. »Offenheit« als Merkmal eines modernen Unterrichts, der die Individualität der Kinder in den Blick nimmt, wurde ein zentraler Begriff für neue Unterrichtskonzeptionen. Die Diskussionen um das Thema »offener Unterricht« sondieren seitdem ein weites Feld. Es gibt nicht *den* offenen Unterricht. Vielmehr umfasst dieser Begriff sehr unterschiedliche Vorstellungen bei Theoretikern und Praktikern.

Thorsten Bohl und Diemut Kucharz (2010) reservieren den Begriff »offener Unterricht« für die radikale Form eines offenen Unterrichts, wie sie ihn bei Falko Peschel (2005) beschrieben finden (vgl. a. a. O. 80f.). Sie unterscheiden davon einen in Teilen offenen Unterricht und sprechen deshalb bevorzugt von Bemühungen um die Öffnung des Unterrichts.

Die Öffnung des Unterrichts kann sich auf jeder Ebene der Unterrichtsplanung und -durchführung ereignen: der zeitlichen und räumlichen, der materiellen, der methodischen, der inhaltlichen, der sozialen, der persönlichen (vgl. a.a.O. 15). Die Offenheit auf der persönlichen Ebene wird besonders herausgestellt: »Die häufig genannte persönliche Offenheit im Sinne einer gelungenen und respektvollen Beziehung zwischen allen Beteiligten erachten wir als grundlegend für jeglichen Unterricht, unabhängig von der Unterrichtskonzeption« (a.a.O. 19).

Ich möchte diese Aufzählung ergänzen um den »offenen Blick«, verstanden als aufmerksame Wahrnehmung, für die Besonderheiten und die ersichtlichen Fördernotwendigkeiten der Kinder. Der offene Blick auf die verschiedensten Lernbedürfnisse ergibt sich aus der persönlichen Offenheit, wie sie Bohl und Kucharz (a.a.O. 16) beschrieben haben. Er ist eine wichtige Voraussetzung, um einen für die Belange behinderter und beeinträchtigter Kinder passenden Unterricht zu gestalten. Ideen und Flexibilität sind dann bei der Unterrichtsplanung gefordert. Die Öffnung unterrichtlicher Strukturen kann gewissermaßen eine Konsequenz sein, die sich aus der offenen persönlichen Haltung und dem offenen Blick auf die Lernbedürfnisse ergibt. Offene Strukturen können sinnvolle Antworten auf Fragen sein, die sich bei der Unterrichtsvorbereitung ergeben – je nachdem, welche Anliegen eine Lehrperson für bestimmte Kinder verfolgt und welche Impulse oder Signale der Kinder sie aufgreifen möchte. Sogenannter offener oder geöffneter Unterricht lässt sich nicht als Methode darstellen, die – wie ein Rezept angewendet – effektive Lernprozesse initiiert. Er kann auch nicht als Modell verstanden werden, in das man seine Entscheidungen für den konkreten Unterricht einfügt. Die Bereitschaft, individuelle Entwicklungsimpulse und Lernwege bei der Planung von unterrichtlichen Angeboten zu beachten, geht Hand in Hand mit der Bereitschaft, »Öffnung« im Sinne eines Leitgedankens in die konkrete Planung unterrichtlicher Strukturen und bei der Umsetzung in konkrete Maßnahmen einfließen zu lassen. Es erweist sich, dass dieser Gedanke für die Entwicklung eines integrativ wirksamen Unterrichts konstitutiv ist.

Insofern ist es ein Missverständnis, wenn *Wochenplanarbeit*, *Stationenarbeit*, *Werkstätten*, *Projektunterricht* und *Freiarbeit* gleichbedeutend mit *offenem Unterricht* genannt werden (vgl. Peschel 2002). Diese Überschriften stehen im Alltagsgebrauch in erster Linie für bestimmte Organisationsformen, in denen eine Klasse die Aufgaben vorfindet, die sie bearbeiten soll. Sehr wohl werden den Schülerinnen und Schülern dabei verschiedentlich Freiheiten eingeräumt. Manchmal dürfen die Kinder frei wählen, in welcher Reihenfolge sie die geforderten Arbeiten erledigen möchten. Vielleicht wird die Zusammensetzung der jeweiligen Gruppe, die an einer Aufgabe gemeinsam arbeitet, den Schülerinnen und Schülern freigestellt. Vielleicht wird die Wahl des Gegenstandes, an dem ein Thema exemplarisch bearbeitet wird, dem einzelnen Kind überlassen. Manchmal werden für ein Thema niveaudifferenzierte Schwerpunkte gesetzt, denen sich die Kinder nach kompetenzorientierten Kriterien zuordnen können. Zu bestimmten Unterrichtszeiten wird den Schülerinnen und Schülern freier Zugriff auf Spiele, Bücher, didaktische Materialien gewährt, die in den Regalen einer Ecke des Klassenraumes für freie Arbeitsphasen bereitgehalten werden. Diese Freiheiten können jedoch nicht per se als Maßnahmen der Differenzierung angesehen werden.

Es kann nicht davon ausgegangen werden, dass Kinder Wochenpläne, Stationen, Werkstätten usw. besonders gut für ihr Lernen nutzen können, nur weil mit ihrer Installierung bestimmte Freiheiten gewährt werden. Gerade wenn Entwicklung durch besondere Umstände sehr erschwert ist, wird die Bewältigung von Entwicklungsaufgaben zu einer kreativen Herausforderung. »Schöpferische Herausforderungen durch die Notwendigkeit, eigene Lösungen und Gestaltungen zu finden, entstehen für einen Menschen, der mit einer Behinderung oder einer schweren chronischen Erkrankung lebt, immer wieder, lebenslang (…). Kreative Lösungen können entstehen, wenn sich die Betroffenen nicht nur von den gesellschaftlichen Vorstellungen und Normen leiten lassen, sondern es wagen, Eigenes zu versuchen und umzusetzen. Das gilt für die Gestaltung des Lebensalltages ebenso wie für den Ausdruck eigenen Denkens, Sehens, Erlebens und Empfindens in Spiel, Bewegung, Bildern, Sprache, Musik, plastischem Gestalten …« (Haupt 1999, 26). Zuweilen sind Kinder auf besonders aufwändige Hilfen angewiesen, um etwas ausprobieren und lernen zu können. Das ist der Fall, wenn ein Kind zum Beispiel wegen einer Körperbehinderung, die seine motorischen Abläufe sehr erschwert, nicht ohne Weiteres in der Lage ist, selbstständig auf offene Materialangebote zuzugreifen. Oder es kann sein, dass es aufgrund einer cerebralen Bewegungsstörung, die sich auch auf das Ausdrucksverhalten einschränkend auswirkt, Schwierigkeiten hat, Kontakt aufzunehmen und Kontakt aufrechtzuerhalten (vgl. Haupt 2013). Bezüglich lernbeeinträchtigter Kinder ziehen Bohl und Kucharz (2010, 78) aus Befunden verschiedener Untersuchungen das Fazit, dass gerade »offener Unterricht bisher zu wenig hinsichtlich der Lernvoraussetzungen der Schülerinnen und Schüler differenziert wurde. Leistungsschwächere bzw. konzentrationsschwächere bzw. ungewissheitsorientierte Lernende können ein hohes Maß an Offenheit weniger gezielt nutzen, um ihre Lerndefizite zu verbessern, sie benötigen mehr Strukturierung, Unterstützung und individuelle Begleitung. Sie sind insbesondere bei der Auswahl der Aufgaben überfordert.« Sabine Czerny (2010, 220f.) gibt zu bedenken, dass »der reine ›offene‹ Unterricht beim Individualisieren bildungsbenachteiligte Schüler weiter benachteiligt, denn ihnen fehlen oft innere Struktur, Anstrengungsbereitschaft und die Fähigkeit zur Selbstorganisation, um die Vorteile dieser Arbeitsformen ausschöpfen zu können«. Die Nutzung nämlich »hängt davon ab, ob die Lernenden das Angebot überhaupt wahrnehmen und wie sie es interpretieren. Das allein genügt jedoch noch nicht, denn das Angebot muss von den Lernenden so aufgegriffen werden, dass sie daran intensiv arbeiten, d. h. Motivation und Volition vorhanden sind, den Lernprozess aktiv und bis zum Ende durchzuhalten. Optimal sind demnach ein hochwertiges Angebot (z. B. herausfordernde Aufgaben, anspruchsvolles selbstständiges Lernen) und eine zielgerichtete intensive Nutzung im intendierten Sinn. Ungünstig ist ein aufwändig vorbereitetes Angebot, welches nicht genutzt wird« (Bohl/Kucharz 2010, 58f.).

Oft ist es so, dass der Wochenplanunterricht lediglich die Vorgaben der Lehrkraft in Pläne verlagert, die dann unabhängig von der Lehrperson erfüllt werden sollen. Stationen erscheinen häufig als nichts anderes als eine Aneinanderreihung von verschiedenen, in Klassenstärke kopierten Arbeitsblättern, die abgearbeitet werden müssen. Projektunterricht oder projektorientierter Unterricht wird vielfach missverstanden als thematische Klammer für eine Sammlung unterrichtlicher Aktionen, die den zentralen Begriff des Themas in der Überschrift führen. Kopien von sogenannten »Werkstätten« finden im Lehrerzimmer reißenden Absatz und zerpflücken oft ein Thema in viele Einzelteile, deren Gesamtzusammenhang kaum mehr kenntlich ist. In einer Art »Freiarbeitsstunde« dürfen sich Schülerinnen und Schüler an einer mit Spielen und Büchern ausgestatteten Regalwand bedienen und verstehen dafür zur Verfügung gestellte Zeiten als Freizeit oder Erholungszeit.

In bester Absicht werden Materialien beschafft, massenhaft Arbeitsblätter produziert und Regale mit Ordnungssystemen überfüllt, als gelte es, sich gegenseitig unter dem Motto »Viel nutzt viel« zu übertreffen. Schulbuchverlage bedienen die Schulen mit einer Überfülle an Angeboten. Aber auch Materialfülle, die Schülern in »offenen« Regalen zur

Verfügung gestellt wird, gewährleistet keinen differenzierten Unterricht, der lernwirksam auf individuelle Förderbedürfnisse eingeht. »Offener Unterricht ist nicht mit dem Ausstellungsprogramm eines Verlages zu verwechseln« (Lorenz 1999c, 53).

5.6 Bewusstes Lehrerhandeln, passende Lernhilfen, Strukturiertheit offener Angebote

Bohl und Kucharz (2010) weisen mehrfach darauf hin, »dass der Grad der Offenheit nicht mit der Qualität von (offenem) Unterricht zu verwechseln ist« (a.a.O. 34). Es sei stets zu fragen: »Wem wird durch die von Lehrenden geschaffenen Settings eigentlich welches Lernen ›ermöglicht‹ – und wem nicht?« (Bremer/Bittlingmayer, zitiert bei Bohl/Kucharz 2010, 34)

Merkmale, die für einen offenen Unterricht stehen, können nur sehr spezifisch und in Abhängigkeit von anderen Faktoren die Effizienz von Lernprozessen erhöhen (vgl. a.a.O. 69ff.). »Ein wesentlicher Faktor scheint auch die Lehrperson selbst zu sein. Daher gerät die Frage an die Oberfläche, welche Einstellungen, Merkmale oder Expertise von Lehrkräften bestimmte Wirkungen des (offenen) Unterrichts unterstützen« (a.a.O. 74).

Bohl und Kucharz (a.a.O 45) merken kritisch an, dass in den meisten allgemeindidaktischen Modellen die Mikroprozesse des Unterrichts zu wenig beleuchtet werden. Über Differenzierungsmöglichkeiten im geöffneten Unterricht wird zwar auf konzeptioneller Ebene nachgedacht. Inwieweit jedoch wirklich auch inhaltlich differenziert auf das einzelne Kind eingegangen werden kann, zeigt sich erst in den unterrichtlichen Prozessen. Unterricht ist konkret. Das, was wirklich geschieht, ermöglicht oder verhindert Lernen. Oft hängt der eigentliche Erfolg der Förderung davon ab, wie geschickt sich die Lehrkraft als Person in den Dialog mit dem einzelnen Kind zu begeben vermag und ob sie spontan und situationsorientiert den individuellen Lernprozess mit passenden Impulsen zu begleiten in der Lage ist.

Der Erfolg von Unterricht, auch des offenen oder in Teilen offenen Unterrichts, hängt also stets auch davon ab, ob (wo es notwendig ist) passende Lernhilfen verschiedenster Art innerhalb der (offenen) Unterrichtsstrukturen zur Verfügung gestellt werden können.

Bestimmte offene Unterrichtsstrukturen können dies erleichtern – zum Beispiel, wenn sie die Lehrerin so freistellen, dass sie Zeit findet, sich einem bestimmten Kind besonders zuzuwenden. Oder wenn die

Lehrerin aus offen zugänglichen Regalen schöpfen und spontan auf alternative Materialien zugreifen kann, um ein Kind mit gezielten und passenden Lernhilfen zu versorgen. Lernprozesse ereignen sich in offenen Unterrichtssituationen nicht deshalb, weil die Situationen »offen« sind. Aber offene Situationen sind eine wichtige Voraussetzung dafür, die individuellen Wege der Kinder überhaupt entdecken und dann auch entsprechend begleiten zu können. Auf die durchgängige und umfassende Bedeutung aufmerksamer Beobachtung und sorgfältiger Planung der Rahmenbedingungen, aber auch gezielter Interventionen muss in aller Deutlichkeit hingewiesen werden. Unterricht ist ein derart komplexes Geschehen, dass die einzelne Lehrperson sich nicht von ihrer Entscheidungsverantwortung im Einzelfall entlastet fühlen kann, indem sie sich auf ein Modell des offenen Unterrichts bezieht.

Unterricht in einer irgend gearteten offenen oder geöffneten Form realisiert sich nicht schlicht dadurch, dass »man ihn einfach macht. Es bedarf gerade in der Anfangsphase der Eingangsklasse eines beträchtlichen Aufwandes, die [offene] Organisationsform zu etablieren. Sozialformen, die (...) gewährleisten, dass mehrere Kinder zur gleichen Zeit offene Angebote gut orientiert und zielgerichtet nutzen, müssen erst installiert werden. Erfahrungsgemäß liegt hier die Haupthürde für eine offenere Gestaltung des Unterrichts. Wird sie nicht genommen, dann stellt sich bei Lehrerinnen bzw. Lehrern fast zwingend eine Unzufriedenheit ein. Sie erleben ihren Unterricht als Chaos und glauben, manchmal durchaus zu Recht, dass dies nicht die Lernform der Zukunft sein kann. Es ist dann ein naheliegender Schritt, die sich einstellende Nervenbelastung der pädagogischen Modeströmung anzulasten und nicht der misslungenen, obwohl strapaziösen Vorbereitung« (Lorenz 1999c, 52).

Den zielgerichteten Umgang mit einem Arbeitsauftrag müssen Schulkinder erst lernen. Es ist die Verantwortung der Lehrkraft, mit den Kindern die Strukturen für ein gemeinsames und differenziertes Arbeiten einzuführen und ein kooperatives Miteinander einzuüben. »In seiner Zusammenfassung des Forschungsstandes zu den Zusammenhängen zwischen Lehrerkompetenzen, Lehrerhandeln und Lernen der Schülerinnen und Schüler betont Lipowsky (2006) die Bedeutung der Kompetenzen des Lehrers und des unterrichtlichen Handelns. Mit Blick auf unterrichtliche Arrangements verweist er auf die hohe Bedeutung einer effektiven Klassenführung und derjenigen Merkmale des Lehrerhandelns, die eine vertiefte inhaltliche Auseinandersetzung mit dem Gegenstand ermöglichen.

Dazu zählt die Kombination von direkter Instruktion mit Verfahren selbstgesteuerten Lernens, sofern sie mit bereichsspezifischen Trainings- und Unterstützungsmaßnahmen einhergehen« (Bohl/Kucharz 2010, 56). In einem lernwirksamen Unterricht sorgen Lehrkräfte für eine gute aufgabenbezogene Strukturierung der Inhalte und gewährleisten eine Unterstützung bei der Aufgabenwahl (vgl. a.a.O. 72f. und 78). Lernende profitieren wesentlich von der Klarheit und Verständlichkeit direkter Instruktionen, von Strukturiertheit sowie Klassenführung (vgl. a.a.O. 69ff.).

In einem Unterricht, der lernwirksam sein soll, gilt: Arbeitsweisen sind eingeführt und organisatorische Fragen geklärt. In der gut vorbereiteten Umgebung finden die Schüler einen Arbeitsplatz vor, an dem sie alleine arbeiten oder sich in der Gruppe mit einer Sache auseinandersetzen können. Auf Geräte und Materialien, die sie brauchen, können sie problemlos zugreifen. Im Arbeitsprozess werden Zwischenstopps eingelegt und erste Arbeitsergebnisse vorgetragen, damit der rote Faden und der Überblick nicht verloren gehen. Die Sorge um Klarheit, verständliche Instruktion und Strukturiertheit ist in einem offenen Unterricht dabei keinesfalls mit der Vorstellung verbunden, es sei eben doch die kleinschrittige Inhaltsvermittlung, die gelenkte Auseinandersetzung mit einem Unterrichtsgegenstand, die Vorwegnahme der Lernherausforderung die bessere Art Unterricht.

Die Mikroprozesse des Unterrichts bieten entscheidende Anhaltspunkte für das direkte Lehrerhandeln. In dieser Hinsicht lohnt sich ein Blick auf den Ansatz der dialogischen Didaktik von Urs Ruf und Peter Gallin (2003). Sie beschreiben ein Vorgehen, in dem sie sich auf der Ebene der Mikroprozesse des Unterrichts den Gedanken der Schülerinnen und Schüler so weit wie möglich öffnen und diese in ihren inhaltlichen Entscheidungen berücksichtigen (vgl. Bohl/Kucharz 2010, 44f.). Die Schülerinnen und Schüler sind »in relativ hohem Maße an der Unterrichtsgestaltung beteiligt, wenn auch – im Gegensatz zu gängigen Konzepten offenen Unterrichts (Stationenarbeit, Wochenplanarbeit) – vorrangig auf einer didaktischen Mikroebene, etwa beim Schreiben von Lösungswegen, bei der schriftlichen Rückmeldung an Mitschüler oder beim Verfassen von Reisetagebüchern« (a.a.O. 45).

Ihr Modell der dialogischen Didaktik lässt sich in groben Zügen so beschreiben (vgl. Ruf/Gallin 2003a und 2003b): Die Lehrkraft formuliert eine Kernaufgabe, die die Schülerinnen und Schüler in individueller Weise bearbeiten und mit eigenen Gedanken, Ideen, Überlegungen kommentieren. Die Lernenden dokumentieren ihre ersten, ganz eigenen Schritte der Auseinandersetzung mit der »Kernaufgabe« in einem sogenannten »Reisetagebuch« (»Makrodidaktische Ebene«, a.a.O. 45) und gewinnen so ihren persönlichen Zugang zum Rahmenthema. Die Lehrperson nimmt die »Reisetagebücher« entgegen und führt die hierin begonnenen Dialoge mit den Lernenden fort, indem sie die Gedanken der Schüler interpretiert und Empfehlungen für die Weiterarbeit ausspricht. Die Schülerinnen und Schüler erweitern, differenzieren, revidieren ihre Fragen, Überlegungen, Behauptungen, Thesen usw. Es findet ein in jeder Hinsicht produktiver »Dialog unter Ungleichen« statt. Auf diese Weise geschieht eine sehr persönliche, »singuläre« Auseinandersetzung mit dem Thema auf Seiten der Schülerin/des Schülers. Sie/er schreitet in ihrem/seinem Lernprozess fort im Sinne nächster Schritte im persönlichen Entwicklungsverlauf. Insofern geschieht Lernen auf diesem Weg in hohem Maße entwicklungsorientiert, bezogen und zielführend. Bei diesem Vorgehen entgeht der Lehrperson nicht, wenn es auch bei bestem Bemühen um inhaltliche Passung der Kernaufgabe doch nicht gelungen ist, an die individuellen Voraussetzungen einer Schülerin/eines Schülers anzudocken. »Der didaktische Ansatz des dialogischen Lernens offenbart damit ein diagnostisches Potenzial, das kaum hoch genug eingeschätzt werden kann« (Bohl/Kucharz 2010, 105). Die Voraussetzungen des Kindes müssen dann jeweils neu angeschaut und Bedingungen, inhaltliche und organisatorische, auch materielle und methodische, müssen überdacht und angepasst werden.

5.7 Offenheit für die Anliegen der Kinder bei der Wahl der Inhalte

Die Inhalte des Unterrichts müssen mit den Vorgaben in den Rahmenplänen korrespondieren und sich daran orientieren. Das »Abarbeiten« bewährter Themen im Zyklus der Jahreszeiten und in Orientierung an den Schulbüchern für die verschiedenen Schuljahre erleichtert zugegebenermaßen die Übersicht, ob die Kinder sich definitiv mit den von Eltern und weiterführenden Schulen erwarteten Inhalten beschäftigt haben, wenn sie die Grundschulzeit abschließen. Jedoch muss in einem Unterricht, in dem die Bedürfnisse der Kinder berücksichtigt werden, die Themenwahl zur Mitbestimmung freigegeben werden. In den Gesprächen mit den Kindern kommen Inhalte zutage, die wir nicht einfach ignorieren können, wenn wir die Kinder ernst nehmen. Wenn wir mit offenem Blick die Lebenswelt der Kinder betreten, kommen sie mit Bedürfnissen auf uns zu, die es lohnt aufzugreifen. Situationsabhängig tauchen im Unterricht Fragen und Interessen abseits des »Vorgesehenen« auf.

Meistens lassen sie sich durch eine geschickte Unterrichtsplanung mit den Anliegen, die in Bildungsplänen für die Kinder formuliert sind, in Einklang bringen. So konnten zum Beispiel mit der Idee eines Krimidrehbuches ohne Weiteres Anliegen, die für den Lernbereich Deutsch formuliert werden, abgedeckt werden:

> In einem vierten Schuljahr macht während der Lesezeit die ursprünglich aus den Vereinigten Staaten stammende Jugendbuchreihe »Die drei ???« (die seit der Einstellung in den USA im Jahr 1993 in Deutschland mit eigenen Geschichten fortgesetzt wird) die Runde. Die Lehrerin reagiert auf dieses besondere Interesse und wählt als neue Klassenlektüre das Buch »Emil und die Detektive« von Erich Kästner (1929) aus. Die Förderschullehrerin stellt eine vereinfachte Fassung des Textes her, sodass es auch Kai, Oliver, Jenny und Annika möglich ist, die Geschichte in großen Teilen selbst zu lesen. Lena und Luisa, die erst wenig oder gar nicht lesen können, wird der Text vorgelesen und erzählt. Einige Schüler entdecken ihre detektivischen Ambitionen und gründen einen Detektivclub. Sebastian entwickelt geheimnisumwitterte Rollenspiele. Während der Freiarbeitszeiten ist der Club im ganzen Schulhaus unterwegs. Die Klassenlehrerin bekommt vom Rande aus nicht alles mit. Sie fragt nach. Sie versteht, dass der Detektivclub Kriminalgeschichten erfindet und spielt, und äußert: »Das ist ja filmreif, was ihr da ausheckt.« So kommt es, dass in Sebastian eine Idee reift: Er würde gerne einen Krimi drehen. Der Lehrerin scheint das machbar. Die Schule kann der Klasse eine Kamera zur Verfügung stellen. Sie würden jemanden brauchen, der sich damit genügend gut auskennt. So jemanden sollten sie finden können. Sie nehmen also das Filmprojekt in Angriff. Es braucht ein Drehbuch. Wie schreibt man so etwas? Von nun an sind für die Jungen und Mädchen, die Sebastian für dieses Projekt gewinnen kann, viele Stunden mit anspruchsvoller Arbeit ausgefüllt. Dafür stehen die sogenannten Freiarbeitsstunden (s. S. 159) und Stunden, die für das Geschichtenschreiben (s. S. 221) vorgesehen sind, zur Verfügung. Sechs Kinder arbeiten an diesem Projekt mit. Sie proben ihre Rollen unermüdlich, bis die Texte, die sie sich ausgedacht haben, sitzen. Der Klassenlehrerin wird die Rolle des Räubers zugedacht. Während der Dreharbeiten wird sie bis in die Speicherräume der Schule verfolgt. Den Schlüssel erhalten die Kinder vom Hausmeister, der in alles eingeweiht wird. Die Klasse beobachtet die Dreharbeiten aus dem Hintergrund – mucksmäuschenstill!

In der Klasse, in der dieser Film gedreht wurde, fand unter der Überschrift *Projekt*[25] stets eine weit gefächerte inhaltliche Arbeit statt. Die *Projekte* griffen auf große Teile des Unterrichts über. Jedoch waren nicht immer alle Kinder der Klasse in die Arbeitsvorhaben einbezogen. Oftmals betrafen sie, wie beim Film-Beispiel, jeweils nur eine kleinere Kindergruppe. Die Arbeitsaufträge umfassten unterschiedliche Lernbereiche. Das Lernen geschah nicht zerstückelt nach Fächern oder Kompetenzbereichen, sondern im Zusammenhang.[26]

Es sind andere unterrichtliche Vorhaben vorstellbar, die – anders als im vorangegangenen Beispiel – von der Lehrkraft bis ins Detail geplant und vorbereitet werden und dennoch den Schülern Raum für eigene Entscheidungen und kreative Ideen lassen. Im nächsten Beispiel für eine lernbereichsübergreifende Unterrichtseinheit sind sämtliche Lernanforderungen vorbestimmt. Es gab jedoch Unterrichtsphasen, in denen die Kinder die Aufträge mit eigenen Vorstellungen füllen konnten. Diese waren aber klar begrenzt.

> Es gibt in der Schule einen Raum, der einmal als Fotolabor diente. Die Geräte sind noch vorhanden. Inzwischen hält die digitale Fotografie Einzug in die Medienwelt. Wenn das Thema »Technischer Fortschritt« oder »Früher und heute« – Historisches also – Unterrichtsgegenstand sein soll, erweist sich die Entdeckung der Laborausstattung als ein Glücksfall.

25 Der Begriff *Projektunterricht* ist ein fachdidaktischer Begriff für ein komplexes Unterrichtsmodell, das folgende Merkmale aufweist: Komplexität der Aufgabe, Selbstorganisation und Selbstverantwortung der Schüler (gemeinsame Planung, Durchführung und Auswertung; Teamwork), Ziel- und Prozessorientierung, Interessenbezogenheit, Situationsbezogenheit, Interdisziplinarität (vgl. https://de.wikipedia.org/wiki/Projektunterricht). Ich verwende den Begriff »Projekt« auch für einen Unterricht, der nur einigen der o.g. Kriterien genügt.

26 Die Idee des projektorientierten Lernens hat nichts mit folgendem Beispiel zu tun, das ich in einem Praktikumsprotokoll fand:
Die Studentin konstruierte und inszenierte einen Unterricht zum Thema »Wald«. Im ehrgeizigen Bemühen um Vollständigkeit plante sie für den Kochunterricht die Zubereitung gefüllter Blätterteigröllchen. Für die Schwimmstunde stellte sie ein Duschbad mit Fichtennadelduft zur Verfügung. Für das Frühstück mit den Kindern besorgte sie Beerenmarmelade im Supermarkt. Und im Kunstunterricht durften Fensterbilder mit einem Baummotiv aus vorgestanzten Bastelbögen herausdrückt und bemalt werden. Die Sammlung der Arbeitsblätter, die das Thema in der Überschrift führten, war nach Blättern für den Bereich Deutsch, den Bereich Mathematik und den Bereich Sachunterricht untergliedert.

Für dieses Projekt müssen streng kontrollierte Abläufe geplant werden. Die Geschichte der Fotografie lädt mit jeder ihrer Phasen zum Experimentieren ein. Die fotografischen Vorgänge und die Ergebnisse der Experimente werfen Fragen auf. Die Kinder diskutieren angeregt. Sie kommentieren ihre Überlegungen. Was ist eine Mattscheibe, ein Vergrößerungsgerät, eine Solarisation? Was ist ein Fotogramm oder eine Fotocollage? Wie funktioniert eine Schattenvergrößerung, eine Camera obscura, eine Belichtung in der Dunkelkammer? Kai und Kathrin formulieren die Beobachtungen, die sie mit der selbst gebastelten Dosenkamera machen: »Der Projektor strahlt die Kuh an. Das Licht bleibt an der Kuh hängen und ein Teil vom Licht scheint an der Kuh vorbei. Das Licht strahlt dann durch die Lupe und wird dadurch zu einer Art Bündel. Dann geht es durch das kleine Loch unserer Dosenkamera. Man nennt es Blendenloch. Das Butterbrotpapier hält die Kuh als Schatten fest, weil dort, wo die Kuh in Wirklichkeit steht, die Lichtstrahlen aufgehalten werden. Und die anderen Strahlen gehen an der wirklichen Kuh vorbei und durch das Blendenloch und beleuchten das Butterbrotpapier. Deshalb sieht man die Kuh auf dem Butterbrotpapier als schwarzen Schatten und drumherum ist es hell.« Die Lehrerin ergänzt: »Wenn man das Butterbrotpapier durch ein echtes Fotopapier ersetzt und einen Deckel und eine Blende zu Hilfe nimmt, kann man auch richtige Fotos machen!« Aber warum sieht man die Kuh auf dem Kopf stehend? Das Thema bleibt spannend …
Die Klasse plant eine besondere Fotosession. Die Kinder machen mit ihren Kuscheltieren einen Ausflug in die Stadt. »Ich will meinen Bär im Eiscafé Ronaldo fotografieren.« Dort setzt Oliver ihn zwischen zwei Kinder, die ihm fürs Foto ein Eis vor die Schnauze halten. Dann betreten sie den Gastraum der Pizzeria des Ortes, wo Alexander einen Gast fragt, ob er seinen großen Tiger bei dessen Füßen brav unter dem Tisch liegend fotografieren dürfe. Die Ideen gehen nicht aus …

Aber auch ein eng umrissenes Thema, das sich speziell auf einen Lernbereich bezieht, kann in einer für den Zugriff der Kinder offenen Form angeboten werden. Die Differenzierung nach Kompetenzebenen ergibt sich im folgenden Beispiel, das sich auf einen Teilbereich der Kultur-

Diese wurden im Klassenraum ausgebreitet, und die Sammlung wurde »Waldwerkstatt« genannt. Ein Ausflug in den Wald aber war nicht vorgesehen.

techniken bezieht und in dem die Kinder die Wahl der Lernaufgaben mitbestimmen, von selbst.

> Ein Thema aus der Geometrie wird während der nächsten drei Wochen neben dem übrigen Unterricht ein eigener Unterrichtsschwerpunkt sein. Das räumliche Vorstellungsvermögen soll geübt werden. Täglich ist eine gewisse Zeit dafür vorgesehen. In zwei für solche Schwerpunktthemen reservierten Regalen steht vielfältiges Material zum Experimentieren, Recherchieren, Dokumentieren, Anwenden und Üben von Fertigkeiten zur Verfügung. Die Kinder nennen die Stunden, während derer sie sich mit einem solchen auf ein bestimmtes Teilthema beschränkten Aufgabenangebot beschäftigen, *Regalarbeit.*[27] Zum aktuellen Thema finden sich hier ein Sack mit zehn mal zehn Zentimeter großen Holzwürfeln, Würfelfünflinge, Karteikarten mit »Knobelaufgaben«, didaktische Spiele zur figural-räumlichen Vorstellung, große Bögen unliniertes Papier, aber auch Papier mit großen Karos, Faltanleitungen für Hohlkörper, Bauanleitungen für Würfelbauwerke, Geo-Bretter und bunte Gummiringe, Spiegel und Arbeitsblätter aus dem Mathematikus (Lorenz, Bd. 1–4, 2008), die die Auseinandersetzung mit dem Prozess des Bauens und Umbauens anregen. Luisa nimmt sich den Sack mit den Holzwürfeln und setzt sich damit auf den Boden. Sie beginnt zu bauen. Die Lehrerin gesellt sich hinzu: »Ich möchte Fotos von deinen Türmen machen. Könntest du dafür verschiedene Türme bauen, für jeden jedoch immer nur fünf Würfel benutzen?« Luisa tut dies gerne. Die Lehrerin druckt die Fotos aus, und es stehen nun fünf Abbildungen zur Verfügung, die nachgebaut werden können. Aber das Ausdrucken von Fotos ist kostspielig. Alternativ überlässt die Lehrerin es den Kindern, sich gegenseitig Vorlagen zu zeichnen. Wie zeichnet man solche Würfelgebäude ab? Das ist eine besondere Herausforderung. Luisa probiert es aus und bekommt gute Ratschläge von Oliver, der sich zu ihr auf den Boden setzt.
> Die Lehrerin hat eine weitere Spielidee zu bieten: Getrennt durch eine Stellwand sitzt sie Jenny gegenüber. Beide haben die gleiche Auswahl bunter Legosteine vor sich liegen. Die Lehrerin weist Jenny an: »Lege den blauen 8er quer vor dich. Setze einen gelben 4er mitten drauf. Und darauf baue quer zum unteren Legostein einen roten 8er.«
> »Wie meinst du: quer …?«

27 Kriterien für Material, mit dem Kinder »frei« arbeiten können, sind zu finden bei Noll (2002).

»Ei so, dass der Legostein zu deinem Bauch zeigt.«
Dann nehmen sie die Stellwand weg und vergleichen. War die Ausdrucksweise für Jenny verständlich? Wie könnte man es anders sagen? Die Lehrerin weist sie an, rechts noch einen grünen und links einen roten Stein neben das Gebäude zu legen. Inzwischen sitzen andere Kinder um sie herum und schauen zu. Jakob erkennt sofort: »Es ist nicht genau gleich. Erst wenn man es rumdreht.«

Die Lern- und Übungsmöglichkeiten vervielfältigen sich, indem die Lehrerin sich mit Vorschlägen einbringt. Es braucht für die meisten der Kinder keine besondere Aufforderung, sich intensiv zu beschäftigen. Die reichliche Auswahl in den Regalen lässt viele Ideen zu. Die Lehrerin kann sich längst zu Niko setzen und mit ihm, der feinmotorisch so große Mühe hat, gemeinsam aus Papier einen Flieger falten, für den er sich eine Vorlage ausgesucht hat.

Nicht immer steht ein bestimmtes Sachthema im Fokus des Anforderungskataloges für die nächsten Unterrichtstage oder -wochen. Manchmal muss es eine Zeit lang vordergründig um den Erwerb einer Methodentechnik oder um Gesprächs- und Kooperationsregeln gehen. Wenn Kinder beispielsweise während der zuvor beschriebenen *Regalarbeit* miteinander auskommen wollen, müssen sie sich absprechen. Wie aber kommt man zu zufriedenstellenden Absprachen? Wer will mit wem? Wer bekommt ein Material zuerst? Wer bestimmt? Wer schreibt mit? Wer trägt die Ergebnisse vor? Die Kinder müssen lernen, wie man sich Notizen machen kann, um Arbeitsergebnisse vorläufig festzuhalten, wie man ein Referat aufbaut, wie man Ergebnisse illustrieren und präsentieren kann. Sie müssen herausfinden, wie man sich helfen kann, wenn man eine Frage klären will, die Lehrerin aber keine Zeit für einen hat.

Wenn für eine Weile das Einüben von Arbeitsstrategien oder kommunikativen Kompetenzen in der Gruppe im Vordergrund stehen, müssen andere Unterrichtsaspekte in dieser Zeit nachgeordnet bleiben. Über die Inhalte, an denen Entsprechendes gelernt und geübt wird, können die Kinder aus einer großen Auswahl mitentscheiden. Eltern haben bezüglich solcher unterrichtlicher Entscheidungen Erklärungsbedarf. Möglicherweise irritiert es sie, wenn es ersichtlich eine Zeit lang nicht um inhaltlichen Kenntnisgewinn für die Kinder geht.

Immer wieder gibt es Themen, mit denen sich fürs Erste nur eine Gruppe weniger Schüler beschäftigen möchte oder die nur für ein einzelnes

Kind von besonderer Bedeutung sind. Auch solche Themen sollten nicht unberücksichtigt bleiben. Der Verlauf der Arbeit kann schließlich dennoch von der Klasse mitverfolgt werden: Kinder, die sich interessieren, können freigestellt werden, um zu helfen. Vielleicht steuert jemand ein passendes Buch bei. Zuletzt nimmt die ganze Klasse das Ergebnis der Einzel- oder Gruppenarbeit zur Kenntnis und kommentiert sie, diskutiert mit den Machern und applaudiert ihnen. Solche Gruppen- und Einzelarbeiten greifen hinaus ins Schulleben, wenn sie Teil einer Ausstellung werden, als schulinterne Veröffentlichung in Büchern oder auf CDs erscheinen oder zum Beispiel Ausgangspunkt für Interviews in der Schülerschaft werden wie in der folgenden Geschichte.

> Steffen kommt aus der Pause zurück und berichtet, dass er am Teich war und versucht hat herauszufinden, wie viele Fische darin sind.
> »Weißt du, wie viele Fische das sind?«
> Seine Lehrerin weiß es nicht: »Gute Frage. Wie könnten wir das rauskriegen? Was sind denn da eigentlich für Fische im Teich? Goldfische?«
> »Ich kenne die nicht.«
> Kathrin meldet sich zu Wort: »Doch, ich glaub, es sind Goldfische. Wir haben daheim auch einen Teich.« Vielleicht hat sie ein Buch über Fische? Können wir den Hausmeister fragen? Wer versorgt den Teich eigentlich? Wo bekommen die Fische ihr Futter her?
> »Tim hat gestern Steine da reingeworfen. Das darf man doch nicht!«
> Steffen findet den Vorschlag toll, an den nächsten Tagen Gelegenheiten zu erhalten, »das mit dem Teich mal richtig zu untersuchen«. Er darf sich mit zwei Kindern zusammentun, die mitarbeiten möchten.
> »Ja, ihr könnt die Fotokamera haben. Nehmt euch Papier und Klemmbretter mit, damit ihr Notizen machen könnt. Hat jemand in der Klasse Bücher über Teiche, über Fische und Pflanzen darin?«
> Steffen und seine beiden Kameraden dürfen sogleich losziehen. Es wird noch geklärt, wann sie zurück sein müssen. In der Klasse geht es mit dem geplanten Unterricht weiter.
> Die Ergebnisse der Gruppenarbeit werden in einem Referat und anhand von Zeichnungen präsentiert. Es schließt sich der Bericht eines Jungen an, der zu Hause in einem Teich Kois hält. Die Fragen weiten sich aus auf Haustiere, die von anderen Kindern versorgt werden. Die Lehrerin nimmt das aufkommende Interesse zum Anlass, eine Umfrage zum Thema Haustiere in der gesamten Schülerschaft der Schule anzuleiten. Eine erste Einführung in die Erstellung von Statistiken steht an …

Die nächste Geschichte schildert eine unterrichtliche Aktion, in der der Unterrichtsrahmen für ein einzelnes Kind für eine gewisse Zeit aufgelöst wird. Es sollte die Möglichkeit haben, einem für es besonders wichtigen Thema nachzugehen. Sebastian, von dem schon mehrfach die Rede war, hatte begonnen, über seine besondere Situation als sehr krankes Kind zu sprechen (s. S. 86ff.). Die in der Klasse mitarbeitende Förderschullehrerin regte ihn dazu an, über ein Referat nachzudenken, das er über seine Krankheit zusammen mit Kindern der Klasse, denen er vertraute, verfassen könnte.

> Sebastian hat Mukoviszidose. In der Zeit für freies Schreiben entsteht in Zusammenarbeit mit einer Freundin ein erster Text, der seine Krankheit thematisiert:
> *»Der Körper ist spannent. Die wichtigsten teile vom Körper, das Herz und die Lunge und die Luftröhre sind das wichtigste vom Körper. Sebastian's Körper hat in der ganzen Lunge schleim und das ist gar nicht gut. Normale Kinder haben nicht so viel schleim wie Sebastian. Im ganzen Körper sind venen und Blutkörberchen rote und weiße. Durch das Gehirn wird alles gesteuert und man mus viel Trinken dan kann mann besser denken und man braucht auch essen und Trinken um Leben zu können. Wenn Sebastian's seine lunge kaput geht dann bleibt Sebastian's sein Herz stehen und deswegen braucht er sauerstoff.«*
> Das ist der Einstieg in viele Gespräche über das Thema. Es ist ein langer, von Ängsten und Sorgen und wohl auch inneren Kämpfen begleiteter Weg, bis Sebastian gegen Ende der Grundschulzeit entschlossen ist, ein Referat über seine Erkrankung zu verfassen und dafür die Mithilfe einer zu dieser Zeit in der Klasse mitarbeitenden Studentin der Sonderpädagogik zu erbitten. Er bekommt dafür alle Zeit der Welt.
> *»Das Wort behindert hört sich voll mies an. Sebastian hat ein Problem mit der Lunge. Er hat eine Lungenkrankheit, bei der die Lunge nicht richtig funktioniert.«*
> So beginnt das Referat, das Sebastian zusammen mit Mitschülern vorträgt. Nach der Einleitung, die seine Freundin vorträgt, fährt Sebastian fort: *»Meine Mutter und mein Vater tragen ein CF-Gen in sich, das für die Krankheit verantwortlich ist. Sie sind selbst nicht krank, meine Schwester ist auch nicht krank, doch ich habe die Krankheit bekommen. (...)«*

Auch für die Beantwortung oder Bearbeitung von Einzelfragen, die sich während des Unterrichts beiläufig ergeben, sollten Kinder freigestellt werden können. Drei Beispiele machen im Folgenden deutlich, was ich damit meine.

> Es ist Lesezeit. Lukas blättert in einem Buch über Wale. Etwas kommt ihm merkwürdig vor. Er bezweifelt die Angaben, die dort über den Blauwal stehen. Selbstverständlich darf er im Internet die Angaben dazu aufrufen und sie vergleichen. In einer freien Minute besprechen wir die Textstellen, die er findet, und gleichen sie ab. Wir kommen gemeinsam mit der ganzen Klasse zu dem Schluss, dass wir die Textstelle im Buch tatsächlich überarbeiten und um einen Hinweis auf unsere Recherche im Netz ergänzen müssen.
>
> Jakob kommt mit einer nachdenklichen Frage aus der Pause wieder: »Wie hoch ist wohl das Schulhaus?« Ob er eine Idee hat, wie man die Höhe berechnen könnte? Die Frage lässt ihn auch nach der Schule nicht los. Auch die Lehrerin denkt am Nachmittag darüber nach. Am nächsten Tag verständigt sie sich mit Jakob darüber, dass er sich mit einem Klemmbrett und diversen Messutensilien für die nächste Stunde abmelden kann, um seiner Frage nach der Höhe des Schulhauses nachzugehen. Wie er vorging, ist auf S. 230 zu lesen.
>
> In Mathematik beschäftigen sich die Kinder mit Größen und Maßeinheiten. Als es ums Wiegen geht, berichtet Tamara, dass sie vor Kurzem in der Kindersendung eine Anleitung über den Bau einer Waage verfolgt habe. Dafür brauche man einen Kleiderbügel. Sie darf sich aus dem Unterricht abmelden und sich im Schulhaus auf die Suche nach einem Kleiderbügel begeben. Sie bekommt anschließend die Zeit, das Modell der Waage, das sie im Kopf hat, nachzubauen.

5.8 Formulierung offener Leitgedanken statt Festlegung von Förderzielen

In den meisten Bildungseinrichtungen ist es üblich, an den Anfang eines kindlichen Lernprozesses die Formulierung von Lernzielen zu setzen. Förderung bedeutet dann der Versuch, die Ziele durchzusetzen bzw. Fortschritte dorthin einzuüben. Das Erreichen einer bestimmten Fähigkeit oder eines bestimmten Kenntnisstandes auf der Zielgeraden beendet den Lernprozess. Der Leistungsnachweis wird, um den Lernprozess endgültig abzuschließen, im Rahmen einer Prüfung oder eines Tests bewertet. Der Versuch, mit solchen Vorstellungen Lernprozesse zu bestimmen, bannt den Blick der Lehrkräfte permanent auf das, was erreicht werden *sollte*, und auf die Überprüfung des Erreichten. Auch ein ziel- oder niveaudifferenziertes Arbeiten, wie es für heterogene Klassen in einem wie auch immer sich vorzustellenden *inklusiven* System vorgeschlagen wird, führt grundsätzlich nicht zu einem anderen Blick auf Lernprozesse. Solange sie fremdbestimmt formuliert und anhand von Zielmaßstäben beurteilt werden, hat sich nichts geändert. Die Fokussierung auf Ziele führt zu einer Sichteinschränkung, die den Lehrkräften den Blick auf die Kinder, wie sie sind, verstellt. Die Formulierung von Zielen birgt die Gefahr, dass Hinweise darauf, was die Kinder für eine gute Entwicklung brauchen, übersehen werden. Zielformulierungen im Rahmen einer leistungsorientierten Unterrichtsgestaltung betonen die Unterschiede, anstatt sie als Lernvoraussetzungen zum Ausgangspunkt für zieloffene Förderangebote zu machen. Die vorwegnehmende Formulierung von Kompetenzen und die Einordnung erworbener Fähigkeiten und Fertigkeiten in sogenannte Kompetenzraster bedeuten nichts prinzipiell anderes als die Orientierung an Leistungsmaßstäben üblichen Stils. Es gibt dann die Kinder, die unter festgelegten Bedingungen *hoch* angesetzte Lernziele erreichen oder Kompetenzen erwerben können, und die, die auf *niederem* Niveau laborieren. Übrig bleiben jene, für die andere als in der Grundschule übliche Schwerpunktsetzungen in der Förderung relevant sind und deren Entwicklung keinem Maßstab folgt und in kein Raster passt.

Förderziele legen das Kind fest. Leitgedanken dagegen weisen den Lernbegleitern eine Richtung. Mit der Formulierung von Leitgedanken geht man davon aus, dass Gegebenheiten nicht starr sind. Sie berücksichtigen auch, dass sich Bedingungsgefüge verändern können.

Der Anfang der Förderung sollte also zunächst ein *Kontaktraum* sein, in dem Kind und Lehrperson miteinander bekannt werden können. Nicht das Problem steht im Vordergrund, sondern das Kind, wie es sich zeigt. Im Gespräch mit Eltern und Förderkräften tritt die bisherige Lern- und Entwicklungsgeschichte des Kindes hervor. In aller Offenheit für die dem Kind mögliche Entwicklung lassen sich die Informationen zu Leitgedanken fügen. Sie bilden sozusagen eine Orientierung, einen Hintergrund für die Zusammenarbeit mit dem Kind. Sie erlauben es, das Kind achtsam, aufmerksam und mit helfender Hand durch die konkreten Lernprozesse im Unterricht zu begleiten, ohne es auf Ziele festzulegen oder in seiner Entwicklung zu begrenzen oder zu forcieren, und dennoch nicht »ins Blaue hinein« zu handeln. Es ist »Kennzeichen einer guten Förderung, mit dem Kind gemeinsam Wege in der Entwicklung herauszufinden, die es auch gehen kann« (Haupt 2013, 14). Die Lernräume müssen in geeigneter Weise ausgestattet werden, um in der konkreten Situation gegebenenfalls auch spontan auf die Bedürfnisse individuell eingehen zu können.

Die Unterrichtsvorbereitung zielt also nicht in erster Linie darauf, den unterrichtlichen Verlauf bis ins Detail im Vorhinein festzulegen (einschließlich des Schülerhandelns), sondern die Möglichkeit alternativer Verläufe in Rechnung zu stellen. Die Unterrichtsnachbesprechung nimmt einen entsprechend großen Raum ein.

Solche Art Vorarbeiten zum Unterricht scheinen zunächst aufwändiger, als es Lehrkräfte, die einen traditionellen Unterricht vorbereiten, gewohnt sind. Aber in der zeitlichen Bilanz über mehrere Unterrichtswochen hinweg relativiert sich der anfängliche Aufwand mit zunehmender Kenntnis der Lerngruppe und zunehmenden Routinen, die sich einstellen, wenn die grundlegenden unterrichtlichen Strukturen und Rahmenbedingungen einmal festliegen.

5.9 Den Überblick über die Lernschritte der Kinder bewahren

»Die Lehrkraft muss sich daran gewöhnen können, Inhalte freizugeben und nicht mehr sklavisch am Stoffverteilungsplan zu hängen. Dazu braucht sie Verfahren, um dennoch den Überblick über die verschiedenen Lernschritte der Schülerinnen und Schüler zu behalten« (Bohl/Kucharz 2010, 87). Lehrkräfte, die mit offenen Unterrichtsformen experimentieren, brauchen so etwas wie »Verwaltungsstrukturen«, die ihnen helfen, die Kontrolle über das, was geschieht und aus ihren Planungen wird, nicht zu verlieren. Es gibt vielfältige Vorschläge für die Art, wie Informationen gewonnen und gesammelt werden können. Ausgeklügelte Kompetenzraster, Listen, Tabellen, Ordnungssysteme werden auf Lehrerfortbildungen entwickelt und in der Literatur angeboten. Um begriffliche Justierung wird gerungen. Letztlich aber obliegt es doch der einzelnen Lehrkraft, diesen Aufgabenbereich in der Form zu bewältigen, die ihr persönlich gemäß ist.

Gesammelte Dokumentationen (Arbeitsergebnisse, Beobachtungsnotizen, Gesprächsnotizen, Kurzberichte, notierte Gedankensplitter usw.) helfen, einen möglichst genauen Blick auf die Schülerinnen und Schüler durchzuhalten. In Abständen werden die Dokumente mit vorliegenden

Arbeits- und Förderplänen abgeglichen. Die Unterlagen tun gute Dienste bei der Verfassung von Förderberichten, Förderplänen und Zeugnissen. Bezüge, Zusammenhänge, Diskrepanzen werden sichtbar. Besonders hilfreich ist eine gute Dokumentation bei besonderen Herausforderungen, die Kinder an die Lehrkräfte/die Schule stellen. Sie sind Grundlage bei der Vorbereitung von Gesprächen. Lehrkräfte müssen Eltern, Therapeuten, Mitarbeitern in der Nachmittagsbetreuung, Ärzten und in Klassenkonferenzen dem Kollegium ihre Beobachtungen mitteilen können. Sie müssen Problemsituationen darstellen, Maßnahmen vorschlagen, diskutieren und begründen. Sie müssen gegebenenfalls in der Lage sein, über Erfordernisse und Möglichkeiten in der Förderung einzelner Kinder im Kontext schulischer und außerschulischer Bedingungen zu argumentieren. Gesprächspartner sind je nach Bedarf der Schulträger, der Förderverein, die Krankenkasse, die Schulleitung und die Kollegen im Fachunterricht. Auch das Jugendamt lädt Lehrpersonen ein, wenn es zum Beispiel in einem Hilfeplangespräch um die Bewilligung einer Integrationsfachkraft, um die Installation einer Lernhilfe oder Familienhilfe und anderes geht. Wenn Entwicklungsprozesse beschrieben und Förderbedürfnisse dargestellt werden können, werden Überlegungen zu notwendigen Fördermaßnahmen erleichtert.

Teil II: Erfahrungen als »Tandem« in einer Klasse mit behinderten und nichtbehinderten Kindern

1. Wir übernehmen eine »I-Klasse«

Zum neuen Schuljahr wurde der jungen Grundschulkollegin Frau Seidler die Klassenleitung für die sogenannte »I-Klasse« angetragen. Sie stimmte diesem Auftrag zu. Ein Motiv für ihre Zustimmung war der Umstand, dass sie im Team mit der Sonderpädagogin arbeiten würde.

Dieser Klasse wurde ich zugewiesen. Wir konnten die im vorangegangenen Schuljahr begonnenen Gespräche und unseren fachlichen Austausch fortführen und unsere Ideen in gemeinsame Unterrichtsvorbereitungen übertragen. Vier Jahre arbeiteten wir zusammen. Wir begleiteten eine Klasse vom dritten Schuljahr an bis zum Übergang der Schülerinnen und Schüler in die weiterführenden Schulen. Danach übernahm Frau Seidler ein erstes Schuljahr und ich war wiederum die Teampartnerin. Diese Klasse begleiteten wir bis zum Ende des zweiten Schuljahres. In den folgenden Berichten reflektiere ich die unterrichtlichen Entwicklungen in dieser Zeit, beschreibe Bedingungen unserer Arbeit und gebe Einblick in unsere Zusammenarbeit.

1.1 Ein Konzept »Integrativer Unterricht« gibt es nicht

Der Beginn der Arbeit in der sogenannten »I-Klasse« erschien der jungen Lehrerin als große Herausforderung. Sie spürte mit dem Näherrücken des neuen Schuljahres und der Aussicht auf die Leitung einer Klasse, in der Kinder mit und ohne Behinderung gemeinsam unterrichtet werden sollten, eine wachsende Unruhe. Sorgenvolle Gedanken trieben sie um. In der Arbeit mit der alten Klasse hatte sie Strukturen geschaffen, die es erlaubten, abwechslungsreich, lebendig und interessant zu unterrichten und Kindern viele Möglichkeiten zu eröffnen, eigenen Ideen nachzugehen. Sie bot den Kindern ihrer Klasse stets differenziertes Material an und stellte individuelle Lernhilfen zur Verfügung, um unterschiedlichen

Lernentwicklungen gerecht zu werden. Das gelang ihr alles sehr gut. In der zukünftigen Klasse würden jedoch auf einmal vier der zwanzig Kinder eine per Gutachten definierte Lernbeeinträchtigung haben. Was bedeutete das? Ein weiteres Kind wurde als sehr krankes Kind angekündigt. Fragen taten sich auf. Die Situation der Lehrerin stellte sich konkret folgendermaßen dar:

> Kai wird als verhaltensauffälliger Junge angekündigt, der im Unterricht permanent störe. Bei seinen Mitschülerinnen und Mitschülern habe er keinen guten Stand. Das beschäftigt Frau Seidler. Als Förderschullehrerin kenne ich Kai aus den »Förderstunden« und weiß um seine Lernschwierigkeiten. Ich kann einige Informationen über seine außerschulische Situation beitragen. Für Frau Seidler ist es beruhigend, dass ich schon mit ihm gearbeitet habe und eventuell Ideen für den Unterricht werde beisteuern können.
> Was aber ist mit Sebastian? Informationen zum Betreuungsbedarf genügen der Klassenlehrerin nicht, um sich auf den Umgang mit dem Jungen vorbereitet zu fühlen. Sie möchte mehr erfahren. Eine große Sorge klingt durch: »Ich weiß doch nicht, was ich alles wissen muss …« Was ist das für eine Krankheit – Mukoviszidose? Was bedeutet das für die Beziehung zwischen ihr und dem Jungen? Welchen Gefährdungen ist Sebastian im Schulalltag ausgesetzt? Können Notfallsituationen entstehen? Was kann dem geschwächten Kind im Unterricht zugemutet werden? Wird sie als Lehrerin mit der Schulassistenz, die Sebastian zugewiesen ist, klarkommen? Sebastian ist inzwischen so beeinträchtigt, dass das Klassenzimmer für ihn ebenerdig zugänglich sein muss. Also steht ein Umzug in einen anderen Raum an. Das betrifft auch andere Personen im Kollegium. Es muss verhandelt werden, wer den Klassenraumtausch mitmacht. Die Aussicht darauf, sich mit Kolleginnen darüber verständigen zu müssen, ist mit einem mulmigen Gefühl verbunden. Die Auseinandersetzungen könnten konfliktreich werden.
> Auch Luisa und Jenny werden als auffällige Kinder angekündigt. Sie haben im Laufe des zweiten Schuljahres »ein Gutachten bekommen«. Was ist mit diesen beiden Mädchen? Was steht in den Gutachten? Die beiden hängen – was Frau Seidler den Zeugnissen entnimmt – in Mathematik völlig hinterher. Wird es gelingen, im dritten Schuljahr die Tür für den Erwerb mathematischer Grundlagen noch einmal zu öffnen? Liefern die Gutachten Hinweise auf Möglichkeiten der Förderung? Auch Annika, ein drittes Mädchen

der Klasse »mit Gutachten«, habe einen sehr umfänglichen Förderbedarf, was immer das heißen mag.
Die Lehrerin will alle Kinder, aber vor allem jene mit sonderpädagogischem Förderbedarf, schon vor Beginn des Schuljahres kennenlernen. Welche Herausforderungen wird sie bei der Unterrichtsgestaltung meistern müssen, wenn Unterschiede in der Schülergruppe größer als üblich sein werden?
Sie will den Unterricht *öffnen* für *Vielfalt*, für *Individuelles*, für *Gemeinsames*. Fragen nach Strukturen, Organisationsformen, Methoden und Inhalten für einen Unterricht, in dem sie auf spezifische Anforderungen würde eingehen können, stehen im Raum. Sie ist beunruhigt und fragt sich: »Kann und werde ich das alles schaffen?«

Auf all diese Fragen gab es im Vorfeld keine einfachen Antworten. Vieles würde sich erst in der konkreten Arbeit klären. Das war keine einfache Aussicht für die junge Kollegin.

Die Hoffnung, ein Konzept »Integrativer Unterricht« zu finden, musste sie fallen lassen. Es gibt keinen Integrationsansatz, der »einfach ein Schmelztiegel-Konzept darstellen kann, in welchem sich die speziellen Bedürfnisse behinderter Kinder von selber verlieren oder neutralisieren« (Speck 2010, 137), und bei dem sich ein harmonisches Gemeinschaftsleben einstellt, in dem alle gleich und gleichberechtigt ihre Lernmöglichkeiten ausschöpfen. Frau Seidler und ich mussten selbst herausfinden, wie wir mit der neuen Klasse bzw. diesen Kindern in dieser Gruppe würden arbeiten wollen. Wir würden nicht ständig auf jeden Schüler und jede Schülerin ganz persönlich eingehen können, aber wir würden versuchen, unsere Planungen auf das abzustimmen, was diese Kinder, die wir noch nicht kannten, uns von sich zu zeigen bereit wären. Das war die eigentliche Herausforderung: Strukturen für einen Unterricht zu finden, der diese Offenheit zulässt. Die jungen Menschen selbst würden uns weisen, wo »es langging«.

Alles das, was prinzipiell auf viele Schülergruppen in Regelschulen zutrifft, steht nicht grundsätzlich infrage, wenn gefordert wird, die unterrichtliche Arbeit auf Kinder mit Beeinträchtigungen oder Behinderungen oder besonderen Förderbedürfnissen (oder wie immer man sie nennen mag) auszuweiten. Allerdings werfen sehr benachteiligte Kinder, Kinder mit erheblichen Lernbeeinträchtigungen, kranke Kinder, körperbehinderte Kinder, Kinder mit Mehrfachbehinderungen und Kinder mit seelischen Entwicklungsnöten, Fragen zur Unterstützung ihrer Entwicklung auf, die *spezifische* und *konkrete* Antworten brauchen. Diese sind einem noch so offenen und differenziert geplanten Unterricht nicht automatisch mitgegeben (s. Abschnitt »Den sogenannten ›offenen Unterricht‹ neu denken«, S. 130ff.). Manche Kinder würden immer wieder eine aufmerksame und persönliche Begleitung auf ihren Lernwegen brauchen. In einigen Fällen würde zudem eine persönliche Assistenz bei alltäglichen Verrichtungen notwendig sein. Ohne die Mitarbeit einer zweiten Person im Unterricht für bis zu fünfzehn Stunden wäre an ein anspruchsvolles differenziertes Arbeiten nicht zu denken.

Fachkenntnisse aus der Sonderpädagogik und meine Erfahrungen, die ich über viele Jahre in der Förderschule und inzwischen auch in Regelschulen hatte sammeln können, halfen uns, Annahmen über notwendige Maßnahmen für Kai, Sebastian, Luisa, Annika und Jenny zu machen. Eine sichere Vorausschau würde umso eher gelingen, je besser wir die Kinder kennenlernten. Der Unterricht sollte folglich stets Optionen für ein differenziertes und individuelles Arbeiten offenhalten, dessen Richtung sich erst in der Situation konkretisieren würde. Es sollte möglich sein, Unterrichtszeiten einzuplanen, in denen eine von uns beiden frei bliebe, sich einem Kind persönlich zu widmen. Erst mit den Erfahrungen, die wir von nun an in der Zusammenarbeit mit den uns anvertrauten Kindern machen würden, gelängen wir zu mehr Sicherheit bei planungsabhängigen Interventionen. Offene Lernangebote mit Freiheiten für die Kinder würden auch uns als Lehrkräften helfen, die Spuren individueller Entwicklungswege aufzunehmen.

1.2 Erste Entscheidungen

Die im Folgenden dargestellten Entscheidungen gehen zum Teil auf Erfahrungen zurück, die ich in klassenübergreifenden Unterstützungsmaßnahmen unter den Stichworten *Freiarbeit*, *Begleitetes Malen*, *Sprachförderung*, *Förderstunden Mathematik*, *Schreibwerkstatt*, *Emotionale Förderung* machen konnte (beschrieben in Teil III »Übergangslösungen auf dem Weg der Inklusion«). Frau Seidler, die junge Kollegin, wusste von diesen Angeboten und schätzte ihre Bedeutung hoch ein. Wir suchten nun nach Möglichkeiten, diese Konzepte, die sich bereits als entwicklungsunterstützende Förderangebote bewährt hatten, in den Klassenunterricht zu übertragen. So kamen wir zu ersten Festlegungen:

Eine der wichtigen Entscheidungen, die wir vor Beginn des Schuljahres fällten, betraf die *Freiarbeit*. In der täglichen Freiarbeitszeit (ausführlich beschrieben auf S. 159ff.) sollten die Schülerinnen und Schüler *sich selbst* in ganz eigen-sinniger Weise erproben und kennenlernen dürfen (vgl. Voß 1995, 14). Jedes Kind würde – so unsere Vorstellung – nach seiner Fasson, nach seinen Wünschen und Möglichkeiten einer Beschäftigung und eigenen Zielen nachgehen können. Dabei würden wir sie begleiten und uns in einen lebendigen Austausch mit ihnen begeben. Diese gemeinsame freie Arbeitszeit würde uns einen Fundus an wertvollen Informationen für die übrigen Unterrichtsvorbereitungen liefern.

Die andere Entscheidung betraf ein Prinzip, das grundlegend für unsere Zusammenarbeit mit den Kindern werden sollte. Wir erklärten unsere Absicht, während jeglichen Unterrichts stets Zeit einzuräumen, um miteinander zu sprechen und uns auszutauschen, damit wir die Kinder und sie uns verstehen lernten. Sie sollten ernst nehmen können, dass wir sie – sie ganz persönlich – meinten, wenn wir sie ansprachen. Wir wollten verbindliche Beziehungen gestalten und eine Sicherheit und Geborgenheit bietende Atmosphäre schaffen. Wir würden die Kinder nicht im Unklaren darüber lassen, was wir ihnen zutrauten. Da wir sie, wo immer möglich, unterstützen wollten, würden wir auf ihre Rückmeldungen, ihre Fragen, ihre Bitten angewiesen sein. Wir nahmen uns vor, ihnen zu helfen, »verantwortlich zu werden« (vgl. Czerny 2010, 227). Das Unterrichtsgespräch, die Kommunikation in der Zusammenarbeit, die gemeinschaftliche Suche nach Lösungen für Sorgen und Konflikte, das Erzählen und Mitteilen von Erlebtem sollten eine Gesprächskultur etablieren, die von Respekt und Akzeptanz getragen wäre. Das Gespräch sollte auch als Tagesordnungspunkt im Stundenplan vorkommen. So entschieden wir uns bereits im Vorfeld der konkreten Unterrichtsplanungen für einen täglichen *Morgenkreis*, der sich an die *Freiarbeit* anschließen sollte. Im Rahmen des *Morgenkreises* wollten wir mehrmals in der Woche *Vorlesezeiten* einplanen.

Einen weiteren Schwerpunkt setzten wir mit unserer Entscheidung, Zeiten für das freie Schreiben und das begleitete freie Malen vorzusehen. Im Stundenplan sollten die entsprechenden Stunden mit *Wichtiggeschichten* und *Freies Malen* überschrieben werden. In diesen Stunden würden die Kinder ihren inneren Bildern nachgehen und Möglichkeiten erkunden dürfen, sich auszudrücken. Wir sahen einen wesentlichen Aspekt unserer Arbeit darin, Kinder so zu unterstützen, dass sie »nach eigenen Impulsen mit Tönen, Farben, Bewegungen, Sprache zunächst spielerisch umgehen und eigene Erfahrungen machen«, und sie zu ermutigen, »sich selbst in einem Medium zu entwickeln« (Haupt 2001, 119). Damit wollten wir die Erkenntnis berücksichtigen, dass eine zu frühe und überwiegend lernzielorientierte Vermittlung von Gestaltungsbausteinen das ursprüngliche Ausdrucksbedürfnis unterdrückt und die Entwicklung kreativer Kompetenz eher eingeengt. »Eine gute Entwicklung entsteht ja von der eigenen Wesensmitte, von der Lebensbewegung her, die Ausdruck und Gestalt sucht und darin durch Schule Unterstützung erhalten könnte« (a.a.O.). Ein offen gedachter Kunstunterricht sollte die Entdeckerfreude stärken, das Unerwartete begrüßen und die Umsetzung eigener Ideen und Darstellungsabsichten unterstützen (vgl. Burzel 1996). Mit der Einrichtung einer Mal-Werkstatt, die für den Einsatz vielfältiger Techniken ausgestattet sein sollte, wollten wir grundlegende Erfahrungen mit Tätigkeiten des Malens, Modellierens und Bastelns anregen (vgl. Egger 2002). Gleichsam im Tun, so unsere Vorstellung, würden die Schülerinnen und Schüler gemäß ihrer intellektuellen und motorischen Möglichkeiten zu Kenntnissen über künstlerische und gestalterische Techniken gelangen und Geschick im Umgang mit Materialien entwickeln, um ihre Gestaltungen voranzubringen. Materialkenntnis und technische Fertigkeiten würden nicht Ziel des Unterrichts sein, sondern wir würden die Schülerinnen und Schüler mit Handwerkszeug und Techniken vertraut machen, damit sie sich in ihren Ausdrucksmöglichkeiten freischwimmen könnten. Der Kunstunterricht sollte also kein Nebenschauplatz im schulischen Alltag werden, sondern ein Ort für Fantasietätigkeit.

Darüber hinaus sollte auch das *freie Spielen* einen Platz im Unterrichtsalltag erhalten. Dies begründeten wir nicht allein damit, dass Spielen zur Lebenswelt der Kinder gehört und sich außerdem beim Spielen Voraussetzungen für den Erwerb der Kulturtechniken entwickeln. Vielmehr ist das freie symbolische Spielen im tiefen Erleben der Kinder ein Ort der Selbstvergewisserung. »Spielen stellt (...) nicht nur eine Form der Verarbeitung der Sinneswahrnehmung dar, in ihm drückt sich vielmehr eine Bewusstseinstätigkeit aus, die sich auf die Wahrnehmung und Gestaltung der inneren Welt richtet« (Merkel 2000, 65). Die Kinder sollten auf vielfältige Figuren (Personen, Tiere, Berufsgruppen usw.) und Gegenstände aus der Natur, Bausteine, kleine Fahrzeuge, Puppengeschirr usw. (vgl. Spielfiguren für das Lowenfeldtsche Sandspiel bei Kalff 1996, 21f.) zugreifen können, um sich zum Beispiel während der Freiarbeit ins szenische Spiel vertiefen zu können.

Wir erweiterten den Unterricht also um konsequent *bewertungsfreie* und *selbstbestimmte* Unterrichtselemente, und das *Gespräch mit den Kindern* sollte als tragendes Prinzip jegliche gemeinsam verbrachte Zeit durchdringen und seinen Platz im Stundenplan erhalten. Damit gingen wir konzeptionell über konventionelle Strukturen eines allgemeinen Grundschulunterrichts hinaus, stellten uns jedoch nicht in einen Widerspruch zu ihnen.

In der Literatur waren wir Lehrerinnen und Lehrern begegnet, die es gewagt hatten, sich Freiheiten zu nehmen, die die traditionellen Vorstellungen von Schule sprengten. Auch uns erschien manches verlockend. Bei Peschel (2003), Wild (1977), Freinet (1935), Montessori (1907) und weiteren Autoren fanden wir einen konsequent offenen Unterricht beschrieben. Aber solche Modelle waren für uns keine realistische Option. Wir hatten nicht vor, die traditionellen Bilder von Schule auf den Kopf zu stellen. Auch ließen sich die »normalen« schulischen Rahmenbedingungen nicht beliebig verändern. Die Räumlichkeiten einer üblichen Grundschule sind begrenzt. Ein differenziertes und vielfältiges Materialangebot, wie es in Förderschulen zwangsläufig vorgehalten wird, fehlt. Die ministerielle Forderung nach halbjährlichen Leistungsvergleichen können nicht umgangen werden. Es müssen gemeinsame Tests geschrieben und die Ergebnisse benotet werden – kein Weg würde an diesem Dilemma vorbeiführen. Auch die Eltern, die den Unterricht mit dem der Geschwisterkinder und ihren eigenen Schulerfahrungen vergleichen, dürfen nicht über Gebühr in ihren Erwartungen verunsichert werden. Die Arbeit muss in den jeweils gegebenen schulischen Strukturen verankert werden. Wir mussten Kompromisse eingehen, ob sie uns passten oder nicht.

Wir entschieden uns also für einen »moderaten« Weg. Wir kombinierten Phasen freien und selbstständigen Arbeitens mit Lernangeboten und Erfordernissen, die wir als Lehrpersonen arrangierten und leiteten (vgl. Czerny 2010, 221).

Wir benannten *Lernzeiten* im Stundenplan, in denen ein gezielt vorbereiteter Unterricht stattfinden würde. Diese Zeiten im Stundenplan würden für die Eltern am eindeutigsten mit den Vorstellungen, die sie mit »Schule« verknüpften, und dem, was sie für ihre Kinder erwarteten, in Verbindung zu bringen sein.

In bewährter Weise wollten wir Themen lernbereichsübergreifend und kontextgebunden anbieten. Den unterschiedlichen Bedürfnissen und Lebenswelten der Schülerinnen und Schüler sollte Rechnung getragen werden, indem wir *projektorientiert* (vgl. S. 139) vorgehen würden und bei der Vorbereitung inhaltliche Spielräume offenhalten würden, die sich erst im Unterrichtsablauf mit konkreten Aufträgen füllen könnten. Differenzierungen würden sich auf diese Weise manchmal von selbst ergeben, indem die Kinder unterschiedlich auf ein Angebot zugingen bzw. indem wir unterschiedliche Zugänge zum Thema zuließen.

1.3 Unterrichtsstruktur und Stundenplan – Säulen unserer Schultage

Unsere ersten noch vagen Entscheidungen und Absichtserklärungen gewannen durch die Umsetzung in die Praxis Kontur. Im Laufe der ersten beiden Jahre unserer Zusammenarbeit gelang uns eine immer genauere Charakterisierung der zentralen Aspekte unseres Unterrichts:

- die freie Arbeitszeit als eine Zeit, in der es um Alltagserfahrungen, Regeln, Umgang mit Material, das Einüben sozialer Kompetenzen ging,
- der Blick in andere Welten, die uns in Geschichten beim Vorlesen und Selberlesen anspruchsvoller Bücher entgegenkamen,
- das freie Schreiben, das freie Spielen, das freie Malen und die Entdeckung persönlicher Ausdrucksformen,
- die Gespräche, in denen wir Wert auf eine respektvolle »bewusste« Gesprächskultur legten, und
- die Teilhabe am Schulalltag, der als Rahmen unseres Schullebens eine bewusste Betrachtung verdiente.

Um diese Kernaspekte herum entwickelte sich das Schulleben in »unserer« Klasse. Wir nannten die o.g. Aspekte die *Säulen unserer Schultage*. Sie stützten einen schulischen Alltag, in dem das Spezifische neben dem Allgemeinen Platz hatte und das Einzelne im Kontext der komplexen Wirklichkeit verankert blieb.

Die Unterrichtsstunden, die sich um diesen Kern herum gruppierten, füllten sich

- mit Lehrgängen und grundlegenden Einführungen in Themen und Zusammenhänge,
- mit der Arbeit in fachübergreifend angelegten Projekten,
- mit der Durchführung kleinerer fachspezifischer Vorhaben,
- mit individuellen Aufträgen und Vorhaben.

Daneben widmeten wir uns spezifischen Anliegen zu

- Arbeitsweisen und
- Sozialformen.

Neben all dem gab es täglich kurze, manchmal auch umfängliche Zeiten, in denen
- das Üben von Fertigkeiten
- und Vertiefen von Kenntnissen.

im Vordergrund stand.

Das alles packten wir in einen Stundenplan: Die erste Stunde jedes Unterrichtstages wurde mit *Freiarbeit* überschrieben. Es folgte der *Morgenkreis*, an den sich zwei- bis dreimal in der Woche die *Vorlesezeit* anschloss. Die *Frühstückszeiten* und die *Hofpausen* setzten Zäsuren, die ebenfalls im Stundenplan vermerkt wurden. Über die Woche verteilten sich *Sportstunden*, feste *Lesezeiten*, das *Freie Malen und Gestalten* und *Wichtiggeschichten* (freies Schreiben). Damit waren zusammengenommen 40 bis 50 Prozent der gesamten Unterrichtszeit einer Woche abgedeckt. Der *Religions-* und der *Musikunterricht* wurden von anderen Kolleginnen im Haus übernommen. Die übrigen Zeilen und Spalten im Stundenplan blieben offen. In den Tagesübersichten für die Kinder stand an diesen offenen Stellen – je nachdem – *Projekt*, *Lernstunde*, *Übungsstunde*, *Einführungsstunde*, *Wochenplan*, *Werkstatt*, *Regalarbeit*, auch mal einfach *Deutsch* und *Mathe*, jeweils mit entsprechender inhaltlicher Spezifizierung. Die Stichworte *Wochenplan*, *Frühstücksdiktat*, *Kopfrechnen*, *Hausaufgabenkontrolle* wiederholten sich täglich. Mit dem Stundenplan legten wir entsprechende Leitfäden fest, in die wir den Unterricht mit unseren Angeboten und Anliegen – und denen der Kinder – hineinwoben. Die Schultage bekamen einen *Rhythmus*. Der Tagesablauf geschah im Wechsel von Gemeinsamem und Individuellem, von Phasen stiller Arbeit und kommunikativen Situationen, von offenen Angeboten und strukturierten Angeboten.

Die Überschriften dienten uns als »Handläufe«, die uns durch die Woche führten. Tages- und Wochenpläne, Themen und Inhalte, Lernanforderungen und Unterstützungsangebote, Zielvorstellungen und Anliegen, Klassen- und Gruppenunterricht, Projekte und Lehrgänge, methodische und inhaltliche Differenzierungsmaßnahmen bis hin zu Einzelmaßnahmen wurden in den Stundenplan eingeordnet und koordiniert. Wir informierten die Eltern ausführlich über die Angebote, Anliegen und Methoden, die sich hinter den Überschriften verbargen.

Die Schüler hatten einen sehr pragmatischen Blick auf das höchst komplexe Geschehen einer Schulwoche: Es gab für sie die »freien« Stunden und die »richtigen« Lernstunden. Die *offenen Phasen* eines Schulvormittags (*Freiarbeit*, *Freies Malen*, *Lesezeit*, *Regalarbeit*, *Wichtiggeschichten*) waren für sie mit der Erlaubnis verbunden, »tun zu dürfen, was sie wollten«. Die *Lernzeiten* waren jene, in denen sie »lernen und tun mussten, was die Lehrerin sich für sie vorgenommen hatte«. Mit dieser Unterscheidung gingen sie selbstverständlich um.

2. Die freie Arbeitszeit als Kernstück unseres Schulalltags

Die freie Arbeitszeit, wie ich sie verstehe, entspricht einem offenen Unterricht mit »besonders hohen Freiheitsgraden« (vgl. Bohl/Kucharz, 2010, 81; vgl. S. 130ff.). Nichts in dieser Zeit gleicht den vertrauten Bildern von Unterricht. Die Kinder sind gefordert, eigene Initiative zu entwickeln. In dieser Herausforderung »erkennen die Schülerinnen und Schüler im Laufe der Zeit, dass es wirklich auf sie ankommt und ihnen niemand die Verantwortung abnimmt« (a.a.O. 81). Für das Lernen ist diese Erfahrung eine wichtige Voraussetzung.

Die freie Arbeitszeit wurde zum Kernstück unserer pädagogischen Arbeit. Die erste dreiviertel Stunde täglich war den Kindern für die freie Beschäftigung vorbehalten. In unserer Klassensprache hieß diese Zeit *Freiarbeit.* Wir nutzten die Räumlichkeiten, die der Schule durch glückliche Umstände für klassenunabhängige Förderarbeit und klassenübergreifende offene Angebote zur Verfügung standen. Während in dem sogenannten Freiarbeitsraum kreativ und schöpferisch gearbeitet werden konnte, stand der *Klassenraum* als Ort für stille Beschäftigungen wie Musikhören und Lesen zur Verfügung. Dort standen auch Gesellschaftsspiele bereit. Kinder suchten dort das Gespräch mit der Klassenlehrerin. Diese nutzte die Zeit, um Hausaufgaben zu sichten und sie mit Kindern in aller Ruhe, wenn das notwendig war, zu besprechen.

Häufig hielten sich sehr viele Kinder im Freiarbeitsraum auf. Auch aus anderen Klassen kamen Kinder hierher. In der Regel konnte die Pädagogische Fachkraft[28] der Schule, Frau Mehler, zu dieser frühen Stunde am Tag mitarbeiten.

2.1 Ein Ort für Eigen-Sinn, Begegnung, Zusammenarbeit und Lernen

Die Organisationsform dieser Stunde und der Werkstattcharakter des Raumes ließen vielfältige Vorhaben zu. An diesem Ort gab es keine

[28] »In der sonderpädagogischen Förderung an Schulen wird in Rheinland-Pfalz neben Förderschullehrkräften die Berufsgruppe der Pädagogischen Fachkräfte eingesetzt, die jeweils ihre berufsspezifischen Kompetenzen einbringen« (Bildungsserver Rheinland-Pfalz). In der Regel sind es Sozialpädagoginnen und -pädagogen, in vielen Fällen mit einer heilpädagogischen Zusatzqualifikation.

Lernprogramme. Die Regale, die für die Kinder zugänglich waren, enthielten kein didaktisches Material und nur wenige Gesellschaftsspiele. Der Freiarbeitsraum war eine »entdidaktisierte Zone« (Trautmann 2002, 33).

Man konnte hier frei spielen und gestalten. Es war möglich, etwas zu nähen, mit Tonerde zu formen, mit Holz zu werken, mit allerlei sonstigen Materialien zu basteln und zu konstruieren. Die Spielecke enthielt Korkbausteine und Naturmaterialien zum Bauen. Vielerlei Figuren für freies symbolisches Spielen waren in einem Schubladenschrank untergebracht. Es gab eine Puppe und Kuscheltiere sowie jegliche Alltagsgegenstände für Rollenspiele. Man durfte sich, wenn man das wollte, einen Tee kochen. Die Lehrerin stellte dann einen Wasserkocher zur Verfügung. Die Kinder nahmen andere Dinge in die Bau- und Spielecke mit: alltägliche Gegenstände, Teller und Becher, den kleinen Tisch aus der Büro-Ecke der Lehrerin, die Pappkartons, die der Hausmeister neben den Mülltonnen abgestellt hatte, auch Lernmaterialien aus dem Klassenraum (Rechenzug, Sanduhren, Buchständer usw.). Wenn sie fanden, dass sie diese Dinge für die dort stattfindenden Spiele brauchen würden, war dies erlaubt – unter der Bedingung, dass sie wieder an ihren Platz zurückgebracht wurden.

In anderen Teilen des Raumes war anderes möglich. Man konnte an Malwänden großformatige Bilder gestalten. Es gab Schminkfarben und eine Kiste mit Kleidern und Accessoires zum Verkleiden und natürlich auch einen Spiegel. Drei Computer waren installiert. Dort konnten Geschichten geschrieben werden. Unter Aufsicht durfte man auch im Internet zu einem Thema recherchieren. In weiteren Regalen befanden sich allerlei Messgeräte: Zollstöcke, Waagen, Uhren, Messbecher usw. Bei den Sachbüchern lag eine Lupe. In einem besonderen Regal standen geliebte Bilderbücher und Lesefutter für Leser. Die Kinder durften die Bücher auch nach Hause ausleihen. Dazu musste man einen »Ausleihzettel« schreiben.

> Lea kommt mit dem Wunsch in die Schule, einen Rock für sich zu nähen. Sie erinnert mich an die riesige Stoffbahn aus Tüll, die sie am Vortag in der Stoffkiste entdeckt hat. Sie überlegt zusammen mit mir, wie lang und weit der Rock werden soll. Lea lässt sich beraten, in welchen Schritten sie das Projekt angehen kann. Wir erstellen eine Materialliste, und ich suche, während Lea mit dem Zuschneiden des riesigen Stoffstücks beginnt, eine passende Nadel, mit der sie

das Gummiband durch die Stoffbahn fädeln wird. Am Nähtisch finden sich andere Kinder ein, die an ihren selbst entworfenen Kuscheltieren weiterarbeiten. Es ist eine besondere Geduldsprobe, die Stiche für die Nähte der Kuscheltiere so eng zu setzen, dass die Füllung beim Stopfen nicht hervorquellen kann. Julia hat ihr Kuscheltier von zu Hause mitgebracht. Eine Naht ist geplatzt und Julia weiß, dass sie hier Hilfe bekommt, um ihren geliebten Hasen zu reparieren.
Marja bringt genaue Vorstellungen von einem Puppenbett mit, das sie sich bauen will. Ich gebe ein paar Hinweise, was dafür alles bedacht werden muss. Sie soll einen Plan machen. Dann werden wir schauen, ob die Holzbretter, die hier gelagert sind, die richtige Größe haben. Wenn dies nicht der Fall ist, kann Marja den Hausmeister aufsuchen und ihm den Plan vorlegen. Vielleicht findet er geeignetes Material für sie.
Ole ist an einem der Computer, die etwas abseits vom Getümmel durch Regale vom übrigen Raum getrennt installiert sind, versunken. Seit einigen Tagen schreibt er an einem kleinen Büchlein über Pandas.
Irina und Sandra finden es auch heute wieder toll, sich zu schminken und zu verkleiden. Frau Mehler hilft ihnen, den Spiegel aufzustellen.
Emil bastelt eine Uhr, für die er das Ziffernblatt aus einer besonders dicken Pappe mit der Laubsäge aussägt. Seine Uhr, verkündet er stolz, »wird eine richtige Uhr!« Es gibt ein echtes Uhrwerk, das er einbauen wird. Enid möchte auch eine Uhr haben.
Jens baut schon seit Tagen zusammen mit seinem Freund eine riesige Skulptur aus Abfall- und Naturmaterialien, die er in Tüten von zu Hause und aus dem Wald mitbringt. Die eine oder andere Rolle Klebestreifen und Kordel sind schon dabei verbraucht worden.

Schülerbeteiligung im Sinne der Eigenverantwortung war in diesem Kontext selbstverständlich. Die Herausforderung, für sich einzustehen, ließ die Kinder in ihrem »Eigen-Sinn« (Voß 1995, 14) wachsen.

In Rahmen der *Freiarbeit* hatten Interaktionen etwas Selbstverständliches und fast Alltägliches. Interessiert schaute man irgendwo zu. Vielleicht wurde das Interesse als Kontaktangebot aufgegriffen und man war unversehens in die Aktivitäten einbezogen. Begegnungen ergaben sich oftmals beiläufig. Die Kinder konnten mit wohlwollender Aufmerksamkeit der Erwachsenen rechnen. Ihre Selbstsicherheit wuchs mit jedem Staunen, jedem wertschätzenden Kommentar, jeder Bestätigung, jedem Foto, das die Ergebnisse ihrer Arbeit dokumentierte, jeder schönen Verpackung, die ein Werkstück erhielt, um es nach Hause zu transportieren. Kinder brauchen kein Lob und keinen Tadel, aber wohlwollende Anerkennung und Wertschätzung dessen, was sie im Bewusstsein ihres Könnens tun.

Wir erwarteten nicht, dass die Kinder schon konnten, was viele von ihnen erst lernen mussten: eine Beschäftigung zu wählen, die eigenen Kompetenzen richtig einzuschätzen, Hilfe zu erbitten, Lösungen zu suchen, über ihre Wünsche und Anliegen zu sprechen und sie zu vertreten, ihre persönlichen Bedürfnisse im Kontext der Gruppe zu sehen, Grenzen auszuhalten.

Die Suche eines Partners, das Zusammenarbeiten und das gemeinsame Spielen erfordert Kompetenzen, über die noch nicht jedes Kind verfügt. Man kann sich gut leiden oder findet: »Der ist nicht mehr mein Freund!« Einige halten sich lieber und »sicherheitshalber« erst einmal an die anwesende erwachsene Person. Diese Möglichkeit war den Kindern nicht verwehrt. Die Anwesenheit einer wohlwollend zugewandten erwachsenen Person vermittelt Geborgenheit. Wir konnten beobachten, wie die Kinder die Angst vor »Deckelung« verloren und lernten, die gebotenen Freiheiten für sich zu nutzen. Schritt für Schritt wuchs Vertrauen zwischen ihnen und uns. Wir sahen unsere Arbeit als eine Zusammenarbeit mit in ihrer Weise kompetenten Kindern an (vgl. Haupt 2003). Insofern war es für uns selbstverständlich, ihren Wegen und Umwegen interessiert zu folgen. Wir engagierten uns in dieser Zusammenarbeit, indem wir zur Auseinandersetzung mit einer Sache ermunterten, die Vorgänge durch Impulse belebten und sie gegebenenfalls eine Zeit lang begleiteten und behilflich dabei waren, auftretende Probleme zu lösen. Es konnte wichtig sein, sich an Gesprächen zu beteiligen und Kommentare und Fragen einzubringen – mit allem nötigen Respekt.[29] Wir redeten, oft beiläufig, über Ansprüche und Hemmnisse, über Lust und Unlust, Langeweile und Überforderung. Mit der Zeit konnten wir immer mehr Entscheidungen den Kindern überlassen. Sie wuchsen in eine zunehmende Selbstständigkeit hinein.

Wir taten alles dafür, diese offene Lernumgebung zu warten und instand zu halten. Wir sorgten dafür, dass dieser Ort funktionierte und das Versprechen, Ort für Freiheit und Sicherheit zu sein, einlöste. »Bei der Vorbereitung eines lehrergesteuerten Unterrichts muss der Lehrer

29 Zum Thema »Respekt« siehe Kapitel »In offenen Lernfeldern mit und von den Kindern lernen«, S. 171ff.

vornehmlich sich selbst in Szene setzen und nur wenige Accessoires akquirieren« (Wocken 2012, 185). Die Aufgabe der Lehrperson in einem Unterricht, in dem die Schülerinnen und Schüler auf vielfältige Angebote zugreifen können, ist eine andere. Der Arbeitsschwerpunkt verlagert sich von der Unterrichtsdurchführung auf die Unterrichtsvorbereitung: auf die Ausstattung der Lernumgebung und ihre zweckmäßige Gestaltung (vgl. Lange/Stadelmann 2001). Als Verwalterinnen der Materiallager und des Werkzeugfundus waren wir ständig dabei, neue Bezugsquellen aufzutun, Anschaffungen zu tätigen, zerschlissene Werkzeuge zu ersetzen, defekte Dinge zu reparieren. Der Hausmeister war gerne bereit, uns hier und da behilflich zu sein. Manchmal brachten die Kinder Material mit, das sie sich extra für ein geplantes Bastelprojekt besorgt hatten. Eltern wurden aufmerksam und boten ihre Hilfe an.

Die Kinder, die die Chance zu dieser Art der freien Arbeit hatten, trauten sich mit der Zeit, jegliche Projektidee, die ihnen in den Sinn kam, auch auszusprechen. Die Ansprüche wuchsen. Könnte man auch echte Spaghetti kochen? Könnte man sich hier einen Hasenstall bauen? Oder ein Zirkuszelt für die Puppen zu Hause? Konnte man vielleicht den Bau einer Hütte realisieren? Lösungsideen wurden kreiert, Kompromisse mussten gefunden werden. Aber so schnell wurde auch die wagemutigste Idee nicht mehr aufgegeben. Gab es vielleicht nicht doch noch einen Weg? Konnte vielleicht der Hausmeister helfen? Tobias wollte einen genauen Plan von dem Hasenstall, den er sich vorstellte, zeichnen und damit Herrn Meier aufsuchen. Und wenn schon keine echten Spaghetti gekocht werden konnten, sollten wenigstens die »Spiel-Spaghetti« richtig echt aussehen.

Das Miteinander in diesen offenen Stunden war real, nicht inszeniert. Für den Beginn war kein ritualisierter Einstieg vorgesehen. Man kam von zu Hause und begab sich gleich dorthin, wo es einen hinzog. Das Angebot eröffnete einen Handlungskontext, in dem sich kommunikative Situationen und Interaktionen von selbst ergaben. Die Kinder konnten lernen, sich darüber zu verständigen, was die Freundin machte, was der Nachbar meinte, konnten nachfragen, zuhören, klären, aushandeln. Sie nahmen sich selbst und die anderen in ihren Eigenheiten wahr, erlebten sich in ihrer Unterschiedlichkeit und lernten sich in ihren Grenzen und Möglichkeiten kennen. So hatten sie die Chance, einen respektvollen Umgang miteinander zu lernen.

Störungen, Konflikte, Missstimmungen, emotionale Einbrüche, Wut, Trauer, Ärger waren auf Seiten der Schüler wie auf Seiten der Lehrkräfte kein Tabu und durften, ja mussten thematisiert werden. Der tägliche

Morgenkreis, der sich an die *Freiarbeit* anschloss, war ein Forum, wo ungeklärt gebliebene Dinge noch einmal aufgegriffen und alle Kinder in den Klärungsprozess einbezogen werden konnten.

In aller Selbstverständlichkeit wurden in dem Lernkontext dieser freien Arbeitszeit Alltagskompetenzen eingeübt. Es war normal, zu lesen, zu schreiben, zu rechnen. Diese Kompetenzen waren wichtige »Werkzeuge«. Die situativen Gegebenheiten erforderten es, dass Notizen gemacht, Skizzen gezeichnet, Vorstellungen beschrieben werden mussten. Die Kinder akzeptierten unsere diesbezüglichen Ansprüche. Denkprozesse kamen in Gang oder setzten sich fort, ohne dass eigens Anlässe dafür geschaffen werden mussten. Die Planungsarbeiten zum Beispiel für Marjas Puppenbett zogen sich über Tage hin. Mit Geduld wurde gemessen und gezeichnet, wurden Abstände berechnet, Pläne verworfen und neue Ideen entwickelt. Es wurde die räumliche Vorstellung geschult, die Benutzung des Lineals geübt und vieles mehr – einfach, weil man diese Kompetenzen aktuell brauchte.

Die meisten Kinder waren bereit, sich in ihre Vorhaben tief hineinzuschaffen. Manche wollten partout alles alleine machen. Manchmal erkannte man als Lehrerin, dass der vorgefasste Plan des Kindes nicht so funktionieren würde, wie es sich das vorstellte. Es war dann nicht einfach auszuhalten, wenn das Kind auf *seinem* Weg bestand.

Andere Kinder baten um Hilfe. Als »Helferinnen« waren wir bereit, jemandem, der noch sehr ungeschickt war, bis ins Detail zur Hand zu gehen. Anderen schlugen wir Lösungen vor. Hin und wieder gaben wir einem Produkt den letzten Schliff. Manchmal nämlich ist es wichtig, dass das Werk genauso aussieht, wie es sich das Kind vorgestellt hat. Wieder anderen muteten wir zu, die Grenzen der eigenen Möglichkeiten zu entdecken, weil wir gerade jetzt diese Erfahrung für sie als wichtig erachteten. Es ist stets notwendig, in der Zusammenarbeit mit den Kindern die eigenen Anliegen, Regeln, Ziele, Erwartungen, Ansprüche mit denen der Kinder abzugleichen und sie gegeneinander abzuwägen. Es kann wichtig sein, sich auf Aushandlungsprozesse einzulassen. In guter Bezogenheit versichert das Kind sich seines Gefühls für sich selbst. Wenn freundlich und respektvoll mit ihm umgegangen wird, kann es auch selbst freundlich mit den Stärken und Schwächen der anderen umgehen.

Das Getriebe in diesem Raum zu dieser frühen Stunde war stets groß. Unzweifelhaft bewegten sich alle an diesem Ort auf einem höchst lebendigen sozialen Lernfeld. Geduld, Gelassenheit und Flexibilität waren grundlegende Voraussetzungen auf unserer Seite, um den morgendlichen Ansturm bewältigen zu können.

> Silke bringt Samen mit, die sie einpflanzen will. Sie hat Josef auf dem Schulweg davon erzählt. Er möchte mitmachen. »Dort«, Frau Mehler deutet in die hintere Ecke zu dem niedrigen Schrank beim Waschbecken, »stehen noch Töpfe.« Sie stammen vom Tulpenprojekt im Frühjahr. Erde müsste auch noch da sein. Gemeinsam machen sie sich an die Arbeit.
> Sascha ist mit Paul auf dem Schulhof unterwegs. Sie fotografieren alle Türen, die es da gibt. Sonja bastelt ein Geschenk für ihre Mutter. Das möchte sie ganz alleine machen und sie besteht darauf, in Ruhe gelassen zu werden. Rebecca und Lena spielen in der Spielecke Vater-Mutter-Kind. Sie kochen sich Tee. Sie müssen sich mit den Jungs einigen, die sich auch in der Spielecke aufhalten wollen. Die möchten wieder einen Turm bauen. Er soll noch höher werden als der gestrige. Die Mädchen weichen in den Schulflur aus. Manchmal belegen die Jungen die gesamte Spielecke. Es entstehen ausufernde Herrschaftsgebiete, bewacht von Ritterfiguren und starken Tieren. Die Gebäudekomplexe werden fotografiert. Hin und wieder muss es sein, dass die begonnenen Spielszenen in den nächsten Tag hinübergerettet werden.
> Joscha wäscht gerade seine Hände und entledigt sich seines Malkittels. Er hat ein 100 mal 70 Zentimter großes Gemälde »Kind mit seiner Katze« fertiggestellt. Ein Bild von Paula Modersohn-Becker (*Mädchen im Birkenwald mit Katze,* um 1904) hatte ihm als Vorlage gedient. Seine Augen glänzen, als wir neugierig und staunend das Ergebnis seiner Mühen begutachten.

Viele der Projekte einzelner Kinder fanden Nachahmer. Den Satz »Der guckt bei mir ab!« hörten wir aber selten. Vielmehr verbuchte man das Interesse, das die eigene Arbeit auslöste, als Kompliment. Stolz zeigte man sein Ergebnis her und erklärte gerne, was es brauchte, damit die Freundin, der Freund so etwas auch machen könnte.

Vieles, was hier geschah, wurde fotografiert. Die Bilder in den Fotoalben ließen uns auch rückblickend noch oft staunen, welchen vielfältigen Aktivitäten und Aktionen wir als Erwachsene hier täglich Herr werden mussten und welcher kreativen Energie wir ausgesetzt waren. Die Fotos, die immer mal wieder auch von den Kindern zur Hand genommen wurden, regten zum Erzählen an und ließen Vergangenes als Erinnerung neu aufleben.

Nicht alles, was die Kinder sich vornahmen, gelang. Sie stießen an Grenzen – dies wurde im Rahmen dieser freien Arbeitszeit »zu einer selbstverständlichen Erfahrung in der Begegnung mit Alltäglichem und Außergewöhnlichem« (Ehrenstein 2006, 169). Gewisse Risiken mussten in Kauf genommen werden. Unter Umständen musste man sich mit einer misslungenen Konstruktion abfinden, einen Plan aufgeben, ein Missgeschick einräumen. »Jedoch sind die diesen Prozessen des Um- und Neudenkens inhärenten Lernfelder und Kommunikationsstränge allemal bildsamer als manche auf Hochglanz getrimmte Unterrichtssequenz, die mangels anregender Lernangebote an Kindern vorbeiplant« (Trautmann 2002, 32). Die Kinder verließen sich darauf, dass wir sie in ihren Versuchen zwischen Erfolg und Scheitern begleiteten. Oft half Humor dabei, das Unmögliche zu akzeptieren, und eine gelassene Akzeptanz, um sie zu ermuntern, einen neuen Versuch zu starten.

> Leonie fehlt für die Arbeit, die sie sich vorgenommen hat, das passende Werkzeug, sie kommt mit ihrem Vorhaben heute nicht weiter. Sie geht zurück ins Klassenzimmer. Dort gibt es Gesellschafts- und Lernspiele. Sie kann dort auch an angefangenen Unterrichtsthemen weiterarbeiten oder etwas üben. Tom fehlt ein geeignetes Material. Felix' Plan ist aus zeitlichen Gründen nicht einzuhalten. Dann ein Schrei hinter dem Regal – der Computer ist abgestürzt. Und bei Kai in der Bauecke stürzt der Turm ein. Fehlschläge sind normal. Frau Mehler tröstet. Den Turm kann man wieder aufbauen. Der abgestürzte Computer allerdings könnte ein größeres Problem werden.
> Antonia streicht unentschieden um die Tische herum. Sie wird von Frau Mehler gefragt, ob sie einen Wunsch habe oder ob sie etwas Bestimmtes suche. Sie weiß einfach nicht, was sie tun soll. Sie wird ermuntert, die Regale zu inspizieren. Antonia schaut bei den anderen, was man so alles machen kann. Vielleicht weckt etwas ihre Neugier. Zuletzt setzt sie sich zu den Kindern am Nähtisch. Heute beginnt sie nichts Eigenes mehr. Aber sie ist Luisa behilflich, als die ihrer Giraffe die Knopfaugen annähen will.
> Edda und Frida bringen eine erstaunliche Geduld auf, während sie zuschauen, wie ich jemand anderem helfe, das Garn einzufädeln, schnell noch den Spiegel für das Schminken abstütze, am PC das verloren gegangene Textstück suche. Sie warten darauf, dass ich ihnen

von der Tonerde, die sie herbeigeschleppt haben, Stücke abschneide. Enid allerdings wendet sich genervt ab und setzt sich zu Emil. Er flucht, weil er immer noch nicht mit einem Stück Pappe versorgt ist, auf das er seinen Entwurf der Uhr übertragen will.

Die Kinder spürten, wie es ist, sich für eine Arbeit zu entscheiden oder unentschieden zu bleiben, und mit den Konsequenzen umzugehen. Manche genossen einfach die anregende Atmosphäre und wollten eine Zeit lang nicht mehr als nur zugucken. Die Stunde am Morgen konnte andererseits eine besonders intensive Zeit für Kontakt und Austausch werden. Klärungsbedarf bei Konflikten wurde stets ernst genommen. Dem Bedürfnis der Kinder, von ihren Erlebnissen zu erzählen, kamen wir mit einem offenen Ohr entgegen. Es wurde geschaut, zugehört, miteinander überlegt, nachgefragt, geplant, gestritten, erzählt, vieles ausprobiert, beratschlagt, gemeinsam mit dem Freund, der Freundin einem bestimmten Anliegen nachgegangen. Eigensinnige Wünsche wurden angemeldet. Manchmal fanden, während gemeinsam gearbeitet wurde, tiefgehende Gespräche statt. Zwei Kinder tauchten vielleicht gar nicht wieder aus dem gemeinsamen Spiel auf. Andere wiederum waren während dieser Zeit in ständig wechselnden Kontakten unterwegs. Zugehörigkeiten waren nicht infrage gestellt. Dieser Ort für soziale Lernprozesse und Selbst-Erfahrung entwickelte sich zu einem *integrativen Ort* im besten Sinne.

2.2 Ein Ort für Lebensqualität

Andere Lehrkräfte im Haus bekamen mit, dass hier Ungewöhnliches geschah. Die Türen der Räume, in denen die Kinder ihren Beschäftigungen nachgingen, standen offen. Die Kinder waren oft laut erzählend im Schulhaus unterwegs. Wir wurden – in der Regel kommentarlos – beäugt. Jenen Lehrkräften, die sich unter Unterricht ein lehrerzentriertes Geschehen vorstellen, in dem die Klasse den Anweisungen der Lehrperson folgt, lag die Frage nach den Zielen dieser Unterrichtsstunden nahe. Frau Seidler verunsicherten diese Blicke und skeptischen Fragen. Eigene Zweifel machten sich breit. Es kam so weit, dass auch sie sich fragte, ob diese zeitliche Investition wirklich im Verhältnis zu nachprüfbaren positiven Effekten stand. Nach einem halben Jahr entschlossen wir uns, die Freiräume probeweise zweimal wöchentlich auf eine ganze Zeitstunde zu konzentrieren.

Aber sehr bald nach dieser Entscheidung zeigte sich, dass die *Frei-*

arbeit mehr gewesen war als nur ein zielloses Treiben, in dem Kinder Freiheiten mit fraglichem Lerneffekt nutzten. Die Kinder begannen an den Tagen ohne *Freiarbeit* ihren Schultag »unleidig«. Und an den Tagen mit *Freiarbeit* fiel es ihnen schwer, ein Ende zu akzeptieren. Jeden Tag fragten sie, ob am nächsten Tag *Freiarbeit* stattfinde. Das hatte natürlich nichts damit zu tun, dass sie ihren Stundenplan nicht im Kopf hatten, sondern damit, dass ihnen diese Stunde an den Tagen, an denen sie nicht stattfand, sehr fehlte. Erschrocken machten wir unseren Entschluss rückgängig.

Erst mal erzählen, erst mal spielen, einem eigenen Plan nachgehen, einfach eine Weile nach eigener Fasson unterwegs und dabei sicher sein, dass die eingeschlagenen Wege selbstbestimmt gegangen werden dürfen – man hörte förmlich das Aufatmen, das durch die Klasse ging, als sie *ihre* Zeit nach wenigen Wochen zurückerhielt.

Wir verstanden: Der Übergang heraus aus der Familie in den Schultag bekam durch diese Phase am Vormittag eine Gestalt und wurde zu einem Ort, den die Schülerinnen und Schüler mit dem füllten, was sie mitbrachten: Erlebnisse, Pläne, Vorfreude, Ängste, Sorgen, Fragen usw. Die Kinder begannen wieder jeden Schultag damit, sich neueste Geschichten zu erzählen, in immer neuen Konstellationen zusammenzufinden, gemeinsame Aktionen zu planen, sich vielleicht aber auch zum Alleinsein zurückzuziehen oder die Gelegenheit zu nutzen, der Klassenlehrerin etwas zu erzählen. Die besondere Qualität dieser offenen Angebote lag in den zwischenmenschlichen Begegnungen, die hier entstanden. Der Einstieg in die Lernzeiten des Tages verlief nach der täglichen *Freiarbeit* entspannt. Durch den Versuch, die Zeiten zu begrenzen, war deutlich spürbar ein Stück schulischer Lebensqualität verloren gegangen. Sie wurde umso mehr wertgeschätzt, als sie nun wieder zur Verfügung stand.

Die *Freiarbeit* klang mit dem *Morgenkreis* aus, für den sich die Kinder im Klassenraum versammelten. Er markierte zugleich den Start in die folgende Unterrichtszeit. In diesem Übergang unterhielten wir uns. Es wurde erzählt, manchmal diskutiert, Konflikte wurden besprochen. Niemand war gezwungen etwas zu sagen. Die Kinder sprachen sich gegenseitig an. Sie erzählten einander. Die Aufmerksamkeit galt dem Sprecher. Er löste Resonanz aus. Wir als Erwachsene verhielten uns gleichermaßen als Gesprächspartner. Die Klassenlehrerin war zugleich Gesprächsleiterin. Als solche dirigierte sie keine Abfragerunde, in der die Kinder der Reihe nach berichteten: »Mir geht es gut, weil ...«, oder:

»Mir geht es schlecht, weil ...« Es wurde auch kein »Erzählstein« weitergereicht. Manche Gespräche wurden heftig geführt. Andere glichen einer lockeren Unterhaltung. Es waren eben »ganz normale« Gespräche, die hier stattfanden. Manchmal kamen sie von selbst zu einem Ende, manchmal wurden sie von der Lehrerin beendet mit der Perspektive auf eine Fortführung zu einem anderen Zeitpunkt.

In diesen Zeiten, in denen wir Gelegenheiten zum Gespräch einräumten, lag ebenfalls ein Stück Lebensqualität. Alle konnten sich dann leichter in die Strukturen des restlichen Vormittags, der folgen würde, eintakten.

2.3 Ein Ort mit Regeln

Der Freiarbeitsraum mit seinem Angebot stand unter Lehrerverwaltung. In unserer Rolle als Helferinnen, die eher als eine »dienende« beschrieben werden kann, blieben wir dennoch in allen Belangen der Organisation die Verantwortlichen und in den Augen der Kinder die »Bestimmerinnen«. Wir behielten den zeitlichen Überblick und forderten die Einhaltung der für ein solches Angebot unabdingbaren Regeln ein. Die Raumnutzung erforderte hinsichtlich der Einhaltung von Ordnungs- und Organisationsstrukturen ein hohes Maß an Disziplin bei den Nutzern. So lebendig und laut es hier auch zuging – Toben und Spiele, die normalerweise auf dem Pausenhof stattfinden, waren in diesem Raum und auf den Gängen davor nicht erlaubt. Mit dem Material, das die Betreuerinnen zur Verwendung überließen, musste achtsam und sparsam umgegangen werden. Werkzeuge waren pfleglich zu behandeln und durften nicht zweckentfremdet eingesetzt werden. Papier-, Stoff- und Drahtscheren wurden unterschieden. Mit Borstenpinseln konnte robuster umgegangen werden als mit Haarpinseln. Klebstoffe eigneten sich nicht für jedes Material gleichermaßen. Stecknadeln waren etwas anderes als Nähnadeln und gehörten in unterschiedliche Schachteln. Pinsel mussten nach dem Malen sorgfältig mit Seife ausgewaschen werden, damit sie ihre Qualität behielten. Tassen mussten nach dem Benutzen gespült werden. Dinge hatten ihren angestammten Platz im Raum, an den sie zurückgestellt werden mussten, um sie am nächsten Tag wieder finden zu können. Material durfte nicht verschwendet werden. Zum Planen und Skizzieren diente Schmierpapier. Ohne Skizze oder möglichst genaue Schilderung des Vorhabens wurde wertvolles Papier, wurden »gute« Stoffstücke usw. nicht ausgegeben. Gestaltungen aus Tonerde wurden nicht generell auch gebrannt. Getrocknete

Tonerde wurde wieder aufbereitet. Die Kinder hatten Gelegenheit, viele praktische Dinge zu lernen, wozu auch der sorgfältige und pflegliche Umgang mit Sachen gehörte. Dazu wurden sie nachdrücklich von uns angehalten. Sie lernten, diese Achtsamkeit zu schätzen, und sie wurde ihnen zur Regel.

Die Kinder wurden deutlich mit den Erfordernissen an die Einhaltung von Absprachen, an Rücksichtnahme und ein »gerechtes« Miteinander konfrontiert. Die Räumlichkeit war beschränkt, der zeitliche Rahmen festgelegt, kein Material gab es im Klassensatz, zwei Helferinnen hatten nur vier Hände, die Ressourcen waren begrenzt und wollten von vielen Kindern zugleich genutzt werden. So konnten sie »in sozialen Interaktionen die Erfahrung machen, dass ihnen berechtigte Ansprüche anderer Grenzen setzen« (Heusinger 2002, 111). Immer wieder überraschte das hohe Maß an Selbstregulation unter den Kindern, auf die wir setzen konnten.

Das Aufräumen am Ende der Freiarbeitszeit wurde gemeinsam angepackt. Die Kinder wurden erst in ihre Klasse entlassen, wenn der Raum so weit in Ordnung war, dass andere Gruppen ihn nutzen konnten. »Regeln stützen (...) das Verhalten, indem sie Rechte und Pflichten definieren und somit Strukturen schaffen, innerhalb derer sich die Kinder selbstständig zurechtfinden können. Sie entlasten somit zugleich von ständiger Auseinandersetzung. Die Akzeptanz von Regeln hängt mit ihrer Notwendigkeit oder zumindest mit ihrer Zweckmäßigkeit zusammen (...)« (a.a.O. 111). Natürlich halfen die Lehrerinnen beim Aufräumen. Vorbilder gehören zum Lernen dazu. Umso selbstverständlicher beschwerte man sich, wenn hin und wieder Einzelne sich um diese Aufgabe herummogeln wollten.

Die *Freiarbeit* blieb für die ganze Grundschulzeit fester Bestandteil des wöchentlichen Stundenplans. Die Kinder konnten sich darauf verlassen, dass insbesondere diese Stunden, solange wir es in der Hand hatten, nicht ausfielen. Diese Stunden blieben konsequent bewertungsfrei, weil wir glaubten, dass es solche Zeiten – *auch* in der Schule – für Kinder geben muss, damit sie gut lernen können. Die *Freiarbeit*, wie wir sie verstanden, hatte eine andere Bedeutung als das, was manchmal den Kindern unter dieser Überschrift angeboten wird. Sie war keine »Auszeit«, kein »Bonbon« oder eine »Zugabe«, kein »Zeitfüller« oder eine »Belohnung«. Sie war ein offener Unterricht im radikalen Sinne. Von diesem Anspruch leiteten sich die Prinzipien ab, die das Lehrerhandeln und die Einstellung der Lehrkräfte bestimmten.

3. In offenen Lernfeldern mit und von den Kindern lernen

Die besondere Bedeutung, die ein offener oder geöffneter Unterricht für Kinder haben kann, ist eng damit verbunden, wie sich die Erwachsenen den Kindern zuwenden. »Lehrreich ist die aktuelle Begegnung, nicht die pädagogische Absicht« (Muth 2007). Die Begegnung ist eine gemeinsame Erfahrung. Der Dialog zwischen der erwachsenen Person und dem Kind wird zum Ereignis, das beide miteinander teilen und jeweils für sich deuten. Wenn die Lehrperson das gemeinsame Feld mit offenem Blick und weitem Herzen betritt und den Kindern authentisch begegnet, zeigen diese ihrerseits, wie man gut mit ihnen zusammenarbeiten kann. Wir erkannten: Man wird als Lehrende wieder zur Lernenden, zur Mitlernenden.

3.1 Mit Kindern zusammenarbeiten

Die offenen Unterrichtssituationen, die wir zuließen, boten vielfältige Gelegenheiten, sich den Kindern zuzuwenden und sich in den Dialog mit ihnen zu begeben. Wir lernten zu spüren, wann es wichtig ist, sich aktiv in Prozesse einzufädeln, und wann Zurückhaltung geboten ist. Wir verstanden, dass es angebracht ist, Kindern auf ihren Lernwegen eher mit offenen Fragen zu begegnen als mit festgelegten Vorannahmen. Wir lernten, immer genauer hinzuschauen und hinzuhören. Wir lernten, zwischen offenen und suggestiven oder engen Fragen zu unterscheiden und Nachfragen fein auszutarieren. Die Kinder hatten dann keine Scheu, zu widersprechen, zu argumentieren, die Meinungen der Erwachsenen kritisch zu bedenken oder einfach auf ihren Vorstellungen zu beharren. Es ging darum, Hilfen nicht aufzudrängen, sondern anzubieten, und zu spüren, wann ein Kind in Ruhe gelassen werden wollte, was man als Lehrerin akzeptieren musste. Fingerspitzengefühl war gefragt. Auch der Erwachsene muss Grenzen einhalten und spüren, »wie nah er herankommen kann, wie genau er hinschauen, wann er schweigen sollte und wann er das Geschehen mit Worten reflektieren darf« (Wild 2003, 103). Die folgenden Einblicke, noch einmal in die Praxis der *Freiarbeit*, illustrieren dies.

> Niko möchte ein Schiff bauen. Das teilt er mir beiläufig mit. Ich frage mich: Hat er genaue Vorstellungen im Kopf? Braucht er einen Plan oder will er lieber experimentell darangehen? Niko hat eine

halbseitige cerebrale Bewegungsstörung. Er kann seine rechte Hand nicht gut einsetzen. Wie wird er mit auftretenden Schwierigkeiten umgehen? Es ist mir wichtig, von Fall zu Fall mit einzelnen Kindern über Anforderungen, die sie aufsuchen (oder gerade nicht aufsuchen), zu sprechen und meine Sichtweise ins Spiel zu bringen. Aber in Nikos Fall warte ich, bis er sich an mich wendet. Die Hälfte der Stunde ist schon vergangen, als er zu mir kommt, um zu fragen, wie er sein Schiff bauen soll. Ich frage zurück, ob er denn schon wisse, wie sein Schiff aussehen soll. (Mir schießt die Erinnerung in den Kopf, dass ich einem Kind einmal ermöglichte, eine drei Meter lange Titanic zu malen. Ich bringe Niko mit dieser alten Geschichte in Verbindung.) Wir geraten in ein angeregtes Gespräch. Sein Schiff, so erklärt er, soll nicht so etwas wie ein Modell werden. Nein, es soll ein Boot werden, das er auch schwimmen lassen kann. Das sollte, denke ich, »im Prinzip« zu machen sein. Aber für Niko ist eine solche Werkarbeit eine besonders große Herausforderung. Ich werde vermutlich einige Fantasie aufbringen müssen, um ihm die Arbeit daran trotz seines Handicaps zu ermöglichen. Die Sicherheit, meinen Rat und meine Hilfe abrufen zu können, ermutigt Niko, unbekümmert ein solches Vorhaben in Erwägung zu ziehen. Ich bin noch nicht sicher, wie ich ihn beraten soll und wie ich ihm helfen kann. Tim, der eine Kiste zimmern will, mischt sich in das Gespräch ein und macht Niko Vorschläge. Ich bitte Niko, sich die Kiste mit den Holzstücken vorzunehmen und einmal zu schauen, ob er etwas findet, das ihn im Hinblick auf sein Vorhaben anspricht. Dann wende ich mich erst einmal anderen Kindern zu. Niko und Tim kommen ins Gespräch. Sie reden angeregt miteinander und beginnen Pläne zu zeichnen.

Michelle steht unschlüssig da und schaut zu, wie zwei Mädchen Kuscheltiere nähen. Sie traut sich ein so aufwändiges Nähprojekt nicht zu. Ich helfe mit einem direkten Vorschlag weiter. Dort in dem Regal stehen auch Perlen. Möchte sie sich zu den Mädchen setzen und sich vielleicht eine Kette auffädeln, während sie den anderen zuschaut? Das hört Iris. Oh ja! Beide sind Feuer und Flamme. »Dürfen wir die Ketten dann behalten?«

Hin und wieder mache ich einem Kind Vorschläge und erwarte, dass es eine Entscheidung im engen, von mir bestimmten Anforderungsrahmen trifft. »Tobias, was ist los? Kann ich dir helfen? Was brauchst du? Gibt es etwas, das du gerne tun möchtest, es dich aber nicht getraust? Hast du Lust, bei Niko und Tim mitzumachen oder zuzuschauen? Wenn du das nicht magst, wäre ich froh, wenn du dich mit an den Tisch für die Arbeit mit Tonerde setzt. Ich komme gleich mal zu dir und wir reden.« So schaffe ich eine Situation, in der ich Einverständnis oder Protest provoziere – beides sind Gelegenheiten, miteinander in ein klärendes Gespräch zu kommen.

Ich begleite die Prozesse, die hier ablaufen. Ich verfolge die Entwicklung eines Plans oder die konkrete handwerkliche Arbeit. Ich helfe in einem Entscheidungsprozess oder bei der Klärung eines Konfliktes. Da bemerke ich Felix, der in der Ecke sitzt. Er ist verstimmt. Er möchte nicht darüber reden, was los ist. Er sucht Distanz und schaut doch immer wieder, ob ich ihn sehe. Wie viel Distanz ist nötig? Ist das Vertrauen da, um Persönliches fragen zu können? Ich lasse Felix vorerst in Ruhe. Er sieht ja, wo ich bin, und kann sich im Fall an mich wenden.

Diskretion ist angebracht, als Jasmin sich mit ihrer Töpferarbeit von mir wegdreht. Braucht sie eine Nische für etwas, das sie geheim halten will?

Mein Blick streift Robert. Ich habe den Eindruck, dass es ihm an diesem Tag besonders schwerfällt, sich auf seine Arbeit zu konzentrieren. Er will seine Geschichte weiterschreiben, schaut aber mehr nach dem, was alle anderen tun. Braucht er vielleicht Ermutigung oder einen Tipp oder braucht er Entlastung? Will er mit seiner Arbeit aufhören und etwas anderes tun? Er entschließt sich, in die Klasse zurückzugehen und Musik zu hören. Morgen kann er ja auch noch weiterarbeiten. Offensichtlich kann er aus der Sackgasse, in der er festsitzt, erst herausfinden, als ich auf ihn aufmerksam werde und ihn anspreche.

»Wo ist Max?«, fragt Sonja. Ich höre das und es fällt mir ein, dass ich heute von ihm noch nichts mitbekommen habe. Ja, wo ist er eigentlich? Es stellt sich heraus, dass er in der Klasse geblieben ist. Ich muss die Klassenlehrerin fragen.

Dann höre ich wieder Tobias' Gegrummel. Was macht er da? Unschlüssig patscht er auf einem Klumpen Tonerde herum. Auf dem Weg zu Niko, der sich ein Holzstück ausgesucht hat, komme ich an Emre vorbei. Wird das Krokodil so, wie er es sich vorstellt? Sieht es gefährlich genug aus? »Ja, gleich frisst es den ganzen Ton!! Schau!« Tobias schaut auf und ich gucke fragend zurück. »Ich gehe jetzt in die Bauecke«, sagt er. Das ist gut. Er hat sich entschieden.

Am Werktisch für die Holzarbeiten widme ich mich jetzt wieder den beiden Schiffsbauern. Niko und Tim haben Holzstücke ausgesucht, die sie zusammennageln wollen. Fachkenntnisse sind hier gefragt,

> die ich beisteuern kann. Für Niko führe ich selbstverständlich die motorisch anspruchsvollen Arbeiten aus, während er mich anweist. Er lässt das gerne zu. Die Zusammenarbeit gestaltet sich einfacher, als ich befürchtet habe. Niko geht mir zur Hand, indem er mir den Holzleim reicht. Er drückt auf die Tube, während ich die Holzstücke halte. Er dreht den Schraubstock zu. Wir suchen passende Nägel, die ich zu Verstärkung einschlage. Wir denken uns die Konstruktion des Segels aus, das er aufgezeichnet hat. Auch Tim baut ein Boot. Niko hilft auch ihm so gut er es vermag.

Wir bekamen Stimmungen mit und fanden Zeit für persönliche Gespräche. Wir erlebten die Kinder in der Gruppe und im Gespräch untereinander. »Lehrerinnen sind gut beraten, in ihrer Funktion als Lernmanagerin, Beobachterin und Einzelfallberaterin sehr genau auf solche kommunikativ anspruchsvollen Lern- und Arbeitsgespräche zu achten. Anders ausgedrückt: Kinder können Kindern mitunter eindrücklichere Erklärungen, genauere Schilderungen bzw. treffendere Argumentationen liefern als Lehrerinnen« (Wallrabenstein/Drews 2002, 25). Wir konnten wichtige Beobachtungen machen, die eine kindgerechte Unterrichtsplanung erleichterten.

Es wird deutlich, dass die Qualität solcher offenen Unterrichtsformen »stärker von der Lehrperson abhängig ist als im gängigen Frontalunterricht. Das Standing gegenüber Eltern, Kolleginnen und Kollegen und insbesondere das Aushalten von Öffnungssituationen gegenüber Schülerinnen und Schülern (...) werden extrem beansprucht« (Bohl/Kucharz 2010, 81). Die Distanzierung vieler unserer Kolleginnen und Kollegen von offenen Unterrichtskonzepten und, in diesem Fall, von unserem Konzept der *Freiarbeit* hatte spürbar damit zu tun, dass die Herausforderung, sich in dieser Weise als Person auf einem gemeinsamen Feld mit den Schülern zu bewegen, auf eine schwer zu überwindende innere Hemmschwelle traf.

3.2 Unsicherheiten aushalten

In solchen *offen* gestalteten Unterrichtsstunden, das leuchtet unmittelbar ein, ist ein Rückzug hinter Sicherheit bietende curriculare Lernziele und die Reglementierung von Unterrichtsabläufen nicht möglich.

Es konnte geschehen, dass sich ein Kind über Wochen hinweg keinem ersichtlichen bestimmten Ziel widmete. Natürlich verunsicherte uns das als Lehrkräfte. Durften wir dies wirklich zulassen? Oder musste man etwas unternehmen? Vorschläge machen? Drängen? Selbstverständlich wollten wir, dass die Kinder sich »sinnvoll« beschäftigten. Aber was war »sinnvoll«? Welche Rolle spielte das, was »wir wollten«? Wir waren besorgt, dachten, dass vielleicht die Entwicklung stagnierte. Wir fragten uns, ob wir ein Problem übersehen hätten. Das Kontrollverhalten der Lehrperson ist eine bedeutende Komponente im Lernprozess. Verhält sie sich eher aktiv beobachtend und respektvoll begleitend oder eher reglementierend und kontrollierend? Die Arbeit mit den Kindern in einem offenen Lernfeld gab uns die Chance, unser Kontrollbedürfnis zu überdenken. Wir lernten, mit mehr Geduld auf die Entwicklungen zu schauen. Zusammenarbeiten bedeutete, die Mitbestimmungskompetenz der Kinder zu achten. Sehr kontrollierende Lehrkräfte können die dabei entstehenden Spannungen nur schwer aushalten.

Einerseits mussten wir den Überblick über die ablaufenden Prozesse behalten. Wir sahen es als unsere Aufgabe an, die Kinder zu beraten, ihnen zu helfen, konzeptionelle Ideen beizusteuern, Tipps zu geben, auf die Einhaltung von Grenzen zu achten, auf einen späteren Termin zu vertrösten und vieles mehr. Andererseits lernten wir, den Kindern zu vertrauen und Unsicherheiten auszuhalten. Wir verstanden, dass wir uns darauf verlassen konnten, dass die Kinder lernen *wollten*. Die Ernsthaftigkeit, in der Gespräche verliefen, und die Schaffensenergie, die wir bei den Kindern wahrnahmen, bestätigten uns. Wenn wir unsicher waren, konzentrierten wir unsere Energie darauf, aufmerksam zu bleiben und erst einmal nichts zu tun und innezuhalten, bis – ja, bis wann? Oft wussten wir nicht, wie es weitergehen würde. Wir fragten uns, wann das Gefühl von »Störung«, das wir hatten, wieder aufgehoben sein würde. Wir versuchten, den Kontakt zum Kind zu halten, auch wenn wir eine Zeit lang keinen Konsens mit ihm fanden. Dies gelang, wenn wir in unserer Rolle Person blieben und uns echt und bezogen verhielten und zugleich Respekt im Umgang mit der Schülerin oder dem Schüler wahrten.

Die erwachsene Person, die mit dem Kind arbeitet, ist verantwortlich für die Interaktion. »Wir beeinflussen (…) [die Prozesse der Interaktion] durch unsere Persönlichkeit, unsere bewussten und unbewussten Konflikte mit uns selbst und anderen, durch die Gefühle und Stimmungen, die wir unterdrücken oder ignorieren, unsere Stimmungsschwankungen, die wir selbst nicht wahrnehmen, durch unseren übertriebenen Eifer, das Richtige zu tun, und unsere Angst, das Falsche zu tun – um nur einige Faktoren zu nennen« (Juul 2010, 207). Bei jeder Begegnung mussten wir uns bewusst sein, dass wir mit einer Frage, einem Hinweis oder Rat stets auch etwas über die zugrunde liegende Haltung zum Kind vermittelten. Ein Dialog vollzieht sich nur zu einem Teil in einem Austausch von Worten. Mehr als über Worte übermitteln sich Haltungen über Mimik, Gestik, Tonfall, Körperspannung, Stimmlage, Blick. Bei guter Übereinstimmung des Spürens und unter der Voraussetzung einer feinfühligen Resonanz zwischen den Dialogpartnern – Daniel Siegel spricht von der »eingestimmten Kommunikation« (Siegel 2008, 45) – wirken die Rückmeldungen, die die Lehrperson an das Kind gibt und die aus der gemeinsamen Erfahrung erwachsen, stärkend und unterstützend auf die Entwicklung des Selbstgefühls. Das Kind hat in diesem Dialog mit der Lehrperson die Chance, seinem Gefühl für sich selbst zu folgen und seinen Lernprozess selbst zu regulieren. Es geht darum, das Kind auf seinen Entdeckungsreisen zwar zu begleiten, aber nicht zu stören, jedoch mögliche Routen abzusichern, Anregungen mitzugeben und Hilfen für den Bedarfsfall bereitzuhalten. Frustrationen sind unvermeidlich, Hindernisse gehören zum Wachsen dazu. Gleichwohl ist es für eine anteilnehmende Person nicht einfach, »das Kind (...) kleine Krisen erleben zu lassen, ihm nicht sofort seine Probleme zu lösen und seine Anstrengungen zu verhindern oder zu durchkreuzen. (...) Unzählige kleine Szenen kindlicher Frustration lassen einen Erwachsenen stets aufs neue mitleiden und lassen ihn unzählige Male einschreiten, vorgreifen, Probleme im Handumdrehen fürs Kind lösen und – leider – dabei aus Liebe oder Ungeduld in seinen Hilfestellungen viele Grenzen missachten, die er dem Entwicklungsprozess des Kindes schuldig wäre« (Wild 2003, 122). Es kann ein schwieriger Balanceakt werden, zwischen zu viel und zu wenig Hilfe die passende Form der Begleitung zu finden. Im Umgang mit behinderten Kindern kann es besonders schwierig sein, »die Grenze zwischen Erwachsenen und Kindern zu respektieren und das Wachsen von Autonomie zuzulassen« (a.a.O. 124).

3.3 Mitbestimmung zulassen

Die Stunden, in denen selbstständiges eigenverantwortliches Handeln erwünscht war, erwiesen sich für die Kinder als Lernfeld, auf dem Selbsteinschätzung, Entscheidungs- und Handlungsfähigkeit gelernt und geübt wurden. Die Arbeiten, die hier angegangen werden konnten, waren geeignet, das Bewusstsein der Kinder für *ihre* Ziele und ihre Wege der Problemlösung zu schärfen, Interessen und Neigungen zu entdecken, Begabungen zu erkennen, sich mit Grenzen – persönlichen und äußeren – auseinanderzusetzen.

Die Erfahrung, hier eigenen Wünschen nachgehen zu können, griff unweigerlich auch in den weiteren Unterricht über. Mit zunehmendem Selbstverständnis meldeten die Kinder Wünsche und Bedürfnisse an. Der Freiraum, Projektideen vorzustellen, wurde in zunehmendem Umfang genutzt. Wir wagten es, die Möglichkeit zur Mitbestimmung für die Schülerinnen und Schüler sukzessive auf andere Unterrichtsbereiche auszuweiten. Die freie Arbeitszeit war Keimzelle für Projekte, die wir zum Beispiel im Sachunterricht aufgriffen. Die *Freiarbeit* funktionierte in mancher Hinsicht als Katalysator für die Weiterentwicklung unseres gesamten übrigen Unterrichts.

Die Lehrperson, die offene Unterrichtsangebote macht und die Lernwege ihrer Schülerinnen und Schüler mitverfolgen und verstehen möchte, lernt von den Kindern und kann sich umso gewisser nach passenden Materialien umsehen, Lernhilfen kreieren und notwendige Organisationsformen für eine offene und aktiv unterstützende Unterrichtsarbeit entwickeln. Manchmal führt dies zu sehr ungewöhnlichen Arrangements, wie das folgende Beispiel zeigt.

> Simone hält die Menschen auf Abstand. So, wie sie sich beschäftigt, schafft sie stets einen imaginären Raum um sich herum, den niemand zu übertreten wagt. Sie zerreibt minutenlang Kreidestücke. Oder sie zerhackt aus Knete geformte Würste in kleine Stücke. Sie legt ihre Bilder auf Endlospapierbahnen so an, dass sich die am unteren Blattrand begonnenen Gemälde nach oben ausweiten können und die Papierbahnen am Schluss im ausgebreiteten Zustand mehrere Tische beanspruchen.
>
> Sie ist unruhig und sucht auf merkwürdige Weise Kontakt – und wahrt zu den Menschen doch auch wieder große Distanz. Manchmal umrundet Simone minutenlang die anderen Kinder, indem sie brummend wie ein Rennauto immer an den Wänden entlang im Kreis herumrennt. Geschickt weicht sie jeder Berührung aus, während alle Kinder auf sie konzentriert sind und ihr hinterherschauen. Heute verbringt sie die Zeit bis zur ersten großen Pause wieder in einem großen Umzugspappkarton. Der steht in der Nähe der Tafel, und sie hat ihn für sich reserviert. Sie will, dass ihre Lehrerin die Deckellaschen so ineinanderschiebt, dass der Karton fest verschlossen ist. Nach einer ganzen Weile schiebt sie durch die kleine Öffnung in der Deckelmitte ihren Zeigefinger hinaus in den laufenden Unterricht, wackelt mit ihm in alle Richtungen und aus den Tiefen des Kartons fiept eine Stimme: »Hier ist Simonina Hiegelhaut.«

> »Jaha, hallo Simone, wir sehen dich. Kannst du alles hören, was wir hier tun?«
> Der Finger zieht sich wieder zurück. »Jaha, ich höre dich ...«
> Danach ist wieder Ruhe im Karton.
> So verbringt sie viele Unterrichtsstunden im Schutz der Kiste und zugleich als Zeugin allen Geschehens um sie herum.
> Später gibt es einen weiteren Karton im Klassenzimmer. Wir schneiden Fenster und eine Tür hinein. Das ermutigt Simone, auch ihrem »Haus« eine Luke zu geben, die sich öffnen und schließen lässt. So kann man von Haus zu Haus kommunizieren.

Auf diese Weise entstand für Simone ein Spiel mit Grenzen, mit dem Zulassen von Nähe und Distanz, mit Kontakt und Rückzug. Das war ihr aktuelles Thema, und die Lehrerin erlaubte es Simone, hier wichtige Erfahrungen zu machen. Die sozialen Lernprozesse standen im Vordergrund, während das intellektuelle Lernen beiläufig geschah.

Michis Geschichte ist ein anderes Beispiel für die Bedeutung, die die Möglichkeit der Mitbestimmung für ein Kind hat.

> Michi darf noch in der Spielecke bleiben, bis alle anderen Kinder mit ihrer Arbeit begonnen haben und erst einmal keine Fragen an die Lehrerin mehr zu erwarten sind. Dann setzt sich Frau Seidler mit Michi an dessen Arbeitsplatz. »Zehn Minuten – meinst du, das geht heute?« Die Abmachung, die hier zur Diskussion steht, lautet, dass auch Michi zehn Minuten arbeiten soll oder sollte, wenn alle anderen Kinder mit ihren Übungsaufgaben beschäftigt sind. Michi nickt.
> »Was meinst du, wie viele von den Wörtern wirst du in dieser Zeit abschreiben können?«
> Michi markiert mit seinem Bleistift die Menge, die er sich vorstellen kann. Die Sanduhr wird umgedreht, und die Lehrerin lässt ihn jetzt alleine. Wenn die Uhr abgelaufen ist, schauen die beiden sich an, was er geschafft hat. Dann darf er wieder in die Bauecke gehen.

Bei Michi hatten wir den Eindruck gewonnen, dass er möglichen Entwicklungsprozessen stets auszuweichen versuchte. Der beschriebene Versuch, ihn in engen Anforderungsgrenzen sozusagen »mit den Mühen des Lernens bekannt zu machen«, wurde mit ihm ausgehandelt. Dabei ging es nicht um das »Ob«, sondern lediglich das »Wie«. Wir wollten ihm Gelegenheit schaffen zu fühlen, »wie Anstrengung ist«, die das Arbeiten ihm abfordert – in feiner Dosierung. Es ging nicht darum, ein bestimmtes Ergebnis zu erhalten und dies »als Ergebnis seiner Anstrengung« einer Wertung zu unterziehen. Aber wir hofften natürlich, dass er selbst mit der Zeit einen Wert in dem entdecken würde, was er zuwege brachte. Selbstredend schlossen wir an die bewältigten zehn Minuten keine drängelnden Sätze an wie: »Das hast du so gut geschafft. Mach doch noch eine Minute länger, vielleicht schaffst du das auch? Das fände ich toll« (vgl. Wild 2003, 187f.).

Michi hielt neben seiner Unruhe und seiner Abwehr gegen schulisches Lernen andere besondere Herausforderungen für uns bereit.

> Wenn ihn die Klassenregeln »einsperren«, die Leistungsanforderungen »beengen«, ihn ein Mitschüler wegen eines noch ungeklärten Konfliktes »bedrängt«, läuft Michi aus der Gruppe weg. Wenn wir versuchen, ihm hinterherzulaufen, haben wir natürlich das Nachsehen. Er verlässt auch schon einmal das Schulhaus. Wir finden ihn dann auf dem Schulhof. Wir sind uns noch nicht im Klaren darüber, wie wir damit umgehen wollen, sollen oder müssen. Bis Michi eines Tages in seinem Zorn das Schulgelände verlässt. Wir finden ihn zunächst nicht. Er kehrt von sich aus zurück und wir können aufatmen. Aber es ist damit eine Grenze überschritten, die uns in unserer Verantwortung zwingt, tätig zu werden.
> Am nächsten Tag suche ich das Gespräch mit ihm. Wir begeben uns an einen Ort auf dem Schulhof, wo wir in Ruhe reden können. Wir sitzen auf einer Mauer. Ich lasse einen Meter Abstand zwischen uns. Michi braucht die Distanz. Ich will ihm meinen und Frau Seidlers Standpunkt mitteilen. Es gibt zwei Botschaften. Sie sind einfach. »Du läufst immer wieder weg. Wir verstehen nicht genau, warum. Aber eins sehen wir: Du bist wirklich sehr schnell. Das ist gut für dich, wenn du so schnell rennen kannst. So gut wie du kann ich nicht rennen. Du bist sooo schnell, dass ich dich niemals einholen könnte.« Die andere Botschaft lautet: »Wenn du wegrennst und das Schulgelände verlässt, kriegen wir Ärger. Wir als Lehrerinnen müssen nämlich auf alle Kinder aufpassen, dass ihnen nichts passiert. Wenn dir etwas passieren würde, könnten wir dir nicht helfen. Wir wüssten ja nicht, wo du bist. Du darfst also nicht einfach weglaufen und nicht aus dem Schulhof rauslaufen. Und es ist so: Kinder, die wissen, dass sie das nicht dürfen und es trotzdem tun, dürfen nicht mehr in die Schule kommen.«

Wir hatten uns als seine Lehrerinnen über die Art des Gespräches verständigt, das ich führen würde. Als weitere Maßnahme versuchten wir, die Pausenaufsicht für Michi anders zu regeln. Er sollte während der großen Pausen eine Ansprechperson haben, die ihm in Konfliktsituationen beistehen würde. Ein entsprechendes Arrangement war für einige Wochen möglich. Es spann sich so etwas wie ein Fädchen zwischen der Aufsichtsperson und Michi. Er vergewisserte sich ihrer wohlwollenden Aufmerksamkeit. Die Konflikte reduzierten sich. Michi lief von da an nicht mehr weg.

Das nächste Beispiel erzählt ebenfalls von der Not eines Kindes, für das die Möglichkeit der Mitbestimmung essentiell war.

> Ralf rennt oft unruhig in der Klasse herum, macht komische Sachen, zieht anderen Kindern die Schnürsenkel auf, spielt Polizeiauto mit Sirenengeheul, holt sich den Plüschgorilla aus der Spielecke und lässt ihn mit den Mitschülern reden. Niemand kann ungestört arbeiten. Für mich ist der Unterricht mit Ralf fast nicht mehr zu ertragen. Er kann einfach nicht für eine gewisse Zeit ruhig am Platz sitzen und etwas schreiben oder rechnen wie die anderen Kinder. Entspannter geht es beim Bauen, Basteln und Malen zu. Es herrscht eine lockerere Atmosphäre und es ist normal, aufzustehen, um sich etwas zu holen oder jemanden um Rat zu fragen. In solchen Unterrichtsphasen wirkt sich Ralfs Unruhe weniger dramatisch aus.
> Einige Stunden in der Woche verbringt Ralf in einem neunten Schuljahr. Dort sitzt er ziemlich weit hinten im Raum. Von da aus hat er den Überblick über die ganze Klasse. Man berichtet mir, dass er völlig gebannt zuschaue, was »die Großen« im Unterricht tun. Er störe dort niemanden. Wir können in dieser Zeit in unserer Klasse in Ruhe arbeiten.
>
> Eines Tages bringt die Mutter einer Schülerin eine alte Schreibmaschine mit und fragt, ob wir etwas damit anfangen können. Die Kinder sind angetan von dem Gerät. Ralf überrascht mich mit seinem besonderen Interesse. Er sitzt minutenlang an der Maschine, haut Buchstabe für Buchstabe hinein, beobachtet gespannt die Bewegung der Stäbchen, die den Buchstaben auf das Papier drücken. Er nimmt die Schreibmaschine hinunter auf den Boden und schiebt sie unter den Tisch. Dort sitzt er die nächsten zwanzig Minuten und schreibt.

Von diesem Tag an haben wir für viele Wochen eine weitere Stunde täglich Ruhe vor Ralfs Umtriebigkeit: Er verbringt alle Zeiten, in denen Schreiben auf dem Plan steht, an »seiner« Maschine unter dem Tisch. Und ihm scheint es da unten sehr gut zu gehen.

Unruhige Kinder, Kinder, die dem Anschein nach niemanden in ihrer Nähe ertragen, die Abstand brauchen, die ihre Bewegungsimpulse nicht einfach deshalb unter Kontrolle bekommen, weil die Lehrerin sich das wünscht, sind eine große Herausforderung für Lehrkräfte und Mitschüler. Diese Kinder haben ein Bedürfnis nach Struktur, nach Schutz, nach Akzeptanz. Wie die Beispiele zeigen, sind Kinder in der Lage, ihre Bedürfnisse zu erkennen. Sie nehmen Nähe und Distanz deutlich wahr. Sie versuchen, mit den Bedingungen in der Klasse, die nicht zu ihnen passen, dennoch zurechtzukommen. Mit ihrem Verhalten versuchen sie, sich das, was sie brauchen, zu holen. Manchmal sind es zufällige Gelegenheiten, die eine Veränderung bewirken. Auf einmal sieht man Spielräume für das Verhalten des Kindes, und es ändert sich bei den Betreuungspersonen vielleicht der Blick auf das, was en passant »verhaltensauffällig« genannt wird. Wenn es gelingt, Kindern hier entgegenzukommen, und sei es mit so ungewöhnlichen Ideen, wie sie umseitig beschrieben sind, können sie vielleicht eher darauf verzichten, sich ihren Schutzraum durch störendes und Aufmerksamkeit bindendes Verhalten zu sichern.

Es ist ein ungewohnter Gedanke, sich auch im Umgang mit verhaltensauffälligen Kindern auf deren Selbstbestimmungskompetenz zu beziehen. Üblicher ist ein anderer Ansatz: Der Einsatz lobender Maßnahmen soll im Sinne eines Anreizes wirken. Und die Androhung strafender Maßnahmen soll von unpassendem Verhalten abhalten. Lob und Strafandrohung werden als erzieherische Regularien eingesetzt, denen das Kind gehorchen oder trotzen kann. Der Versuch, durch Anerkennung der Anpassungsleistung eine Verhaltensveränderung zu bewirken, bezieht sich auf ein Ziel, das die Erziehungsperson gedanklich vorwegnimmt. Ein Kind, das sich mit Blick auf die zu erwartende Anerkennung auf die Erziehungsperson einstellt, begibt sich in eine Abhängigkeit. Es kann passieren, dass dies das Kind von seinem Gefühl für sich selbst entfremdet. Kinder, die das Dilemma spüren und dennoch ihre eigenen Wege gehen wollen, wehren sich. Es beginnt ein unerquicklicher Kampf auf der Beziehungsebene. Den anpassungsbereiten wie den trotzigen Kindern ist die Zeit genommen, ihren eigenen Entwicklungsimpulsen nachzugehen.

Zwei weitere Beispiele sollen zeigen, wie wichtig »Eigen-Sinn« für die Entwicklung ist:

> Jens ist ein sehr starkes Kind. Was er nicht will, will er nicht. In Mathematik geht es derzeit für ihn darum, das schriftliche Addieren und Subtrahieren zu lernen. Ich registriere, dass er überhaupt nicht damit klarkommt. Wann immer ich aber den Versuch mache, ihm behilflich zu sein, kontert er unmittelbar, dass er nichts verstehe. Er zerrt mir das Heft aus dem Blickfeld und wendet sich bockig ab. Das geht so über mehrere Tage.
> An einem Tag bringt mich sein Verhalten in der Mathematikstunde so in Harnisch, dass ich meinem Ärger Luft mache: »Ich will das jetzt nicht mehr aushalten, dass du mich immer wegschickst. Jetzt habe ich wieder versucht, dir etwas zu erklären. Aber ich habe nicht einmal gesehen, dass du zuhören wolltest. Ich werde jetzt nicht mehr an dir rumzerren. Du musst selbst wissen, ob du lernen willst. Und wenn du wissen willst, wie es geht, und du zu mir kommst, werde ich dir alles erklären, was ich erklären kann. Aber du musst wollen! Und eine Bedingung habe ich: Ich will, dass du, wenn ich dir das nächste Mal etwas erkläre, auch zuhörst, von Anfang an, bis ich fertig bin!« Ich bin sehr sauer, als ich diesen Sermon über Jens ausschütte.
>
> Nun beginnt für mich eine lange Geduldsprobe. Natürlich habe ich Jens ständig irgendwie im Blick. Er bemerkt es sicher. Bang und bänger sehe ich zu, wie er die Rechenstunden mit Nichtstun verstreichen lässt. Aber ich verbiete mir, etwas zu unternehmen. Meine Ansage war eindeutig.
>
> Es vergehen drei Wochen. Dann – ich bin überrascht – kommt er zu mir an meinen Tisch.
> Da steht Jens nun und hält mir mit krauser Stirn und einem mürrischen Blick das Heft hin. »Kannst du mir das erklären?«
> »Ja, ich versuche es, das mache ich gerne. Aber, du erinnerst dich, ich möchte, dass du mir bis zu Ende zuhörst.«
> »Hm.«
> Wir gehen zu seinem Tisch und sitzen einträchtig nebeneinander. Ich beginne zu reden, und im selben Moment öffnet er den Mund – doch er besinnt sich und schließt ihn wieder. Ich atme innerlich auf. Schritt für Schritt erkläre ich, wie man bei der Rechnung vorgeht, und notiere die Rechenschritte in sein Heft. Als ich fertig bin, schreibe ich ihm eine ähnliche Aufgabe daneben und fordere ihn auf, sie

selbst zu lösen, während ich zuschaue. Ich würde ihm jederzeit, wenn er hängen bliebe, weiterhelfen. Er bleibt nicht hängen. Die nächste Aufgabe, die ich notiere, soll er alleine zu lösen versuchen. Ich gehe wieder zu meinem Tisch.
Er ist fertig und kommt mit seinem Heft zu mir. »Stimmt das?«
»Ja, das ist richtig.«
Einen winzigen Moment hält er erstaunt inne. Dann fragt er: »Wie hab ich das jetzt gekonnt?«
»Weil du es gelernt hast.«
»Wie hab ich das gelernt?«
»Du hast mich gefragt, wie es geht. Ich habe es dir erklärt, wie es geht. Du hast alles verstanden. Und jetzt kannst du es. Manchmal geht Lernen so.«

Mit Jens hatte ich keine einfache Zeit. Die Wochen des »Nichtstuns« waren schwierig. Für Jens vielleicht auch. Hatte er in dieser Zeit austesten wollen, ob ich mich wirklich an meine Ansage halte? Ich wusste es nicht. Als er dann bei mir stand, beantwortete ich seine Fragen. Mehr nicht. Es ging nicht um eine Leistungsbewertung, also auch nicht um eine lobende Anerkennung oder einen kritischen Rückblick. Lob und Kritik sind nicht angebracht, wenn es um das Gefühl des Kindes für sich selbst geht. Lob und Kritik können dazu beitragen, »unselbstständige, fremdbestimmte Persönlichkeiten zu erziehen. Zu Menschen mit einem geringen Selbstgefühl, denen ein innerer Maßstab für ihr eigenes Handeln fehlt« (Juul 2010, 112).

Das zweite Beispiel erzählt von Jenny, die darauf bestand, über ihre Lernwege und ihr Lernpensum selbst zu entscheiden.

Jenny zählt seit dem dritten Schuljahr zur Gruppe der lernbehinderten Kinder ihrer Klasse. Sie ist bei allem, was sie tut, unglaublich langsam. Wenn sie zum Reden ansetzt, stellen sich die anderen Kinder auf eine Geduldsprobe ein. Leistungsmäßig konnte sie schon nach anderthalb Schuljahren mit dem Schnitt der Klasse nicht mehr mithalten.
Das dritte Schuljahr startet mit einem veränderten Anspruch an die Kinder. Es hat ein Lehrerwechsel stattgefunden. Eine kurze individuelle Eingangsdiagnostik[30] erlaubt es Frau Seidler, das jeweils passende

30 Die Eingangsdiagnostik war angelehnt an die »struktur- und niveauorientierte Diagnostik« nach Kutzer (1998, 8ff.).

Lernangebot für einzelne Kinder bereitzuhalten. So kommt es, dass nicht jedes Kind in Mathematik mit den Übungsheften für das dritte Schuljahr beginnt. Jenny wird im Arbeitsheft für das zweite Schuljahr arbeiten. Darauf kann sie sich gut einlassen. Sie teilt mit, was sie schon kann und handelt mit der Lehrerin aus, was sie als Nächstes lernen will. Wenn sie anmeldet, für nächste Schritte Erklärungen zu brauchen, warte ich einen günstigen Zeitpunkt ab und nehme sie zur Seite. Wir finden gemeinsam heraus, wie sie vorgehen kann. Als sie zurück an ihrem Platz ist, beobachtet ihr Nachbar Tobias, wie sie mühselig Zahl um Zahl notiert, vielleicht um Zwischenergebnisse festzuhalten.

»Aber Jenny, das kannst du doch viel einfacher machen. Schau mal, ich zeig dir ... so kann man ...«

Schroff wehrt Jenny ab: »Lass mich in Ruhe. Ich mache das so, wie ich es kann! Jetzt hast du mich rausgebracht!« Und sie ruft nach Frau Seidler: »Die lenken mich dauernd ab. Die sollen ruhig sein!« Gegenüber ihren Tischnachbarn verteidigt sie vehement das Terrain, das sie als Lernfeld für sich bestimmt.

Später greift Frau Seidler die Situation auf, die sich hier ereignet hat. Sie lässt die Kinder ihre unterschiedlichen Lösungswege vorstellen. Auch Jenny erhält Gelegenheit zu berichten. Während ihres Vortrages wird sie von Philipp unterbrochen. »Ja, ich weiß schon, wie du das gemacht hast!« Er versucht vorwegzunehmen, was Jenny in konzentrierter Langsamkeit in Worte fasst. Jenny aber besteht darauf, selbst darüber zu bestimmen, wie sie lernen und wie sie etwas erklären möchte. Sie fährt unbeirrt fort. Philipp fügt sich drein. Die Klasse versteht, dass sie Jenny in Ruhe lassen soll. Jenny arbeitet weiterhin meistens alleine.

Sie kommuniziert mit der Klassenlehrerein absolut verlässlich, welche Aufgaben sie sich zutraut und wie viele Hausaufgaben sie bewältigen kann. Sie teilt mit, wenn sie findet, dass sie nächste Erklärungen braucht: »Jetzt will ich das mit dem Geteilt lernen.«

Ganz allmählich fädelt sie sich hin und wieder in Gruppenarbeiten ein. Es kommt die Zeit, von der an sie selbstbewusst darauf besteht, am gleichen Programm in Mathematik mitzuarbeiten wie die meisten der Klasse. Sie will auch die Klassenarbeiten mitschreiben. In vielen Bereichen sind aber die Arbeiten nach unserer Einschätzung noch zu schwer für sie. Schließlich kann sie während der Arbeit keine Erklärungen erwarten. Das aber würde sie sicherlich frustrieren. Frau Seidler wird das Gespräch mit ihr suchen und zusammen mit ihr

> eine Perspektive formulieren. Wir denken, dass sie Folgendes akzeptieren könnte: Du musst noch lange nicht alles beherrschen. Du bist doch noch ein Kind und extra zum Lernen in der Schule. Sie wird dagegenhalten, dass sie doch schon so viel geschafft habe – warum nicht alles andere auch schon? Ja genau, darum geht es: Du kannst noch viel schaffen. Und dazu brauchst du Geduld mit dir selbst.

Anfangs hatte Jenny erleichtert zur Kenntnis genommen, dass es für Frau Seidler selbstverständlich war, dass man Dinge so gut konnte, wie man sie eben konnte. Das half ihr, ihr Gefühl für sich selbst zu stärken und die internen Leistungsmaßstäbe zu relativieren. Nachdem sie die Erfahrung gemacht hatte, dass sie gut lernen konnte, wenn man ihr die Regie überließ, wurde sie sehr ehrgeizig. Am Ende des vierten Schuljahres konnte Frau Seidler ihr im Zeugnis bescheinigen, dass sie alle grundlegenden Voraussetzungen für die Weiterführung im fünften Schuljahr erreicht hatte. Selbstvertrauen, Mut, Beharrlichkeit, Souveränität, Unbeirrbarkeit, Disziplin, Sorgfalt, Ausdauer, Selbstständigkeit, Verlässlichkeit und Verantwortung waren Stichworte, an denen die Lehrerin den abschließenden Lernstandsbericht orientierte. Für das Abschiedsheft zum Ende der Grundschulzeit, dem jedes Kind der Klasse einen Text beifügte, gab Jenny ihr Lieblingsgedicht ab, das Gedicht über die eigensinnige Valerie (aus der ZDF-Sendung »Löwenzahn«). Der Gedichttext spricht für Jenny.

> Valerie wollte anders sein
>
> Hoch oben in den kahlen Bergen,
> da wohnten die von Splitterstein.
> Sie schliefen tags in ihren Särgen
> und fürchteten den Sonnenschein.
>
> Doch nachts, wenn Dunkel sie umgab,
> da flogen sie ins Tal hinab,
> und war ein Mensch nicht auf der Hut,
> dann bissen sie und saugten Blut.
>
> Fünf Söhne hatten die Vampire
> und alle waren kalt wie sie,
> doch ein Mädchen war das ihre
> und dieses –, das hieß Valerie.

Valerie von Splitterstein
wollte anders als die andren sein,
nicht so kalt, nicht so blass,
nein, Valerie, die wollte Spaß.

Kartoffelchips und Schokolade
statt Menschenblut. Das fand sie fade.
Sie wollte auch die Sonne sehn,
auch wenn es hieß, das wird nicht gehn.

Denn Valerie war Valerie,
und was sie wollte, wollte sie.
Sie kaufte ein Solarium
und baute ihre Schlafstatt um,
und jeden Tag erstrahlte nun
im Sarge das Solarium.

Und wirklich wurd' das Mädchen braun
genug, um sich hinaus zu traun,
und seitdem aalte sich mit Wonne
die Valerie hoch in der Sonne

und war der einzige Vampir,
der so was konnte, glaubt es mir.
Denn Valerie war Valerie
und was sie wollte, schaffte sie.

Jenny wechselte in die weiterführende Schule, ohne weiterhin den Status eines lernbehinderten Kindes innezuhaben.

4. Das »Rockzipfel-Prinzip«

Lena ist im ersten Schuljahr

Während der ersten beiden Jahre unserer Zusammenarbeit hatten Frau Seidler und ich Erfahrungen mit Kindern in ihrem dritten und vierten Schuljahr gesammelt. Wir übertrugen unsere konzeptionellen Überlegungen aus diesen Jahren in die Pläne für die erste Klasse, die wir nun übernehmen sollten. In aller Ruhe sahen wir dem Beginn des neuen Schuljahres entgegen. Nach den bisherigen guten Erfahrungen fühlten wir uns mit unseren konzeptionellen Entscheidungen sicher. Doch dann kam Lena. Vor der Einschulung war für sie der sonderpädagogische Förderbedarf erhoben worden. Das Gutachten kündigte sie als lernbehindertes Kind an.

Lena ging einen besonders eigensinnigen Weg durch ihre ersten beiden Schuljahre. Sie forderte uns heraus, grundsätzliche Fragen des Unterrichtens zu überdenken.

> Lena hat den Kindergarten besucht. Sie hat zwei ältere Schwestern. Dennoch scheinen ihr selbstverständliche Alltagsdinge fremd zu sein. Den Telefonhörer des Spieltelefons hält sie verkehrt herum ans Ohr und wundert sich, dass niemand spricht. Als die Lehrerin in ihrem Beisein die Ziffern ihrer Telefonnummer notiert, weil wir ihre Mutter anrufen wollen, verblüfft sie mich mit der Frage: »Steht da mein Name?« Bilder sollen aufgeklebt werden. Beharrlich streicht sie mit dem Klebestift über die Bildoberfläche und beklagt sich, dass ihr Bild nicht kleben bleibe. Sie kommt aus der Spielecke, befühlt ihr Gesicht und fragt mich dann, ob sie ihre Brille anhabe.
> Wenn Lena ihren Namen »aufschreibt«, notiert sie E N L A und schimpft, dass sie das N »nicht gut hinkriegt«. Ich zeige ihr: »Schau, ich mache dir vor, wie ich deinen Namen schreibe.« Lena reagiert nicht, und ich frage mich, was in ihr vorgeht, wenn ich so mit ihr spreche. Ich beschrifte ihr Klemmbrett mit ihrem Namen. Sie schaut beiläufig zu, ohne dass es sie wirklich zu interessieren scheint, was ich da tue. Nach einigen Wochen jedoch entscheidet Lena, meinen Vorschlag auszuprobieren. Sie schreibt L E N A auf ein Bild, das sie gemalt hat, und fragt: »Ist es richtig?«

In vielen Situationen ist nicht zu erkennen, ob etwas von dem, was in der Klasse gesprochen wird, bei Lena ankommt. Manchmal wollen wir Lehrerinnen mit ihr reden und ihr etwas zeigen. Wir beziehen uns dabei auf das, was sie gerade tut. Auch Kinder suchen Kontakt zu ihr und wollen sich in ihre Beschäftigung einklinken. Aber meistens lässt Lena die Werbung um ihre Aufmerksamkeit an sich abgleiten. Manchmal weist sie die kontaktsuchende Person »regelrecht genervt« zurück. Nach eigenem Gutdünken verschmäht oder registriert sie Annäherungsversuche. Wir empfinden das Verhalten als trotzig und provozierend und denken immer wieder darüber nach, was wir mit dem Gefühl, das sie bei uns auslöst, anfangen sollen. Wenn sie – was selten vorkommt – bereit ist, auf eine Frage zu antworten, fällt ihr das schwer. Sie hat große Mühe, etwas mitzuteilen, weil sie Begriffe nicht findet. Sie verdreht Wörter oder assoziiert in der Not klangähnliche Wörter zu denen, die sie sucht.

In anderen Situationen erleben wir aber auch Lenas Kontaktfreude. Die zeigt sie auf ihre Weise, in unvorhersehbaren Momenten und aus ganz freien Stücken. Lena geht dann zum Beispiel auf Jemina oder Michelle zu, zwei eher schüchterne Mädchen der Klasse. Lena versucht, sie in ihre Spielideen einzubeziehen. Die beiden fügen sich in der Regel Lenas Kommando.

Während der täglichen Freiarbeitszeit und während der Hofpausen zeigt Lena ein überbordendes Temperament. Ihre Unruhe und ihr Bewegungsdrang treiben sie oft zwischen dem Freiarbeitsraum und dem Klassenzimmer hin und her.

Sie streitet sich regelmäßig mit Kindern, die sich ihren Wünschen nicht anpassen und etwas anderes wollen als das, was ihr gerade in den Sinn kommt. Mit ihrem sehr bestimmenden Verhalten löst sie immer wieder Konflikte aus. Häufig gibt es Klärungsbedarf.

An anderen Tagen kommt es vor, dass sie über Langeweile klagt. Wenn sie dann etwas beginnt, für sich alleine, ohne ihre beiden Freundinnen einbeziehen zu können, wird die begonnene Beschäftigung ebenso schnell wieder uninteressant.

Nicht selten versetzt sie die Erwachsenen in Alarmbereitschaft. Hin und wieder neigt sie zu wagemutigen Unternehmungen. Beim Friseurspielen bringt sie eines Tages die Schere zum Einsatz. Manche »Katastrophe« kann nicht verhindert werden. Wenn sie den unausweichlichen Ärger voraussieht, versucht sie, sich zu verkriechen.

Wenn sie nicht entwischen kann, schiebt sie erbarmungslos ihre Spielpartnerinnen als Verantwortliche vor.
Während der sogenannten Lernzeiten versucht die Klassenlehrerin, mit strukturiertem Lernmaterial an Lena heranzutreten. Lena reagiert fast immer unmittelbar verärgert: »Das kann ich doch nicht!« Sie bietet jedem unmissverständlich die Stirn. Immer wieder versucht die Klassenlehrerin, Gelegenheiten zu inszenieren, in denen so etwas wie ein Lernkontrakt geschlossen werden könnte. Vergeblich. Selten überwiegt bei Lena doch einmal die Neugier. Dann macht sie eine Zeit lang das, was man von ihr verlangt. Manchmal entscheidet sie sich einfach dafür, »brav zu sein«. Schließlich, so unser Eindruck, ist der permanente Widerstand anstrengend geworden.

Das Verhalten, mit dem uns Lena konfrontierte, ließ eine Einschätzung nicht zu, ob sie überhaupt über die für das Erlernen der Schriftsprache und den Erwerb mathematischer Kompetenzen relevanten Grundvoraussetzungen verfügte. Alle Vorstellungen, die wir uns in der Regel von Kindern machen, denen die Einschulung bevorsteht, musste ihre Klassenlehrerin über Bord werfen, wenn wir diesem Mädchen gerecht werden wollten.

Nichts passt für Lena – zurück auf Los

Wir nahmen ernüchtert zur Kenntnis, dass wir uns zunehmend unter Druck fühlten und glaubten, alles falsch zu machen. Wir fassten zusammen: Die Strukturen des Schulalltages boten Lena keinen geeigneten Rahmen, um sich mit ihrem Kontaktbedürfnis und eigenen Interessen in ihre Klasse zu integrieren. Die Art der Angebote im Anfangsunterricht hatten ihr Interesse am schulischen Lernen nicht wecken können. Die Inhalte der Kulturtechniken im engen Sinne waren belanglos für sie geblieben. Und mit der bisherigen Art, mit ihr in Interaktionen treten zu wollen, hat sie nicht besonders viel anfangen können. Sie verhielt sich chaotisch und undiszipliniert, abweisend und eigensinnig. Sie war oft verärgert. Häufig stellte sie irgendetwas an. Sie hatte oft schlechte Laune und war trotzig. Manchmal aber auch wirkte sie fast depressiv. Sie hatte sich vehement gegen alles gewehrt, was mit dem Erwerb der Kulturtechniken zu tun hatte. Sie hatte immer wieder darauf bestanden: »Das kann ich doch nicht!« Und damit hatte sie wohl recht. Lena hatte über Monate nichts mit dem Schulunterricht anfangen können. Niemand verstand Lena. Sie war vor allem den Erwachsenen fremd geblieben. Wir waren ratlos.

Die Rückmeldung, die wir der Mutter gaben, war aus Sicht der Klassenlehrerin niederschmetternd. Wir teilten ihr mit, dass wir Lena bisher nicht hatten helfen können. Alle Mühen, in eine Kooperation mit ihr einzusteigen, seien vergeblich gewesen. Wir gaben ihr zu bedenken, dass die Förderschule ihrer Tochter möglicherweise geeignetere Lernbedingungen bereitstellen könnte: kleinere Gruppen, Kinder mit ähnlichem Lernstand und so weiter. Wir zählten die Vorzüge einer Förderschule auf.

Die Antwort der Mutter war keinesfalls entlastend. Sie bekundete ihr Vertrauen in die Kollegin und meinte: »Ich möchte, dass Lena bei Ihnen bleibt. Ich habe Geduld! Die Lena kommt irgendwann. Ich kenne meine Kinder. Bei Annika war es genauso. Annika ging es bei Ihnen doch auch gut.«

Lena blieb also bei uns, und es musste ein neuer Anfang gefunden werden.

Ihr weiterer Entwicklungsweg zeigt nun eindrücklich, dass wir ihr erst helfen konnten, als die Klassenlehrerin in der Lage war, die Suche nach »schulrelevanten Kompetenzen« (vgl. Hasselhorn/Schneider 2011) aufzugeben, an denen wir hätten andocken können. Wir entschieden uns für ein »Zurück auf Los«.

Es ist für eine Grundschullehrerin nicht einfach, sich darauf unvoreingenommen einzulassen. Traditionellerweise wird in der Regelschule von Zielvorstellungen eines »geregelten Anfangsunterrichts« aus auf die Kinder geschaut. Von diesem Blick konnte sich auch Lenas Lehrerin nicht ohne Weiteres verabschieden, obgleich wir beide wussten, dass man Entwicklung nicht auf Zielvorstellungen hin »umsetzen« kann. Ein Kind kann nicht üben, was es noch nicht gelernt hat; es kann nicht lernen, was nicht an seinen Kompetenzen anknüpft; es kann Kompetenzen nicht an einer Stelle erweitern, wo es mit seinen Interessen nicht andocken kann – das alles war bekannt.

Es gibt natürlich jene Kinder, die versuchen, sich den Ansprüchen der Lehrerin anzupassen, auch wenn ihre Entwicklungsimpulse mit den Zielen, die die Lehrerin einem Lernzielkatalog für den Anfangsunterricht entnimmt, keinesfalls kompatibel sind. Manchmal werden dann grundlegende Lernprobleme, die ein Kind hat, nicht genügend deutlich wahrgenommen. Dies konnte der Lehrerin mit Lena nicht passieren. Lena passte sich nicht an. Die Erfahrungen mit Lena während der ersten Schulmonate und die daraus erfolgte Ernüchterung zwangen uns, erneut über Grundlegendes nachzudenken und neue Ideen auf den Plan zu bringen. Wir waren uns einerseits darin einig, Lena einen klaren Rahmen für ihre Tätigkeiten bieten zu müssen. Andererseits mussten wir bereit sein, uns die Zeit zu nehmen, ihren Weg beobachtend zu begleiten, und dabei völlig offen zu bleiben für das, was sie beginnen und wie sie tätig werden würde. Wir entschlossen uns zu einem für die Regelschule ungewohnten Schritt. Wir boten Lena etwas an, das dem ähnlich ist, was kleine Kinder in ihrer frühen Entwicklung suchen und tun: Wir ließen zu, dass sie ihre Umgebung erkundete und frei spielte, wir ließen sie »an unserem Rockzipfel« mitlaufen und sie durfte uns »Löcher in den Bauch« fragen. Besonders für die Grundschullehrerin war es eine mutige Entscheidung, ihre Vorstellungen von Unterricht in dieser Richtung zu öffnen. Es war unter anderem der Vertrauensvorschuss, den die Mutter ihrem Kind und uns als dessen weitere Bezugspersonen gab, der uns Mut machte, den ungewöhnlichen Schritt zu gehen. Uns war bewusst, dass wir damit im Rahmen der Gepflogenheiten einer Regelschule eine ungewohnte, für einige unserer Kolleginnen und Kollegen undenkbare Entscheidung trafen.

Wir organisierten, dass Lena so oft wie möglich unter der Obhut einer erwachsenen Person, mal mehr und mal weniger frei in ihrem Bewegungsradius, sich einen Weg durch das Schulleben suchen durfte. Ab sofort war sie häufig mit einer Lehrkraft unterwegs, um den schulischen Alltag auf ihre Weise zu entdecken und zu erforschen. Sie ging mit zum Sekretariat, mit in den Unterricht einer anderen Klasse, zum Einkaufen, zum Müllwegbringen, mit dem Hausmeister zur Turnhalle, um das Tor zu schließen usw. So hatte sie mit allen Fragen, die sie umtrieben, und auf der Suche nach Interessen und Betätigungsmöglichkeiten eine Ansprechperson. Mit unserem sogenannten »Rockzipfel-Prinzip« gaben wir ihr ein Sicherheitsfädchen, einen verlässlichen Rahmen für ihren Aktivitätsdrang. Dieses Angebot war – von außen betrachtet – unabhängig von all dem, was für den Schulvormittag in ihrer Klasse ansonsten vorgesehen war. Bei näherer Betrachtung allerdings konnte man wahrnehmen, wie sich das, was Lena tat, im Klassenverband vermittelte und so Interesse bei den anderen weckte.

> Wir lassen Lena Freiräume, wo immer es möglich ist. Mit ihrem Eigensinn lotet sie ihre Grenzen aus. Eines Tages ist sie mal wieder – eben nicht zum ersten Mal – entwischt und irgendwo im Schulhaus verschwunden. Wir finden sie auf dem Speicher wieder. Mit großen Augen geht sie in die Offensive: »Ich habe den Keller von der Schule gefunden. Da muss man abschließen. Ich habe gedacht, da ist viel-

leicht die Frau Seidler. Die habe ich gesucht. Aber da war der Keller.«
Sie hat sofort eine Erklärung für ihr Verhalten.
Wir sind betroffen: »Du darfst nicht alleine auf Entdeckungsreise gehen!« Die anderen in der Klasse kriegen große Ohren. Natürlich sind jetzt alle neugierig. Wir nehmen diese Aktion zum Anlass für eine gemeinsame Hausbesichtigung mit der ganzen Klasse. Lena setzen wir nach dieser Aktion die verbindliche Regel: »Du musst daran denken, mit uns abzusprechen, wenn du auf Entdeckungsreise gehen willst. Dann kann ja jemand mit dir gehen.«

Natürlich waren die Möglichkeiten in dieser Hinsicht begrenzt. Denn nicht immer war eine der Lehrkräfte, die mit Lena vertraut waren, so frei, sich parallel zu ihren Aufgaben auch auf Lena einlassen oder wenigstens auf sie aufpassen zu können. Bei aller Offenheit für Lenas Entdeckungsdrang musste sie sich dennoch oft einfach »brav« mit etwas beschäftigen, was im Klassenverband am Tisch möglich war.

Alternativ bot der Freiarbeitsraum gute Möglichkeiten, die Lena sehr oft nutzte. Dort konnte sie zusammen mit einer Mitschülerin spielen und ihren Rollenfantasien folgen, während die Pädagogische Fachkraft mit einer Kindergruppe im selben Raum an anderen Themen arbeitete. Dieses Angebot gab es unabhängig von der bereits erwähnten täglichen Freiarbeitszeit, in der dieser Raum von sehr vielen Kindern gleichzeitig genutzt wurde.

Lena ging nicht allen Unterrichtsangeboten, die den weiteren Vormittag füllten, aus dem Weg. Wenn die Planungen für den Sachunterricht konkrete Handlungsanlässe vorsahen, war sie manchmal neugierig dabei. Sie registrierte die Aufgeregtheit in der Klasse und warf hin und wieder Assoziatives in das Gespräch ein, das ihre Mitschüler führten. Dabei ergaben sich immer wieder Fragen, die man mit Lena später noch einmal aufgreifen konnte. Als die Kinder zum Beispiel auf Grießbrei zu sprechen kamen, wollte Lena wissen, wie der schmecke. Dies war Anlass, Grießbrei mit ihr zu kochen.

Im Hinblick auf die Kulturtechniken wollten wir nichts unversucht lassen. Auf Unterrichtsgängen sprachen wir mit ihr über das, was wir sahen, wir wiesen auf Schriftzüge hin (vgl. Holt 2004, 132f.), dokumentierten mit Fotos die Schaufenster der Geschäfte und die Eingangstüren in der Umgebung, über denen »Bäckerei«, »REWE«, »Post« und »Hotel« prangte, um am anderen Ort wieder darüber sprechen zu können. Auf allen möglichen Wegen zählten wir Dinge und stellten zum Beispiel fest, dass vor jedem Haus ein Kanaldeckel im Boden eingelassen ist, dass jedes Auto genau gleich viele Räder hat usw. Sie ging mit zur Bibliothek, wenn wir mit einigen Kindern der Klasse Material für ein neues Sachunterrichtsthema suchten. Wir schauten mit ihr, wenn sie es zuließ, Bilderbücher an, versuchten, Reime mit ihr zu lernen. Lena fand in einer Bilderschachtel Abbildungen von Lieblingstieren, sie klebte sie auf unseren Vorschlag hin in ihr Heft, und wir erzählten darüber, wie die Tiere aussehen, wie sie sich unterscheiden. Hat der Tiger auch Schnurrhaare wie deine Katze? Hast du auch so viele Beine wie der Tiger? Sie erzählte von zu Hause, und wir schrieben ihre Erlebnisse auf. Wir waren interessiert: »Ist Annika immer noch krank?«, »Hast du heute in der Schule schon deine Schwester gesehen?«, »Was hast du heute Nachmittag vor?«, »Hast du deiner Mama deine Bilder gezeigt?«, »Was hat sie gesagt?«, »Der Papa auch?«, »Hast du heute Morgen wieder mit deiner Katze geschmust? War sie lieb zu dir? Was? Sie ist weggelaufen? Habt ihr sie wieder gefunden?«

Wir unterstützten kreative Betätigungen. Manchmal ließ sich Lena während der Freiarbeitszeit anregen, mit Schere, Papier, Abfallmaterial und Klebstoff zu basteln.

Sobald man Lena »ganz in Ruhe ließ« und sie gleichzeitig keine Gelegenheit hatte, auf Entdeckungsreise zu gehen oder sich in die Spielecke zurückzuziehen, gestaltete sie Bilder.

> Sie malt, während um sie herum der Unterricht wogt, unentwegt. Wir bremsen sie in diesem Drang nicht. Es entstehen rasch und skizzenhaft hingeworfene oder bis ins Detail ausgeführte Bilder, mit einer Art von Buchstabenzeichen versehene Gestaltungen, Collagen, auf Schmierpapier, auf schönen Blättern, in ihren Heften und auf der Tafel festgehaltene schwarzweiße Zeichnungen und farbige Bilder. Es wiederholen sich bestimmte Tiere und Mädchenfiguren. Die Bilder haben einen unverkennbaren »Lena-Stil«. Sie erkennt ihre Werke auch nach Wochen als die ihren wieder. Der Bilderstapel, der sich da sammelt, ist Ausdruck von etwas, das von außen völlig unbeeinflusst aus ihr herausfließt. Einmal deutet sie nacheinander auf drei Bilder: »Da ist der Hund. Auf dem Bild ist er gefangen. Und auf dem kommt der Dino und …« Eine Fortsetzungsgeschichte scheint vor ihrem geistigen Auge zu erstehen. In ihren Bildern erzählt sie von ihrer Welt: »Das ist jetzt abends. Das andere Bild ist am Tag.«

> Es entstehen auch Musterbilder, in denen sie Farben oder Zeichen, auch Buchstaben oder mindestens buchstabenähnliche Zeichen abwechselt, offensichtlich im Versuch, Regelmäßigkeiten einzuhalten. Es entstehen eigensinnige grafische Gestaltungen mit einem hohen ästhetischen Wert.

Die Aktivitäten, die hier beschrieben werden, waren nicht neu. Aber unser Blick darauf hatte sich grundlegend geändert. Wir fanden es spannend, was Lena uns erzählte und was sie »auf einmal« alles fragte. Wir suchten in dem, was Lena aus eigenen Impulsen heraus tat, nach Momenten, in denen wir uns mit einem interessierten Blick, einem Staunen, einem Wort, einer Frage, einer Erklärung ihr und dem, was sie sagte, malte, zeigte, fragte, zuwenden konnten. Endlich – so fühlte sie es vielleicht – hatte sie mit dem, was sie schon konnte, unser Interesse geweckt. Wir redeten anders mit ihr: »Du hast von deiner Katze erzählt. Soll ich die Geschichte für dich aufschreiben? Ich glaube, im Regal steht auch ein Buch über Katzen. Vielleicht ist das interessant für dich.« Wir hatten zugelassen, dass dieses Mädchen als die, die sie war, bei uns ankommen konnte. Wir verglichen sie nicht mehr mit Schulanfängern, wie sie den meisten Grundschullehrkräften vorschweben. Wir kamen gar nicht mehr auf die Idee, Lena und das, was sie tat, mit Vorstellungen von »Lernzielen in einer Grundschule« ins Verhältnis zu setzen. Die Fortschritte, die sich zeigten, entdeckten wir im Kontext der Betätigungen, denen Lena nachging, und nicht in Relation zu vorformulierten Lernzielen aus dem Lehrplan. Unsere Beobachtungen wurden genauer.

Etwas Neues beginnt – Lena kommt in der Schule an

Eines Tages nahm ich während der Freiarbeit wahr, dass Lenas Verhalten »irgendwie anders« war. Ich spürte einen Unterschied in der Art, wie sie den Raum betrat, wie sie auf ein Regal zuging, wie sie ihre Frage an mich richtete. Ich sah ihr nachdenklich hinterher. Ich hätte nicht sagen können, was genau es war, das mich stutzen ließ. Es war tatsächlich mehr ein Gefühl als etwas, das ich sehen konnte. Etwas Unbestimmtes signalisierte mir, dass etwas Neues geschehen war. Etwas unterschied diesen Tag von vorangegangenen Tagen. Ich teilte das der Klassenlehrerin mit: »Heute ist was passiert. Als wäre … als wäre ›ein Stöpsel gezogen‹ … Ich glaube, ab jetzt wird Lena lernen.« Ich konnte den Eindruck nicht genauer beschreiben. Der Gedanke war mir unmittelbar in den Sinn »gesprungen«. In der Situation mit Lena an diesem Morgen war eine Resonanz ausgelöst worden, die mich diese Annahme formulieren ließ, ohne dass ich darüber nachdachte. Es würde sich herausstellen, dass die vermutete Entwicklungsrichtung tatsächlich in der erlebten Situation angelegt gewesen war.[31]

> Lena betritt wie jeden Morgen den Freiarbeitsraum. Aber dann stromert sie nicht herum, sondern geht schnurstracks auf das Regal zu, in dem der Korb mit Stoffresten steht. »Ich will ein Kissen nähen.« Anders als sonst, wenn sie irgendeine Arbeit begann, verkündet sie dies mit einem großen Ernst. Sie sucht sich ein Stoffstück heraus. Das ist sehr verknittert und muss vor dem Zuschneiden gebügelt werden. »Kann ich das?«
> »Ja, schau, dort unten in der Kiste steht das Bügeleisen. Und da oben ist die dicke Decke, die du auf dem Tisch ausbreiten musst.«
> Ich bin fasziniert: Sie sucht sich die Dinge zusammen.
> »So? Geht das so?«
> Ich zeige ihr, wie sie das Bügeleisen an die Steckdose anschließen kann. Mein Gefühl sagt mir, dass ich mich in aller Selbstverständlichkeit verhalten muss. Ich gebe ihr einen Wassersprüher, mit dem sie den Stoff einfeuchten soll.
> »Wie geht das?«
> »So geht das. Schau, wenn man hier drückt, sprüht es Wasser.«
> »Ist es so gut?«
> »Ja, jetzt kannst du bügeln.«
> Etwas ungeschickt fährt sie mit dem Bügeleisen hin und her über den Stoff. Ich widme mich anderen Kindern, behalte aber Lena aus den Augenwinkeln im Blick. »Ich bin fertig.«
> »Du musst den Stecker wieder aus der Steckdose ziehen. Stell das Bügeleisen auf die Fensterbank. Es ist noch heiß und muss abkühlen.«
> Lena folgt einfach meinen Anweisungen. Sie räumt die dicke Decke weg, faltet ihren Stoff zusammen, stellt den Wassersprüher wieder in den Wassereimer am Waschbecken. Dann verlässt sie den Raum, vermutlich in Richtung Klassenzimmer.

Lena hatte planvoll eine Absicht verfolgt und eine Handlung abgewickelt: Arbeitstisch herrichten, ihre Arbeit tun, ihre angefangene Arbeit

---

31 Der neurologische Mechanismus, »der uns in die Lage versetzt, ausgehend von einer bestimmten aktuellen Situation *spontan* und *intuitiv* den vermutlichen weiteren Ablauf vorauszusehen«, ist in den Spiegelnervenzellen angelegt (Bauer 2005, 29).

versorgen, alles aufräumen und wieder weggehen. Ich blieb überrascht und nachdenklich zurück. Es war etwas Neues geschehen.

Die Veränderung, die vorgegangen war, offenbarte sich ganz allmählich, langsam und zunächst kaum merklich. Tage später beobachteten wir, dass Lena erstmals »ernsthaft« interessiert war an dem, was die anderen machten. »Ich will auch kneten«, »Was macht Jessica da? Ich will auch mitmachen«, »Nein, lass mich, ich will Linien machen. Ich will schreiben«, »Ich will selbst schreiben.« So kam Lena ganz allmählich in der Gemeinschaft an.

Sie begann, sich auf übliches schulisches Lernen und Unterricht einzulassen. Neugierig verfolgte sie, was andere taten, ihr Interesse war geweckt und sie begann, im Unterricht mitzumachen. Sie benutzte ihr Heft, in das sie Buchstaben und Wörter malte. Sie dachte sich Sätze aus, die sie von der Lehrerin hineinschreiben ließ.

Sie verstand eines Tages, wie Lesen und Schreiben geht. Auch der mathematische Lernbereich erschloss sich ihr allmählich. Am Ende einer Sportstunde überraschte Lena uns mit dem Satz: »Guck mal, genau umgekehrt. Eben waren es zwei Jungen und drei Mädchen.« Sie erinnerte sich an die Situation am Anfang der Stunde, als Frau Seidler einige Kinder aufgefordert hatte, die Matten zu holen. Nun stellte Lena fest: »Die, wo jetzt wegräumen, sind genau umgekehrt zwei Mädchen und drei Jungen!« Eine beiläufige Bemerkung, die uns aufhorchen ließ. Offensichtlich hatte sie begonnen, kleine Mengen im Alltag zu vergleichen. Auch das war ein großer Schritt. Dass sie noch weit davon entfernt war, im Unterricht Notizen in »Mathekurzschrift« zu machen, bekümmerte uns wenig. Immerhin hatten wir lange Zeit nicht einmal eine Vorstellung davon, ob Lena überhaupt je im Bereich der Kulturtechniken mit der Symbolebene vertraut werden würde.

Nun wurden die Fortschritte im Anfangsunterricht unübersehbar. Wir waren stolz auf Lena, deren Eigensinn ungebrochen geblieben war, der sie davor bewahrt hatte, ihre eigenen Entwicklungsimpulse den Lehrerinnen zuliebe nicht mehr zu fühlen.

> Im Jahreszeugnis der zweiten Klasse können wir schließlich formulieren:
> »Lena geht sehr gerne in die Schule. Sie fühlt sich in der Klassengemeinschaft wie ein Fisch im Wasser. Sie ist in dem, was Schule bedeutet, angekommen. Lena lernt Lesen, Schreiben und Rechnen.

Sie ist in jeder Hinsicht ein neugieriges, aufmerksames Kind, das sich von allen Themen, die besprochen werden, berühren lässt: seien es Inhalte aus dem Sachunterricht, Gespräche über das Gemeinschaftsleben in der Klasse oder Erlebnisse und Erfahrungen, über die die Kinder in den Gesprächsrunden berichten. Sie stellt viele Sachfragen, versucht Handlungsabläufe nachzuvollziehen und zeitliche Zusammenhänge zu erfassen.

Die Zeit, die täglich für die Freiarbeit zur Verfügung steht, hat sie in erster Linie für das freie, symbolische Spielen genutzt. Intensiv hat sie sich mit ihrem kindlichen Lebensalltag auseinandergesetzt (Wohnen, Einkaufen, Beziehungen, Essen/Trinken, Feiern u. ä. Themen). Im Kontakt mit Mitschülern und Erwachsenen legt sie hohen Wert auf Akzeptanz. Wenn sie sich in ihren Meinungen und Wünschen nicht genügend beachtet oder geachtet fühlt, reagiert sie darauf mit Rückzug und Verweigerung. Jegliche Bemühung, zu ihr durchzudringen, ist in solchen Momenten für geraume Zeit vergeblich. Sie hat große Freude am Malen, Basteln und Zeichnen, an Bewegungsspielen, Rollenspielen und Gesellschaftsspielen. Im Sportunterricht stellt sie sich ehrgeizig den Anforderungen beim Trainieren für die Bundesjugendspiele.«

Ein ganz normales Zeugnis für ein lern- und wissbegieriges Kind!

Wie ist das alles gegangen?

Was Lena während der vorangegangenen Wochen und Monate erlebt hatte, wie sie ihre Erfahrungen zusammengefügt und wie sie offensichtlich eine neue Entwicklungsebene erreicht hatte, war uns verborgen geblieben. Aber ganz offensichtlich war die Zeit, die wir ihr gelassen hatten, ohne an sie zu appellieren und an ihr zu zerren, alles andere als »leere Zeit« gewesen.

Kinder brauchen die Aufmerksamkeit der Lehrerin. Die Grenze aber zwischen anteilnehmender Aufmerksamkeit und überbehütender oder gar »übergriffiger« und reglementierender Kontrolle ist schnell überschritten. Jesper Juul (2010, 255f.) plädiert dafür, Kinder auch einfach einmal in Ruhe zu lassen. Das heißt nicht, dafür ganz und gar aus dem Feld gehen zu müssen. Es ist »für alle Menschen von großer Bedeutung, liebevolle und fürsorgliche Zeugen ihres Lebens zu haben. Vorzugsweise solche Zeugen, die willig sind zu lernen, uns ihre Fürsorge dann zukommen zu lassen, wenn wir sie brauchen, und nicht, wenn sie das Bedürfnis haben, sich nützlich zu machen. Dies zu lernen dauert (…)« (a. a. O.).

Fünf Aspekte waren für Lenas Fortkommen vermutlich entscheidend: Lernen am und im Alltag, Lernen in Sinnzusammenhängen, Unterstützung des Ausdrucksverhaltens, Gewährung von Freiheitsgraden für selbstgesteuertes Lernen in bezogener Begleitung und die Bereitstellung bewertungsfreier Lernräume. Wir wurden uns nach unseren Erlebnissen mit Lena der Einstellungen und Haltungen, die wir in unserer pädagogischen Arbeit beherzigen wollten, umso bewusster. Ein hohes Maß an inhaltlicher Offenheit und Freiheit scheint vor allem dann von Vorteil zu sein, wenn es in der Unterrichtsplanung auf elementare und komplexe Entwicklungsunterstützung ankommt. Diesen Gedanken legen Erfahrungen mit Lena und ähnliche mit anderen Kindern, auch geistig behinderten Kindern in der Grundschule, nahe. Eine radikal offene Konzeption »kommt offensichtlich lernschwächeren und konzentrationsschwächeren Schülerinnen und Schülern entgegen, denen viel Vertrauen gewährt wird und denen Misserfolgserlebnisse möglichst erspart bleiben. Dies scheint längerfristig positive Effekte zu zeitigen« (Bohl/Kucharz 2010, 81).

Lenas Lehrerin gelang es, sich vom zwar differenzierten und auf der Ebene der Unterrichtsorganisation offenen, aber doch relativ aufgabenbezogen vorbereiteten Anfangsunterricht zu lösen und einen offenen Blick auf Lernen als einen aus vielen Richtungen beeinflussten Prozess zu wagen, der kein lineares Geschehen ist. Die Lebensenergie des Kindes steht in vielfältigem, wechselseitigem Austausch mit Mitwelt und Erfahrungswelt. Entwicklungen vernetzen sich und beeinflussen sich gegenseitig. Kompetenzen nehmen in einem äußerst komplexen Geschehen Form an (vgl. Haupt 2003, 25ff.). Entwicklung ist ein komplexes Geschehen im Netzwerk unterschiedlichster Bedingungen und auf unterschiedlichen Ebenen. Insbesondere die Autonomie- und Kontrollorientierung der Lehrperson stehen in der Zusammenarbeit mit Kindern wie Lena auf dem Prüfstand (vgl. Bohl/Kucharz 2010, 71). »Kinder mit starken Entwicklungsimpulsen wehren sich gegen erdrückende Fremdbestimmung in der Förderung. Wird dann dieser berechtigte Protest in der Förderung überhört oder unterdrückt, bleiben dem Kind auf Dauer nur innerer Protest, Trotz, Lustlosigkeit, Verweigerung« (Haupt 2013, 13). Kinder unternehmen eigene Entwicklungsanstrengungen und sind offen für ihre Umgebung. »Aus unzähligen großzügigen Handlungen, die scheinbar im Chaos geschehen, erwächst von innen her das Bedürfnis zum Ordnen und Organisieren, zum Klassifizieren und Verfeinern. Erst wenn dieses Grundbedürfnis immer wieder zu seinem Recht kommt, schärft sich im Kind der Sinn fürs Feine, Spezielle, Strukturierte. Und in diesem Fall ist es wenig sinnvoll, unsere Kräfte mit unentwegtem Grenzensetzen zu vergeuden« (Wild 2003, 116f.). Dies gilt analog für Kinder, deren Entwicklung durch besondere Lebensumstände erschwert ist. Zum Beispiel brauchen Kinder mit körperlichen und motorischen Beeinträchtigungen, die nicht selbstständig auf Angebote zugreifen können, direkte persönliche Unterstützung. »Bewegungserleichterung ist für das Kind sehr wichtig, wenn es sich im Raum bewegen, wenn es Bewegungsimpulse realisieren möchte, [und] wenn aus dem Erkunden Spielimpulse erwachsen, die es umsetzen möchte (…)« (Haupt 2006a, 200). In der Zusammenarbeit mit diesen Kindern ist es besonders schwierig, mit der Hilfestellung, die man anbietet, die Grenze zur Fremdbestimmung nicht zu überschreiten.

Glücklicherweise standen in Lenas Fall die Unterrichtsstrukturen, die wir bereits eingeführt hatten, dem besonderen Lernarrangement für das Mädchen nicht im Wege. Die Rahmenbedingungen erlaubten ein hohes Maß an Differenzierung bis hin zu extremer Individualisierung bei gleichzeitiger Integration. Das besondere Förderangebot für Lena stellte ihre Einbindung in das Klassengeschehen und ihre Zugehörigkeit zum Klassenverband niemals infrage. Natürlich blieben wir den Beweis dafür, dass es unsere besonderen Rahmenbedingungen gewesen seien, die den Fortschritt bewirkt haben sollten, schuldig. Entwicklung wird eben nicht von außen »bewirkt«, sondern ereignet sich unter beschreibbaren Bedingungen. Lena hatte uns um Erfahrungen bereichert, die uns darin bestätigten, unseren begonnenen Weg weiterzuverfolgen.

5. Wie sinnvoll ist Schuleingangsdiagnostik?

Lena, deren Lerngeschichte im vorausgehenden Kapitel beleuchtet wurde, ging einen sehr eigensinnigen Weg. In einem üblichen Anfangsunterricht geht man von Erwartungen an die Entwicklungsreife der Schulanfänger aus, denen Lenas Verhalten nicht entsprach. Dies war zwar in dem der Schulakte beiliegenden sonderpädagogischen Gutachten zum Ausdruck gekommen, aber es bot für eine Förderplanung keine relevanten Hinweise. Auf der Basis bekannter methodisch-didaktischer Wege beim Erwerb der Kulturtechniken suchte die Lehrerin nach einem Zugang auch für Lena. Wie sich später herausstellte, konnte sie Lena aber erst helfen, als sie aufhörte, nach »schulrelevanten Lernvoraussetzungen« zu suchen, an denen sie hatte andocken wollen.

5.1 Diagnostik im Übergang vom Kindergarten in die Schule

In Debatten um frühe Bildung wird verschiedentlich betont, wie wichtig eine frühzeitige Diagnostik hinsichtlich »schulrelevanter Kompetenzen« (Hasselhorn/Schneider 2011, 3) sei, um Entwicklungsrisiken präventiv mit geeigneten Förderkonzepten begegnen zu können. Es sei im besten Falle sogar vorstellbar, dadurch »Entwicklungsverzögerungen (...) durch gezielte kompetenz- und entwicklungsorientierte Fördermaßnahmen auszugleichen, um allen Kindern optimale Startvoraussetzungen für den Schulanfang zu ermöglichen« (a.a.O. 2).[32] Aber die Möglichkeiten, mittels einer frühen Diagnose Lernschwierigkeiten in der Schule vorbeugen zu können, sind begrenzt. Es trifft zu, dass Entwicklungsrisiken unter geeigneten Bedingungen abgeschwächt werden können, was zukünftigen Lernschwierigkeiten vorbeugt. Aber es gibt Lernschwierigkeiten, die akzeptiert werden müssen und mit denen ein Umgang zu finden ist, ohne sie beheben zu können. Entwicklungsverläufe sind nicht die Summe zielorientierter Vorgänge. Viele Entwicklungsfaktoren sind unserem unmittelbaren Einfluss entzogen. Eine frühe gezielte Förderung

[32] Mit dieser Intention starten Projekte wie »Schulreifes Kind« (Ministerium für Kultus, Jugend und Sport in Baden-Württemberg, Start September 2006) oder das »Mainzer Einschulungsspiel« (Institut für schulische Fortbildung und schulpsychologische Beratung des Landes Rheinland-Pfalz, IFB, Fachbereich Schulpsychologischer Dienst. 2006).

sogenannter vorschulischer Kompetenzen bzw. schulischer Basiskompetenzen ist unter diesen Vorbehalten kritisch zu sehen. Entwicklungsvoraussetzungen lassen sich nicht für die Schule vor Schuleintritt vereinheitlichen. Entwicklung lässt sich nicht forcieren und in bestimmte äußere Zeitfenster pressen. Wann ist ein Kind schulreif? Da alle Kinder unterschiedslos nach den obligaten drei Kindergartenjahren bzw. spätestens mit Erreichen des sechsten Lebensjahres eingeschult werden sollen, ist »Schulreife« keine relevante Kategorie mehr. Die Beherrschung schulrelevanter Basiskompetenzen als Unterscheidungsmerkmal bei der Einschulung war zu Zeiten eine hilfreiche Kategorie, als im Namen eines traditionellen Unterrichts die einen von den anderen Kindern unterschieden wurden, um Zuständigkeiten in der zukünftigen Förderung zu bestimmen. Aber genau um das Gegenteil geht es bei den Integrations- und Inklusionsbemühungen. Wir müssen uns darauf einstellen, dass in Zukunft auch Kinder die allgemeinen Schulen besuchen, die über die sogenannten »vorschulischen Kompetenzen« noch nicht verfügen.

Im Kontext der Debatten um gemeinsamen Unterricht muss auch neu überdacht werden, welche Anlässe die Überprüfung von Kindern hinsichtlich eines »sonderpädagogischen« oder »besonderen Förderbedarfs« rechtfertigen. Der Begriff des »sonderpädagogischen Förderbedarfs« wurde ebenfalls zur Unterscheidung von Zuständigkeiten benutzt. Das erweist sich im Rahmen der neuen Einschulungspraxis aber als »missverständlich und irreführend« (Speck 2010, 44). Lena galt, als sie eingeschult wurde, als lernbehindertes Kind. Weil Entwicklungsverzögerungen aufgefallen waren und man sich um den Übergang in die Schule sorgte, hatte der Kindergarten die Möglichkeit ins Gespräch gebracht, die »Überprüfung des sonderpädagogischen Förderbedarfs« zu beantragen. Mit der offiziellen Feststellung eines »sonderpädagogischen Förderbedarfs« konnte man den Eltern den Einsatz sonderpädagogischer Fachkompetenz und damit eine passgenaue Förderung für ihr Kind in Aussicht stellen. Das Gutachten verleitete zu dem Missverständnis, dass Lenas Förderung im Rahmen der allgemeinen Schule in die Zuständigkeit einer Förderschullehrkraft fiele. Die bisherige Praxis der Gutachtenerstellung leistet auf diese Weise als »Instrument zur Etikettierung und Ressourcenbeschaffung« (a.a.O.) dem Missbrauch Vorschub. Es muss gefragt werden, was denn »sonderpädagogisch« und »Bedarf« im Unterschied zu einem »normalen« Förderbedarf bedeutet. Haben die allgemeinen Schulen es nicht ohnehin immer wieder mit besonderen Lernbedürfnissen zu tun (vgl. a.a.O. 44)?

Die Erstellung von Gutachten als Grundlage für die bisher übliche Zuweisungspraxis sollte sich erübrigen können, wenn wir die Integrations- und Inklusionsdebatte ernst nehmen. Für eine sorgfältige Förderplanung ist es dennoch erforderlich, Lernvoraussetzungen zu diagnostizieren und Förderbedürfnisse zu beschreiben. Eine fachkompetente pädagogische Diagnostik könnte immer dann erfolgen, wenn besonderer Unterstützungsbedarf sichtbar wird, auch bereits im Vorfeld der Einschulung. Die Diagnostik könnte in eine erweiterte Einschulungspraxis und den Übergang vom Kindergarten in die Schule, vielleicht sogar in das letzte Kindergartenjahr eingebunden werden. Anfragen sollten von den Kindergärten bzw. Kindertagesstätten, den Eltern, sonstigen Fördereinrichtungen und von aufnehmenden Schulen unkompliziert an dafür zuständige Fachpersonen aus der Sonderpädagogik gerichtet werden können. Mit einer lernbegleitenden Diagnostik könnten die Förderbemühungen im Kindergarten unterstützt werden. Dies aber sollte nicht von der Zielvorstellung aus geschehen, das Kind für die Schule fit machen zu wollen oder zu sollen. Der zukünftigen Lehrkraft würde eine solche Zusammenarbeit aber helfen, sich auf die besonderen Lernvoraussetzungen eines Kindes vorzubereiten.

5.2 Emilia bleibt ein Jahr länger in der Kita

Die Zusammenarbeit von Schule und Kindertagesstätte führte für das Mädchen Emilia im letzten Kindergartenjahr dazu, dass die Förderung in der Schule von Beginn an auf passende Fährten gesetzt werden konnte. Die Zusammenarbeit kam zustande, als ich als Sonderpädagogin der Schule des Einzugsgebietes die Kindertagesstätte besuchte. Es war üblich, ein gutes halbes Jahr vor dem Einschulungstermin das Gespräch mit den Erzieherinnen zu suchen, die mit den angehenden Schulkindern arbeiteten. Im Gespräch mit ihnen erhielt ich Kenntnis von den Sorgen, die man sich um Emilia machte. Die Erzieherinnen glaubten von Anfang des Kindergartenbesuches an, Emilia nicht gerecht werden zu können. Dies war immer wieder in Gesprächen mit den Eltern thematisiert worden. Diese mutmaßten, dass die Erzieherinnen die Aufnahme ihres Kindes in ihre Einrichtung eigentlich hatten ablehnen wollen. Sie selbst waren voller Ängste. Von Ärzten und Therapeuten hatten sie von »Tröstlichem und Zuversichtlichem« (»Auch Ihr Kind wird mal ganz normal lernen können; am Ende macht es noch Abitur«) bis zur »schockierendsten Nachricht ihres Lebens« (»Ihr Kind ist schwer geistig behindert«) viele Rückmeldungen über ihre Tochter erhalten. Dennoch versuchten sie, die Bedenken der Erzieherinnen abzuwiegeln.

In dieser schwierigen Situation konnte ich vermittelnd tätig werden. Es wurde eine Diagnostik veranlasst und zeitnah durchgeführt. Ich führte die Berichte der verschiedenen an der Förderung des Kindes bisher beteiligten Einrichtungen zusammen. Ich konnte Emilia in der konkreten Situation des Kindergartens beobachten und auf die Rückmeldungen der Erzieherinnen eingehen. Die Mitteilungen der Eltern halfen mir, Emilia kennenzulernen und die Beschwernisse im Lernen, die besondere Entwicklungsunterstützung notwendig erscheinen ließen, besser zu verstehen. Bisherige Sichtweisen der Betreuerinnen veränderten sich. Beobachtungen von Emilias Verhalten hatte man zuerst zum Anlass genommen, um »Störungen« dingfest zu machen. Im gemeinsamen Nachdenken veränderten sich die Deutungen und Schlussfolgerungen aber (vgl. Kazemi-Veisari 2004, 40f.). Zum Beispiel schien es mit einem Mal plausibel, dass Emilia Schwierigkeiten hatte, mit anderen Kindern in Kontakt zu treten. Nicht aus Scheu hielt sie sich zurück, sondern sie wusste einfach nicht, wie sie anderen Kindern begegnen konnte. Es wurde mit Hilfestellungen experimentiert, die das Kind in seiner Selbstvergewisserung bestätigten, ohne dass man ihm dabei zu nahe trat. Manchmal legte sich Emilia auf eine abseits stehende Couch und wirkte in sich versunken. Nachdem verstanden wurde, dass Emilia diese Art »Auszeiten« aktiv für sich suchte, konnte dies akzeptiert werden. Man versuchte nicht mehr vergeblich, sie dann zum Mitspielen oder Ähnlichem zu ermuntern. Auf der Grundlage vieler weiterer Informationen wurden zusammen mit der Bezugserzieherin im Kindergarten ergebnisoffene Förderangebote entwickelt. Im Gespräch fanden wir gemeinsam Ansatzpunkte für Spielangebote, die Emilia forschend aufgreifen konnte. Die Schule stellte leihweise Material zur Verfügung. Während bestimmter »Förderzeiten«, in denen die angehenden Schulkinder sich mit spezifischen schulvorbereitenden Aufgaben beschäftigten, wurde Emilia in alltagsrelevante Aktivitäten einbezogen. Sie durfte in der Küche zuschauen und öfter als andere Kinder dabei helfen, den Tisch zu decken, im Garten Unkraut rupfen, sie durfte im Hof Steine für ein gemeinsames Spiel suchen und vieles mehr. Es konnte eine Integrationsfachkraft für einige Stunden einbezogen werden, die zusammen mit den Erzieherinnen ein stetig sich erweiterndes Repertoire an Situationen entdeckte, die sich für handlungsorientiertes und kontextbezogenes Lernen eigneten. Ursula Haupt schreibt dazu: »In der gemeinsamen Lebensgestaltung mit zugewandten Bezugspersonen werden für das

Kind wesentliche Lernerfahrungen möglich. Grundlegendes Lernen ist überwiegend nicht-intentional, ohne Programm oder didaktische Aufbereitung. Im gemeinsamen Leben in der Familie und in der Kindergruppe mit Unterstützung der Fachkräfte lernt das Kind (...)« (Haupt 2006, 70).

Die veränderte Haltung der Erzieherinnen war für Emilias Entwicklung von besonderer Bedeutung. Sie gingen mit mehr Vertrauen in den Kontakt. Emilia bekam nicht mehr dauernd zu spüren, dass mit ihr etwas nicht stimmte. Die Erzieherinnen waren ermutigt und sahen auf einmal ihre guten Möglichkeiten, Emilia gerade in ihrer Einrichtung auf ihrem Weg aktiv begleiten zu können und passende Herausforderungen für sie zu finden.

Es konnte erreicht werden, dass Emilia ein viertes Jahr im Kindergarten bleiben und die guten Möglichkeiten dort nutzen durfte. Ich hielt ein Beratungsangebot aufrecht und verabredete in größeren zeitlichen Abständen Besprechungstermine. Aus dieser Zusammenarbeit erwuchsen Planungen für den Übergang in die Schule. Die zukünftige Klassenlehrerin wurde über das Kind informiert. Es entlastete sie, sich bei den Planungen für die ersten Schulwochen auf diese Vorarbeiten beziehen zu können. Dieses Prozedere nahm Emilias Eltern viel von der Angst, die sie umtrieb, wenn sie an die Einschulung ihrer Tochter dachten.

Die Eltern erlebten eine Zusammenarbeit, in der Entscheidungen verantwortlich gefällt und gut begründet wurden. Dies förderte ein vertrauensvolles Verhältnis, in dem auch die Eltern mit ihren Ängsten und Sorgen nicht mehr hinter dem Berg hielten. Das wiederum erleichterte den Erzieherinnen und dann den Lehrerinnen den Umgang mit Emilias Behinderung. Zwischen Eltern, Kindergarten und Schule war also, unter Einbezug sonderpädagogischer und sozialpädagogischer Sichtweisen und Kompetenzen, eine sinnvolle und wichtige Zusammenarbeit entstanden, lange bevor Emilia eingeschult wurde. Es wäre zu wünschen, dass eine solche Kooperation selbstverständlicher werden könnte. Vielleicht wäre auch Lenas erstes Schuljahr von weniger Unsicherheit geprägt gewesen, wenn in ihrem letzten Kindergartenjahr eine Zusammenarbeit zwischen Kindergarten und Schule hätte stattfinden können.

6. Differenzieren in den sogenannten Kernbereichen des Anfangsunterrichts

Zu den Kernbereichen des Anfangsunterrichts gehören der Erwerb der Kulturtechniken und der Sachunterricht. Verlage beziehen sich mit ihrem Angebot darauf und versuchen mit einer Vielzahl an Materialien den Erfordernissen eines differenzierenden und individualisierenden Unterrichts gerecht zu werden. In Kollegien wird um die Einführung bestimmter Lehrwerke und ihre Eignung für einen Unterricht in heterogen zusammengesetzten Klassen manchmal heftig gestritten. Frau Seidler und ich gingen diesen Diskussionen vorerst aus dem Weg. Uns war es wichtig, zunächst die Lernfelder, um die es sich bei den sogenannten Kernbereichen des Anfangsunterrichts handelt, zu beschreiben, und zwar, so gut es uns möglich war, von den Kindern aus. Auf diese Weise entdeckten wir Handlungsfelder und Gestaltungsspielräume für ein differenziertes Unterrichten. Über die Auswahl an Materialien für unseren Unterricht entschieden wir erst im zweiten Schritt.

6.1 Der Sachunterricht

Kinder lernen am besten, wenn sie mit eigenen Fragen und anknüpfend an ihre Kompetenzen etwas tun dürfen, das mit ihrer Lebenswelt zu tun hat. *Lernen im Kontext* und *Alltags-* und *Situationsbezug* sind die Stichworte, die unsere Überlegungen leiteten. Wie kann man aber als Lehrerin solche Bezüge, die nicht für jedes Kind gleich aussehen, herstellen oder zulassen, ohne dass der Gesamtzusammenhang für die Klasse verloren geht?

> Die Klasse ist auf dem Kartoffelfeld unterwegs. Christoph hat noch nie gesehen, wie die Kartoffeln in der Erde wachsen. Er war nie auf einem Acker und glaubt nicht, dass die grünen Pflanzen über der Erde Kartoffelpflanzen sind. Er kennt Kartoffeln nur aus dem Supermarkt und vom Mittagstisch. Nora durfte schon oft bei ihrem Großvater auf dem Hof mitarbeiten. Sie ist Expertin und hat viele Erklärungen für Christoph bereit.
> Auch Jakob findet es höchst interessant, bei der Kartoffelernte dabei zu sein. Er wirft die Frage auf, wie viele Kartoffeln auf so einem

Feld geerntet werden können. Er versteigt sich in Zahlenakrobatik, fertigt später in der Schule Tabellen an und stellt sich Fragen, die beim Verpacken und Verkauf der Kartoffeln entstehen. Felix interessiert sich hauptsächlich für die landwirtschaftliche Maschine, die alles viel »bequemer macht«, als es das für ihn ist, wenn er gebückt die Kartoffeln in den Korb einsammeln soll. Er fotografiert den Ernter. In der Schule sind »landwirtschaftliche Maschinen« das Thema, das er weiterverfolgt. Er wird ein Plakat für die Klasse anfertigen. Auch Christoph interessiert sich für die Maschinen und hört interessiert zu, als Felix sich »fachmännisch« mit dem Bauern unterhält. Nora ist mit den anderen Mädchen inzwischen zum Hof zurückgegangen. Sie stehen im Kuhstall und verfolgen die Prozedur des Melkens.

Bei der Vorbereitung hatten wir ein Thema vor Augen, das sich inhaltlich weit fassen ließ: Bauernhof, landwirtschaftliche Maschinen, Kartoffeln, Kühe, Melken, Produkte aus der Landwirtschaft im Supermarkt, Abläufe im Handel und vieles mehr. Der Besuch auf dem landwirtschaftlichen Hof wurde organisiert, eine Auswahl von Büchern zum Thema ins Regal gestellt und in der städtischen Bücherei nachgefragt, ob wir bei einem Besuch dort fündig werden könnten. Wir überlegten: Was könnten die Kinder fragen? Was ist für sie interessant? Gibt es Aspekte, die die Rahmenpläne für den Lernbereich Deutsch und Mathematik betreffen? Steht ein Film zur Verfügung? Gibt es jemanden, den wir zum Interview einladen könnten? Wann ist die Küche frei, um eventuell einer Gruppe zu ermöglichen, etwas aus Kartoffeln zu kochen? Kann ich Mütter organisieren, die helfen? Was brauchen wir, um unsere Arbeit zu dokumentieren? Vielleicht ließen sich auch Versuchsanordnungen entwickeln, um herauszufinden, was eigentlich die Kartoffel genau ist? Wir könnten Kartoffeln von zu Hause mitbringen, die schon Keime entwickelt haben oder ganz verschrumpelt sind. Oder überlassen wir das den Kindern?

In diesem Beispiel, in dem es einen kontextgebundenen Einstieg gab, differenzierte sich der Inhalt projektartig aus. Es ergaben sich fächerübergreifende Arbeitsaufträge. Werden Unterrichtsinhalte so angeboten, klärt sich oft erst während des Einstiegs in einen neuen Unterrichtsinhalt, wie die Kinder im Einzelnen daran arbeiten könnten.

Ein *Projekt* in diesem Sinne umfasst Tätigkeiten auf der konkreten Handlungsebene. Es sind immer auch Rechercheaufträge, Planungsarbeiten, Präsentationen vorgesehen. In einer offenen Konstruktion der Rahmenbedingungen sollen die Schüler fragen, experimentieren, nachdenken, diskutieren, planen, notieren, etwas herausfinden, Gedanken darstellen, Ergebnisse formulieren. Ein Unterricht, der diesem Anspruch gerecht wird, erfordert eine besonders sorgfältige Vorbereitung. Manchmal ist die Organisation der notwendigen Rahmenbedingungen sehr anspruchsvoll. Die differenzierte inhaltliche Aufbereitung des Themas braucht ebenfalls ihre Zeit. Die Materialbeschaffung kann ein aufwändiges Unterfangen sein. Manchmal ist es sinnvoll, die Gedanken eine Weile »gären« zu lassen. Das Thema muss deshalb vorausschauend und früh in die Planungsarbeit aufgenommen werden.

Themen, die alle Schüler der Klasse betreffen, müssen so aufbereitet werden, dass Betätigungen in verschiedenen Richtungen und auf verschiedenen Kompetenzebenen möglich sind. Das darf jedoch nicht dazu führen, dass der Inhalt in unverbundene Einzelteile zerfleddert. Eine grobe Richtlinie für die Vorbereitung bieten die Stichworte: von der Erfahrung zur Reflexion, vom Konkreten zum Symbolischen, vom Allgemeinen zum Spezifischen, von der Handlung zur Theorie. Die Kinder müssen beim Einstieg die Chance haben, einen Überblick zu gewinnen, um dem Thema mit eigenen Vorstellungen, Fragen und Ideen zu begegnen. Vielleicht kann ein Unterrichtsgang wie im Kartoffel-Beispiel der Ausgangspunkt für erste Eindrücke sein. Die Klasse steigt so gemeinsam in das Thema ein. Konkrete Erfahrungen, an den Anfang gestellt, sorgen für eine solide Grundlage, auf der weitere Lernprozesse aufbauen können. Durch eigenaktives Handeln, Experimentieren, Sehen, Riechen, Schmecken, Hören, Anfassen wird eine »günstige Voraussetzung für Verstehensprozesse geschaffen (...) und zwar weitgehend unabhängig von den unterschiedlichen sprachlichen Kompetenzen, die Kinder mitbringen« (Lück 2003, 96). Die Möglichkeit, erste Eindrücke zu sammeln, darüber zu sprechen, Fragen zu stellen, »Forscherfragen« zu entwickeln – das alles ist geeignet, Richtungen auszumachen, in die sich Kompetenzen, auch die sprachlichen, ausdifferenzieren können. »Das Zusammenspiel von Sinnen und Sprache [ist] von besonderer Bedeutung. (...) Die über die Sinne aufgenommenen Eindrücke [fördern] zum einen die kognitive Entwicklung und tragen zum anderen zur Erweiterung der sprachlichen Fähigkeiten bei« (a.a.O. 96). »Neben den Sinnen ist die Sprache das entscheidende Vermittlungselement. Sprache hat dabei eine aufmerksamkeitslenkende Bedeutung, fokussiert auf die wesentlichen Prozesse und erläutert sie auf der eher abstrakten Ebene«

(a.a.O. 95). Gisela Lück weist auf eine darüber hinausgehende weitere Bedeutung sprachbewussten Verhaltens in der naturwissenschaftlichen Bildung hin. Sie gibt zu bedenken, dass die Sprache, die die Sinneseindrücke begleitet, je nachdem einen mehr affektiv gefärbten oder eher sachlich distanzierten Zugang zu Naturphänomenen abbildet. »Die Überlegungen zu einem Sachunterricht, der Begegnungen mit Phänomenen der belebten und unbelebten Natur arrangiert, müssen immer auch den Diskurs über Möglichkeiten der Deutung und Erklärung naturwissenschaftlicher Vorgänge einschließen. Die Wahl der Worte erzeugt jeweils verschiedene Stimmungen und – dadurch beeinflusst – andere Zugänge zum Gesagten« (a.a.O. 77). Das beeinflusst die Weltsicht der Kinder. Haltungen, changierend zwischen den Polen eines emotional distanzierten und eines anthropozentrischen Weltbildes, werden unterstützt (vgl. a.a.O. 83). »Darüber hinaus konnte in Untersuchungen zur Erinnerungsfähigkeit gezeigt werden, dass (...) [ein naturwissenschaftlicher Vorgang] durch die Deutung des Phänomens deutlich besser im Gedächtnis bleibt als ein Experiment, dessen Ablauf lediglich vorgestellt wurde« (a.a.O. 107).

Eine Aufbereitung sachkundlicher Themen, die die vorangestellten Gedanken berücksichtigt, bleibt in viele Richtungen offen. Es zeigen sich Spielräume für Differenzierungsmaßnahmen, die am Schreibtisch nur begrenzt planbar sind. Vor allem für eine noch unerfahrene Lehrkraft erweisen sich großzügige und konkrete Ausgangssituationen als Beobachtungsfelder und als Fundgruben für unterrichtliche Ideen. Es kann also sein, dass sich die vielfältigen Aspekte und die Vielschichtigkeit eines Themas erst im Verlauf der weiteren Unterrichtsvorbereitungen zeigen und das Thema sich erst dann im Einzelnen ausformulieren lässt.

6.2 Der Lernbereich Deutsch

Lesen und Schreiben – mehr als eine Technik

Lesen und schreiben zu lernen ist für die meisten neu eingeschulten Mädchen und Jungen die ganz wichtige Sache. Der Erwerb dieser Kulturtechniken ist weit mehr als die Aneignung einer Technik. Mit diesen Kompetenzen werden sie den Erwachsenen ebenbürtiger. Auf diese Bedeutung muss der Einstieg in den Leselernprozess Bezug nehmen. Das gelingt nicht auf der Grundlage kleinschrittiger Aufträge in Fibeln, deren Inhalte in oft sinnlosen Textschnipseln daherkommen. Mit einem

Studenten der Sonderpädagogik, der körperlich und mehrfach behinderte Jugendliche während eines Schullandheimaufenthaltes begleitete, sprach ich darüber:

> Stefan registriert erstaunt, dass Nora lesen kann. Er fragt mich, welchen Leselehrgang bzw. welche Fibel ich denn für Kinder wie Nora einsetze. Ich bekenne, dass ich noch nie, auch nicht bei nichtbehinderten Kindern, je einen Fibellehrgang benutzt habe. Stefan will wissen, wie ich es denn dann anstelle, dass die Kinder lesen lernen. Ich meine, dass das die falsche Frage ist. Ich berichte ihm über meine Erfahrung, dass das Lesen- und Schreibenlernen im engen Sinne meistens keine so schwierige Angelegenheit ist, vorausgesetzt, die Schüler können sich symbolisch verhalten, können phonologische Informationen verarbeiten und sich Buchstabenzeichen gut merken. Aber wenn ich es mit sehr schwer beeinträchtigten Kindern zu tun habe, darf ich erst einmal gar nicht selbstverständlich davon ausgehen, dass sie Lesen und Schreiben lernen können. Ich führe aus, dass dann Überlegungen im Vordergrund stehen, die den Alltag dieser Kinder betreffen, in dem sie mit Schrift und der Bedeutung des Lesens in Berührung kommen. Wenn es zuletzt wirklich ums Lesenlernen geht, genügt mir die Kenntnis der 26 Buchstaben des Alphabets und ihrer Lautqualität. Stefan sieht aus, als würde ich ihn mit dieser Antwort im Regen stehen lassen.

Der Gedanke, auf den Einsatz einer Fibel zu verzichten, wird von den meisten Grundschullehrkräften nicht in Erwägung gezogen. Dabei haben sie vermutlich alle schon Kinder in ihren Klassen gehabt, die zu Schulbeginn einen Lese-/Schreiblehrgang schon nicht mehr brauchen, und andere, die mit einer Fibel nicht lesen lernen konnten. Manche Fibel verkompliziert den Erwerb der Kulturtechnik unnötig (vgl. Ehrenstein 2006, 35).

Vielen Kindern, die in die Schule kommen, ist der Zusammenhang von Zeichen und Bezeichnetem, von realer und symbolischer Handlung längst klar. Sie konnten während ihrer ersten Lebensjahre dafür grundlegende Erfahrungen machen, indem sie viel Zeit damit verbrachten, frei zu spielen. Dabei haben sie immer wieder ihre Wirklichkeit in Symbole übersetzt, sind diesen Weg viele, viele Male gegangen (vgl. Haupt 2006, 71). Grundformen symbolischen Verhaltens werden in der Sprache, im freien und symbolischen Spielen, im Malen und Zeichnen, in der Gestaltung von Klängen, Melodien und Rhythmen erworben (a.a.O.).

Ich lernte Kolleginnen kennen, unter denen der flapsige Spruch die Runde machte: »Die meisten Kinder lernen trotz des Lehrers lesen und schreiben, notfalls aus dem Neckermannkatalog.« Fee Czisch (2004, 118) bringt ihre Kritik an Fibeln so auf den Punkt: »Müht ein Kind sich ab, entziffert es mit der größten Anstrengung ein paar Wörter, um dann herauszufinden, dass die Information den Aufwand wirklich nicht gelohnt hat, so ist das eine systematische Frustrationsübung! Fibeln sind so: (...) *Das ist der Ball. Otto holt den Ball. Fang den Ball, Otto! Au fein!* Ein Kind muss sich auf den Arm genommen fühlen, wenn es den Sinn – oder Nichtsinn – dieser dummen Sätze erfasst.«

Im Kontext eines Unterrichts, der sich mit dem Erwerb der Schriftsprache bzw. dem Umgang mit Schriftsprache befasst, ist der eigentliche Lese- und Schreiblehrgang nur *ein* Aspekt. Es erweist sich immer wieder und gerade auch für die Kinder, denen der Erwerb der Kulturtechniken besonders schwerfällt oder unmöglich ist, als besonders wichtig, von Anfang an das absichtsvolle Aufschreiben im Sinne von Alltagshandeln in den Unterricht einzubeziehen. Schriftzeichen müssen als Vermittler von Sinn zwischen dem, der aufschreibt, und dem, der es wieder liest, erlebt werden können. Selbst Menschen, die niemals schreiben und lesen lernen, sind in der Lage, einen ihren Bedürfnissen gemäßen kompetenten Umgang mit Schrift, die sie selbst nicht entziffern können, zu finden.

Erika zum Beispiel fand auf der Suche nach ihrer Klasse eine Nachricht vor, die ihr weiterhalf. »Ich hab euch gefunden. (...) Da hast du doch einen Zettel geschrieben. Da stand doch, dass er für mich war. Da kam gerade der Martin. Ich hab ihm gesagt, er soll mir vorlesen« (Ehrenstein 2006, 50). Während man als Lehrerin etwas aufschreibt, sich zum Beispiel Notizen macht, kann man immer auch verdeutlichen, dass dabei etwas über das Zeichnen von Buchstaben hinaus geschieht. Kinder sind sehr bereit, dies nach Möglichkeit nachzuahmen. Sie suchen nach Ansätzen zum Verstehen und fragen: »Was machst du da?« (a.a.O. 2006, 42) So hält man als Lehrerin den Weg für Schülerinnen und Schüler offen, die aufgrund ihrer ungünstigen Lernvoraussetzungen vielleicht erst später in einen Lese- und Schreiblernprozess einsteigen können.

Wenn im Anfangsunterricht das Übersetzen von Lauten in sie bezeichnende Buchstaben und der umgekehrte Weg vom Buchstaben in seine Lautqualität selbstverständlich geworden ist, geht es mit dem Schreiben- und Lesenlernen unweigerlich Schritt für Schritt voran.

Sprache aber, ob mündliche oder schriftliche, ist nicht nur ein Vehikel, um Informationen zu vermitteln. In ihr kommt über die alltagspraktische Bedeutung hinaus ein subjektives Ausdrucksbedürfnis zum Tragen. Beim Sprechen schwingen über Mimik und Gestik, Tonfall und Sprachmelodie Emotionen mit. Mit der Erweiterung des Wortschatzes und einem wachsenden Gefühl für begriffliche Nuancierungen wird der geschriebene Text über den Informationsgehalt hinaus zur »Sprachgestaltung« und erhält Bedeutung und Sinn. In Texten lässt sich Sprache konservieren.

Auch für Sarah, die selbst nie lesen und schreiben lernte, war das Verfassen von Texten und ihre Aufbewahrung in Geschichtensammlungen und Briefen bedeutsam (vgl. Ehrenstein 2006, 49). Sprache wird in selbst verfassten Texten so etwas wie Heimat (vgl. S. 302). Sprachgestaltungen, und seien es einfachste Texte von Kindern, können Gefäße für die Seele sein. Manchmal entstehen dabei Sprachbilder, die »unter die Haut gehen«, wie im nachfolgenden Textbeispiel:

Jemina ist sehr scheu und ängstlich. Sie ist ein lernbehindertes Mädchen, das individuelle Unterstützung im Unterricht braucht. Sie war es gewohnt, dass in ihrer Klasse Kinder immer »besonders« sein durften und dass dies im Unterrichtsalltag berücksichtigt wurde. In ihrem letzten Grundschuljahr verliert sie ihre geliebte Lehrerin. Der neue Lehrer arbeitet frontal und orientiert sich strikt an den Vorgaben der Lehrwerke, die er auch als Unterrichtsmittel einsetzt. Jeminas Erleben, das sie mit der neuen Lehrperson in der veränderten Situation verbindet, bringt sie in dem nachfolgenden Text, den sie in der Schreibwerkstatt (s. S. 280f.) verfasst, eindrucksvoll zum Ausdruck.

Das Pferd

Das Pferd ging in die Schule und lernte mit zwei Füßen laufen. Und dann lernte es noch tanzen. Das Pferd heißt Mister Karotte. Jeder lacht es aus, weil er Karotte heißt. Sogar sein bester Freund Karl lachte ihn aus.
Karl ist eine Katze. Sie muss Kratzen lernen und tanzen und laufen auf zwei Beinen. Dann kam der Lehrer Zaubermaus. Und heute hat die Zaubermaus sich in einen Elefanten verwandelt zum Lernen und morgen wird sie eine Giraffe sein.

> *Sie verwandelt sich immer, dass die anderen nicht stärker sind als sie. Dass sie die stärkste bleibt. Und dann kommt der Direktor und sagt er soll nicht so viel zaubern sonst lernen die Kinder nicht.*
> *Dann kam eine neue Schülerin, sie hieß Linda. Sie war auch ein Pferd. Und sie musste auch tanzen können und war in den Mister Karotte verliebt.*
> *Dann kam die Abschlussklasse. Da gingen alle arbeiten. Das Pferd arbeitet im tegut und das andere Pferd war auch bei tegut. Und Karl der arbeitet in der Bäckerei vom tegut. Die Lehrerin hat eine neue Klasse bekommen. Und sie zaubert weiter.*

Von Anfang an sind auch Geschichten- und Gedichtbücher im Anfangsunterricht Deutsch bedeutsam. Geschichten und Gedichte erlauben einen Blick in fremde Welten, in andere Denkwelten. In Texten erkenne ich aber auch Bekanntes wieder, finde ausgedrückt, was mir schwerfällt, selbst in Worte zu fassen. Geschichten schaffen Verbindung und lassen Identifikation zu.

Wenn die Lebenswirklichkeit eines Kindes, das die Grundschule besucht, noch ans Spielen und Experimentieren gebunden ist, so gehören außerdem Basisangebote in den Unterrichtsalltag, die dieser frühkindlichen Entwicklungsstufe entsprechen.

Aber auch Texte verfassen, Lesen, Sprache betrachten und Richtigschreiben müssen von Anfang an Tätigkeiten in einem Unterricht sein, in dem bewusst auf unterschiedliche Lernbedürfnisse eingegangen werden soll.

Erzählen, Vorlesen und Spielen

In der Entwicklung steht vor dem Schreiben und Lesen das Spielen und Erzählen. Kinder mit Entwicklungsbeeinträchtigungen brauchen möglicherweise auch in der Schule noch eine Zeit lang entsprechende Angebote: sprachliche Begleitung im schöpferischen freien symbolischen Spielen, das Vorlesen und Erzählen von Geschichten als Begegnung mit Sprachgestaltungen, vor allem aber Unterstützung beim eigenen Erzählen. Es braucht den schützenden Rahmen von Gesprächssituationen, in denen eine interessierte, zugewandte Person das aktive Zuhören übernimmt. »Die ersten kindlichen Erzählungen entstehen eingebettet in Dialoge, in denen der erwachsene Partner die zaghaften Schritte des Kindes absichert und unterstützt. (…) Im allgemeinen leihen ihm die Betreuer, sobald es zum Erzählen ansetzt, ein williges Ohr, auch muss sich das Kind zunächst kaum darum sorgen, ob ihm die Zuhörer bei der Stange bleiben. Die Erwachsenen schöpfen den Spielraum des Zuhörers weit über die üblichen Eingriffsmöglichkeiten hinaus aus, ermuntern damit das Kind, helfen ihm weiter und bestätigen es« (Merkel 2000, 103). In diesem Zusammenhang teilt Johannes Merkel eine Beobachtung von Peggy Miller mit: »Betreuer machten Anmerkungen und Ausrufe der Überraschung, des Interesses und der Anteilnahme und lockten Bemerkungen zur Haltung des Kindes oder der emotionalen Reaktion hervor (wie zum Beispiel ›Hast du geschrien?‹ ›Tat ihr der Kopf weh?‹ ›Warst du erschrocken?‹)« (a.a.O. 103). »Es sind die gleichen Verhaltensweisen, die Eltern (...) bei den ersten Sprachlauten des Kindes selbstverständlich zeigen: Sie stärken die kindliche Äußerung durch formgerechte Wiederholung, ergänzen unvollständige Sätze, weisen durch Nachfragen auf unterlassene Strukturteile hin und machen Vorschläge, wie es weitergehen könnte. Dieses Training befähigt die Kinder, bald auch allein längere Äußerungen zustande zu bringen« (a.a.O. 104). Die frühen, situationsbezogenen Äußerungen können als eine Art »erzählender Selbstvergewisserung« (a.a.O. 77) angesehen werden. Später lenken Vorstellungsbilder die Sprachproduktion. Wir rufen Vorstellungen hervor, die wir zu fiktiven Erzählungen montieren (vgl. a.a.O. 89f.).

Johannes Merkel (a.a.O. 92) weist auf die Ähnlichkeit zu den Vorgängen bei der Entstehung von Spielhandlungen hin. Er spricht »von einem Modus der inneren Vorstellungswelt (...), die sich von der Welt des Miteinander- und Gegeneinanderhandelns abhebt und sich sowohl im fiktiven Spielen wie im erzählenden Reden Geltung verschafft«. Spielen und Erzählen sind Ausdrucksformen, in denen innere Bilder und Bilder der äußeren Welt aufeinandertreffen, vielleicht verschmelzen oder sich wie Folien übereinanderlegen (vgl. a.a.O. 85f.).

Das freie Spielen »ist von zentraler Bedeutung für die weiteren Lernprozesse des Kindes, seien sie mehr emotional-sozialer, mehr sprachlich-kommunikativer oder mehr kognitiver Natur« (Haupt 2006, 189). »Spielend« erkundet das Kind seine kommunikativen Möglichkeiten mit zugewandten Bezugspersonen (vgl. Merkel 2000, 48). »Selbstbestimmtes Spielen (...) ist die eigentliche Sprache des Kindes und die genuine Weise des Kindes, Beziehungen zu Menschen und zur gesamten Lebenswelt zu gestalten. (...) Im erkundenden Erfahren entstehen beim

Kind Impulse zu symbolischem Spiel. Objekte können zu etwas anderem werden, als sie ursprünglich waren« (Haupt 2006, 187).

Eine Spielsituation, die ich mit Kai in der Spielecke seiner Klasse erlebte, illustriert die Bedeutung des freien symbolischen Spielens:

> Kai knüpft heute an seinem Spiel von letzter Woche an. Er sucht sechs Schafe in der Kiste mit den Tieren. »Es müssen sechs sein!« Er nimmt den Esel, die Kuh und sein Lieblingstier, die Giraffe, hinzu. »Ich muss einen Stall bauen, weil sonst die Tiere abhauen, ich muss mich beeilen. Ich bau einen richtig großen!« Dann: »Der Esel will zur Straße gucken. Die Kuh will essen.« Der Zaun öffnet sich. Kai fährt mit dem Zug ins Gehege hinein. In einem Waggon wird Essen herangeschafft, im Tankwagen Trinken.
>
> Der Hund passt auf, dass niemand abhaut. Aber das kleine Schaf schafft es doch. Aber dann wird es »geklaut, aber es ist schlau und geht ganz schnell wieder zurück«. Wenig später: »Die Kuh kann nicht abhauen, es ist zu schwer für sie, da drüber, über den Zaun zu kommen, sie ist schon zu alt.«
>
> Dem Schaf gelingt es wieder und wieder wegzulaufen. »Das kleine Schaf ist immer schnell.« Der Hund sucht lange nach ihm, zuletzt findet er es. Aber das kleine Schaf ist sehr schlau. Es büxt durch eine Lücke im Zaun aus, ganz leise verschwindet es, vorbei an der großen Kuh, hinter der der Hund es nicht sieht. »Zack« – und hinein ins Versteck.
>
> Der Zug mit der Verpflegung kommt wieder. »Alle Wagen sind jetzt voll, die gehen nicht mehr leer.«
>
> Kai, der sich in der Rolle des Lokführers sieht, fragt den Hund: »Hast du aufgepasst?« Der Hund wird dafür bezahlt, dass er aufpasst. Auch der Lokführer bekommt Geld für seine Arbeit. Kopfschüttelnd kommentiert Kai, dass »der dumme Hund nicht gesehen hat, dass das Schaf hier drinnen ist«.

Kai spielte die Geschichte vom Weglaufen und Gefundenwerden viele, viele Male – es war mehr als ein Spiel. In den Szenen seiner Geschichten schien seine familiäre Situation auf. Kai lebte mit seinen fünf Geschwistern bei der Mutter. Vom Vater, der immer wieder seinen Job verlor, kam keine finanzielle Unterstützung. Die Familie war von Hilfsleistungen aus den Sozialkassen abhängig. Besuche des Vaters waren selten, manchmal wurden sie versprochen und nicht eingehalten. Dann war Kai für Tage verstimmt. Er vermisste seinen Vater sehr. In der Schule erzählte Kai oft von den Hunden, die die Mutter großzog, berichtete von Hundeausstellungen, zu denen die Kinder ihre Mutter manchmal begleiteten. Im Spiel tauchte Kai in die Themen ein, die sein Leben bestimmten. Er war seinen Nöten auf der Spur, fand einen Ort für seine Fragen, spielte Situtionen auf der Suche nach Lösungen wieder und wieder durch.

Im freien symbolischen Spiel gestalten Kinder Mitteilungen, indem den Spielfiguren und Gegenständen Bedeutungen eingegeben werden. Manchmal kann man sie entschlüsseln. In den Spielszenen können komplexe Zusammenhänge, für die Sprache nicht zur Verfügung steht, prägnant zum Ausdruck kommen. Spielen reicht über den Moment hinaus. Es geschieht in der Zeit. Abläufe lassen sich wiederholen und vielfach variieren.

Aus dem freien Spielen erwächst die Kompetenz, sich symbolisch zu verhalten. Sie ist Grundlage für weitere Entwicklungsprozesse. Viele Lernprozesse in der Schule wurzeln in diesem frühesten Ausdrucksverhalten kleiner Kinder.

Das frühe Ausdrucksverhalten der Kinder, das Spielen und Erzählen, ist die Basis, auf der unter anderem die späteren schriftsprachlichen Kompetenzen aufbauen (vgl. Wieczorek 2006).

Die Möglichkeit zum Spielen finden Kinder in einer passend ausgestatteten Spielecke des Klassenraumes. Wenn die Raumenge die Einrichtung einer Spielecke nicht erlaubt, bietet zum Beispiel das Material des Scenotestkastens (von Staabs, G. 1939) eine unkompliziert zu handhabende Alternative. Für Kinder mit eingeschränktem Bewegungsradius oder Kinder, die motorisch ungeschickt sind, ist es eine Möglichkeit, flache Kisten in einer angemessenen Größe vorzubereiten und sie mit Sand zu füllen. Im Sand finden Spielfiguren besseren Halt (vgl. Kalff 1996). Die Spielsachen können in kleinen Körben oder Schachteln sortiert dem spielenden Kind angereicht werden.

Auch ältere Kinder greifen die Möglichkeit des freien symbolischen Spielens wieder auf, sofern Spielen grundsätzlich zur Unterrichtskultur gehört und es nicht als altersunangemessen verpönt wird. Eine Lehrerin im vierten Schuljahr ließ – zunächst aus didaktischen Überlegungen – Spielen im Englischunterricht zu. Über mehrere Tage hinweg übten immer zwei Kinder zusammen Rollenspiele ein, die sie mit den sprachlichen Möglichkeiten im Englischen begleiteten. Der Spaß, den die Schüler dabei hatten, bewog ihre Lehrerin, eine wöchentliche Spielstunde einzurichten, zu der die Kinder eines ersten Schuljahres eingeladen wurden. Einige Viertklässler nutzten intensiv diese Möglichkeit, sich zusammen mit den Kleinen einmal in der Woche ins freie symbolische Spielen zu vertiefen.

Auf die Bedeutung des Vorlesens wird in der Literatur und in den Medien unter verschiedenen Aspekten hingewiesen. »Ein geübter Leser wird man nur durch (…) Üben. Und die Übung beginnt durch das Vorbild der Eltern, durch Vorlesen, Erzählen und Über-Geschichten-Sprechen. Die Vorlesekultur in einer Familie gilt Leseforschern als der zuverlässigste Indikator für die spätere Lesekompetenz eines Kindes« (Gaschke 2009, 19). Und weiter mutmaßt Sarah Gaschke: »Der Wert des literarischen Lesens besteht im radikalen Perspektivenwechsel, in Einfühlung (…)« (a.a.O.). Das Betrachten von Bilderbüchern und das Vorlesen erhalten ihren Wert nicht dadurch, dass es häufig genug geschieht, sondern durch die begleitende Erlebnisqualität des Prozesses für das zuhörende Kind (vgl. Wieczorek 2006, 51). Sinnvermittelndes Vorlesen will geübt sein. Das sollten Lehrkräfte beachten, so Sieglinde Eberhard. »Die Intention des Vorlesers/der Vorleserin muss auf das Hörverstehen des Hörers/der Hörerin gerichtet sein. Der/die Hörer/in kann nicht nachschlagen. Er/sie ist ›auf Gedeih und Verderb‹ auf den/die Vorleser/in angewiesen. Bewusstes Erfassen des Sinns im Augenblick des Lesens, ein Verstehen und Denken des zu lesenden Textes sind Voraussetzung für das Verstehen beim Zuhören. (…) Je kompakter und dichter ein Text, desto sensibler und langsamer muss der/die Leser/in die Sinnschritte gliedern, die Grundgedanken hervorheben, um die für das Hörverstehen nötige Redundanz zu vermitteln. Mittel zur Gliederung eines Textes sind Pausen und Betonungen« (Eberhart 2008).

Wenn Kinder die Möglichkeit erhalten, mit ungeteilter Aufmerksamkeit zuzuhören, haben Bücher eine Chance, für die Kinder Bedeutung zu erlangen. Die Bücher erzählen nicht die Geschichten der Zuhörer, zumindest nicht genau die ihren, vielleicht aber ähnliche, vielleicht aber auch ganz fremde, vielleicht in einer Sprachlichkeit oder Sprachform, die ihnen fremd vorkommen mag. Die Inhalte sprechen an, erstaunen, erregen Anstoß, beglücken, bedrücken, wühlen auf, besänftigen, regen an, werfen Fragen auf, lassen Erinnerungen auftauchen, bringen zum Lachen, stimmen traurig, spenden Trost.

Kinder möchten diese Geschichten, die so sind, »haben«. »In einer Sufi-Weisheit heißt es: Wenn ich die Geschichte erzähle, gehört sie mir; wenn sie beendet ist, gehört sie dir« (Wardetzky/Weigel 2008, 18).

Bücher, die ich im Unterricht vorlas, durften bei mir ausgeliehen werden. Dafür schrieben die Kinder auf Ausleihzettel ihren Namen und den Buchtitel. Kinder, die noch nicht schreiben konnten, malten die Buchstaben des zentralen Wortes im Titel ab. Diesen »Ausleihvorgang« nahmen die Kinder stets sehr ernst. Zuverlässig brachten sie die Bücher wieder zurück. Nur wenige Bücher sind dabei je verloren gegangen.

Besonders eindrücklich erlebte ich als Vorleserin die Lesezeiten in der dritten Klasse, in die Sebastian, der an Mukoviszidose erkrankte Junge (s. S. 86ff.), ging.

> Aufmerksam folgen die Kinder meinen Worten. In der von mir ausgewählten Geschichte geht es um den Jungen Pekka (Marjaleena Lembcke: Als die Steine noch Vögel waren, 1998). Pekka hat immer gute Laune. Er ordnet das, was ihm widerfährt, in ein eigenes, magisch verzaubertes Weltbild ein. Er hat eine große Schwester, Leena. Mit ihr ist er oft unterwegs. Sie ist die Ich-Erzählerin im Text. Sehr behutsam entfaltet sich die Geschichte um den Jungen, dessen besonderes Wesen die Herzen der gebannt zuhörenden Kinder einnimmt. Man begreift, dass Pekka ein behinderter Junge ist. »Ich liebe dich« ist sein Lieblingssatz, mit dem er andere befremdet, aber auch berührt. Das hoffnungsvolle und tröstliche Bild der Vögel, die die Steine einmal nach Pekkas Ansicht waren, begleitet uns durch die Zeit, in der wir mit seiner Geschichte verbunden sind. Ein wichtiger Abschnitt in Pekkas Leben ist die Liebe zu seiner Freundin Annaliisa. Als das Buch endet, bleibt der Fortgang von Pekkas Lebensgeschichte offen. Die Autorin greift mit der Zeichnung eines Grabsteins weit voraus ... Es bleiben Fragen.
> Die Autorin der Pekka-Geschichte hat uns alle in ihren Bann gezogen. Wir besorgen uns die Ausgaben der Bücher, die Marjaleena Lembcke auch noch geschrieben hat, und stellen überrascht fest, dass die Geschichte von Pekkas Familie schon einige Bücher früher angefangen hat und dass ihr weitere folgen. Während der nächsten Monate lesen wir uns in sie hinein, lernen die Familienmitglieder kennen, erfahren von den Umbrüchen, den Verlusten, den Hoffnungen der sechs Kinder, ihrer Eltern und Großeltern, für die nichts einfach war und doch immer alles weiterging. Nach den Vorlesezeiten sinnen wir den Texten nach. Sebastian sagt wenig dazu, aber man merkt ihm an, dass er tief in die Geschichten eintaucht. Sie nehmen ihn mit in eine Gedankenwelt, in die wir ihm nicht folgen können.

Sebastian ist durch seine Krankheit immer öfter ans Bett gebunden. Er hat viel Zeit, sich in Bücher zu vertiefen. Er liest alle Bücher von Marjaleena Lembcke parallel zum Unterricht zu Hause noch einmal, manches auch schon voraus.

Über alle Texte hinweg hat uns Pekka nicht losgelassen. Wir schreiben einen Brief an die Autorin. Die Kinder fragen sich, ob Pekka und Annaliisa später wohl geheiratet haben. Sie stellen sich vor, wie die Geschichte weitergegangen sein könnte. Sie verfassen Fortsetzungen, so wie sie sie sich vorstellen können, und illustrieren sie. Die Bilder und Texte legen wir dem Brief bei.
Nach Tagen liegt für uns ein dickes Kuvert im Sekretariat, darauf der Absender von Marjaleena Lembcke. In ihrem Brief erzählt sie von der Entstehung des Buches und von sich.
Alle sind auf einmal sehr ernst. Die Erzählung über den Jungen Pekka wird Teil einer Wirklichkeit. Diese Frau, die die Geschichte aufgeschrieben hat, gibt es für die Kinder auf einmal ganz real und sie verweben das Bild, das sie sich von ihr machen, mit der Geschichte, die ihnen vorgelesen wurde.

Als Sebastians Krankheit so sehr fortschreitet, dass er von nun an die meiste Zeit im Krankenhaus verbringt, äußert er dort einen »Herzenswunsch«: Er möchte Marjaleena Lembcke kennenlernen. Er hat inzwischen alle Bücher von ihr noch einmal gelesen. Auf seinen Brief hin beginnt zwischen Sebastian und der Autorin eine Korrespondenz, die ihn eine Zeit lang begleitet und ihm Trost in einer sehr schwierigen Zeit spendet.

Das Vorlesen folgte in der Klasse von Frau Seidler immer gleich nach dem Morgenkreis. Während des Vorlesens waren keine anderen Tätigkeiten gestattet. Wertvolle Bücher haben es nicht verdient, zur Hintergrundberieselung zu werden. Vorlesen bedeutet, die Aufmerksamkeit der Kinder zu binden. Das gelingt nicht, wenn Kinder während der Vorlesezeit frühstücken oder malen. Geschichten drohen zu zerfleddern, wenn das Vorlesen zum undefinierbaren Hintergrundgeräusch wird. Die Vorlesezeit war in Frau Seidlers Klasse ein Hafen, der im Getriebe des Schultages einen Ruheort bot. Dort ließen sich Kinder und Lehrkräfte mit ihrer ganzen Aufmerksamkeit gemeinsam und hoch konzentriert auf eine Welt der Vorstellung ein, die uns begabte Erzählerinnen und Erzähler mit ihren Geschichten und Illustrationen schenken.

Das Lesen- und Schreibenlernen im engeren Sinn

Hat man sich dafür entschieden, einen Fibellehrgang »durchzuziehen«, hangelt man sich unterrichtstechnisch an einem Geländer entlang, das die einen nicht brauchen, und das einen Weg vorgibt, den andere vielleicht gar nicht gehen können. Das Schreiben- und Lesenlernen im engen Sinne muss in einer sehr heterogenen Klasse anders vorbereitet werden. Eine Klassenlehrerin, die individuelle Lernwege zulassen will, formuliert allgemeine neben spezifischen Anliegen. Sie weiß, dass methodisch unterschiedliche Lernwege begleitet werden müssen. Sie kann davon ausgehen, dass Kinder, die die Bedeutung von Lesen und Schrift im Kontext ihres Alltags erleben, in der Regel unbedingt und schnellstens Lesen und Schreiben lernen wollen. Daher genügt es den meisten Kindern, geeignetes Material in Reichweite zu finden, Zeit zum Lernen zur Verfügung zu haben und eine wohlwollend aufmerksame Bezugsperson zur Seite gestellt zu wissen, die Fragen beantwortet. Für einige Mädchen und Jungen ist es wie für Niko im folgenden Beispiel möglich, mehr oder weniger selbstständig die entsprechenden Kompetenzen zu erwerben.

Niko stellt Frau Seidler auf die Probe. »Was habe ich da geschrieben?«
Als erfahrene Lehrerin gelingt es ihr, wieder vorzulesen, was Niko notiert hat.
Er staunt: »Hab ich das geschrieben? Steht das da?« Und weg ist er, um einen nächsten Satz zu produzieren. Er behauptet von sich, dass er nicht lesen könne.
Frau Seidler hat während einer mehrtägigen Fortbildung Jürgen Reichen kennengelernt und für ihren Unterricht seine Leselernmethode »Lesen durch Schreiben« aufgegriffen. Das freie Schreiben nimmt während der ersten Schulwochen in Nikos Klasse breiten Raum ein. Dadurch ist eine relativ individualisierende Unterrichtsgestaltung möglich. Viele Kinder der Klasse kennen bald alle Buchstabenzeichen und können sie den Lauten zuordnen. Die Kinder benutzen dabei eine Buchstabentabelle als Werkzeug. Aber Leonie kommt alle paar Minuten gelaufen und fragt nach Lautqualitäten in einem Wort oder nach Buchstabenzeichen, die sie vergessen hat oder noch nicht kennt. Frau Seidler will nicht dauernd unterbrochen werden, denn Joscha, bei dem sie nun sitzt, ist auf ihre Hilfe besonders angewiesen. Er hat große Schwierigkeiten mit der Artikulation. Aus einer Bilderkiste wählt er Bilder aus und bringt sie zu seinem Platz. Dort sitzen er und Frau Seidler sich gegenüber. Sie sprechen die zum Bild

passenden Begriffe deutlich aus. Kein Laut darf verloren gehen. Frau Seidler schreibt die Wörter Buchstabe für Buchstabe in Joschas kleines Heft, das vor ihm liegt. Sie hat sich inzwischen daran gewöhnt, die Buchstaben von rechts nach links und auf dem Kopf stehend zu Papier zu bringen, damit Joscha den Wortaufbau mitverfolgen kann. Leonie tritt wieder hinzu. Frau Seidler bittet sie, woanders Hilfe zu holen, und schlägt ihr vor, sich an Jakob zu wenden. Der kann längst lesen und schreiben.

Der Weg »Lesen durch Schreiben« kann von den meisten Kindern, so meine Erfahrung, erfolgreich beschritten werden, wenn er als durchgängiges Prinzip das gesamte Lernangebot durchdringt. »Das Lesenkönnen stellt sich (...) als Begleitprodukt des Verschriftens ›von selbst‹ ein und wird zum eindrücklichen, einmaligen Erlebnis für das Kind. Es [das Kind] merkt, dass es auf einmal lesen kann!« (Reichen 2003, 28)

Es ist natürlich nicht damit getan, die Buchstabentabelle einzuführen und die Kinder in ihre eigene Verantwortung zu entlassen. Für die einen ermöglicht die Methode, selbstgesteuert Lesen zu lernen und selbstständig zu arbeiten, sodass dann »die meiste Unterrichtszeit den langsamer lernenden Kindern zugute kommt« (a.a.O. 40). Solche Zeiten nutzte Frau Seidler für Joscha, Lena und andere Kinder, die besondere Lernhilfen brauchten. Ernsthaft herausgefordert ist die Lehrkraft da, wo Kinder mit schwierigen Entwicklungsbedingungen von besonderer Unterstützung abhängig sind.

Zum Beispiel kann Kindern, die wie Joscha nicht deutlich artikulieren können, die Lautanalyse nicht ohne Weiteres gelingen. Die Bemühungen, aus Buchstabentabellen Wörter abzuleiten und aufzuschreiben, führen dann nicht weiter.

Andere Problematiken sind vorstellbar: Kinder, die Grundformen symbolischen Verhaltens noch nicht entwickelt haben, müssen schulische Lernwege an einem ganz anderen Ort beginnen, als es Lehrgänge zum Schriftspracherwerb vorsehen (vgl. Haupt 2006). Für sie ist es eine sinnlose Zumutung, wieder und wieder die Lautqualität einzelner Buchstaben zu repetieren. Als Lehrperson wartet man dann vergeblich darauf, dass irgendwann aus dem angebotenen Symbol »M« und der gebetsmühlenartig wiederholten Ansage »Das macht [M] ...« für das Kind Sinn entgegenspringt.

Für Kinder, die noch nicht genügend Sprache erworben haben, oder Kinder, die zwar sprechen können, es aber nicht tun, ist Förderung sinnvollerweise als Ausdrucksförderung zu verankern. Ein Lese-

Schreib-Lehrgang im engen Sinne ist in diesen Fällen nicht das Vordringliche.

Häufig haben Kinder, deren Muttersprache nicht Deutsch ist, größte Schwierigkeiten im Anfangsunterricht, weil sie sich in der deutschen Sprache nicht auskennen. Erzählen und miteinander Sprechen sind wichtige Unterrichtsbausteine für diese Kinder.

Kinder, die nicht sprechen können, brauchen besondere Hilfen. Maßnahmen unterstützter Kommunikation müssen in Erwägung gezogen werden. Hinweise für die Unterstützung des Leselernprozesses für diese Kinder finden sich bei Marion Wieczorek (2006, 18ff.).

Kinder, die aufgrund einer cerebralen Bewegungsstörung feinmotorische Bewegungen nicht ausführen können, brauchen einen Computer. Der Umgang mit technischen Hilfsmitteln muss gelernt und geübt werden. Das braucht Zeit, die im Unterricht eingeplant werden muss.

Aufsatzunterricht, Rechtschreiben, Lesekompetenz, Literaturunterricht

Ein Unterricht, der in vorgenannter Weise weitreichend die Kinder in ihrer Gedankenwelt, ihrem Sprachempfinden, in ihrem Mitteilungsbedürfnis und in ihrem Ausdrucksvermögen anspricht, erfordert von der Lehrperson einen wachen Blick für Gelegenheiten, Sprache und Schriftsprache im Unterricht zu benutzen und Sprechen und Schreiben anzuregen. Ein sprachbewusstes Verhalten der Lehrperson und die Entwicklung einer Gesprächskultur im Klassenzimmer legen die Basis für die Gestaltung kompetenzorientierter Angebote im Aufsatzunterricht, im Rechtschreibunterricht und für die Erweiterung der Lesefertigkeit.

Die folgenden Beispiele zeigen, wie das Geschichtenschreiben aus dem Erzählen entsteht und anlassbezogen und ganz individuell angeregt werden kann:

> Es ist Zeit für das gemeinsame Frühstück. Nora hat den Tisch gedeckt. Christoph bringt den Kaffee. Es ist wie zu Hause. Wir unterhalten uns, lachen über Silkes Geschichte von der zerplatzten Chipstüte und schauen erschrocken Eric an, der weinend erzählt, dass sein Opa sehr krank ist. Neben mir liegt ein Block, auf dem ich die Geschichten der Kinder notiere. Nora bemerkt: »Das machst du wieder in Schnellschrift, oder? Die kann ich nicht lesen.« Diese »Frühstücksgeschichten« werde ich in den PC eingeben. »Frühstücksgeschichten« lautet dann auch der Titel des Leseheftes, das ich aus den Geschichten zusammenhefte. Es wird unsere erste Lektüre werden.

Kai wird regelmäßig eine Zeit zugestanden, in der er alleine mit mir, der »Helferlehrerin« in der Klasse, am PC arbeitet. Er erzählt drauflos. Ich muss ihn bremsen: »Langsam, langsam, lass mich erst den PC hochfahren.« Ich will seine Erzählung mitschreiben. Er wird sie mir diktieren. Seine Gedanken rennen seinem Vermögen, etwas selbst aufzuschreiben, davon. Er braucht meine Schreibgeschwindigkeit. Ich unterbreche seinen Erzählfluss mit fragenden Blicken. Ich suche die Ordnung in seiner Geschichte und versuche, seine Gedanken und die aus ihm herausfließenden Worte als fortlaufenden Bericht zu fassen. Er freut sich darauf, seine Geschichte im Anschluss an die Stunde ausgedruckt in Händen zu halten.
Er möchte seinen Text nicht in der Mappe für den Deutschunterricht ablegen. Er verlangt, dass sie im gesonderten Ordner für »Wichtiggeschichten« abgeheftet wird. Er unterscheidet streng zwischen den Geschichten, die thematisch vorgegeben werden, und jenen, die er aus eigenem Bedürfnis heraus selbst verfasst und die die eigentlich *wichtigen* Geschichten sind.

Sandy findet in der »Themen-Kiste«, die für das freie Schreiben in der Stunde *Wichtiggeschichten* (s. S. 153) zur Verfügung steht, das Bild eines Delfins. Sie liebt Delfine. Sie gibt dem Delfin auf dem Bild einen Namen und erzählt in ihrem kleinen Text über ein Erlebnis, das ihn von seinen Eltern trennt. Niko blättert das Tierbuch durch und schreibt zu jedem Tier, das ihn anspricht, einen Satz. Tobias lässt sich auf ein Gespräch mit der Lehrerin ein, die gesehen hat, dass er lange unschlüssig dasitzt. Er klärt mit ihr zusammen, welches Thema ihm heute auf dem Herzen liegt. Mina notiert Dreizeiler, die sie beim Anblick des Himmels findet. Charlotte schreibt, was sie am Wochenende erlebt hat.
Tobias möchte, dass ich am Ende der Stunde seine Geschichte der ganzen Klasse vorlese.

Die im Stundenplan festgelegte Zeit für freies Schreiben war ein wichtiger Grundstein für den späteren Aufsatzunterricht. Wenn dort entstandene Geschichten vorgelesen wurden, ergaben sich manchmal Diskussionen unter den Kindern. Der Schreiber sah sich vielleicht veranlasst, eine Erklärung zu geben, und erhielt dann von einem aufmerksamen Zuhörer den Hinweis: »Dann musst du das auch dazuschreiben!« Aus solchen Diskussionen entwickelten sich im Laufe der Zeit routinierte

Aufsatzbesprechungen. Problemlos konnte man anschließend Themen des klassischen Aufsatzunterrichts anschließen.

Für den Deutschunterricht sollte in keiner Klasse eine gut bestückte Bibliothek mit Prosa, Poesie, Sachbüchern, Bilderbüchern und Lexika fehlen. Vielleicht lassen sich regelmäßige Besuche in der Ortsbibliothek auch während der Unterrichtszeit organisieren. Franz Lettner wirbt dafür, Kindern, auch Leseanfängern, anspruchsvolle Lektüre zuzumuten. »Kinder sind Anfänger, immer und immer wieder. Sie sehen, hören, spüren, erfassen etwas von Anfang an und fortwährend zum ersten Mal. Lesen lernen, beispielsweise. Glücklich ist, wer da schon Erfahrung mit Literatur gesammelt hat: mit Bilderbüchern aufgewachsen ist, mit Geschichten, die zu seinem Leben gehören. Und dann lernen sie lesen, mit Büchern, die für sie geschrieben sind, mit einfachen Wörtern, einfachem Satzbau, wenig Personal. Nicht viele renommierte Autoren wagen sich auf das schwierige Gebiet« (Lettner 2008, 58). Leseanfänger sind »im Leben erfahrene Anfänger« (a.a.O.) und sie haben ein Recht auf anspruchsvolle Lektüre.

Im Unterricht der Klasse 2b sind Zeiten, in denen die Kinder lesen dürfen, fest eingeplant. Lena kann erst einzelne einfache Wörter alleine lesen. Für die Bücher, die sie interessant findet, muss sie jemanden finden, der ihr vorliest.
»Jakob soll mir vorlesen«, bittet sie die Lehrerin. Die verweist sie an ihren Mitschüler. Lena ruft: »Jaaakob!? Liest du mir vor?« Jakob ist einverstanden und Lena strahlt. Sie weiß, warum sie sich mit diesem Anliegen am liebsten an ihn wendet. Längst liest er fließend. In seinem Regal zu Hause stehen die ersten Bände von Joanne Rowlings »Harry Potter«-Geschichten. Nicht immer hat Lena Glück, denn Jakob findet für sich natürlich andere Bücher spannender als die, die er Lena vorliest.

Mucksmäuschenstill sind die Kinder jetzt. Alle sind in ihre Lektüren vertieft. Ganz leise hört man aus der abgeteilten Spielecke, wie Jakob Lena vorliest. Die Lehrerin hat Zeit, sich um Luisa zu kümmern, die sich die kleine Geschichte, die sie sich ausgesucht hat, zusammen mit der Lehrerin erarbeitet.

Die Kinder der Klassen, in denen ich mitarbeitete und in denen viel vorgelesen und erzählt wurde, schätzten die stillen Lesestunden. Wenn nicht gerade eine Klassenlektüre anstand, brachten die Kinder Bücher von zu Hause mit oder durchstöberten die reiche Auswahl in der Klassenbibliothek. Nimmt sich die Lehrerin eine Klassenlektüre vor, sollte diese für Kinder, die noch nicht sicher und schnell lesen, in einer vereinfachten Fassung vorliegen.

Ein Beispiel, wiederum aus der Klasse von Frau Seidler, schildert einen Lektüreunterricht, in dem unterschiedliche Voraussetzungen berücksichtigt wurden.

Im Zusammenhang mit dem Detektivfieber, das die Klasse erfasst hat, entschließt sich die Lehrerin zu dem Buch »Emil und die Detektive« als Klassenlektüre (vgl. S. 138). Das Buch von Erich Kästner (1929) hat weit über hundert Seiten. Es ist eine zeitaufwändige Angelegenheit, diesen Text in eine vereinfachte Fassung zu verwandeln, die für Annika, Oliver, Steffen, Kai lesbar wird. Die Klassenlehrerin stellt das Vorhaben vor. Auch Kevin und Christian trauen sich die Originalversion nicht zu und nehmen lieber ein vereinfachtes Exemplar. Sebastian hat das Buch bereits nach einer Woche durchgelesen. Andere brauchen viel länger. Es gibt die festgelegten Lesezeiten, in denen die Kinder in die Emil-Geschichte vertieft sind, während Sebastian schon wieder auf andere Bücher umsteigt. Luisa bekommt die Geschichte vorgelesen: zu Hause von der Mutter, in der Schule von dem, der gerade Lust und Zeit hat, das kann auch die Lehrerin sein. »Klassenlektüre« heißt in dieser Klasse nicht, gemeinsam während dafür vorgesehener Unterrichtszeiten Kapitel für Kapitel eines Buches durchzulesen (und schon gar nicht, laut vorzulesen!). Aber es wird gemeinsam an und mit der Lektüre gearbeitet. Die Kinder erzählen, was sie beim Lesen bewegt hat, sie haben Fragen, sie verbinden bestimmte Textstellen mit Erinnerungen. Kathrin berichtet von ihrer Oma, die aus Berlin stammt. Sie meint: »Die Leute waren früher viel ärmer. Da waren zwanzig Mark viel Geld.« Jakob beginnt: »Mein Opa hat erzählt …« So reihen sich Geschichten aneinander, die von früher erzählen. »Wie war es früher bei meiner Oma, bei meinem Opa?« Mit dieser Frage werden die Kinder an diesem Freitag in das Wochenende entlassen. Die Lehrerin ist gespannt auf die geschriebenen und gemalten Geschichten, die in der nächsten Woche in der Schule ankommen werden. Sie wird Sachbücher besorgen, die das Thema »Früher und heute« reflektieren.

Ein anderer Tag. Die Kinder erzählen vom Fortgang der Geschichte. Die Lehrerin passt auf, dass nicht vorgegriffen wird. »Stopp, halt!!

Nicht weitererzählen. Da wird es so spannend, und Kai kommt da gerade erst hin an diese Stelle!« Die Zurückhaltung fällt den schnellen Lesern schwer. Und umso mehr steigt die Aufregung bei jenen, die diese spannende Textstelle noch vor sich haben.

Allgemeines wird aufgegriffen. »Könnt ihr euch die Verfolgungsjagd vorstellen? Erich Kästner schreibt so genau, dass man fast einen Stadtplan danach zeichnen könnte.« In den Tischgruppen stecken die Kinder die Köpfe über großen Papierbögen zusammen und diskutieren die Verfolgungswege und Verstecke. »Halt, nicht so, hier steht doch ›im Hinterhof‹!«, bemerkt Kathrin. Es wird radiert und gezeichnet und der Bogen verschoben und gedreht. Fünf interessante Stadtlandschaften werden am Ende draußen auf dem Gang an die Wand gepinnt.

Die Lehrerin sieht eines der nächsten Kapitel zur Besprechung vor. Einige Kinder sind schon darüber hinaus. Die anderen, die dort noch nicht angekommen sind (es sind die meisten), sollen weiterlesen und an dieser Stelle einen Stopp einlegen. Kai, Annika und natürlich Luisa bekommen die Seiten, die sie bis zu diesem Datum nicht werden bewältigen können, vorgelesen oder erzählt. In der vorgesehenen Stunde vergegenwärtigen sich die Lehrerin und die Kinder den Inhalt bis zur angegebenen Stelle noch einmal. Dann steht die spannende Frage im Raum, wie die Geschichte jetzt weitergehen wird. »Ich denke mir, dass...«, »Aber nein, das geht doch gar nicht. Dann müsste doch ...«, »Wohl! Ich erinnere mich doch, dass ...« – so wird gestritten. Die flotten Leser können kaum an sich halten, bis einer von ihnen den Textabschnitt, auf den alle gespannt sind, vorlesen darf.

Die Fähigkeit, Texten Informationen zu entnehmen, ist eine wichtige Grundlage für jegliches weiterführende Lernen in der Schule. Es ist nicht ganz einfach, für Leseanfänger angemessene Geschichten- und Sachbücher zu finden, die Lesen herausfordern und Informationen gleichzeitig nicht zu sehr verkürzen oder vereinfachen. Eine gute Möglichkeit, schwachen Lesern gerecht zu werden, ist es, den Originaltext vorzulesen, über den eine vereinfachte Version geklappt wird, die das Kind im Anschluss selbst noch einmal nachlesen kann.

Zeitungen, Nachrichten im Fernsehen, Prospekte und das Internet sind Informationsquellen, die Schüler selbstverständlich im Unterricht nutzen sollten. Wenn die Kompetenzen sehr unterschiedlich sind, könnten entsprechende Überlegungen bei der Zusammensetzung der Gruppen berücksichtigt werden. Ist es bestimmten Kindern möglich, anderen zu helfen? Oder könnte sich die Lehrkraft gezielt einer bestimmten Gruppe widmen und entsprechende Hilfen anbieten? Ist eine zweite erwachsene Person im Unterricht anwesend, die assistieren könnte? Lassen sich für ausgewählte Stunden Eltern für die Mitarbeit gewinnen?

Lesekompetenz entwickelt sich natürlich in Abhängigkeit auch von den Anlässen, zu denen gelesen werden muss. Aber die Lesekompetenz sollte nicht gerade dann auf die Probe gestellt werden, wenn es eigentlich darum geht, Informationen zu sammeln. Es ist daher keine gute Idee, zur Einleitung eines neuen Themas Texte im Unterricht von den Schülern reihum in Abschnitten vorlesen zu lassen. Unsicheren Lesern tut es nicht gut, wenn sie laut vorlesen sollen. Es entstehen beschämende Situationen. Und für die Zuhörer ist es quälend, einem schlechten Leser folgen zu sollen. Geschichten verlieren ihren Zauber und Informationstexte ihren Zusammenhang. Warum lassen Lehrkräfte die Kinder nicht leise lesen und installieren für schwache Leser entsprechende Hilfen? Vielleicht spräche im Fall gar nichts dagegen, dass die Lehrerin den Text selbst vorliest? Das Trainieren und Üben der Lesefertigkeit braucht eigens eingerichtete Zeiten und methodische Abläufe, die auch wirklich geeignet sind, die Leseflüssigkeit zu verbessern. Das laute Vor-Lesen ist keine Erfolg versprechende Übung zur Steigerung der Lesekompetenz (vgl. Reichen 2003, 194f.). »Erst im weiterführenden Leseunterricht soll ausdrucksvolles Vorlesen ein Teilziel werden« (a.a.O. 13). Tonaufnahmegeräte können hier sinnvoll eingesetzt werden.

Schrift und Rechtschreiben sind zwei weitere Themen, über deren Stellenwert in Schulen trefflich gestritten wird. Vor allem die Rechtschreibung ist immer wieder ein leidiges Thema in Stufenbesprechungen und Konferenzen. Wie können Kinder die Anwendung von Rechtschreibregeln sinnvoll üben? Sind Lernkontrollen über das Schreiben möglichst vieler Diktate sinnvoll? Sollen Kinder für Diktate üben? Ist das konsequente Abarbeiten von Rechtschreibkarteien in festgelegten Übungszeiten eine Erfolg versprechende Option? Ist das Abschreiben vorgegebener Texte eine geeignete Übung? Das sind häufig diskutierte Fragen.

In der Klasse 2b schuf die Lehrerin mit der Einrichtung *Frühstücksdiktat* einen täglichen Anlass, sich mit den Grundlagen rechtschriftlichen Verständnisses zu beschäftigen:

Im Unterricht der 2b gehört das Richtigschreiben zum täglichen Programm. Die Lehrerin muss sich um die Anzahl der Leistungsnachweise nicht sorgen. Nach dem gemeinsamen Frühstück und vor der großen Pause heißt es: »Wer teilt die Blätter aus? Jetzt ist *Frühstücksdiktat* dran.« Gestern hat Oliver diktiert. Er dachte sich Sätze aus, die zum Sportunterricht passten, der vorausgegangen war. Manchmal diktiert die Lehrerin etwas. Früher, im ersten Schuljahr, waren es nur Wörter, die die Kinder aufschreiben sollten.
Niko meldet sich: »Ich will mir heute die Diktatsätze ausdenken!«
Am Ende der Woche stehen auf dem »Diktatblatt« jedes Kindes fünf ausgefüllte Abschnitte, jeweils mit dem aktuellen Datum versehen. An diesem Tag tragen die Kinder ein: Mittwoch, 20. August. Niko hat sich einen sehr komplizierten ersten Satz ausgedacht: »Die grüne Eidechse huscht an der Steinmauer entlang.« Lena sitzt neben der Lehrerin an dem kleinen »Diktattisch«. Die Lehrerin flüstert ihr zu: »GRÜN«, dann »MAUER«. Niko fährt fort: »Die Schlange schlängelt sich durch das hohe Gras.« Maria stöhnt: »So schwer! Wo sind die Sätze her?« Die Lehrerin zu Lena: »GRAS.« Maria darf Niko ablösen. Ihre Sätze sollen zu dessen Sätzen passen. Sie diktiert: »Es ist Sommer und die Sonne scheint.« Dann: »Aber bald regnet es.« Lena bekommt zugeflüstert: »SOMMER, REGEN.« Lena darf dann den fünften Satz diktieren. »Es ist nass. Ende.« Sie schreibt: »ENDE.« Die Blätter werden eingesammelt. Die Lehrerin nutzt schnell noch die Gelegenheit, auf die Besonderheit in der Schreibweise von »Eidechse« hinzuweisen. Sie notiert x, ks, chs, cks an die Tafel: »Auf so viele Arten kann man den Laut [x] schreiben. »In Eidechse schreibt man ›chs‹«, klärt sie die Kinder auf.
»Ach so, das hab ich nicht gewusst. Das hab ich dann falsch«, meint Kathrin.
»Das Wort werden viele von euch noch nicht richtig geschrieben haben. Aber sicherlich hast du es richtig, nicht wahr, Niko?«
Der strahlt: »Ich hab ein Tierbuch über Reptilien gekriegt.«
Für was alles der kleine Zeitaufwand, den die täglichen Frühstücksdiktate beanspruchen, gut ist …

Die »Hinorientierung auf die amtliche Rechtschreibung muss von Anfang an erfolgen, aber in einer Art und Weise, die das Kind nicht überfordert. (…) Von einem Kind von Anfang an die volle amtliche

Rechtschreibung zu fordern, führt nicht dazu, dass das Kind ein guter ›Rechtschreiber‹ wird« (Reichen 2003, 190f.). Jürgen Reichen plädiert dafür, eine »entwicklungsgerechte Orthografie« (a.a.O.189) zu tolerieren, und schreibt: »Schreiben und Lesen folgen (...) einem Prozess selbstgesteuerter Strukturbildung, der im Hinblick auf das Richtigschreiben nicht durch Auswendiglernen von Wörtern oder Regeln einübbar ist. (...) Kinder bauen ihre Rechtschreibkompetenz durch ›implizite‹ Musterbildung auf, d.h. durch eigenes ›inneres‹ Erfahrungslernen – nicht durch Vorgaben von außen« (a.a.O. 125f.).

Schreiben und Schrift

Zuletzt noch eine Bemerkung zum Thema Schreiben und Schrift. Von Anfang an gebührt dem flüssigen und leserlichen Schreiben im Anfangsunterricht besondere Beachtung. Manche geschickten Kinder lernen das genaue Malen der Buchstaben sehr rasch, anderen müssen umfangreiche Übungszeiten dafür eingeräumt werden. Bevor sie die motorischen Abläufe für die Schreibschrift lernen und später eine Handschrift entwickeln, beginnt man günstigerweise mit der Druckschrift, vielleicht sogar vorerst nur mit den großen Blockbuchstaben. Der gleichzeitige Erwerb beider Schriften stellt für viele Kinder eine Überforderung dar. Eine nicht gut ausgebildete Schreibtechnik kann zum echten Hindernis bei allen schriftlichen Aufträgen werden und den Nachweis schriftsprachlicher oder rechtschriftlicher Kompetenzen negativ überlagern. Hilfen und viele Wiederholungen sind vorzusehen, und der unterschiedliche Bedarf an Übungszeiten muss berücksichtigt werden, sonst bleiben ungeschickte Schreiber auf der Strecke. Manche Kinder sind mit dem Erlernen der Schreibschrift überfordert und bauen die Druckschrift zu ihrer Handschrift aus. Der Einsatz von Computern kann helfen, motorische Probleme zu kompensieren. Von Fall zu Fall kann über eine Schreibassistenz nachgedacht werden.

6.3 Der Lernbereich Mathematik

Auf unterschiedliche Lernvoraussetzungen reagieren

»Der Unterschied zwischen den Schulanfängern wächst: So kommen einige erwartungsfroh mit der Kenntnis der Zahlen bis Hundert oder gar Tausend und stolzen Rechenfähigkeiten in die erste Klasse, um dort auf andere zu treffen, die nicht bis fünf zählen, geschweige denn Ziffern lesen und schreiben können. Diese Diskrepanz aufzufangen, mit ihr umzugehen und allen Kindern mit ihrer Spannweite von bis zu vier

Entwicklungsjahren gerecht zu werden, macht die Problematik des mathematischen Anfangsunterrichts aus« (Lorenz 1999c, 52).

Auch in der Klasse 2b streuen die Lernvoraussetzungen erheblich, was die folgenden Einblicke in die Praxis zeigen:

> Ich beobachte Lena. Sie spielt mit dem Rechenzug.[33] Fünf oder sechs Wagen hat sie schon mit Holzwürfeln gefüllt. Ich geselle mich zu ihr. Nach einer Weile mische ich mich ein, tippe auf den ersten Wagen: »Sag, weißt du, wie viele Kisten (Holzwürfel) in dem Wagen sind?«
> Lena sagt stolz: »Sieben.«
> Ich schüttele skeptisch den Kopf und fordere sie auf, einmal zu zählen. Ich will ihr helfen und wir zählen zusammen. »Zähle ganz langsam«, bitte ich sie.
> Sorgfältig zählt sie mit mir zusammen bis 10.
> »Wie viele Kisten sind im zweiten Wagen?«
> Lena zählt auch die Kisten im zweiten Wagen, und wieder kommt sie mit dem Aufsagen der Zahlen bis 10, so auch im dritten Wagen und so fort. Sie wirkt unwillig. Sie schiebt meine Hand weg und fragt, ob ich gleich wieder gehe. Zuletzt bitte ich sie, mir noch einmal zu sagen, wie viele Kisten doch gleich in dem ersten Wagen waren? Sie antwortet: »Sieben.«

Eine andere Begebenheit zeigte, dass Lena nicht nur keinerlei Vorstellung davon hatte, was Mengen und Anzahlen sind, was es bedeutet, von Anzahlen zu sprechen, und warum man überhaupt »zählt«. Sie hatte auch noch nicht verstanden, was Zahlzeichen sind. Zahlen wie Buchstaben erschienen ihr als irgendwie magische Zauberei, deren Sinn und Bedeutung sie nicht einordnen konnte (vgl. S. 187).

Jakob dagegen konnte bereits im ersten Schuljahr Aufgaben wie die folgende lösen: 253 = 1083 – ___

Er hatte längst große Zahlenräume für sich strukturiert, das Zahlensystem verstanden und konnte die Grammatik eines mathematischen Satzes entschlüsseln und in Handlungsvorstellungen übersetzen. Mengen-, Symbol-, Zahlverständnis waren für ihn keine offenen Lernfelder mehr.

---

33 Der Rechenzug ist Teil des Unterrichtswerks »Mathematik entdecken und verstehen« von Reinhard Kutzer (1998): .

Lena und Jakob aus der 2b kamen ins zweite Schuljahr. Nun sah die Situation so aus:

> Lena beobachtet inzwischen sehr genau, was um sie herum geschieht. Sie versucht, alles in ihre Gedankenwelt einzuordnen und zu verstehen. Sie hat begonnen, kleine Mengen im Alltag zu vergleichen und mit Zahlnamen zu versehen. Als Lena uns in der Sportstunde verkündet: »Guck mal, genau umgekehrt: zwei Mädchen und drei Jungen. Eben waren es zwei Jungen und drei Mädchen ...« (vgl. S. 196), freuen wir uns über einen großen Lernschritt, den sie uns ganz beiläufig offenbart.
>
> Am gleichen Tag macht Jakob sich Gedanken darüber, wie viele Fliesen schätzungsweise im Erdgeschoss des Altbaus der Schule verlegt wurden. Es wird sich herausstellen, dass es weit über tausend sind. Er überlegt, mit wie vielen Paletten sie angeliefert worden sein müssen.
> An einem anderen Tag kommt er auf die Idee, die Höhe des Schulhauses zu berechnen (s. S. 145). Er misst die Höhe der Treppenstufen und beginnt sie zu zählen. Er will erst einmal die Höhe der Stockwerke berechnen. Er entdeckt ein Problem: Es gibt einen Höhenunterschied zwischen der Front des Hauses und seiner Rückseite. Das Schulhaus ist an eine Hanglage gebaut. Jetzt wird es richtig spannend ...

Um das Thema Diskrepanzen weiter zuzuspitzen, möchte ich an dieser Stelle Ausschnitte eines Mathematikunterrichts schildern, der sich nicht in einer Grundschule ereignet hat. Christoph und Nora sind mehrfach behindert und besuchten eine Schule für körperbehinderte Kinder. Dort erhielten sie ein Angebot, das sich so sehr von den üblichen Vorstellungen eines mathematischen Anfangsunterrichts in Regelschulen unterschied, dass eine Besucherin im laufenden Unterricht danach fragte, wann denn die Stunde und der Unterricht begännen.

> Für Messarbeiten habe ich in der Nachbarklasse ein Lineal besorgt, wie es in Schulen für die Arbeit an der Tafel verwendet wird. Nun bitte ich Nora, das Lineal in die Klasse, die es uns ausgeliehen hat, zurückzubringen. Nora hat eine Tetraspastik und sitzt im Rollstuhl. Sie legt das Lineal quer über die Knie und fährt auf die Tür zu. Sie öffnet sie, legt die Hände wieder an die Reifen, um weiterzurollen und

bleibt verblüfft an der Tür hängen. Das Lineal ragt so weit rechts und links über ihren Rollstuhl hinaus, dass es die Ausfahrt versperrt. Nora stutzt: »Huch, das Lineal ist zu groß. Das passt gar nicht durch die Tür. Das ist ja größer als die Tür!« Sie schaut sich nach mir um, ich stehe ein paar Meter von ihr entfernt, beschäftigt noch mit dem großen Bogen Papier, auf dem wir das Brett, das ausgesägt werden soll, vorgezeichnet haben. Ich spreche ihre Gedanken aus: »Das Lineal versperrt dir die Tür. Das ist merkwürdig. Ich habe es doch vorhin auch von draußen hier hereingebracht ...«
Ich warte. Nora steht vor einem Problem ... da ist ein Widerspruch, das Lineal geht nicht raus, aber es ging doch rein ... Nora erinnert sich ... In ihrem Gesichtsausdruck zeichnen sich Fragen ab ... Sie denkt nach ... Sie hantiert mit dem Lineal, probiert, verschiebt es ... Ich schaue aus der Ferne zu: »Aha, so probierst du es ... Ich sehe, du überlegst, ob du es einfach anders halten kannst ...«
Sie hält das Lineal diagonal ... Die Durchfahrt gelingt auch so nicht ... Sie probiert weiter ... Sie hält es senkrecht nach oben – ja, dann würde es durchpassen ... Aber dann kann sie nicht gleichzeitig fahren ... Sie legt es noch einmal anders auf die Knie ... schiebt zuletzt das Ende des Lineals durch die Türe, es liegt nun schräg auf ihren Knien, sie fährt sozusagen dem Linealende hinterher, verschiebt es wieder, damit es nicht runterfällt, dann ist sie draußen ... Als sie nach Erledigung ihres Auftrags zurückkehrt, ist sie noch immer ganz mit ihrem Erstaunen und ihrer Erkenntnis beschäftigt und sucht Worte: »Frau Ehrenstein, das Lineal ist länger als die Tür, also, ich meine, die Tür ist so breit und das Lineal geht nicht durch, also, das Lineal ist breiter, aber man muss es so schräg halten, dann geht es durch ...« Ringen um Worte, mit denen man Größen und Dimensionen und die Beziehungen der Dinge im Raum zueinander beschreiben könnte. Ein Erlebnis wird Erfahrung.

Die Literatur zum Mathematikunterricht der ersten Klassen ist voller Hinweise auf Schwierigkeiten, die im Anfangsunterricht dadurch entstehen, dass Lehrkräfte von Voraussetzungen ausgehen, die längst nicht jedes Kind bereits vor Schuleintritt erworben hat. »Relevant für den Erstrechenunterricht sind dabei Klassifikationen und Kategorien sowie Beziehungen (nah – fern, kurz – lang), Vergleiche (länger als, schwerer als, heller als) und räumlich-zeitliche Bestimmungen (auf, über, unter, an, bei, in, vorher, nachher, um, vor, zwischen usw.). Häufig kommt es zu Überforderungen des kindlichen Verständnisses durch sprachliche Konstruktionen, die eine Ursache und Wirkung enthalten (wenn … dann, weil, daher), sowie ein- und ausschließende Beziehungen (alle, manche, keiner, irgendeiner, alle außer, weder … noch)« (Lorenz 1999a, 23).

Weitere Beispiele aus der Praxis einer Schule für körperbehinderte Kinder illustrieren diesen Hinweis.

> Der Klassenraum hat eine sehr breite Fensterfront mit zwei Fensterreihen übereinander und gleichmäßigen Unterteilungen. Drei der oberen Fenster sind nicht zu öffnen. Die wollen wir mit Fensterbrettern für unsere Pflanzen versehen. Wie groß, wie lang müssen die Bretter sein, damit sie passen? Das müssen wir ausmessen. Der Zollstock ist das passende Werkzeug. Wie wird er aufgeklappt? Vorsichtig probieren Christoph und Nora. Man muss die Teilstücke gegeneinander verschieben und kann sie nicht einfach auseinanderziehen. Es entsteht ein ziemlich langer Stab. Der ist nicht einfach zu handhaben! Nun geht es ans Messen. Vom Rollstuhl aus gelangt man nicht ohne Weiteres bis zu der Höhe, in der die Bretter angebracht werden sollen. Nora will messen. Sie braucht Hilfe. Ich muss sie aus dem Rollstuhl heben, sie auf die Bank unter dem Fenster stellen und sie stützen. Mit großer Anstrengung kann sie sich von dort hinaufrecken und den Zollstock anlegen. Ich halte den Zollstock am linken Fensterrahmen fest, und Nora zeigt auf die Stelle des Zollstocks, die am rechten Fensterrand anliegt. Eine weitere Helferperson markiert die Stelle mit einem Stift. Zurück im Rollstuhl schreibt Nora die Zahl, die sie auf dem Zollstock an der markierten Stelle findet, auf. Wir legen den Zollstock auf das bereitliegende Brett und vergleichen: Von da, wo der Zollstock anfängt, bis zur Zahl 80 – so lang muss die Blumenbank werden. Nora stellt fest, dass das Brett für eine Fensterbank reichen wird.
> Nun zum nächsten Fenster. Die gleiche Prozedur. Nora kommentiert: »Wenn ich mit dem Messen fertig bin, dann bin ich aber müd geschafft.« Sie stöhnt vor Anstrengung. Wieder legt sie den Zollstock an. Sie registriert erstaunt die Stelle auf dem Zollstock, die in Übereinstimmung mit den Fensterrändern markiert wird: »Das ist ja wieder bei der Acht-Null.« Auch bei Acht-Null …? Nora versteht noch nicht. Sie gleitet zurück in den Rollstuhl und schaut uns fragend an.
> »Das Brett für das Fenster eben (das erste Fenster) muss so lang werden: von da bis dahin.« Sie zeigt die Strecke auf dem Messstab

und stellt fest: »Und für das andere Fenster muss es auch von da bis dahin werden. Das wird so lang, das Brett, wie das andere.« Ich frage Nora, ob das vielleicht auch auf das dritte Fenster so zuträfe? Wir kommen nicht umhin, auch noch die Breite des dritten Fensters auszumessen, trotz der Anstrengung, die es für Nora (und uns) bedeutet. Ihre Neugier ist groß. Sie sieht voraus: »Bestimmt ist das genauso groß, bestimmt, ich glaub schon.« Es kam ihr überhaupt nicht in den Sinn, die Fenster der unteren Reihe zu messen, die sie vom Rollstuhl aus hätte erreichen können. Die Fenstermaße sind alle gleich. Aber die Fensterbretter sind schließlich für die Fenster in der oberen Reihe bestimmt …

Der zeitliche Aufwand für eine solche Lernbegleitung ist hoch. Nora integrierte neue Erfahrungen: Abläufe verfolgen, hinschauen; sich merken, was man gesehen hat; das, was verstanden wurde, mit anderen Beobachtungen vergleichen – so geht Lernen.

In der folgenden Episode, die einem anderen Projekt entnommen ist, war es Christoph, der mit seinem »Aha«-Erlebnis darauf aufmerksam machte, welche grundlegende Bedeutung Erfahrungswissen für Mathematiklernen hat. Die Episode verweist darauf, welche Vorstellungsbilder dem Lernenden gelingen müssen, bevor über jene Vorstellungsbilder gesprochen werden kann, die ein Kind beim Operieren mit Zahlensätzen mobilisieren muss (vgl. a. a. O. 22).

Wir haben beschlossen, einen Teil des Klassenzimmers neu zu tapezieren. Wir rollen auf dem Tapeziertisch die Tapete aus. Der Kleister ist angerührt und der Pinsel fürs Einkleistern liegt bereit. Christoph schaut sich die Wand an. Er soll eine Einschätzung vornehmen, wie groß eine Tapetenbahn sein muss, die für die Höhe der Wand reichen würde. Es liegt ein Zollstock bereit, aber der ist für Christoph völlig irrelevant. Maße sind für ihn zum jetzigen Zeitpunkt noch eine ferne Kategorie, selbst wenn er von zu Hause Situationen kennt, in denen sein Vater mit dem Zollstock hantiert hat. Christoph schaut auf die Wand, dann auf die Tapete, er vergleicht, stutzt: »Hm… hm …« Er zeigt, wo er die Tapete abschneiden würde. Das Schneiden übernehme ich. Christoph kleistert mit Wonne das Tapetenstück ein. Der Pinsel fährt klatschend hin und her. Christoph juchzt. Ich »pappe« mit ihm gemeinsam das Stück Tapete an die Wand. »Oh … oh …« ist der erste überraschte Kommentar. »Viiiel zu klein, ist viiiel zu klein, viiiel, viiiel zu klein ...« Das Stück Tapete, das die Wand ziert, ist etwa fünfzig Zentimeter lang.

Wir haben uns damit auseinanderzusetzen, dass inzwischen auch Kinder wie Christoph und Nora die Grundschule ihres Wohnortes besuchen. Für Kinder mit wenigen Vorerfahrungen kann Lernen nur auf konkreten und alltäglichen Handlungsfeldern, in »authentischen Situationen« (Lorenz 1999c, 55), stattfinden. Sich in der Welt erleben, mit alltäglichen Dingen hantieren, spielen, experimentieren, hören, sehen, schmecken, fühlen, Erfahrungen mit Anforderungen im Alltag machen, mit Handlungsanforderungen im Alltag klarkommen, Erfahrungswissen in neuen Situationen zur Verfügung haben – das sind Kriterien für einen sinnvollen Unterrichtsalltag (vgl. Wieczorek 2005), in den mathematische Herausforderungen manchmal »hineingeplant« werden, oft aber enthalten sind und – nur – aufgegriffen werden müssen. Bisher fehlen in Regelschulen entsprechende Lernumgebungen mit geeigneter Ausstattung.

Nora und Christoph setzten sich mit Problemen auseinander, die sich ihnen konkret sozusagen in den Weg stellten. Sie wurden auf Details aufmerksam gemacht. Manchmal wurden sie explizit mit einer bestimmten Herausforderung konfrontiert. Es ging auch darum, den jungen Menschen das Fragen und Nachfragen nahezulegen. Wenn es Christoph und Nora interessierte, Lösungen zu finden, nötigte sie dies, sich Gedanken zu machen. »Die Lernprozesse weitgehend der Steuerung der Schüler selbst zu überlassen, bedeutet eine Abkehr von der traditionellen Lehrerrolle als Informationsvermittler und Wissender. (...) Die Schülerinnen und Schüler bei ihren Lösungsversuchen zu begleiten (und nicht zu belehren), eröffnet die Möglichkeit, die individuellen Denkprozesse, die geglückten wie die fehlerhaften, zu beobachten« (Lorenz 1999c, 57). Hartmut Spiegel und Christoph Selter (2001, 40) berichten: »Wir haben beobachtet, dass man das Denken der Kinder empfindlich stören kann, wenn man sie sofort zu korrigieren versucht. (...) Das Erklären durch Erwachsene ist keineswegs überflüssig, sondern kann zum richtigen Zeitpunkt durchaus hilfreich sein. Es hat insbesondere dann seine Berechtigung, wenn Kinder echte Fragen stellen. Aber das Erklären ist nicht die einzige und schon gar nicht die zentrale Aufgabe von Erwachsenen. Mindestens ebenso wichtig ist das Verstehen«, vor allem das Verstehen der Denkvorgänge, die das Handeln des Kindes lenken. Damit dies gelingen kann, müssen Lehrerinnen und Lehrer ihre Vorstellung vom Mathematiklernen aus dem Korsett des »Richtig-oderfalsch« befreien. »Ständiges Korrigieren macht das Kind unsicher und hemmt seine Entdeckerfreude« (Wild 1995, 98).

Mathematik lernen: vom Konkreten über die Vorstellung zu den Symbolen

Die oben angeführten Zitate stammen aus der Literatur für den Mathematikunterricht an Regelgrundschulen. Die Beschäftigung mit sogenannten rechenschwachen Kindern in der Grundschule veranlasst mich zu der Annahme, dass das, was Christoph und Nora brauchten, von dem, was auch in Grundschulen notwendig zu sein scheint, nicht allzu weit entfernt ist, jedenfalls nicht prinzipiell. Aber darauf geht man im üblichen Mathematikunterricht eher nicht ein.

Der klassische Lernweg, wie er in den meisten Lehrwerken für den Mathematikunterricht in der Grundschule gewiesen wird, knüpft nicht an den mathematischen Vorerfahrungen der meisten Erstklässler an. Ein an Zahlen, Symbolen, Operationen und Rechenregeln orientierter Mathematikunterricht entfaltet ein System von Bezügen, das von vielen Schulanfängern nicht wirklich durchschaut und daher eine Quelle für Fehlvorstellungen wird. Für Kinder ist die konkrete Welt das Feld, auf dem sich mathematische Zusammenhänge entdecken lassen. Die bildlichen Vorstellungen, in die sie ihre Erfahrungen übersetzen, sind die Mittler zwischen der Handlung und ersten Formen der Abstraktion. »Der Mathematikunterricht geht davon aus, dass von einem gewissen Zeitpunkt an auf Veranschaulichungsmaterial verzichtet werden kann und muss. Wie sollen aber dann die Schülerinnen und Schüler rechnen? Die kognitive Entwicklung des Grundschulalters lässt kaum eine andere Denkform als die bildhafte zu. Arithmetische Operationen werden in dieser Altersstufe in Form von Anschauungsbildern gedacht, Schülerinnen und Schüler stellen sich die zugehörige Handlung, z. B. an den früher verwendeten Veranschaulichungsmitteln, vor (und dies war ja der Sinn ihrer Verwendung). Hierzu müssen sie aber über die Fähigkeit verfügen, sich Bilder vorstellen und diese verändern zu können, denn arithmetische Operationen sind Veränderungen: Hinzufügen, Wegnehmen, mehrfach Ausführen, Teilen. Nicht das statische Erinnerungsbild hilft, sondern das Operieren mit dem Vorstellungsbild« (Lorenz 1999a, 22), das Verändern der Vorstellungsbilder in der Vorstellung.

Kinder gelangen zu ihrem Handlungswissen, indem sie lernen, konkrete Handlungen im symbolischen Spiel oder Rollenspiel wiederzubeleben oder im stellvertretenden Handeln (zum Beispiel durch die Lehrerin) wiederzuerkennen, um sie in einem weiteren Schritt in ein

Probehandeln mittels innerer Bilder (Vorstellungsbilder, vorstellendes Handeln, anschauliches Denken) zu überführen. Die inneren Bilder finden ihren Ausdruck sprachlich, aber auch in Zeichnungen, die die Kinder anfertigen und die als erste Abstraktionen zu gelten haben. Diese Übergänge entwickeln sich über lange Zeiträume und werden in vielen, vielen Wiederholungen geübt (vgl. Haupt 2006b, 71). Das geschieht in beide Richtungen, also auch umgekehrt: Sprachliches wird in Handlung zurückübersetzt, Sprachliches bildet sich in der inneren Anschauung ab, innere Anschauung bestimmt Spielverläufe und Bildgestaltungen und so fort (vgl. Lorenz 1992, 72, 75, 83).

Dieses Handlungswissen liegt den späteren Kompetenzen beim Lösen von Ziffernrechnungen zugrunde. Das Kennenlernen von Rechenverfahren nach vereinbarten Mustern kann getrost am Ende der beschriebenen Lernprozesse stehen (vgl. Spiegel/Selter 2003, 35).

Die Einführung der zeichenmäßig-symbolischen Darstellung mathematischer Begriffe bzw. arithmetischer Operationen geschieht in unseren Schulen für viele Kinder zu einem viel zu frühen Zeitpunkt. »Das Kind muss sie sich als dreidimensionale, lebensnahe Operation vorstellen, die es nun nicht mehr selbst ausführt, aber ausführen könnte. Es muss in der Lage sein, sich den gemeinten Handlungsablauf (in dem die arithmetische Operation, der mathematische Begriff enthalten ist) in die visuelle Anschauung zu holen« (Lorenz 1999a, 20). »Rechnungen sind Protokolle von Handlungen, die man in seiner Umgebung mit konkreten Gegenständen ausführen kann« (Ruf/Gallin 2003, Bd. 2, 110). An den Anfang gestellt, setzen Rechensätze die Kinder auf die falsche Fährte.

Eine Zahl an sich »ist nichts, sie ist ein Konstrukt unseres Denkens, das sich in vielen verschiedenen Situationen verwenden lässt. Das macht ihre Kraft im menschlichen Denken aus« (Lorenz 2001). »Für einige Kinder haben Symbole eine tiefgreifende und eigenständige Bedeutung, etwas, das ein Eigenleben der Symbole ausmacht. Für sie ist schwer verständlich, dass Symbole nichts weiter als Vereinbarungen, also Konventionen sind, die man auch anders hätte definieren können« (Lorenz 1999a, 20).

> Christoph drängt sich auch heute wieder vor, als es darum geht, den Frühstückstisch zu decken. Wie viele Teller muss er bringen, damit es genau »richtig viele« sind? Canan, das hatte er beobachtet, gelang dies immer. Christoph kommt mit einem unbestimmten Stapel Teller aus der Küche und verteilt sie auf die Plätze am Tisch. Wieder einmal bleiben einige Teller übrig, die er in die Küche zurückbringen

muss. Am Morgen zuvor hatte er einen kleineren Stapel gebracht und nach dem Verteilen hatten zwei Teller gefehlt. Er musste sie noch holen. Es treibt ihn um, dass er nicht herausbekommt, wie man das anstellen muss, dass man genau richtig viele Teller bringt. Vielleicht kann Sarah ihm helfen. Sie sitzt im Rollstuhl und in ihrer gesamten Motorik ist sie durch eine Tetraspastik sehr eingeschränkt. Sie hatte das Problem für sich einmal folgendermaßen gelöst: Ich sollte ihr helfen, die Teller aus dem Schrank zu holen und auf den Schoß zu laden. Ich sollte ihr zwei Teller geben. Als ich sie fragte, warum sie zwei Teller wollte, erhielt ich die Antwort, dass der eine Teller für Nora sei und der andere für Rebecca. Als die zwei Teller am vorgesehenen Platz standen, rollte sie zur Küche und verlangte wieder zwei Teller. So ging das, bis zuletzt noch eine einzelne Person zu bedenken war und sie bestimmte: »Jetzt nur noch ein Teller für ...« Sie hatte beim Tischdecken offensichtlich die Kinder und Lehrerinnen bildlich vor ihrem geistigen Auge und »ordnete zu«.
Ich würde Christoph, wenn er sich wieder zum Tischdecken bereit erklärt, begleiten und Sarah mit dazunehmen. Vielleicht könnte sie ihm erzählen, wie sie vorgeht.

Mathematiklernen ist eine komplexe Angelegenheit, bei der bereits das Abzählenkönnen eine Reihe von Kenntnissen und Fertigkeiten voraussetzt. »Obwohl Kinder das Wie des Zählens so rasch erfassen, interessieren sie sich anfangs anscheinend überhaupt nicht für das Warum. (...) Sehen sie das Zählen einfach als unterhaltsames Spiel, bei dem man einen kleinen Vers aufsagt, während man nacheinander auf Dinge zeigt?« (Dehaene 1999, 142) Tatsächlich ist es eine überraschende Entdeckung, dass »beim Zählen das letzte Wort einen Sonderstatus hat. Es stellt eine numerische Größe dar. (...) Das Zählen, vorher nur ein unterhaltsames Wortspiel, erhält plötzlich einen Sinn und eine besondere Bedeutung: Es gibt eine Antwort auf die Frage *Wie viele*?!« (a.a.O. 142f.)

Der belehrende Unterricht, in dem man Kindern Denk- und Rechenwege versucht beizubringen, verdirbt den Kindern den Spaß an mathematischen Themen. Mathematik ist ein »Entdeckerfach«. Es braucht »hinreichend komplexe und herausfordernde Umgebungen« (Spiegel/Selter 2003, 29), und die Lernprozesse sind in soziale Kontexte einzubetten. »Das Wissen um die Komplexität von Lernprozessen sollte (...) nicht dazu führen, Lerninhalte in kleine Häppchen zu portionieren, die man den Kindern Stück für Stück verabreicht« (a.a.O. 26). Das aber ist leider das übliche Vorgehen, vor allem, wenn auf die Bedürfnisse rechenschwacher oder lern- und geistig behinderter Kinder eingegangen werden soll. Es wird viel Zeit darauf verwendet, gerade diesen Kindern wieder und wieder zu »erklären«, was man machen muss, wenn da eine Aufgabe wie 5 + 6 = ___ steht.

Wenn Kinder sich im Bereich des Mathematiklernens schwertun, sind Lehrkräfte gut beraten, diese Kinder beim Spielen und während alltäglicher Verrichtungen aufmerksam zu beobachten, ihr Tun vorsichtig zu kommentieren, auf Details aufmerksam zu machen, ihnen Worte für ihr Handeln und ihre Entdeckungen zu geben und herausfordernde Fragen in den Raum zu stellen. »Auch rechenschwachen Kindern ist am besten durch einen auf Verständnis und breite Entwicklung ihrer Fähigkeiten angelegten Unterricht gedient und diese Kinder sind dafür auch empfänglich. Tatsächlich sind diese Kinder eher ›belehrungsschwach‹ als ›lernschwach‹, und der (...) klein- und gleichschrittige Unterricht ist in Wirklichkeit für sie schädlich, weil es ihre eigenen Denkansätze unterdrückt und die Kinder stattdessen zwingt, sich an methodische Vorschriften zu halten« (Wittmann 2001, 5; vgl. Spiegel/Selter 2003, 95).

Auf dem Boden habe ich mit Kreppband für die Arbeit mit Leon ein einfaches »Schienensystem« aufgeklebt. Wir legen drei Orte fest, an denen sich Bahnhöfe befinden. Ich sitze am Frankfurter Bahnhof. Ich schreibe ein Schild.

»Der Bahnhof für Anand (der morgen wieder mitspielen wird) soll Bornheim sein«, sagt Leon. Leon entscheidet sich für den Bahnhof »Mainz«. »Das kann ich aber nicht schreiben.«

Über das Lautieren, das ich vormache, gelingt es ihm, den Namen Buchstabe für Buchstabe zu notieren. »Na, siehst du, nun hast du doch Mainz schreiben können.«

Er fragt nach: »Da steht jetzt Mainz? Und bei dir steht Frankfurt?« Er vergleicht.

Jetzt aber setzen wir endlich den Zug (Rechenzug von Reinhard Kutzer) auf die Schienen. Wir spielen uns Aufträge »per Telefon« zu. »Ich brauche drei Kisten Cola.«

Die schicke ich ihm. Er lädt sie an seinem Bahnhof ab und gibt selbst Bestellungen auf. Mal sind es fünf Kisten, mal vier oder sechs, die er bestellt. Ich bemerke, dass er nicht über die Anzahl acht hinausgeht. Auch ich gebe Bestellungen auf und bewege mich dabei – vorsichtshalber – ebenfalls im Mengenbereich bis zehn.

Plötzlich fragt Leon: »Warum gibt es da so viele Wagen?«

Damit steht auf einmal eine wichtige Frage im Raum. Was würde ein

zweites Kind dazu gesagt haben, wenn wir zu dritt hätten spielen können?
»Was meinst du, Leon?«
Er gibt keine Antwort, spielt weiter und bleibt vorerst dabei, immer wieder nur den einen Wagen an die Lokomotive zu hängen.

Eine gute Lernbegleitung ist dann möglich, wenn die Lehrperson die mathematischen Anteile in einer Situation aufspüren und darin Denkherausforderungen und mögliche Lernschritte, die daraus erfolgen könnten, erkennen kann. Dieses Gedanklich-einen Schritt-voraus-Sein darf jedoch nicht dazu verführen, ein Kind mit belehrenden Erklärungen aktiv in die »erwachsene« Denkrichtung zu schubsen. Aber es ist natürlich wichtig, die Momente, die einen Erkenntnisgewinn versprechen, im Auge zu behalten. Es ist ein Balanceakt, sich im richtigen Moment erklärend einzumischen oder sich zurückzuhalten und Kindern im Spiel die Chance zu lassen, mutig selbst eine Idee zu reflektieren, eine neue Handlung auszuprobieren, eine andere Richtung einzuschlagen. Die Aufgabe der Lehrperson ist es, eine verlockende Lernumgebung zu gestalten, in der sie die Kinder dabei unterstützt, genau zu schauen, Handlungsherausforderungen nachzugehen, Beobachtungen zu vergleichen, sich mit anderen über Erlebnisse mit dem Lernstoff auszutauschen, Fragen zu stellen und letztlich grundlegende Strukturen zu entdecken und zu beschreiben. »Immer dann, wenn ein fachlicher Zusammenhang erforscht, durchschaut und integriert ist – also immer erst ganz am Schluss –, setzt das Erklären ein: Man schaut auf das zurück, was hinter einem liegt, und erklärt es sich selbst, indem man es für sich bequem zurechtlegt und ordnet. Im rückblickenden Erklären werden all die erlebten und erzählten Ereignisse zusammengefasst und so dargestellt, wie es üblich und nützlich ist« (Ruf/Gallin 2003, Bd. 1, 15).

Besonders der Geometrieunterricht ist geeignet, Kinder zum »Beobachten und Entdeckungen machen, Ausprobieren und Neues finden, Vergleichen und Bewerten, Argumentieren, Systematisieren und Entscheidungen treffen usw.« anzuregen (Lorenz 1997, 71). Die mathematische Sprache wird »zusehends prägnanter und präziser«, wenn es notwendig ist, »sich zu verständigen und sich dabei einer Sprache zu bedienen, die der Partner verstehen und umsetzen kann« (a.a.O. 73). Aufgaben aus dem Bereich der Geometrie lassen viele Grade der Komplexität zu, sodass dasselbe Material sich für Kinder mit unterschiedlichen Voraussetzungen und Kompetenzen eignet. Der Kreativität der Lehrperson sind im Bereich der Geometrie keine Grenzen gesetzt (vgl. *Regalarbeit*, S. 141). Nimmt man Papier und Stifte hinzu für Notizen und die Fertigung von Zeichnungen, so ergeben sich Möglichkeiten, das konkrete Handeln in das vorgestellte Handeln zu überführen. Dabei geht es nicht in erster Linie um die Feinmotorik. Tätigkeiten wie Zeichnen, Falten, Messen oder Bauen – ohne den Gebrauch von Hilfsmitteln wie Lineal, Zirkel usw. – schaffen Vorerfahrungen, auf denen Spezifisches aufbauen kann (vgl. a.a.O. 71).

Die allgemeine Natur der Kompetenzen, die im Lernbereich Geometrie erworben werden können, lässt Verbindungen in viele andere Lernbereiche zu. Grundideen wie Symmetrie, Flächeninhalt, Umfang, Parallelität oder Perspektive finden sich in alltäglichen Erfahrungen wieder, auch ohne dass die spezifische Begrifflichkeit schon benutzt werden muss (vgl. Spiegel/Selter 2003, 69f.).

In der Klasse 2b ergaben sich auf einem Wandertag interessante Erfahrungen zum Thema Perspektive.

> Die Kinder dieser Klasse sind es gewohnt, für die Dinge, die sie sehen, hören oder fühlen, Worte zu suchen. Wenn wir gemeinsam unterwegs sind, kommen ihnen viele Fragen in den Sinn. Alles scheint ihnen geeignet, untersucht zu werden. Ihre Neugier war vom ersten Tag unserer Zusammenarbeit an gewünscht. Und von Anfang an baten wir sie stets, zu erzählen, was sie über Dinge und Phänomene denken. Wir forderten sie auf, ihre Gedankengänge darzulegen, und muteten ihnen zu mitzuteilen, was sie gerade begreifen. Inzwischen brauchen sie dafür nur noch selten aufmunternde Impulse. So werden auch Unterrichtsgänge, die keine explizite »mathematische Überschrift« haben, eine Fundgrube für Gedanken, die mathematische Fragen berühren.
>
> Unser Wandertag führt uns zu einer Burg. Schon vom Bahnhof aus sehen wir sie weit oben auf dem Berg trutzig dastehen wie eine Krone. Nach anderthalb Stunden gelangen wir um die letzte Kurve, und die Burgmauer tritt in unser Blickfeld.
> »Oh, ist die aber groß. Sooo groß. Unten war sie noch ganz klein.«
> Da tritt etwas in Annikas Bewusstsein, das sie während der nächsten Stunde nicht mehr loslässt.
> Wir betreten das Burggelände. In einiger Entfernung trennt uns eine Mauer von einem der Burghöfe. In der Mauer ist ein Torbogen ausgelassen.

»Frau Ehrenstein, guck mal. Das Tor ist so klein. Da passt du doch gar nicht durch.«
»Meinst du? Ich zeig dir was. Bleib du hier stehen. Ich gehe jetzt zu dem Tor. Du wirst sehen, dass auch ich dann immer kleiner werde, und dann gehe ich durch das Tor.«
Ich laufe los. Am Tor angelangt, trete ich hindurch und blicke zu Annika zurück. Ich trete wieder durch das Tor und gehe zu ihr zurück. Es entspinnt sich ein nachdenkliches Gespräch, denn Annika weiß natürlich »irgendwie«, dass ich nicht wirklich kleiner geworden bin, während sich der Abstand zwischen uns vergrößert hat. Andere Kinder gesellen sich zu uns, wir überwinden den Weg viele Male, laufen hin und her, machen Fotos.
Später besteigen wir einen Turm, von dem aus wir den Bahnhof, an dem wir angekommen waren, sehen können.
»Oh, ich erkenn ihn gar nicht. Das ist der Bahnhof? Der ist aber klein. Der ist ja so klein, dass man sich draufsetzen könnte.«
Oliver steht neben uns und lacht: »Nein, der ist in Wirklichkeit ganz groß. Das sieht nur so aus. Das ist was mit Perspektive. Guck, da, die Autos. Die fahren von hier aus auch ganz langsam. Aber wenn wir da an der Straße sind, fahren sie ganz schnell.«

Zurück in der Schule wurden die Fotos ausgewertet und beschriftet, und die Kinder versuchten, ihre Erfahrungen in Zeichnungen wiederzugeben und so als Mitteilung festzuhalten. Kinder müssen anfangs ihre *eigene* Zeichensprache entwickeln können und ihre Entdeckungen sinnvollerweise in unlinierten Heften dokumentieren. Es war stets zu beobachten, dass die Kinder dabei laut sprachen, im Dialog mit sich selbst oder mit anderen Kindern, während sie einen Vorgang oder eine Handlung in Zeichensprache übersetzten. Der Beobachterin zeigten die Kinder dabei, wie sie ihre Denkprozesse sprachlich verinnerlichten (vgl. Marie-Cécile Bertau 2002, 23). Auf der ikonografischen Ebene sind es zunächst konkrete Zeichnungen, die eine Entdeckung repräsentieren. Mit der Zeit kommen abstrahierende Linien, Pfeile, Punkte, Einkreisungen hinzu, die helfen, zu verdeutlichen, was man sagen will. Im Laufe der Zeit kann »Schrift (...) hier übrigens die Funktion des veräußerlichten Dialogs mit sich selbst erfüllen und das problemlösende Denken unterstützen« (a.a.O. 23f.). Die bildhaften Darstellungen in Schulbüchern und auf Arbeitsblättern, von denen wir glauben, dass sie die Vorstellungen der Kinder abbilden und die wir als Hilfsmittel einsetzen, erfordern eine Kompetenz, die viele Kinder noch nicht haben (vgl. Lorenz

1993). Sie müssen nämlich diese Zeichnungen »lesen« können. Es stellt eine zusätzliche Schwierigkeit dar, die Bildersprache einer anderen Person nachzuvollziehen. Eine Lehrperson, die ihre Art der Verbildlichung einer mathematischen Operation für besonders geeignet hält, um etwas zu verdeutlichen, trifft mit ihrer Annahme vielleicht die Denkweise einiger Kinder, liegt aber mit ihren Bemühungen für andere möglicherweise völlig falsch. Das Gleiche kann auf die Verwendung diverser Materialien zutreffen, die als »vermeintlich optimale Hilfen, mit denen sich die arithmetische Operation günstig darstellen und somit verstehen ließe«, eingesetzt werden (Lorenz 1999a, 22). »Verschiedene Arbeitsmittel mit unterschiedlichen Aufbaustrukturen im Sinne eines didaktischen Prinzips der ›Variation von Veranschaulichungsmitteln‹ können gerade rechenschwache Grundschüler eher verwirren, als für diese hilfreich sein« (Lorenz/Radatz 1993, 125). »Jedes Veranschaulichungsmittel und die Regeln seiner Verwendung müssen neu gelernt werden, sie stellen einen eigenen Unterrichtsgegenstand dar. (...) Hinzu kommt, dass für Kinder mit einer in der Altersstufe 6 – 7 häufig zu findenden Rechts-Links-Störung bestimmte Materialien Probleme aufwerfen, da sie eine ausgeprägte Richtungsbetonung besitzen« (Lorenz 1999a, 23f.).

»Kinder können rechnen, bevor sie Gerechnetes lesen und schreiben können. Es ist hier wie beim Sprechen: Man lernt es und beherrscht es ganz gut, bevor man lesen und schreiben kann. Warum sollte es beim Rechnen anders sein? Die Entwicklung des Denkens eilt auch hier weit der Fähigkeit voraus, anderer Leute Symbole zu entziffern und das, was man denkt und weiß, auch normgerecht aufzuschreiben« (Spiegel/Selter 2003, 43). Im traditionellen Mathematikunterricht jedoch sollen Kinder, statt diesen Fakt produktiv zu nutzen, sogleich lernen, Zahlen nach allen möglichen Regeln zu manipulieren. Dabei geht ihnen das neugierige Fragen und Knobeln verloren. Wenn dann eines Tages Sachaufgaben auf dem Plan stehen, brechen manche Kinder endgültig ein. Sie können sie nicht durchdenken und in vorgestellte Handlung übertragen, sie können sie nicht »mit eigenen Worten schildern oder die Handlung (!) malen. (...) Zwar gelingt ihnen die Zeichnung eines statischen (...) Bildes, selten aber der Verlauf. Und mathematische Begriffe sind in der Vorstellung eben Handlungen, die man im Text der Aufgabe wiederfinden und identifizieren muss« (Lorenz 1999a, 21).

Aber nicht allein Probleme im Vorstellungsbereich oder mathematische Fehlvorstellungen machen Sachaufgaben für viele Kinder zu einer

Blackbox. Wenn sprachliche Defizite vorliegen, werden die Probleme unüberwindlich. Es gehört also zur Förderung in Mathematik, dass die Kinder so oft wie möglich mathematische Sachverhalte und Lösungswege verbalisieren. In der Mathematik »bedarf es eines Sprachverständnisses, das auch feine Nuancierungen zu unterscheiden erlaubt« (Lorenz 1999a, 21). Mit dem angefügten Beispiel (»Gib mir die roten, runden Plättchen« – »Gib mir die roten und die runden Plättchen«) macht Lorenz darauf aufmerksam, wie hellhörig die Lehrperson ihren eigenen Sprachgebrauch unter die Lupe nehmen muss, um mögliche Missverständnisse zu beheben und nicht zusätzlich zu provozieren. Urs Gallin und Peter Ruf (1995, 17f.) konstatieren: »Die Lernenden treiben Mathematik, bevor Theorien vermittelt und Algorithmen eingeübt sind. (...) Man lernt Textaufgaben sachgerecht lesen und lösen, indem man lernt, Textaufgaben zu erfinden und zu verfassen. Es geht nicht in erster Linie darum, verzwickte Texte zu verstehen und zu entschlüsseln, sondern darum, eigene Texte zu mathematischen Themen zu verfassen. (...) Sie lernen, reale Situationen mathematisch zu durchleuchten und zu modellieren; und das ist ein zentraler Auftrag des Mathematikunterrichts.«

»Ein Rechenunterricht, der Kinder zum abstrakten Denken anleitet, bevor sie dafür reif sind, kann ein kritischer Faktor im Prozess der Entfremdung des Individuums von der Wirklichkeit sein. Denken und Fühlen sind beim Eintritt in die Schule noch eins und könnten es ein Leben lang bleiben, würden sie nicht künstlich getrennt« (Wild 1995, 187).

Die früh eintrainierte Fähigkeit, mit Zahlen nach bestimmten Regeln umzugehen, hat nichts mit mathematischen Kompetenzen zu tun, sondern mit guter Merkfähigkeit. Mathematische Fähigkeiten dagegen zeigen sich darin, dass man mit eigenen Worten und Zeichnungen beobachtete Vorgänge und Entdeckungen darstellen und erklären kann. »Wir neigen dazu, Intelligenz mit frühzeitiger Symbolisierung gleichzusetzen« (a.a.O. 96), was leider viele Lehrerinnen und Lehrer blind für die Lücken macht, die sich dahinter auftun. Erst wenn die ersten Sachaufgaben durchschaut werden und passende Problemfragen formuliert werden sollen, fällt auf, für wen Zahlen eine Kulisse geblieben sind, hinter denen eine große Leere gähnt. Den Kindern, die Zahlen bisher nur nach Regeln »behandelt« haben, kann man kaum noch mit »Grundlagenlernen« beikommen. »Claperède hat das Gesetz formuliert, dass alles, was man einmal auswendig gelernt hat, später viel schwerer zu begreifen ist« (a.a.O. 95).

Bis hierher wurde betont, wie wichtig es ist, sich als Lehrperson nicht lenkend in Lernprozesse einzumischen. Die gleichzeitige Forderung, sich aber auch nicht herauszuhalten, macht die Lernbegleitung zur Gratwanderung. Im richtigen Augenblick ist die Lehrperson gefordert, ihren erläuternden Beitrag zu leisten und dann auch zu vermitteln, wie die Arithmetik als Kunst des Umgangs mit den Symbolen funktioniert. Mit einem im Sinne eines differenzierenden Unterrichts breit angelegten Einstieg in das Lernen arithmetischer Fertigkeiten bleibt es den Kindern überlassen, hier ihre individuellen Schritte in ihrem Tempo zu gehen.

Um es noch einmal zusammenzufassen: Mathematik ist ein Entdeckerfach. Mathematik für junge Kinder zu betreiben, heißt, mit konkreten Dingen zu hantieren und mit Vorstellungen von konkreten Dingen umzugehen. »Authentische Situationen«, »natürliche Differenzierung«, »aktiv-entdeckendes Lernen« sind die Stichworte, die für einen Mathematikunterricht stehen, in dem selbstbestimmtes Handeln und Entdeckungen nicht nur zugelassen, sondern auch provoziert und unterstützt und kommentierend begleitet werden (vgl. Wittmann 2001, 8). Mathematik ist eine Tätigkeit, bei der Strukturen entdeckt, Kategorien gebildet, Beziehungen hergestellt, Eigenschaften verglichen, Unterschiede beschrieben, Gemeinsamkeiten gefunden, Einschätzungen vorgenommen werden. Es wird gesammelt, geordnet, sortiert, konstruiert, probiert, antizipiert, assoziiert, übertragen, verändert, umstrukturiert, rekonstruiert.

Den Mathematikunterricht »neu denken«

In einem Unterricht, der allen Kindern zugleich gerecht werden soll, ist zu fragen, welche Möglichkeiten der Differenzierung sich finden lassen. Die Umsetzung ist bezogen auf den Lernbereich der Mathematik eine besonders große Herausforderung.

Jens Holger Lorenz schreibt, »dass sich eine Differenzierung von selbst ergibt, indem die Kinder unterschiedliche Lösungswege beschreiten oder unterschiedlich tief eindringen, sowohl bei Problemaufgaben als auch bei offenen Aufgaben. Ich bin nicht der Meinung, dass man 25 verschiedene ›Unterrichte‹ für die 25 verschiedenen Kinder machen muss, oder dass alle verschiedene Arbeitsblätter bearbeiten müssen. Ich halte es für sinnvoll, dass der Inhalt der Unterrichtsstunde homogen, also für alle Kinder gleich ist, aber unterschiedlich verarbeitet werden kann. Die Wege können sehr unterschiedlich sein. Auch das wäre im übrigen eine Anforderung an den Lehrer, sich Aufgaben auszudenken, die eine unterschiedliche Bearbeitungsform und Bearbeitungstiefe ermöglichen. Darin ergibt sich m. E. die Differenzierung, aber nicht indem die Kinder tatsächlich inhaltlich etwas Unterschiedliches tun« (Lorenz 2000).

Aber es ist die Frage angebracht, ob – wie Wittmann fordert – »Lernangebote so reichhaltig angelegt [werden können], dass sie jedes Kind quer über das gesamte Leistungsspektrum für seine Fortschritte nutzen kann« (Wittmann 2001, 10).

Es ist von weit auseinanderliegenden Bedürfnissen auszugehen, je nachdem, ob die Lehrperson die mathematisch begabten Kinder ihrer Klasse oder die »nur interessierten« (Böttinger 2007, 23), die »rechenschwachen« oder aber die Kinder mit umfassenden Lernproblemen vor Augen hat.

Für die Kinder mit erheblichen Lernbeeinträchtigungen ist die möglichst direkte Auseinandersetzung mit der Situation selbst die Lernform, die ihnen gemäß ist. Die Situationen müssen konkret und komplex und kontextgebunden sein. In der Situation selbst entstehen die Fragen, die sie stellen. Mit den Fragen entwickeln sie Problembewusstsein. Das Lösungshandeln in der realen Situation lässt vielleicht eine mathematische Grundidee, die auf ihre Entdeckung wartet, sichtbar werden (vgl. Wittmann 2001). Die Zeit, in der es wirklich um den Erwerb von Rechenfertigkeiten geht, ist für sie noch weit entfernt. Es kann ein langer, große Geduld erfordernder Prozess werden, über den Aufbau mentaler Vorstellungen die Sicherung eines Mengenbegriffs (Mächtigkeit als Eigenschaft begreifen) und einer Zahlauffassung, später dann das Enthaltensein von Teilmengen und die Zahlzerlegung und zuletzt den Erwerb leistungsfähiger Rechenstrategien anzuregen (vgl. Schipper 2005, 38). Vielleicht kommen Zahlen und Rechenzeichen als Werkzeuge nie zum Einsatz, weil eine kognitive Beeinträchtigung so umfänglich ist, dass die Abstraktionsstufe nicht erreicht wird.

Wir sind nicht berechtigt, diese Kinder vom Lernfeld der Mathematik auszuschließen. Lehrkräfte müssen sich damit beschäftigen, welche Kompetenzen für lern- und geistig behinderte Menschen auf dem Weg zur Selbstständigkeit liegen. Es gibt eine Reihe von lebenspraktischen mathematischen Fertigkeiten, die vom Zahlverständnis nicht abhängig sind. Beschreibungen aus der Praxis liefern sinnvolle Vorschläge, wie die Lernhilfen für lern- und geistig behinderte Menschen aussehen können (vgl. Lanzinger 1997).

Andere Schülerinnen und Schüler dagegen brauchen Angebote, die »auf eine gewisse Bearbeitungstiefe angelegt sind« (Böttinger 2007, 23), prozessorientierte Fragen provozieren, die Diskussion unterschiedlicher Strategien hervorrufen und zur Theoriebildung anregen (vgl. a. a. O.).

Rebeca Wild beschreibt, wie die Kinder die Welt der Mathematik in einer Umgebung erobern, die »bewegungsfreundlich« ist und den »Bereich des praktischen Lebens« einschließt, und in der sie ein »voll ausgerüstetes Rechenlabor« vorfinden (Wild 1995, 188ff.). Sie schildert, wie sich Tätigkeiten und Zugangsweisen der Kinder unterscheiden. »Ein Material für Anfänger birgt oft große Entdeckungsmöglichkeiten für fortgeschrittene Rechenkünstler« (a.a.O. 196). Andererseits bietet der unbefangene, schöpferische Umgang mit dem didaktischen Material des »Rechenlabors« den Anfängern einen spielenden Einstieg in das Entdecken mathematischer Strukturen (vgl. a.a.O. 195). Unterschiedlichste Tätigkeiten provozieren Entdeckungen, die dem langsamen Lerner in der konkreten Handlung entgegenkommen und den flotten Rechner veranlassen, ein Spiel mit Zahlen zu beginnen. So schreiten alle in einer für jeden gleichermaßen zugänglichen Umgebung in ihrem Tempo »vom Konkreten zum Abstrakten« voran (vgl. a.a.O. 197).

Einen Unterricht, der in dieser Spannbreite Mathematiklernen unter einem Dach organisiert und stets für jedes Kind die gerade passende Lernherausforderung bereithält, habe ich in Schulen, die ich kennenlernte, nur in seltenen Unterrichtsphasen und nie umfänglich realisiert gefunden. In der Unterrichtspraxis, in der ich beteiligt war, blieb Mathematik immer auch ein Lernbereich, der abgegrenzt von anderen ein eigenes Konzept erforderte. Unabhängig voneinander arbeitende Lerngruppen mussten unterrichtlich bedient werden.

Manchmal jedoch gelang es, zumindest in einzelnen Unterrichtsphasen oder zu bestimmten Themen ein konkretes, handlungsorientiertes Angebot zu machen, das allen Kindern einen gemeinsamen Einstieg ins Thema bot, aber auch Kinder auf hohem Abstraktionsniveau herausforderte. Das gelang insbesondere, wenn es um Maße und Größen ging.

Der Umgang mit Maßen für Gewichte, Längen, Geschwindigkeiten, Temperatur usw., mit Geld, Uhrzeit und Kalender gehört ins wirkliche Leben, und entsprechende Kompetenzen spielen für die meisten Menschen in ausschließlich konkreten Situationen und als handlungsrelevante Fähigkeiten eine Rolle. Ganz sicher ist es für diese Teilbereiche des

Mathematikunterrichts möglich, Realsituationen zu nutzen, die allen Kindern auf ihren unterschiedlichen Niveaus zugleich zugutekommen. Der Kalender, die Uhr, die Schulglocke im Schulhaus, der Supermarkt um die Ecke, der Einkaufsladen im Spielzimmer, die Schulküche, der Schulhof und Schulgarten und die räumlichen Gegebenheiten des Schulhauses, Festvorbereitungen, Materialbeschaffung, Raumausstattung usw. bieten für didaktische Kreativität auch im traditionellen Unterricht der Grundschule einen weiten Spielraum. Im folgenden Beispiel wurde der »Spielraum« im Sinne des Wortes zu einem solch umfassenden Lernfeld.

Mit Hanna, Berim und Giannina inszeniere ich in der Mathematikförderstunde häufig Rollenspiele. Andere Mädchen der Klasse bekommen mit, dass die drei heute während der Pause im Förderraum bleiben dürfen. Sie spielen »Hotel«. Am nächsten Tag sind sie schon zu fünft, als sie um Erlaubnis bitten, wieder in der Pause dort spielen zu dürfen. Zuletzt sind es alle elf Mädchen der Klasse, die hier für ihr Spiel ein Hotel eingerichtet haben: Zimmer mit Betten, ein Restaurant, eine Spielecke für die Kinder der Gäste, eine Hotelküche. In den drei nächsten Wochen verbringen sie die meisten Pausen hier.

Während meiner Besuche in ihrem »Hotel« erhalte ich Einblick in die vielfältigen Aktivitäten der Mädchen. Sie nutzen meine Stippvisiten, um neue Rezepte für die Herstellung von kleinen Kuchen aus Kleistersand zu erhalten. Sie wollen die große Uhr aus dem Klassenraum für ihr Spiel ausleihen. Sie wollen wissen, wie man quadratische Bögen schneiden kann, die sie für die Kosmetiktäschchen brauchen, die sie für die feinen Damen, die hier ein- und ausgehen, falten wollen. Ob ich noch Knetmasse habe für die Herstellung von Bratwürsten, die am Nebentisch bestellt werden? In den Regalen haben sie das Spielgeld gefunden. Auf den Tischen liegen Speisekarten und Preislisten. Melanie hat kleine Blöcke von zu Hause mitgebracht, auf denen die Bestellungen notiert und die Rechnungen geschrieben werden. Ich kann den Kellnerinnen echte Geldbörsen zur Verfügung stellen.

Am nächsten Tag hängt ein schön verziertes Schild außen an der Tür des Förderraumes:

HOTEL AKTIS – mit Kinderbetreuung

Dieses »Hotel-Spiel« barg eine endlose Zahl von Anforderungen, die den mathematischen Lernbereich betrafen. In solchen offenen Unterrichtsgestaltungen werden auch rechenschwache Kinder im Sinne einer natürlichen Differenzierung »unauffällig und unspezifisch gefördert« (Wittmann 2001, 8). Gianninas »Kellnertätigkeit« war ein guter Anlass, auf die Strategie des schriftlichen Addierens hinzuweisen. Der Umgang mit den Maßeinheiten Gramm und Milliliter wurde ein klein wenig alltäglich. Preisangaben pendelten sich auf realistische Einschätzungen ein. Die Kinder erfuhren von Erlebnissen aus dem wirklichen Leben ihrer Mitspielerinnen. Bezüglich des Rechnens erläuterten sie sich gegenseitig ihr Vorgehen. Hanna, Berim und Giannina erinnerten sich an Vorschläge, die sie aus der Förderstunde kannten. Einige Szenen und Aktionen, deren Zeugin ich hier wurde, griff die Klassenlehrerin im Mathematikunterricht der Klasse wieder auf, um etwas Neues zu erklären. Wittmann jedoch betont, dass »die unauffällige und unspezifische Integration der Förderung in den normalen Unterricht nicht ausschließt, dass mit Kindern, die Schwierigkeiten haben, gesondert gearbeitet und geübt werden muss. Selbstverständlich ist das in manchen Fällen notwendig« (Wittmann 2001, 16).

Für den Bereich der Arithmetik berichtet Brigitte Hölzel über Möglichkeiten, Inhalte zu »parallelisieren, die traditionell dem ersten bzw. zweiten Schuljahr zugeordnet werden« (Hölzel 2007, 168). Unterrichtsideen, im Speziellen Einstiege in diverse Themenbereiche der Arithmetik und Geometrie, bieten Kathrin Cottmann (2010) und Gudrun Häring (2010).

Für jene, die den traditionellen Mathematikunterricht verändern möchten und einen Weg hin zu offenen Lernangeboten für Kinder unterschiedlicher Lernniveaus suchen, lassen sich die vorausgehenden Ausführungen in folgenden Kernsätzen zusammenfassen:

- Mengen von Dingen ordnen, zuordnen, vergleichen, ergänzen/vermindern statt abzählen lassen,
- Handlungen anregen, sie versprachlichen und in unlinierte Hefte zeichnen lassen statt »Blattarbeit« verlangen,
- Strukturen entdecken lassen statt Rechenregeln lehren,
- Prozesse begleiten statt Ergebnisse abwarten,

- Interaktion und Kommunikation unterstützen statt auf Belehrung bauen,
- komplexe und herausfordernde Situationen anbieten statt Inhalte in kleine Häppchen portionieren,
- Entwicklung eigener Vorstellungsbilder anregen statt Orientierung an vorgegebenem Veranschaulichungsmaterial verlangen,
- Rechengeschichten erfinden lassen statt Kinder dem Grübeln über Textaufgaben in Büchern zu überlassen,
- Geometrie als Denkschulung verstehen statt als Abarbeitung von Zeichenaufgaben,
- reelles und vielfältig variiertes Üben in den Unterricht einbauen statt sich auf »didaktische Lernspiele« verlassen,
- Kinder beobachten und Fehler verstehen statt sogleich Korrekturen anbringen.

7. Gemeinsam Unterricht vorbereiten und gemeinsam im Unterricht stehen

7.1 Unterricht gemeinsam planen

Die Auseinandersetzungsprozesse im Vorfeld des konkret stattfindenden Unterrichts sind komplex. Alles hängt zusammen und voneinander ab: die Unterrichtsplanung und die Klärung der Förderbedürfnisse einzelner Kinder, die Installierung von Lernhilfen und ein bestimmter Unterrichtsrahmen, die Aufgaben und rechtlichen Bestimmungen einer Grundschule und die Erwartungen der Eltern, die Klasse in ihrem sozialen Gefüge und die Kompetenzen der Lehrkräfte. Im Herantasten an einen Unterrichtsplan müssen zahlreiche Fragen geklärt werden. Ausgehend von einem Thema oder einer Projektidee, einer Rahmenplanvorgabe, einem aktuellen Ereignis, einem bestimmten Anliegen für die Klasse oder auch ausgehend von einem bestimmten Kind und seinem Bedarf, der in den Blick drängt, müssen Antworten gefunden werden.

Fragen, die als Impulse den Vorbereitungsprozess weitertreiben, können lauten:

Welche Themen liegen aktuell an oder nahe? Sind die Ideen geeignet, die Lernprozesse, die angestoßen werden sollen, auch wirklich in Gang zu bringen? Eignet sich bei einer bestimmten Sache besser ein lehrgangsartiges oder projektorientiertes Vorgehen? Müssen Fertigkeiten vorausgesetzt oder vorher geübt werden? Auf welchen Kompetenzebenen lassen sich die möglichen Tätigkeiten beschreiben? Lassen sich passende Aufgaben für Michi und Lena finden?

Ein Beispiel dafür, wie eine konkrete Planung vonstattengehen kann, stammt aus der Arbeit mit jener Klasse, mit der das Thema »Die Geschichte der Fotografie« durchgearbeitet wurde (s. S. 139f.).

> Wir verfolgen die Idee des »Fotoprojektes« weiter. Es hat lehrgangsorientierte Anteile. Wir können Phasen des Experimentierens einplanen. Kreative Herausforderungen sind natürlich beim Fotografieren inklusive. Das Projekt bietet auch die Option, das Kennenlernen des Wohnortes in irgendeiner Form in die Planung einzubeziehen. Wir müssen klären: Wohin genau zielt unser Vorhaben? Gibt es

»Abzweigungen«, die wir miteinbeziehen wollen? Wo lassen sich sinnvollerweise Verknüpfungen zwischen verschiedenen Lernbereichen herstellen? Welchem Anliegen könnte der Ausflug durch den Wohnort noch dienen, außer dass währenddessen fotografiert wird? Ist das Fotografieren mit Erfahrungen verbunden, die wir für Annika und die für sie anstehenden Lernprozesse nutzen können?
Wir fokussieren verschiedene Aspekte des Sachzusammenhangs. Je nachdem, welches Kind wir vor Augen haben, treten andere Gewichtungen ins Blickfeld. Welche vertiefenden Aktivitäten lassen sich planen, um den hohen Ansprüchen von Sven gerecht zu werden? Findet Maria passende Lernanstöße? Was wollen wir am Schluss mit der Klasse und einzelnen Kindern erreicht haben? Bestimmte Kinder geraten je nach Thema und vordringlichem Anliegen deutlicher in den Blick als andere.
Uns fällt ein, dass das Klassenfest ansteht. Sollen wir im Hinblick darauf eine Ausstellung planen? Was bedeutet eine Ausstellung für das Lernen der Kinder?
Überhaupt: Das Klassenfest und seine Vorbereitung werden, wenn wir die Kinder sinnvoll einbeziehen wollen, ein eigener Schwerpunkt werden. In welcher Woche können wir das einplanen? Alleine das Einkaufen für dieses Ereignis könnte ein eigenes Projekt werden – es rückt Lebenspraxis in den Blick, Rechnen mit Geld, Einkaufslisten schreiben, Mengen berechnen usw.

Wenn der Rahmen im Groben geklärt war, mussten die Überlegungen in eine konkrete Unterrichtsgestalt einfließen. Immer wurde der Einstieg in ein Projekt oder in eine Unterrichtsphase sorgfältig vorbesprochen: Wie könnten die Kinder als Gesamtgruppe in ein Thema eingeführt oder mit einem Anliegen vertraut gemacht werden? Sodann musste überlegt und begründet werden, warum wir die Kinder angeleitet oder eigenständig arbeiten lassen wollten. Notwendige Einzelhilfen waren zu bedenken. Im Gespräch klärte sich, wie weit wir den Unterricht öffnen und uns »experimentell« vorwagen wollten. Wir entschieden, ob, wann und wie wir gegebenenfalls Eltern einbeziehen müssten, weil die Arbeit zu Hause weitergeführt werden sollte. Mit den Antworten auf all diese Fragen gewann ein Lernthema zunehmend an Kontur und wurde konkret. Manchmal mussten schöne Ideen, die am Anfang des Prozesses angedacht waren, wieder verworfen werden.

Wir spürten, dass sich die eingeschliffenen Routinen, die in uns als ehemalige »Einzelkämpferinnen« noch wirkten, allmählich auflösten. Die *Planung* des Unterrichts erhielt im Rahmen der Teamarbeit ein anderes Gewicht. Von ihr hing ab, ob die Kinder in einem in vielen Teilen offenen Unterricht eine klare Orientierung erhielten und wir für situationsbezogene Interventionen gerüstet sein würden. Wir waren gezwungen, Gedanken, Anliegen, Vorstellungen, Einstellungen in Worte zu fassen. Die Disziplin, die uns hier abgefordert wurde, erleichterte es uns, ein Unterrichtsangebot in geeignete, gut begründete Strukturen zu fassen. Unser Austausch bezog sich auf mehr als nur die organisatorischen Absprachen. Wenn wir später gemeinsam in der Klasse standen, erwies sich dieser Austausch als hilfreich dabei, die Partnerin in ihrem Lehrerhandeln einzuschätzen und zu verstehen.

Aus der Planung heraus ergaben sich Aufgabenverteilungen und Zuständigkeiten fast wie von selbst.

»Wenn ich heute sowieso in die Stadt gehe, bringe ich auch schon Servietten mit. Ja, und die Klebestifte auch. Hoffentlich vergess ich die nicht.«

»Gut, dann mach ich die Kopien von der Arbeitsanleitung. Und ich guck mal, ob ich eine Mustervorlage finde, die wir benutzen können. Rufst du denn noch bei Gisela an und fragst nach Wolle? Ich stelle noch die Materialien für die Regalarbeit zusammen.«

»Soll ich eigentlich morgen die Einführung machen? Dazu hätte ich Lust. Dann müsste ich dir aber vorher zeigen, wie ich mir die Hilfestellung für Annika gedacht habe.«

»Ja, können wir so machen. Wann zeigst du's mir? Hier übrigens noch der Entwurf für den Elternbrief. Meinst du, das geht so?«

So oder ähnlich verliefen die Dialoge, die die Vorbereitungen eines Unterrichts *abschlossen*. Im Vorfeld waren die Inhalte durchgearbeitet, methodische Vorgehensweisen durchgesprochen, didaktische Fragen geklärt, eine sinnvolle Organisation war durchdacht. Es klärte sich, in welches »Ressort«, d.h. wem von uns beiden eine konkrete Vorbereitung zufiel. Jede von uns hatte Kenntnisse und Erfahrungen, die die andere nicht hatte. Hinzu kamen spezielle Kompetenzen, Vorlieben und Talente, die in die Unterrichtsvorbereitung und die Aufgabenverteilung einflossen. In unserem Verständnis von Zusammenarbeit gab es uns als ein »Wir«. Wir stellten nicht mehr unsere individuellen Vorstellungen – »ich meine und du deine« – nebeneinander und suchten nach Überschneidungen, sondern wir entwickelten ein Unterrichtsnetz, das wir am nächsten Tag oder während der Woche für die Kinder ausbreiten würden. In dem waren wir mit unserem Wissen und Können und mit dem, was wir besonders gerne machten, und auch den ungeliebten Tätigkeiten, die getan werden mussten, aufgehoben.

Während der ersten Wochen des neuen Schuljahres waren ausgedehnte Besprechungszeiten an der Tagesordnung. Wir legten einen wöchentlichen Besprechungsnachmittag fest. Aber auch an anderen Tagen blieben wir im Gespräch. Später überließen wir, wenn der grobe Rahmen stand, die Detailplanungen der Partnerin, die das »jeweilige Ressort« innehatte. Die für den Tagesablauf wichtigen Absprachen gelangen immer häufiger morgens in der Früh, bevor der offizielle Unterricht begann. Wir kannten uns inzwischen gut und hatten eine »gemeinsame Sprache« gefunden.

Für die Besprechungen spielte sich ein Muster ein, nach dem wir vorgingen. Die Arbeitsabläufe wurden übersichtlicher. Der immense Zeitaufwand reduzierte sich allmählich.

Wir brachten Beobachtungen und Überlegungen aus dem Unterricht mit. Aus dem Austausch darüber gingen Ideen, Assoziationen, Vorstellungen, Gedanken und Fragen hervor. Aus den Nachbereitungen ergab sich die Vorbereitung der weiteren Arbeit. Kriterien unserer Arbeit wurden darstellbar und ihre Ergebnisse überprüfbar.

7.2 Lernhilfen entwickeln und Förderpläne schreiben

Für die weitaus meisten Kinder sahen wir keine detaillierten Förderpläne vor. Aber auch ohne ausformulierte Pläne waren wir mit der Zeit in der Lage, für jedes Kind Schwerpunkte der Förderung zu benennen. Es gab in einem umfangreichen Hängeregister nach Namen sortierte Mappen, in denen Leistungsnachweise gesammelt wurden. Das waren Produkte der Kinder bzw. Kopien davon, des Weiteren Beobachtungsnotizen, Gesprächsprotokolle, prozessbezogene Bemerkungen über die Entwicklung in verschiedenen Bereichen und Leistungsbeschreibungen. Wenn wir feststellten, dass wir ein Kind aus den Augen zu verlieren drohten, nahmen wir uns die Mappe vor und nutzten die gesammelten Unterlagen als Grundlage für Förderplangespräche. Wenn wir mit Eltern über ihr Kind sprachen, gelang uns dank unserer Unterlagen eine nachweisliche Standortbestimmung. Die Auseinandersetzungen mit Fragen, Bedenken, Hinweisen, mit Ängsten und Nöten, auch mit Vorschlägen und Wünschen der Eltern konnten auf der Sachebene verankert werden.

Manchmal aber mussten über die Beobachtung und das Sammeln von Produkten der Kinder hinaus grundlegende Fragen angegangen werden, um zu guten Unterstützungsmaßnahmen gelangen zu können. Joscha war ein Kind, bei dem wir lange Zeit hinsichtlich eines guten Förderplans »im Dunkeln tappten«.

Für Joscha scheint etwas »mit dem Hören« nicht so zu sein, wie es »normal« ist. Hört Joscha nicht gut? Oder hört er nicht gut genug hin? Wir beobachten, dass er oft die Worte nicht findet, wenn er etwas sagen will. Oder kennt er nicht genügend Wörter? Es scheint, als lasse er manchmal den Wunsch, etwas zu sagen, »vorsichtshalber« wieder fallen. Er »verhaspelt sich«, wenn er in einem Gespräch unter Druck gerät. Kommunikation ist nicht einfach möglich.
Verstehen scheint schwierig zu sein. Manchmal kommt er mit schlechter Stimmung in die Schule und ist besonders unruhig. Dann gelingt es ihm noch weniger gut, zu verstehen und mitzuverfolgen, was im Unterricht gesprochen wird.

Wir kontaktieren eine Betreuerin aus dem Regelkindergarten, um Genaueres darüber zu erfahren, warum Joscha ein halbes Jahr vor Schuleintritt vom Regelkindergarten in eine Fördertagesstätte gewechselt war. Frau G. ist der Ansicht, das Joscha noch Zeit brauche; er müsse seinen Wortschatz noch ausbauen; vielleicht könne er ja das erste Schuljahr wiederholen.
Das Frühförderzentrum, dem die Fördertagesstätte angegliedert ist, hatte Joscha jedoch als lernbehindertes Kind angekündigt. Ein Gutachten liegt aber nicht vor. Die Mutter fühlte sich im Gespräch über die extremen Ansichten, die hier vertreten wurden, hilflos.

Wir müssen nun zu einer eigenen Einschätzung der besonderen Problemlage des Kindes kommen, um im Unterricht angemessen auf es eingehen zu können. Das heißt in diesem Fall, Informationen sehr sorgfältig zusammenzutragen und zu analysieren: Hausarztberichte, Therapieberichte, Entwicklungsbeschreibungen aus dem Kindergarten, Untersuchungsergebnisse aus Fachkliniken, Testergebnisse aus psychologischen Untersuchungen.

Während wir über einige Wochen hinweg Telefonate führen und Berichte anfordern, lernen wir Joscha besser kennen. Er ist, wenn er entspannt ist, ein sehr mitteilsames Kind. Er liebt Bilderbücher und versucht bald, sie selbst zu lesen. Er malt leidenschaftlich gerne und hat in diesem Bereich eine besondere Begabung. In Mathematik überrascht er mit einem differenzierten mathematischen Verständnis; er liebt Knobeleien und entwickelt Lösungswege, die er mithilfe von Zeichnungen erläutert. Computer und Internet erwecken sein Interesse. In der Jungengruppe, der er sich angeschlossen hat, kommt er allerdings nicht gut zurecht. Er findet sich dort in der Rolle des

»ewigen Verlierers« wieder. Das kränkt ihn. Aber es ist schwierig für ihn, seine Lage im Konfliktgespräch zu schildern.

Inzwischen haben wir eine Vielzahl an Informationen und anamnestischer Daten erhalten. Wir bringen sie in eine chronologische Abfolge und notieren sie so, dass wir ihnen in einer zweiten Spalte Kommentare und offene Fragen gegenüberstellen können.

Die Berichte, die wir in Joschas Fall angefordert hatten, stammten aus acht Einrichtungen und waren von acht unterschiedlichen Fachleuten verfasst. Wir arbeiteten alle Informationen durch. Mit den Fragen, die sich dabei ergaben, suchten wir die Beratung einer Fachklinik auf, an die eine pädagogische Einrichtung für hörgeschädigte Kinder und Jugendliche angeschlossen war. Dort erhielten wir wertvolle weitere Informationen, die unsere eigenen Beobachtungen und Einschätzungen ergänzten und korrigierten. Wir gewannen Handlungssicherheit. Aus den Gesprächen gingen Leitgedanken hervor. Diese waren geeignet, durchgängig durch den Schultag unser Bewusstsein für Joschas besondere Situation wachzuhalten. Wir konnten in eine sinnvolle Förderplanung einsteigen. Es ging uns bei der Formulierung eines Förderplans nicht darum, einen Förderweg festzuklopfen, den es Schritt für Schritt abzuschreiten galt. Wir würden nichts an Joschas Problemen ändern können. Wir beschrieben also keine Lernziele, die Joscha verfolgen, oder Kompetenzen, die er erwerben sollte. Wir entwarfen kein Lernprogramm oder Verhaltenstraining. Indem wir aber *unseren* Umgang mit Joscha kontrollierten, würden wir ihm helfen, in kommunikativen Situationen nicht »verloren zu gehen«. Wir wünschten ihm, dass er selbst einen guten Umgang mit seinem Problem lernen könnte. Dazu gehörte, dass er ein stabiles Gefühl für sich selbst und eine selbstbewusste Haltung im Kontakt mit seinen Klassenkameraden aufbauen können sollte. Dann wäre für ihn Lernen möglich. Darin lag, wenn man es denn so nennen wollte, ein »Ziel« der Förderung.

Die Maßnahmen, die wir formulierten, hatten also nicht Joschas Verhalten zum Inhalt, sondern sie betrafen das Verhalten der Lehrkräfte. Das Kind ist ein in seinen Belangen kompetentes Kind. Es will lernen. Hilfen braucht es, um Lernhürden zu überwinden. In dieser Haltung wollten wir dem Jungen begegnen, und aus dieser Haltung würden sich die Hilfen für die anstehenden Lernprozesse von selbst ergeben. Der Förderplan diente uns als »roter Faden« für *unser* Verhalten und als Basis für ein bewusstes Lehrerhandeln.

Wir fassten unsere Überlegungen stichwortartig zusammen:

Förderplan für Joscha

Klassengespräche:

- Sein Mitteilungsbedürfnis, das stets groß ist, ernst nehmen. Geduldig zuhören; ihn hier nicht enttäuschen.
- Beim Sprechen immer wieder den Blickkontakt suchen, auch während der Gespräche, in die die ganze Klasse einbezogen ist (immer Sitzplatz beachten).
- Beobachten, ob Joscha aufmerksam folgen kann, eventuell nachfragen, was verstanden wurde. Ansonsten Inhalte kurz wiederholen oder Extraerläuterung in Aussicht stellen.
- Wenn er etwas mitteilen will und die passenden Worte nicht findet, ihm vorsichtig einen Formulierungsvorschlag anbieten.
- Wenn er unter Druck gerät: nicht insistieren, sondern später auf das zurückkommen, was er hat sagen wollen. Manchmal fällt ihm der »verlorene« Inhalt wieder ein, und er sollte in diesem Fall, mindestens im Kontakt mit der Lehrerin, die Mitteilung nachholen können.

Lernbereiche:

- Teilnahme am Angebot *Schreibwerkstatt*
- Teilnahme an der AG, die mit dem Programm »Antolin«[34] arbeitet
- Mitarbeit in der *Malwerkstatt*
- Joscha im Lernbereich Deutsch nicht in das Gefühl rutschen lassen, »nicht gut zu sein«. (Könnte passieren, weil er sich in Mathematik als besonders kompetent erlebt.)
- Häufiger am PC arbeiten lassen zwecks leserlicher Schrift. Er braucht die Möglichkeit, seine Schriftsprachproduktion laufend überblicken zu können, vor allem dann, wenn er notieren will, wie er denkt oder wie er sich einen Zusammenhang vorstellt; ihm hier mit Vorschlägen für Begriffe und Formulierungen helfen.
- In Mathematik: beim Entschlüsseln von Textaufgaben helfen

Extraprogramm bis zu den Weihnachtsferien:

- Joscha darf vor Schulbeginn mit der Lehrerin ins Schulhaus > Zeit zum Erzählen
- Er darf die Computer für den Tag hochfahren > »fachsimpeln«

---

[34] »Antolin« ist ein Online-Portal zur Leseförderung. Es werden Quizfragen zu Kinder- und Jugendbüchern geboten, die Schüler und Schülerinnen online beantworten können (http://www.antolin.de/all/howto.jsp).

Für Joscha schufen wir so einen Rahmen, den er gut für sich nutzen konnte. Er wurde selbstsicherer. Er unterschied, wo er sich kompetent fühlte, und nutzte selbstbewusst die angebotenen Hilfen bei Aufgaben, die schwierig für ihn waren.

7.3 Grenzen des Gemeinsamen in der individuellen Förderung

Manchmal müssen im Unterschied zum in 7.2 beschriebenen Ablauf einer Förderplanung andere Wege eingeschlagen werden, um herauszufinden, wie eine Unterstützung sinnvoll gestaltet werden kann.

Es kann notwendig sein, sich einem sehr verstörten Kind oder einem Kind mit einer schweren Behinderung zunächst einmal in einem Eins-zu-eins-Kontakt zu widmen. Zeiten dafür gehen vom gemeinsam geführten Unterricht in der Klasse ab. Das ist dann für eine Weile in Kauf zu nehmen. Die Eltern schätzen diese besonderen Maßnahmen für ihre Kinder, wenn sie darin das ernsthafte Bemühen erkennen können, ihrem Kind über diese Hilfe auf lange Sicht die Teilhabe am Klassenunterricht zu erleichtern. Sie verstehen, dass es sich dabei nicht um Maßnahmen äußerer Differenzierung handelt, die das Kind von der Klasse ausschließen.

Viele Male habe ich mit Kindern die Erfahrung geteilt, dass sie die ihnen mögliche Entwicklung nur auf Wegen tun können, die weitab von den Routen liegen, die in allgemeinen Schulen favorisiert und von Lehrkräften vertrauensvoll genutzt werden. Für die Suche nach diesen Wegen braucht es manchmal eine Intensität im Kontakt, die im Unterrichtsalltag einer Klasse nicht einfach herzustellen ist.

Ich versuche, dem Kind an seinem inneren Ort, von dem aus es in die Welt schaut, zu begegnen und zu verstehen, was die Welt ihm abverlangt. Das »Problem« ist vorerst nicht das, was mich interessiert.

Für die Prozesse, die ich in der Einzelsituation mit einem Kind beginne, bereite ich einen *Kontaktraum* vor. Der Erstkontakt ist die Einladung, ein Feld für weitere Begegnungen zu betreten. Das kann in der Klasse geschehen, wo ich mir Zeit nehme, mich ganz diesem Kind zuzuwenden und ihm zuzuschauen. Oder wir suchen den Förderraum auf (vorausgesetzt es ist bereit, mit mir dorthin zu gehen). Ich bin aufmerksam und warte ab. »Die körperliche Nähe und das interessierte Dabeisein des Erwachsenen wirken dabei wie eine Energiequelle, die das Kind aus einer gewissen Entfernung erwärmt. Gleichzeitig nimmt der Erwachsene in diesem Prozess die Funktion eines Spiegels an, der dem Kind seine Handlungen und Haltungen zurückwirft« (Wild 2003, 103). Sehr vorsichtig teile ich dem Kind mit, was ich sehe. Kontaktmomente sind nicht planbar, wohl aber die Umstände, unter denen sie geschehen bzw. zugelassen werden können. Sie bringen etwas auf den Punkt. Es sind die Momente, in denen wir uns erkennen. Sie bergen Veränderungspotenzial.

Der *Kontaktraum* schließt über den konkreten Raum, in dem wir uns aufhalten, hinaus den psychologischen Raum mit ein, in dem wir mit unseren Gefühlen, Erwartungen, Ressentiments aufeinandertreffen. An der *Kontaktgrenze* als einem »durchlässigen, pulsierenden Ort der Energie« (Polster 1988, 105) entscheidet sich, wie weit der Freiraum ist, den wir dem anderen öffnen und den er betreten darf. Das geschieht unter der Voraussetzung gegenseitigen Vertrauens. Das »Prinzip der Gleichwürdigkeit« ist das zentrale Element in der Begegnung (Juul 2010, 42ff.).

Manchmal ist der erste Kontakt mühevoll. Ich spüre Ängste auf Seiten des Kindes, vielleicht vor Anforderungen. Wiederholte Misserfolge, die Gewissheit des Versagens und die Erfahrung von Abwertung haben eventuell dazu geführt, dass es sich nicht vorbehaltlos auf den neuen Kontakt einlassen will. Im Klassenunterricht hat es möglicherweise begonnen, ein auffälliges Verhalten zu entwickeln, das in Unterrichtsstörungen, Ablenkbarkeit, Unruhe und einer demonstrativen Verweigerungshaltung, Missmut und Misstrauen zum Ausdruck kommt. Das kann hier nicht einfach abgestellt werden. Dahinter versteckt sich nicht selten eine große Bedürftigkeit.

Als Helferin muss ich bereit sein, mich auf Widerstände, Hürden, Rückzüge und überraschende Wendungen einzulassen. Besonders ein bereits sehr verunsichertes Kind braucht meine achtsame und verlässliche Präsenz und meine Bereitschaft, seine Signale als Zeichen der Kooperation ernst zu nehmen.

Manchmal, vor allem, wenn das Verhalten eines Kindes durch Kränkung, Zurücksetzung, Demütigung, Missachtung verzerrt ist, stößt es mit seinem Verhalten Saiten unseres eigenen biografischen Hintergrundes an. Gedanken, Gefühle, Einstellungen, die auf der Seite der Helferperson anklingen, müssen beachtet werden. Missstimmungen, Impulse der Abwehr, aber auch besondere Betroffenheit und Zuneigung sind möglicherweise Reflexe, weil uns das Kind mit seinem Verhalten auf eigene Erfahrungen seelischer Verletzung aufmerksam macht. Kinder spüren das. Es ist so, »dass Kinder nicht nur unsere Beziehung zu ihnen beeinflussen, sondern uns auch helfen, etwas über uns selbst zu lernen« (a.a.O. 44). Nur dann, wenn die Lehrkraft sich ihrer eigenen Gefühle, ihrer eigenen biografisch begründeten Einschränkungen und Grenzen bewusst ist und die Verantwortung dafür übernimmt und sie nicht als Schuld dem Kind zuschiebt, kann eine vertrauensvolle Beziehung entstehen.

In einem anfangs völlig offenen *Kontaktraum* halte ich mich mit dem Kind so lange auf, bis ich mit ihm zusammen einen Einstieg in einen beginnenden Lernprozess gefunden habe, für den ich meine Unterstützung zusichere. Manchmal ist es schon zu Beginn möglich, vielleicht auch nötig, das Thema, das uns zusammengeführt hat, mitzuteilen und das Kind dazu anzuhören.

Den Einstieg in einen Lernprozess müssen wir als Einstieg in einen *gemeinsamen* Prozess ansehen können. Es wird kein letztendliches Ziel definiert. Die Vereinbarung gilt einem ersten kleinen Stück des Weges, den wir gemeinsam zu gehen beginnen. Es ist bedeutsam für das Kind und seine Entwicklung, dass es den »richtigen Zeitpunkt« für einen ersten und nächsten Schritt selbst bestimmt. Der Anfang ist, wie er ist, auch wenn er vermeintlich noch so weit ab von dem liegt, was als umschriebenes Problem unsere Zusammenarbeit veranlasst hat. Der erste Schritt gilt dem Gefühl des Kindes für sich selbst.

»Selbstgefühl ist unser Wissen und Erleben davon, wer wir sind. (...) Bildlich gesprochen lässt sich Selbstgefühl als eine Art innerer Säule, als Zentrum oder Kern beschreiben. Wir kennen das gesunde, gut ausgeprägte Selbstgefühl als ein Gefühl des In-sich-Ruhens, Sich-Wohlfühlens« (a.a.O. 96). Es bezieht sich auf die pure Existenz, nicht auf erworbene Kompetenzen. Wenn so dem Kind die Freiheit der Selbstbestimmung und die Anerkenntnis der Gleichwürdigkeit gegeben werden, zeigt es sich dem Erwachsenen so, wie es ist, und beide finden zusammen heraus, was ihm wirklich beim Lernen hilft. »Vertrauen lässt sich als gegenseitige Vorhersehbarkeit kooperativen oder unterstützenden Verhaltens definieren, es ist ein Kernelement jeder zwischenmenschlichen Beziehung« (Bauer 2011, 19). Veränderungen können sich nun einstellen. Entwicklungen werden möglich. In dem engen Kontakt und der konzentrierten Zusammenarbeit können sich das Kind und die Lernbegleiterin gut kennenlernen. Am Ende der Prozesse öffnet sich die Verbindung wieder hin zur Klasse. Für die konkrete Lernsituation können nun passende methodische Entscheidungen getroffen werden. Die Ergebnisse solcher Arbeitsprozesse werden in den Förderplan aufgenommen. Die Lernprozesse können wieder in den Klassenunterricht »eingefädelt« werden.

Viele Beispiele in diesen Texten zeigen, dass die intensive Eins-zu-eins-Situation manchmal über einen längeren Zeitraum aufrechterhalten werden muss. Es müssen dann regelmäßige Einzelförderstunden für dieses Kind eingerichtet werden. Manchmal aber schafft schon eine einzige Begegnung die entscheidende Basis für die weitere Lernunterstützung. Die Lernbegleitung wird in den Klassenunterricht integriert und passende Lernhilfen werden geschickt in Maßnahmen der inneren und äußeren Differenzierung eingebaut.

7.4 Gemeinsam in der Klasse stehen

Lehrkräfte, die ein gleichberechtigtes Arbeiten im selben Klassenraum anstreben, stehen vor einer besonderen Herausforderung. In der Regel sind sie Einzelkämpfer gewesen. Die Vorstellung, dass eine zweite Lehrperson sich im Unterricht zu Wort meldet, sich den Kindern zuwendet, mitredet und mitentscheidet, ist ungewohnt. Wenn man das möchte, muss man sich darüber im Klaren sein, in welche Kommunikations- und Interaktionsstrukturen der Unterricht eingebettet werden soll.

Beide Lehrkräfte müssen von den gleichen Vorstellungen des Lehrerhandelns ausgehen können, wenn die Verständigung während des Unterrichtens funktionieren soll, denn: Klare Anweisungen setzen andere Prozesse in Gang als offene Fragen; mit Anleitungen zum Nachmachen und Üben werden andere Anforderungen gestellt als mit dem Angebot, etwas im Experiment zu wiederholen; Einzelarbeit erfordert andere Haltungen als die Arbeit in der Gruppe. Je nachdem geschieht die Lernbegleitung in einer anderen Bezogenheit: näher, distanzierter, direkter, indirekter. Wenn die Lehrpersonen sich nicht über die kommunikativen und interaktiven Strukturen einig sind, in die sie den konkreten Unterricht einbetten wollen, verunsichern sie die Schülerinnen und Schüler.

Für Frau Seidler und mich stand außer Frage, dass sich die Art, wie wir im Unterricht kooperieren würden, auf die Mikroprozesse des Unterrichts auswirken würde. Wir hatten den Anspruch, diesen bedeutsamen Aspekt des gemeinsamen Unterrichtens zu nutzen. Nun findet man häufig in der Zusammenarbeit zweier Lehrkräfte folgende Aufteilung: Die Grundschullehrerin in ihrer Rolle als Klassenlehrerin bestimmt und verantwortet die unterrichtlichen Vorgänge, die Förderschullehrerin agiert in der Rolle der »Helferlehrerin«. Wir aber wollten unsere Zusammenarbeit als ein darüber hinausgehendes Miteinander verstehen. Welche Bedeutung dieser Anspruch gewann, zeigte sich in verschiedener Hinsicht:

Zu zweit konnten wir die Mikroprozesse des Unterrichts besser beobachten und die Geschehnisse mitvollziehen. Ich erinnere mich an Situationen, in denen eine von uns bereits deutlicher als die andere Hindernisse bemerkte, über die wir stolpern würden, und dies auf den Punkt brachte: »Ich glaube, wir sollten hier abbrechen. Wir können ja heute Mittag überlegen, wie wir es anders machen können.« Wenn so etwas laut ausgesprochen war, musste auch entschieden werden. Für die Kinder wurde etwas transparent, das ihnen normalerweise verborgen blieb: Sie verfolgten, wie wir uns über nächste Schritte im Unterricht verständigten, und sie wagten es, sich mit eigenen Gedanken in unsere Überlegungen einzumischen.

Wir lernten, einander zu vertrauen und auszuhalten, nicht alles alleine in der Hand zu haben – und auch nicht haben zu müssen! Wir entdeckten, dass es zu zweit einfacher war, für die Prozesshaftigkeit des Unterrichts offen zu bleiben und mit überraschenden Momenten umzugehen. Zu zweit war es einfacher, Ereignisse aufzugreifen und gegebenenfalls den weiteren Unterricht spontan zu differenzieren. Auf Lernprobleme und Verhaltensprobleme, die nicht voraussehbar waren, konnten wir in der aktuellen Situation eingehen und gegebenenfalls den Unterricht in passendere Bahnen lenken. Wir standen während des gesamten Unterrichts in Kontakt, um entsprechend intervenieren zu können. Ein Dialog in folgender Art konnte sich abspielen:

> »Frau Seidler, kannst du mal kommen? Ich glaube, Oliver kann mit dem Text gar nichts anfangen. Gibt es vielleicht weitere Kinder, mit denen wir erst noch mal das Ergänzen auf 1000 wiederholen müssen, ehe sie in die neue Aufgabe einsteigen?«
> »Ja, lass uns mal hören ...« Frau Seidler wendet sich an die ganze Klasse. Es melden sich vier Kinder, die auch den Wunsch haben, noch einmal einen Schritt zurückzugehen.
> »Luisa und Jenny, würdet ihr bei Frau K. das Perlenmaterial holen? Und Frau Ehrenstein, würdest du mit den Fünfen noch mal an das Thema drangehen?«
> Oliver fragt: »Können wir dann die neuen Aufgaben auch mitnehmen und du hilfst uns dann auch dabei?«
> »Ich weiß nicht, wie weit wir in der Stunde jetzt noch kommen. Frau Seidler, wie lange, denkst du, machen wir noch in Mathe weiter?«

Wir schätzten es, uns in Unterrichtsgesprächen »die Bälle zuzuwerfen«. Der laufende Unterricht war ein sehr lebendiges Geschehen. Manchmal führten wir vor den Kindern einen Dialog über ein neues Thema, das wir auf diese Weise einführten. Daraus konnte, sobald die Schülerinnen und Schüler sich in das Gespräch einschalteten, ein Cluster zum Unterrichtsgegenstand entstehen, den eine von uns an der Tafel festhielt. Oder wir entfalteten vor den Kindern eine themenbezogene Fragestellung, indem wir miteinander ein Problemgespräch begannen. Wenn die Kinder »anbissen« und unaufgefordert ins Gespräch einstiegen, landeten wir unversehens mitten in der Arbeit.

Zu zweit waren wir in der Lage, das »Pingpong« von Rede und Widerrede, wie es die Kinder führten, mitzugehen. Wir griffen nicht korrigierend in die Lernprozesse ein, die im Gange waren. Vielmehr begleiteten wir das Lernen und trieben die Auseinandersetzungsprozesse der Kinder weiter, indem wir Gedanken und Meinungen sortierten, strukturierten, zusammenfassten, hervorlockten, verstärkten, Rangfolgen bildeten usw. und dabei doch stets nah an den Kindern blieben und mit ihren Impulsen gingen. Immer konnte eine von uns sich in diesen Gesprächen parteinehmend einem Kind zuwenden, das Mühe hatte zu folgen oder eine besondere Ermutigung brauchte, um sich mit eigenen Beiträgen zu beteiligen. Das war zum Beispiel oft für Joscha, dessen Geschichte oben betrachtet wurde, notwendig.

> Es geht gerade um die Funktion der Camera obscura. Die Kinder sind in Gruppen mit diversen Aufgaben dazu beschäftigt.
> »Frau Seidler, hör doch mal, was Joscha zu dem Problem zu sagen hat. Der hat mir gerade einen wichtigen Gedanken vorgetragen.«
> Alle hören gespannt zu. Ich ermutige und helfe ihm, seinen Gedanken in Worte zu fassen.
> »Wenn ... wenn ... wenn doch dann das Licht durch das kleine Loch geht, dann ist das doch ganz wenig.«
> »Aha, du fragst dich, wieso dann das Foto so hell werden kann, wenn da doch fast kein Licht mehr durchgeht«, meint Frau Seidler. Sie wendet sich Steffen zu, der gerade eben in der Gruppe einen Gedanken geäußert hat, der dazu passt: »Willst du Joscha mal sagen, was du dir eben gedacht hast?«
> »Weiß ich nicht mehr. Was hab ich denn gesagt? Ach ja, jetzt fällt es mir ein ...«
> Joscha hört aufmerksam zu. Dann diskutiere ich leise mit ihm weiter.

Wir fanden heraus, wie wir im konkreten Unterricht die Mitsprache der Partnerin als Interaktionsangebot aufgreifen konnten. Wir entdeckten, dass diese Option den Unterricht um soziale Aspekte erweiterte, die die Klasse als Gemeinschaft stützte. Die Kinder sahen, wie wir uns gegenseitig an unseren Gedanken teilhaben ließen, und spürten unseren Ernst, wenn wir die Kinder als die letztendlich Betroffenen in Entscheidungen einbezogen. Sie bekamen mit, wenn wir unsere Beobachtungen austauschten, und es stärkte ihr Gefühl, dass wir uns sicher um sie kümmern würden. In unserer Art, miteinander umzugehen, fungierten wir als Modell für die Schülerinnen und Schüler.

Für uns war es entlastend, die Verantwortung teilen zu können. Auch wenn ich als Sonderpädagogin nur stundenweise im Unterricht dabei war, war ich doch stets über die Vorgänge in der Klasse zumindest grob informiert. Auch für die Eltern war ich eine wichtige zweite Ansprechperson, selbst wenn ich in ihrer Vorstellung anfänglich eher als die Lehrerin galt, die ihre Kinder im speziellen Fall (der, so hofften sie, nie eintreten würde) unterstützte. Im Laufe der Zeit sahen auch sie, dass wir als Kolleginnen unsere Zusammenarbeit anders verstanden. Meine Aufgabe war nicht darauf begrenzt, der Klassenlehrerin im Unterricht zu »helfen« und sie zu »beraten«.

Die Situation, zu zweit für die ganze Klasse verantwortlich zu sein, veränderte die Dynamik in der Klassengemeinschaft. Die Kinder hatten zwei Bezugspersonen. Das entlastete sie in ihrem Bestreben, Mitbestimmungsverhalten und Eigenständigkeit im Kontakt mit den Erwachsenen zu erproben. Sie mussten nicht stets auf der Hut sein, um es sich mit der Lehrerin nicht zu verscherzen. Wenn sie mit der einen »nicht konnten«, sprachen sie die andere an. Sie waren weniger abhängig und nicht mehr einer Person »auf Gedeih und Verderb ausgeliefert«. Kai nutzte die Gelegenheit, die Wahl zu haben, um sich aus einer bereits lange währenden Situation, die ihn von der Klassengemeinschaft abtrennte, zu befreien. Für ihn und seine Mitschülerinnen und Mitschüler war das beginnende dritte Schuljahr, in dem Frau Seidler und ich die Klasse übernahmen, ein Neuanfang, der neue Orientierungen zuließ.

> Frau Seidler lernt Kai kennen, als sie seine Klasse im dritten Schuljahr übernimmt. Ich kenne ihn schon aus dem zweiten Schuljahr. Sein damaliger Klassenlehrer sah, dass Kai von seinem Mathematikunterricht nicht profitierte. Er wünschte sich, dass ich ihn von seinem

Problem mit Kai entlastete. Während des Mathematikunterrichts also wechselte Kai immer zu mir. In der Einzelfördersituation war es in der Anfangszeit gut möglich, ihn zu unterstützen. Zugleich hatte Kai jedoch immer das Gefühl, von seinem Klassenlehrer zu mir »weggeschickt« zu werden und mir als »Förderlehrerin« ausgeliefert zu sein. Nie war er in Mathematik mit seinen Klassenkameraden zusammen. Die Gruppe fehlte ihm. Aber er freute sich auch über seine Lernerfolge. Manchmal hatten wir kleine Projekte geplant, in die andere Kinder einbezogen wurden. Wir verkauften zum Beispiel einmal während der Pause selbst gebastelte »Knautschis«. Das verdiente Geld kam der Klasse beim nächsten Klassenfest zugute.

Nun aber sind die Verhältnisse anders. Zunächst liegt Frau Seidler daran, dass Kai weiterhin die Unterstützung zuteilwird, die ihm bisher zu nachhaltigen Lernerfolgen in Mathematik verholfen hat. Es liegt nahe, dies in der »eingespielten« Form, d.h. weiterhin unabhängig vom Klassenunterricht und in einer kleinen Fördergruppe zu realisieren. Aber Kai spürt die Veränderungen, die durch die neue Lehrerin in der Klasse vorgehen. Es wird ihm wieder schmerzlich bewusst, dass er »nicht weggeschickt« werden will. Die Förderstunden gestalten sich auf einmal konfliktreich. Eines Tages verkündet Kai: »Ich will nicht mehr mit dir Mathematik machen. Das ist viel zu schwer, was du da machst. Frau Seidler ist viel besser!« Bald bin auch ich die zunehmenden Zankereien über all die Argumente leid, die Kai aufführt, um nicht mitgehen zu müssen oder angeblich nicht mitarbeiten zu »können«. Ich suche nach einem Weg, der uns aus dieser misslichen Situation herausführt. Ich entschließe mich zu folgender Ansage: »Na gut, wenn du denkst, dass du das vielleicht mit Frau Seidler besser hinkriegst, dann besprechen wir das.« Nach der Rückkehr in die Klasse erinnere ich ihn daran: »Nun geh aber auch und sag's der Frau Seidler, dass du ab sofort in der Klasse bei ihr arbeiten willst.« Ich übernehme in der Angelegenheit keine Regie und beteilige mich nicht an dem Gespräch zwischen den beiden. Erst am Nachmittag will ich mich mit Frau Seidler über Kais Anliegen verständigen und darüber, was zu tun ist.

Wir deuten Kais Abwehr als einen Impuls, sich aus einer schon viel zu lange währenden Fremdbestimmtheit zu lösen und das Gefühl des Ausgeschlossenseins zu bearbeiten. Kai macht dies an den unterschiedlichen Sympathien fest, die er für seine Lehrerinnen hegt. Wir

entscheiden uns, in der Dynamik, die sich zwischen uns dreien anbahnt, mitzugehen. Die eine würde sich bemühen, Kai eine »gute Lehrerin« zu sein, während die andere auszuhalten hätte, dass Kai sich von ihr als »schlechter Lehrerin, die ihm diese vermaledeite Situation eingebrockt hat«, definitiv und auf unbestimmte Zeit abgrenzen wird. Kai bleibt also fortan immer in der Klasse, sofern er nichts anderes anspricht. Die Klassenlehrerin stellt ihm in Aussicht, dass nun sie beide miteinander herausbekommen können, wie es für ihn schöner sei, Mathematik zu lernen. Freundlich widmet sie sich seinen Beschwerden »über die gemeine Frau Ehrenstein«, während ich mich heraushalte.
In den Nachbesprechungen des Unterrichts verständigen wir uns als Lehrerinnen über die Dynamik, die in diesem Dreieck wirkt. Wir registrieren, dass Kai es konsequent vermeidet, mich im Mathematikunterricht um Hilfe zu bitten. Geduldig wartet er auf seine Lehrerin, von der er, wann immer ich in seine Nähe komme, sagt: »Die Frau Seidler versteht mich viel besser und ist nicht so streng wie *du*!« Kai vergewissert sich wieder und wieder, dass es jemanden gibt, der zu ihm hält. Und er merkt, dass die Welt nicht untergeht, wenn er darauf besteht, dass er so fühlt, wie er fühlt.

Die Rollen, die uns Kai zuwies, nahmen wir an. Irgendwann war zu spüren, dass die Unterscheidung, die Kai vorgenommen hatte, zunehmend weniger eine Rolle spielte. Kai hatte die verschiedenen Bereiche, in denen er es mit der einen oder der anderen Person lieber zu tun hatte, für sich sortiert. Mit Mögen oder Nichtmögen hatte das dann nichts mehr zu tun.

Die Beispiele machen deutlich, dass das gemeinsame Unterrichten über das Ausfüllen vorbestimmter Rollen hinausgeht. Es bedeutet mehr, als im gemeinsamen Unterricht Funktionen arbeitsteilig auszuüben. Gemeinsames Unterrichten erfordert eine Beweglichkeit in der Kommunikation und Interaktion, die den Handelnden eine hohe Aufmerksamkeit und Empathie für die Partnerin abverlangt. Die Wege durch den Unterricht »finden sich dabei im Gehen«. Die Lehrkräfte »spielen sich die Bälle zu«. Dies geschieht auf der Basis einer sorgfältigen Unterrichtsvorbereitung, die zuvor auch die Verständigung über Haltungen und Unterrichtsprinzipien eingeschlossen hat. Die Lehrkräfte agieren gewissermaßen »als Tandem«, indem sie sich wechselseitig aufeinander einstellen und voneinander lernen und so den Unterricht vorantreiben. Beide Lehrkräfte sehen sich gleichermaßen in der Verantwortung für gelungene und misslungene Unterrichtssequenzen und die daraus zu ziehenden Konsequenzen. Jede nimmt ihre Wahrnehmungen aus dem Unterricht, offen gebliebene Fragen und weiterführende Unterrichtsvorschläge mit in die nächste Unterrichtsvorbereitung, in der sie gemeinsam reflektiert werden. So entwickelt sich der Unterricht im und durch das gemeinsame Unterrichten weiter. Gegenseitiges Vertrauen und eine selbst-bewusste Haltung sind grundlegende Voraussetzungen. Dann lassen sich die Bälle auch routiniert auffangen.

7.5 Leistung beurteilen und Entwicklung beschreiben: Tests, Noten, Zeugnisse, Berichte

Der Inklusionsgedanke erfordert es, dass der Begriff der Leistung bzw. der Lernleistung eine neue Einordnung im Zusammenhang schulischer Bildung erfährt. Ein *inklusives System* wird die Förderung behinderter Kinder nicht mehr an aus der Norm herausgehobenen Besonderheiten festmachen, da *jedes* Kind auf Rahmenbedingungen bauen kann, die es flexibel an seine individuellen Bedürfnisse anpassen kann. Individuelle Unterstützung beim Lernen wird nicht mehr an den Begriff der Besonderheit gebunden sein (vgl. Haupt 2013, 55). Schulischer Erfolg und Entwicklungsfortschritte werden nicht mehr als positiv oder negativ herausgehobene, sprich als bewertbare Leistungen aufgefasst werden, sondern als stetige Erweiterung individueller Kompetenzen.

Vorerst jedoch wird an dem Konzept »Zeugnis« nicht grundsätzlich gerüttelt. Auch mit dem Begriff der »Kompetenzorientierung«, der allenthalben durch die Diskussionen über Rahmenbedingungen für eine *inklusive Bildung* geistert, stellt man die Gewohnheit der definitiven Unterscheidung von Leistungen unterschiedlicher Kinder nicht infrage.

Die besonderen Bemühungen des Grundschulverbandes gehen dahin, dass dialogische Formen der Leistungsermittlung und der Lerngespräche erprobt werden und auf die Notengebung verzichtet wird (vgl. Bartnitzky 2010, 11). Aber auch solche geänderten Rahmenbedingungen für die Beschreibung von Leistung und Entwicklungsfortschritten verändern nicht per se den vergleichenden Blick auf die Kompetenzen der Schülerinnen und Schüler.

Die gegenwärtig noch vorherrschende Leistungsorientierung führt dazu, dass wir uns als Lehrkräfte erklären und rechtfertigen müssen, wenn wir uns bemühen, die Begriffe Leistung, Entwicklung und Können einer differenzierten Betrachtung zu unterziehen.

In der Zeit meiner Zusammenarbeit mit Frau Seidler suchten wir nach Formen, die die Leistungen der Schülerinnen und Schüler nicht allein nach vorherrschenden Maßstäben, wie sie in Schulen vereinbart werden, in Noten repräsentierten. Unsere Überlegungen kreisten um die Stichworte Ziele, Anforderungen und Herausforderungen (vgl. Bambach 1994, 68f.). Wir dachten über die Prozesshaftigkeit des Lernens nach und unterschieden in diesem Zusammenhang »bewährungsängstliche« (a.a.O. 88) und leistungszuversichtliche Kinder. Wir grenzten die Begriffe *Leistung, individueller Lernfortschritt, Anstrengungsbereitschaft* gegeneinander ab und unterschieden *Bewertung, Beschreibung* und *Einordnung der erworbenen Kompetenzen.* Die unklare Begrifflichkeit ist ein Problem, das im Gespräch mit Eltern über die Beurteilung der Leistung ihrer Kinder bedacht werden muss.

Es ist hilfreich, sich der unterschiedlichen Funktionen, die Leistungsbeurteilungen haben, bewusst zu sein, wenn man mit Eltern über die Aussagekraft einer Leistungsbeurteilung sprechen möchte.[35] Wichtig ist auch das Eingeständnis, dass »Noten und andere Formen der Einschätzung von Leistungen (...) in hohem Maße personabhängig [sind]. Als bewusste Empathie hat dies Vorteile für förderorientierte Rückmeldungen. Subjektivität ist insofern die Basis einer ermutigenden Rückmeldung. (...) Fatal wirken sich dagegen unterschiedliche Maßstäbe und persönliche Sympathie oder der Einfluss von sachfremden Informationen bei Selektionsentscheidungen aus« (Grundschulverband 2006, 24). Hans Brügelmann (a.a.O. 3) unterscheidet die *Beschreibung* und die *Bewertung* von Leistungen, und empfiehlt, diese Zugangsweisen »in der Umsetzung sorgfältig zu trennen«.

Es ist derzeit nur mit Einschränkung möglich, Bewertungen anders als in Ziffern niederzulegen. Die Kritikwürdigkeit dieser Bestimmung steht nicht infrage. Es tröstet, wenn Urs Ruf und Peter Gallin (2003, 90) sagen: »Es liegt letztlich nicht an den Zahlen, wenn Schulzeugnisse fragwürdig erscheinen, es liegt an der pädagogischen Grundhaltung, die in diesen Zahlen zum Ausdruck kommt.«

[35] Leistungsbeurteilungen sollen unterschiedliche Funktionen erfüllen: Sie sollen Ansporn sein und erhöhte Lernbereitschaft bewirken, sie sollen Hinweis auf den Lernstand geben (Rückmeldefunktion), sie sollen Außenstehende orientieren (zum Beispiel beim Übergang in die weiterführende Schule), sie dienen als Kriterien für die Zuweisung in bestimmte Schulen oder bei der Zuweisung von Ressourcen, und es wird ihnen eine Sozialisierungs- und Disziplinierungsfunktion zugeschrieben (vgl. Brügelmann et al. 2006, 8f.). Die Funktionen müssen in ihrer Widersprüchlichkeit gesehen werden.

Wir bemühten uns, die verbindlichen Vorgaben bei der Leistungsbewertung für die Schüler transparent zu machen. Wir bezogen Stellung zu den Vorgaben und erklärten die Methode, wie wir zu den Zahlen kamen. Jederzeit konnten die Kinder die Mappen einsehen, in denen die Dokumente ihrer Arbeit und Notizen darüber gesammelt wurden, die wir den Beurteilungen und Einschätzungen zugrunde legten. So konnten wir das Miteinander-Vergleichen im Sinne von »besser als / schlechter als« in Grenzen halten. Diese Offenheit gegenüber den Kindern half diesen, sich in ihren individuellen Fortschritten zu sehen und nicht in Konkurrenz mit den Mitschülerinnen und Mitschülern.

Wir entschieden uns, die Leistungsbeurteilungen unter drei Aspekten vorzunehmen. Zum einen beschrieben wir die Entwicklungen in den unterschiedlichen Lernbereichen subjektiv in unseren Worten. Da wir uns dabei an den Leitgedanken orientierten, die wir für ein Kind formuliert hatten, wurden individuelle Gewichtungen im Leistungsspektrum des Kindes deutlich zum Ausdruck gebracht. Des Weiteren orientierten wir uns am Vorschlag von Ruf und Gallin (2003, 83), »Leistungen zweidimensional unter den beiden Aspekten WEG und PRODUKT [zu] messen«. Mit Ziffernnoten, da wo sie gegeben werden mussten, bedachten wir die *Produkte* der Kinder. Mit den Noten orientierten wir über die in den Produkten zum Ausdruck kommenden Kompetenzen relativ zu den Maßstäben, über die die Schule sich für die jeweiligen Jahrgänge verständigt hatte. Der *Weg*, den ein Kind bis dahin gegangen war, betrachteten und dokumentierten wir unter den Aspekten Anstrengungsbereitschaft, Originalität, Selbstständigkeit, Mut, Ausdauer, Kooperation und gaben unsere Einschätzung in Pluszeichen an. Die Skala reichte von keinem bis zu drei Pluszeichen. Diese Einschätzungen gingen in die Gesamtnote für einen Lernbereich ein.

Mit den Eltern führten wir Halbjahresgespräche, in denen wir die Leistungsdokumentierung offenlegten.

Für Kinder mit einer kognitiven Beeinträchtigung waren Ziffernnoten in der Primarstufe nicht vorgesehen.[36] In einem Fließtext orientierten

[36] »In den Klassenstufen 1 bis 4 der Schule mit dem Förderschwerpunkt Lernen erfolgt die Leistungsbeurteilung in Form einer Beschreibung der erbrachten Leistungen in den einzelnen Lernbereichen auf der Grundlage der individuellen Lernziele« (§ 47 Absatz 3 Schulordnung für öffentliche Sonderschulen Rheinland-Pfalz). Analog wird in der Schwerpunktschule verfahren (Ministerium für Bildung, Wissenschaft, Jugend und Kultur des Landes Rheinland-Pfalz 2008).

wir über den Entwicklungsfortgang, indem wir individuelle Fortschritte in einer Art *Prozessbeschreibung* zur Ausgangssituation ins Verhältnis setzten. Wir beschrieben Kompetenzen in verschiedenen Entwicklungsbereichen und berichteten über besondere Arbeitsergebnisse. *Bewertungen* im oben beschriebenen Sinn nahmen wir vor, wenn Eltern die Leistungen ihres Kindes ins Verhältnis zu den »normalen« Maßstäben, das heißt zu den Bewertungsmaßstäben setzen wollten, wie sie in der Schule für Kinder ohne sonderpädagogischen Förderbedarf galten. Einige Eltern sahen darin für sich eine wichtige Orientierung. Dem Wunsch kamen wir entgegen. Den Eltern mussten wir es dann überlassen, ob und wie sie die gewonnene Einschätzung ihrem Kind vermittelten. Nicht selten war es aber Eltern nach ausführlichen Gesprächen möglich, sich mit unserer Form der Rückmeldung anzufreunden.

7.6 Schulalltägliche Belastungen für die Arbeit im Team

Teamarbeit gehört bisher nicht zum beruflichen Selbstverständnis der Grundschullehrkräfte. Kolleginnen und Kollegen, die gut miteinander auskommen und als Team vor ihrer Klasse stehen und den Unterricht gemeinsam verantworten, stoßen manchmal auf Misstrauen. Wir zum Beispiel wurden mit der Ansicht konfrontiert, dass unsere Unterrichtsarbeit nicht mit dem »normalen« Grundschulunterricht vergleichbar sei. Mit diesem Argument wurde von einigen Personen des Kollegiums der Vorschlag abgelehnt, Aspekte unserer Arbeit in einer Konferenz zum Thema »Gemeinsamer Unterricht in der Schwerpunktschule« vorzustellen. Die Arbeit wurde mit Kommentaren wie »Zu besonders« und »Das ist etwas ganz anderes« und »Die Ansprüche hängen zu hoch« abgehakt. Das geschah, ohne dass man je Einblick in unseren Unterrichtsalltag genommen hätte. Es ist nicht einfach, sich als Team von solchen Einwänden, die manchmal fast feindselig vorgebracht werden, emotional zu distanzieren. Mit guten Argumenten, die wir auf unserer Seite und für unsere »Art zu arbeiten« verbuchen konnten, kamen wir gegen die abwehrenden Reden nicht an.

Wir stießen mit unserem Bemühen um einen Unterricht für alle Kinder an Systemgrenzen. Einige Beispiele: Wenn wir bei der Einführung von Lehrwerken für den »gemeinsamen Unterricht« anderen als den mehrheitlich im Kollegium für gut befundenen Arbeitsheften und Büchern den Vorzug geben wollten, mussten wir »Hintertüren« finden. Wir beschworen Verstimmungen herauf, wenn wir die Bedürfnisse eines bestimmten Kindes in den Fokus rückten, um für die Zuteilung bestimmter Ressourcen zu argumentieren, die nicht jedem Kind und jeder Klasse zur Verfügung gestellt werden konnten. Die Verständigung mit Lehrkräften, die im Fachunterricht eingesetzt waren, konnte heikel werden, wenn wir darum baten, bestimmte Besonderheiten im Unterricht zu beachten. Mit der Erwartung, dass bei der Vertretungsregelung die im Stundenplan vorgesehene Einzelfördermaßnahme für ein Kind im Blick behalten wird, stieß man regelmäßig bei gewissen Kolleginnen und Kollegen auf Unverständnis. Der Appell an die Aufsicht führenden Personen, sich während der Pause einem Kind mit besonderer Aufmerksamkeit zuzuwenden, wurde im Kollegium als besondere Zumutung ausgelegt. In solchen Momenten kommen »unterschwellige – d. h. nicht offen thematisierte – Haltungen« (Kopp 2009, 75) zutage, die ein Vertrauensverhältnis zwischen den Kindern und den Lehrkräften gefährden. Und Kinder spüren, wenn der Konsens im Kollegium fehlt!

Manchmal scheitert eine besondere Unterrichtsarbeit schlichtweg an Hürden und Störungen im Ablauf des Schulalltags.

> An diesem Tag entwickelt sich die Arbeit zu einer unerquicklichen Wurstelei. Auf begrenztem Raum in einer Klasse mit 26 Kindern muss Tim, der heute »nicht gut drauf ist«, in Schach gehalten werden. Das bindet meine Energie und verhindert das Einhalten ursprünglicher Absprachen. Emil braucht eine spezielle Hilfe; die war fest eingeplant. Nun kann ich sie ihm nicht geben, weil ein ruhiger Platz dafür im Haus nicht frei ist. In der dritten Stunde muss die Klassenlehrerin auf mich als zusätzliche Lehrkraft verzichten, weil in einer anderen Klasse eine Lehrperson vertreten werden muss. Das bringt den ganzen Tagesplan durcheinander. Schon wieder muss ich für Luise improvisieren, weil der Rechenzug, den ich für die Arbeit mit ihr vorgesehen habe, gerade in einer anderen Klasse benutzt wird. Nach der Religionsstunde kommt Erna weinend in die Klasse zurück. Die Fachkollegin hat wieder einmal vergessen, dass Erna keine Noten bekommt. Wie oft muss ich sie noch daran erinnern, dass es besondere Regeln für Kinder mit Beeinträchtigungen gibt?

Andere Belastungen werden von außerschulischen Bedingungen hervorgerufen, die die Förderung der Kinder tangieren. Man möchte sich den Kampf gegen die Windmühlen der Ämter und des Schulträgers gerne ersparen. Man wünscht sich ein Entgegenkommen, wenn zusätzliche

Maßnahmen als nötig erachtet werden (zum Beispiel eine Integrationshilfe, eine Nachmittagsbetreuung oder Therapien), oder wenn personelle Hilfe und zusätzliches Material gebraucht werden. Die zunehmende »Mangelverwaltung« jedoch bringt eine Stimmung in die Institutionen und die Teams, die einerseits heftige Abwehr gegen immer neue Anforderungen und andererseits Selbstausbeutung begünstigen. Wenn der materielle Aufwand nicht an den Eltern, dem Förderverein oder der Lehrkraft selbst hängen bleiben soll, ist man gezwungen, sich von sinnvollen Vorhaben zu verabschieden. Das ist dann bitter.

Gespräche im Team führen von Zeit zu Zeit unweigerlich zu Generalabrechnungen mit dem Bildungssystem. Der häufige Ärger lässt viele resignieren. Es gibt Kolleginnen und Kollegen, die sich nach wenigen Jahren des Bemühens um die Weiterentwicklung ihres Unterrichts abwenden und sich nach alten Trampelpfaden zurücksehnen. Auch gibt es immer wieder Kinder, für die der bestehende Schulrahmen so ungünstig ist, dass sie über kurz oder lang die Schule wechseln. Es ist nicht einfach, die Disziplin aufzubringen, das Klagen über ein ungünstiges Bedingungsgefüge wieder von dem zu trennen, was dennoch und tatsächlich auch unter gewissen Einschränkungen getan werden kann. Otto Speck (2010, 75) bezieht sich auf eine Studie von Ingeborg Hedderich und André Hecker (2009), wenn er schreibt: Es »wird bestätigt, dass die integrative Arbeit mit höheren Anforderungen an die Lehrerinnen und Lehrer, mit einer hohen Verausgabungsbereitschaft, also einem höheren Belastungspotenzial, verbunden ist, wobei diese Faktoren vor allem auf unzulängliche und extern bedingte Rahmenbedingungen zurückgeführt werden, weniger auf Verhaltensstörungen der Schüler«.

Zu unseren Erfahrungen gehört auch, dass unsere Arbeit im Team offen infrage gestellt wurde. Der Hinweis auf bestehende Schulstrukturen wurde ins Feld geführt, um die generelle Behauptung zu unterstreichen, dass es eine Überforderung darstelle, unter den gegebenen Arbeitsbedingungen Schüler-Einzelfälle zu bedenken. Oder es wurde versucht, unsere Bemühungen herunterzuspielen: »Was ist überhaupt das Besondere an der Integration? Wir machen das doch alles schon. Die lernschwachen Kinder haben wir schon immer mitgezogen.« Es hieß auch, wir versuchten mit unserer Arbeit »Maßstäbe zu setzen, die zu hoch sind in Anbetracht der Arbeitsbedingungen in einer Grundschule« – das Kollegium fühle sich »unter Druck gesetzt«.

Manchmal kam es uns vor, als arbeiteten wir auf einer Insel, die durch die Widerstände eines eingefahrenen Schulsystems vom Festland abgestoßen wurde, aber sich natürlich nicht wirklich lösen konnte. Wir ließen von dem Versuch nicht ab, die Stellen des Systems herauszufinden, an denen die Arbeit vielleicht doch noch angebunden werden konnte. Lag in diesem Bemühen eine Provokation? Im Lehrerzimmer entstanden Spannungen, die zeitweise jeglichen Impuls im Keim erstickten, über die eigene Arbeit zu berichten. Andererseits verursachten der Rückzug aus der Konfrontation und der Versuch, sich in einer Nische einzurichten, Misstrauen und Vorurteile im Kollegium, die wir gerne vermieden hätten.

Wir mussten zur Kenntnis nehmen, dass eine gut funktionierende Zusammenarbeit nicht bedeutet, sich zufrieden zurücklehnen zu können.

Teil III: Übergangslösungen auf dem Weg der Inklusion – Erfahrungen mit klassenunabhängigen Unterstützungsmaßnahmen

Inklusion lässt sich nicht per Verordnung herstellen. Sie ergibt sich nicht einfach dadurch, dass ein Plan erstellt und umgesetzt wird. Vielmehr mäandern die Absichtserklärungen und die Versuche der Unterrichtsentwicklung durch ein für die Verwirklichung des Inklusionsgedankens noch recht unwegsames Gelände der traditionell geprägten Schullandschaft. Bevor nicht jede Lehrerin, jeder Lehrer begonnen hat, dieses Gelände im Sinne des Inklusionsgedankens zu beackern, kann es günstig sein, eine Übergangslösung zu suchen. Diese könnte so aussehen, dass neben dem Unterricht in den Klassen und davon unabhängig Hilfen im Sinne eines »schulinternen Lern- und Stützsystems« (Speck 2010, 133) zur Verfügung stehen. Vor dem Hintergrund dieser Überlegung konzipierte ich zusammen mit einer Sozialpädagogin unabhängig von meiner Arbeit in den Klassen Angebote, die Lehrkräfte für sich oder als zusätzliche Unterstützung für ihre Schülerinnen und Schüler nutzen konnten. Dies war an einer Schule möglich, die die Schulentwicklung auf dem Weg der Integration/Inklusion als einen *Prozess* ernst nahm, für den ein Kollegium Zeit braucht.

Als »Fachteam« entwickelten wir die Maßnahmen in gemeinsamer Verantwortung und koordinierten deren Durchführung unter den gegebenen zeitlichen, räumlichen und personellen Bedingungen. So entstand innerhalb der Strukturen der Schule ein eigenständiger Bereich, sozusagen eine *Abteilung für Beratung und spezielle Förderung*. Zeitweise arbeitete zusätzlich eine in Teilzeit tätige Sonderpädagogin an den im Folgenden beschriebenen Konzepten mit. So konnte ein breites Angebot bereitgestellt werden.

Die Räumlichkeiten erlaubten es, spezielle Förderangebote auch für große Gruppen einzurichten. Die zur Verfügung stehenden Materialien stammten zu großen Teilen aus privaten Sammlungen und Spenden der Eltern. Vieles wurde selbst hergestellt. Fördervereine griffen hier den Schulen unter die Arme, wo das Budget des Schulträgers begrenzt war.[37]

Es war für unsere Planungen hilfreich, wenn wir die Angebotspalette in Konferenzen vorstellen und mit Wünschen abgleichen konnten, die die Kolleginnen und Kollegen anmeldeten. Die Angebote wurden variiert, je nach Bedarf und zur Verfügung stehender Ressourcen. Über Einzelfallhilfen wurde jeweils in einer Klassenkonferenz beraten. Flexibel konnten wir auf Gegebenheiten im Stundenplan und Bedürfnisse der Lehrerinnen und Kinder eingehen. Die Maßnahmen wurden immer auch mit Eltern abgesprochen. Eltern und Lehrerinnen wurden über den Verlauf der Maßnahmen informiert.

Zum einen führten wir spezifische Maßnahmen durch, die auf umschriebene Probleme abgestimmt waren. Wir kamen damit den Kolleginnen und Kollegen entgegen, die sich nicht in der Lage sahen, ihren Unterricht durch binnendifferenzierende Maßnahmen an besondere Bedürfnisse anzupassen. Für die Klassenlehrkräfte füllten wir so mit spezifischen Förderangeboten eine Bedarfslücke. Davon unterschieden sich die klassenübergreifenden Angebote der *Sprachförderung für Kinder mit nichtdeutscher Muttersprache* und der *Schreibwerkstatt.* Mit der *Freiarbeit* ergänzten wir die traditionelle Grundschularbeit um einen offenen Lernraum. Offene Angebote werden seit Jahrzehnten in den Debatten um die Entwicklung der Grundschulen beschrieben. Sie werden aber nach wie vor im weitgehend traditionell ablaufenden Unterricht der Klassen nicht oder nur bedingt vorgesehen.

---

37 Eine solche Übergangslösung erwies sich als sinnvoll, setzte aber Rahmenbedingungen voraus, die nicht jeder Schule zur Verfügung stehen. Dazu gehörte die Offenheit, die die Schulleitung den Fachkräften aus der Sonderpädagogik entgegenbrachte.

Als Fachpersonen aus der Sonder- und Sozialpädagogik in der beschriebenen Weise zusammenarbeiten zu können, erwies sich als eine glückliche Fügung. In der Regel sind die Fachkräfte bestimmten Klassen zugeordnet und gestalten ihre Arbeit individuell und unabhängig voneinander. Auch die Verfügbarkeit materieller und umfangreicher räumlicher Ressourcen ist nicht selbstverständlich. Von anderen Schulen ist bekannt, dass die klassenunabhängige Arbeit in ehemaligen Materialräumen oder in Nischen auf den Schulfluren stattfindet.

1. Beratung als Angebot

Beratung in Fragen der Förderung war eines der Angebote, das unser Fachteam dem Kollegium zur Verfügung stellte. Wir gingen auf methodisch-didaktische Fragen zur Förderung bei bestimmten Beeinträchtigungen ein und formulierten unsere sonderpädagogisch orientierten Sichtweisen. Wir informierten über Behinderungen, führten lernbegleitende Diagnostik durch, beschrieben mögliche Entwicklungsverläufe, stellten Kontakte zu außerschulischen Fördereinrichtungen her usw. Auch Eltern konnten auf uns zukommen. Fragen, für deren Beantwortung wir uns nicht kompetent fühlten, wurden an Fachkräfte aus anderen Schulen oder außerschulische Fachpersonen weitergeleitet.

Es war auch jederzeit möglich, im Klassenunterricht zu hospitieren und Kinder eine Weile dort zu begleiten, um dann gemeinsam mit der Klassenlehrerin zu besprechen, ob und wie eine passende Förderung in den Klassenzusammenhang integriert werden könnte. Die präventive Arbeit gehörte definitiv zu unseren Aufgaben.[38] Wir brachten unsere Beobachtungen in Gespräche über konzeptionelle Veränderungen im Unterricht ein. Solche Beratungsanfragen waren uns willkommen. Es ergaben sich Gespräche auf Augenhöhe. Sie konnten die Grundlage für eine dauerhafte und sich kontinuierlich weiterentwickelnde Kooperation werden.

In der Zusammenarbeit mit Schulpsychologen, Therapeuten und Medizinern, Jugendamtsmitarbeitern und Hortbetreuungen wurden wir als weitere mitberatende Fachpersonen einbezogen. Dies konnte erforderlich werden, wenn Klinikaufenthalte geplant werden mussten, therapeutische Maßnahmen ergriffen oder Integrationsfachkräfte beantragt werden sollten.

Es entstanden Kooperationen mit Kindergärten, die Beratungsbedarf anmeldeten, wenn Kinder, für die die Einschulung in absehbarer Zeit anstand, durch besonderes Verhalten oder besonderen Förderbedarf auffielen (vgl. S. 200ff.).

[38] Vgl. Bildungsserver des Landes Rheinland-Pfalz, unter: foerderung.bildung-rp.de, dort »Integrierte Förderung«.

2. Einrichtung eines »offenen Lernraums«

2.1 Der Freiarbeitsraum als ergänzender Lernort zum traditionellen Unterricht

Der Freiarbeitsraum, so wie ich ihn im zweiten Teil des Buches dargestellt habe, stand allen Klassen zur Verfügung. Jede Klassenlehrperson konnte dieses Angebot in ihren Unterrichtsalltag einbinden. Es mussten lediglich die Zeiten abgesprochen werden, in denen der Raum frei war und wir als Betreuerinnen anwesend sein konnten.

Dieser besondere Raum eröffnete mitten im Getriebe einer normalen Grundschule einen Freiraum, der mit seiner Einrichtung und den helfenden Personen den Konzepten der Kinder vorbehalten war. Es wurden hier soziale Lernprozesse angeregt und lebenspraktische Kompetenzen herausgefordert. Üblicherweise finden solche Prozesse im allgemeinen Unterricht eher in nur sehr begrenztem Umfang Beachtung, obwohl das Fehlen entsprechender Fähigkeiten und Fertigkeiten bemängelt wird. Unser Angebot konnte als Ergänzung zum allgemeinen Unterricht genutzt werden. Das Miteinander in diesem Raum konnte zudem für viele Kinder mit nichtdeutscher Muttersprache als intensives Sprachförderangebot angesehen werden (s. S. 262ff.). Im Einzelnen entsprach das Anliegen dieses Angebotes dem, was im Kapitel »Die freie Arbeitszeit als Kernstück unseres Schulalltags« (S. 159ff.) ausgeführt wurde.

Es waren – für uns zunächst überraschend – stets nur wenige Kolleginnen und Kollegen an dem Freiarbeitsangebot interessiert. Für Außenstehende, die den Freiarbeitsraum kennenlernten, war es befremdlich, dass sie hier kein didaktisches Material vorfanden. Viele konnten in dem beiläufig wahrgenommenen »chaotischen Treiben« kein sinnvolles Lernarrangement erkennen. Mit der Begründung, die Kinder versäumten möglicherweise wichtigen Lernstoff, wurde ihnen eine freie Arbeitszeit eher nicht zugestanden. Jene Skeptiker, die in diesen Angeboten von vornherein verlorene Lernzeit für ihre Schüler sehen wollten, kolportierten das Vorurteil, dass die sonder- und sozialpädagogischen Fachkräfte sich Freiräume für »subversive« Arbeit oder ihr »Vergnügen« einrichteten. Es wurde auch vereinzelt unterstellt, dass die Sonderpädagoginnen den »eigenen Förderraum und *ihre* Kinder« für ihr Selbstverständnis brauchten. Am ehesten trifft wohl zu, dass man uns für »ein bisschen verrückt« hielt. Das war auszuhalten. Tatsächlich »genügt es nicht, bei der Beobachtung oder gar Qualitätseinschätzung von offenem Unterricht nur die äußeren beobachtbaren Bedingungen (Lernumgebung, Materialien, Regeln) einzuschätzen, weil sie keinen Rückschluss auf Nutzung und Lerneffekte zulassen« (Bohl/Kucharz 2010, 75).

2.2 Der Freiarbeitsraum als Arbeits- und Lernort für alle Fälle

Der Freiarbeitsraum war aber nicht nur der freien Arbeitszeit am Morgen vorbehalten. Er wurde während des ganzen Schulvormittags genutzt. Wir konnten eine spezifische Auswahl an Materialien zur Verfügung stellen, die es erlaubten, didaktisch und methodisch individuelle Unterstützungsmaßnahmen für Kinder im Anfangsunterricht zu entwickeln. Eine besondere Rolle spielten der Rechenzug (von Reinhard Kutzer), strukturiertes und unstrukturiertes Material zum Zählen, eine »Zählmaschine« (s. S. 287), Spielgeld, diverse Messgeräte, Gefäße, Bilderkarten, ein Leselernprogramm für den Computer (»Lesen durch Schreiben« von Jürgen Reichen, Lernsoftware), eine nach Themen sortierte Sammlung von Arbeitsblättern mit einfachsten Formaten und Blankomaterialien sowie mehrere Computer. Zeitlich begrenzte Fördermaßnahmen, die aus dem Klassenunterricht ausgegliedert waren, konnten in dieser kindgerechten und sinnvoll strukturierten Umgebung durchgeführt werden. Es fanden hier auch die regelmäßigen Förderstunden, wie sie unten beschrieben werden, statt.

An diesem Ort durften Kinder, die einen ganzen Unterrichtsvormittag in ihrer Klasse noch nicht durchhalten konnten, Auszeiten nehmen. Jederzeit stand ihnen außerdem die Spielecke zur Verfügung.

Im Rahmen eines differenzierenden Unterrichts bestand die Möglichkeit, sich mit bestimmten Arbeitsaufträgen hierher abzusetzen. Das konnte für das Einüben eines Rollenspiels sinnvoll sein, weil Verkleidungen gebraucht wurden. Arbeiten für ein Sachthema konnten hierher ausgelagert werden, wenn zum Beispiel für die Fertigung einer Reliefkarte, die eine gewisse Größe haben sollte, Platz gebraucht wurde. Für die Herstellung zum Beispiel von Kulissen für das Weihnachtsstück, das am Elternabend vorgeführt werden sollte, fand man hier mit Sicherheit geeignete Materialien. Die Atmosphäre dieses Raumes lud auch zu »konspirativen« Treffen ein, wenn Dinge ohne Beisein der Klassenlehrerin besprochen werden sollten. Da während vieler Stunden am Tag auch jemand der Förderkräfte anwesend war, konnten die Kinder hier auf Rat und Hilfe hoffen.

Oft geschah es, dass dort mehrere Aktivitäten parallel stattfanden. Die folgende Beschreibung gibt einen Einblick in eine solche Situation.

> Finn ist im ersten Schuljahr. Nach wenigen Monaten wird klar, dass er das Schuljahr wiederholen soll. Es macht keinen Sinn mehr, dass er in seiner Klasse weiterhin seine Zeit »absitzt«. Aber in den Kindergarten kann er nicht zurück. Die Sozialpädagogin nimmt ihn von nun an einfach überallhin mit, wohin auch immer sie unterwegs ist. Er hat Gelegenheit zu beobachten, wie sie mit anderen Kindern arbeitet, und erlebt, dass nichts ungewöhnlich daran ist, wenn Kinder sich mit verschiedenen Dingen beschäftigen, manche Dinge gut und andere Dinge nicht so gut können. Er sieht, dass auch andere Kinder Hilfen bekommen, und entdeckt, dass sie kein Problem damit haben, mit der Lehrerin im Förderraum zu lernen.
> Während der Freiarbeitszeit an diesem Morgen sitzt er abseits. Er kennt die Kinder aus der zweiten und dritten Klasse nicht so gut. Als Frau Mehler später am Vormittag mit Michi und Jens rechnet und den Rechenzug hin- und herschiebt, beteiligt er sich sehr zaghaft. Finn, der seine Schirmmütze tief ins Gesicht gezogen hat, taut langsam etwas auf und beantwortet scheu Frau Mehlers beiläufige Fragen.
> In der anderen Ecke des Raums sitze ich mit drei Kindern, die ihre Geschichten, die sie sich ausgedacht haben, mit meiner Hilfe in den Computer übertragen, damit sie als Lesetexte für die Klasse genutzt werden können. Von Zeit zu Zeit blickt Finn neugierig zu uns herüber. Sobald ich seinen Blick aufnehme, schaut er schnell weg.
> Da geht die Tür auf. Jenny steht zögernd im Türrahmen und fragt, ob sie die Zollstöcke für die Arbeit in der Klasse ausleihen kann: »Unsere reichen nicht für alle.« Finn merkt auf. Frau Mehler behält einen Zollstock zurück. Vielleicht gibt es gleich noch Gelegenheit, in ihrer kleinen Gruppe der Frage nachzugehen, wie groß wohl jeder ist. »Interessiert euch das? Wir könnten uns nachher alle mal messen.«
> Gleich wird es klingeln. Da kommen Niko, Sebastian, Steffen, Yannik, Kathrin mit einem Kassettenrecorder angelaufen und wollen wissen, ob sie sich in der nächsten Stunde hier aufhalten dürfen. Sie arbeiten an einem Hörspiel und müssen laut miteinander reden. »Das geht in der Klasse nicht so gut, weil ja auch alles geheim sein muss.« Sie überreichen mir einen Zettel, auf dem ihre Lehrerin die Anfrage notiert hat.

Der konkrete Raum war also vieles in einem: Differenzierungsraum, Förderraum, Malatelier, Holz- und Bastelwerkstatt, Spielzimmer, Schreibwerkstatt, Bibliothek, Gruppenraum, Diskussionsraum, Materiallager, also Lern- und Arbeitsort im weitesten Sinne. Hier wurde auch die klassenübergreifende Maßnahme zur Sprachförderung für Kinder mit nichtdeutscher Muttersprache durchgeführt. Er wurde zudem von Lehrkräften als Beratungsraum und »Lernwerkstatt« und als Besprechungsraum genutzt.

3. Schreibwerkstatt als Ort für die Unterstützung schriftsprachlicher Kompetenzen

Die *Schreibwerkstatt* war ein Angebot, das an drei Tagen in der Woche genutzt werden konnte. Für die Betreuung der Kinder standen die Sozialarbeiterin und ich zur Verfügung. Wir waren in diesen Stunden also zu zweit und so in der Lage, individuell auf die Bedürfnisse der Kinder einzugehen.

> An diesem Tag sind sechs Kinder hier versammelt. Sie haben sich an die vier Computer verteilt. Samuel und Steffen klicken ihren Ordner an. Sie wollen an ihrer Geschichte weiterschreiben, die sie beim letzten Mal gemeinsam begonnen haben.
> An einem anderen PC sitzt Peter. Er ist in seinen schriftsprachlichen Kompetenzen allen anderen weit voraus. Auch er schreibt seinen Text am Computer. So kann er gut mitverfolgen, wie seine Gedanken in die Formulierungen fließen. Er ist wie »blockiert«, wenn er mit einem Bleistift in der Hand und mit all dem, was er sagen möchte, vor dem leeren Blatt Papier sitzt. Seine Schwierigkeiten betreffen die Rechtschreibung. Die Rechtschreibkorrektur im Textverarbeitungsprogramm ist ausgeschaltet. Er soll erst einmal einfach loslegen.
> Johanna sitzt am dritten PC und hat eines ihrer Lieblingsbilderbücher vor sich liegen. Sie wird bald einen kleinen Bruder bekommen und möchte bis zu seiner Geburt die Seiten aus dem Bilderbuch abschreiben und genauso wie in der Vorlage illustrieren.

Wir formulierten unser Angebot lernzielfrei: »Wir schreiben hier Geschichten. Ihr dürft sie am Computer schreiben. Wenn es euch sehr schwerfällt, selbst zu schreiben, dürft ihr eure Geschichten diktieren. Das geht natürlich nicht für drei Kinder gleichzeitig. Deshalb müsst ihr manchmal Geduld haben und selbst schon mal anfangen, so gut ihr es könnt.« Jedes Kind entschied selbst, worüber es schreiben wollte. Es bestimmte, welchen Ausgangspunkt die Geschichte nehmen sollte und wann sie in seinen Augen fertig war. Es schrieb in seinem Tempo und gemäß seiner Ausdrucksfähigkeit. Einige diskutierten mit der Betreuerin den Verlauf ihrer Geschichte. Kind und Helferin arbeiteten zusammen, aber unter der Regie des Kindes.

Die Kinder suchten nach Begriffen und probierten Formulierungen aus. Von uns erhielten sie Hinweise zu grammatikalisch korrekten Ausdrucksweisen und Hilfe bei der Rechtschreibung. Wenn eine Geschichte besonders wichtig war und die Autorin oder der Autor den eigenen Gedanken schreibend nicht schnell genug hinterherkam, war es möglich, sie der erwachsenen Person zu diktieren, die dann »als Sekretärin« zur Verfügung stand. Ein anderes Kind wollte vielleicht seine Geschichte zuerst einmal ganz alleine schreiben und in Ruhe gelassen werden. Auch das war in Ordnung.

Für die Kinder war es wichtig, dass wir ihre Texte lasen. Das taten wir mit großer Anteilnahme, brachten Freude, Faszination, Überraschung oder Bestürzung zum Ausdruck, hatten vielleicht eine Frage dazu, fanden eine Ausdrucksweise besonders treffend. Eher selten wünschte ein Kind sogleich, dass seine Geschichte der Allgemeinheit vorgelesen wurde. Das war etwas für später, nach gewissen Überarbeitungen oder nach weiteren Kapiteln, die noch zu schreiben waren. Der Begriff »Wichtiggeschichten« machte die Runde. Diese Überschrift umwehte die Inhalte mit einem Hauch des Bedeutungsvollen. Kai brachte mit dieser Wortneuschöpfung die Bedeutung des freien Schreibens auf den Punkt (vgl. S. 222).

Das Nachdenken über die fertig verfassten Texte geschah stets nach individuellen Kriterien und in aller gebotenen Vorsicht. Schwer entzifferbare Texte wurden von uns abgeschrieben. Wenn Geschichten inhaltlich überarbeitet werden mussten, formatierten wir die Abschrift doppelzeilig und mit großzügigem Rand. In einer der nächsten Stunden ging jemand von uns den Text mit dem Kind gemeinsam Schritt für Schritt durch. Wir ergänzten, veränderten, korrigierten zusammen in den Text hinein, der im Anschluss noch einmal abgeschrieben wurde. Viele Kinder hatten Freude daran, die endgültige Fassung ihrer Geschichten mit Bildern zu versehen.

Rechtschriftliche Phänomene wurden individuell thematisiert. Während der Besprechung filterten wir Wörter heraus, die den Grundwortschatz erweiterten. Gegebenenfalls leiteten wir sie als Übungsmaterial für den Rechtschreibunterricht an die Klassenlehrerin/den Klassenlehrer weiter.

Die Kinder unterschieden, was sie hier machten, konsequent vom Aufsatz- und Rechtschreibunterricht ihrer Klasse. Die Texte blieben in der alleinigen Verfügung der Kinder. Sie wurden in einem besonderen Ordner mit der Aufschrift »Wichtiggeschichten« gesammelt, manchmal zu Büchlein gebunden. Niemand musste, wenn er das nicht wollte, seine Geschichten an die Lehrerin, die Klasse, die Eltern weitergeben.

> Ole aus dem dritten Schuljahr schreibt in der *Schreibwerkstatt* Fortsetzungsgeschichten, in denen Teletubbies aus der gleichnamigen Fernsehserie die Hauptrollen innehaben. Auf die Frage von Frau Mehler, ob er die Geschichten denn schon einmal seiner Lehrerin gezeigt oder seiner Klasse vorgelesen habe, tippt er sich an die Stirn und antwortet lachend: »Ach ... so was schreib ich nur hier. Das zeig ich doch nicht in der richtigen Schule! Die lachen mich doch aus wegen dieser Geschichten.«

Die Besucher der *Schreibwerkstatt* mussten sich entschieden der Aufgabe widmen, einen eigenen Text zu schreiben. Es stand ihnen nicht frei, stattdessen ein Bild zu malen, im Rechentrainer zu rechnen, ein Buch zu lesen oder sonst einer beliebigen Beschäftigung nachzugehen. Aber es war möglich, eine Geschichte, die nicht einfach in Worte zu fassen war, erst einmal zu zeichnen. Manchmal war es einfacher, über das Bild miteinander ins Gespräch zu kommen und die Erzählung aus dem Bildhaften herauszuheben. Es ging für uns und die Kinder um mehr als Rechtschreiben und »Aufsatzerziehung«. Es ging um Ausdrucksförderung im weitesten Sinne.

Im traditionellen Grundschulunterricht wird die gezielte Unterstützung beim Erwerb rechtschriftlicher Kompetenzen als ein vorrangiges Förderanliegen betrachtet. Auch wenn die Rechtschreibkompetenz in der Gesamtschau der Lernentwicklung eine eher marginale Rolle spielt, so kann ein Defizit in diesem Bereich sehr am Selbstwertbewusstsein eines Kindes nagen. Kai, Ole und die vielen anderen Kinder fühlten sich mit ihren schlechten Noten im Deutschunterricht von ihrer Klasse abgehängt. Zu Hause waren es die verzweifelten Eltern, die Druck machten. Im Rahmen der schulischen Bewertungstradition nimmt die Rechtschreibkompetenz einen hohen Rang ein. Die Klassenlehrerinnen dieser Schülerinnen und Schüler wünschten sich, dass die Kinder bei uns ihre schriftsprachlichen und rechtschriftlichen Kompetenzen erweiterten und dass jene mit nichtdeutscher Muttersprache wortgewandter würden. Auch wenn eine bis zwei Förderstunden wöchentlich für das Ziel der Behebung einer Teilleistungsschwäche eher unbedeutend sind, so haben wir Kindern doch im Ansatz helfen können, mit den Folgeproblemen besser fertig zu werden. Wir sprachen mit den Eltern über die Probleme ihrer Kinder und teilten unsere Gedanken darüber mit. Wir bestätigten die Kinder darin, sich in ihren Kompetenzen wahrzunehmen, ohne die Schwierigkeiten leugnen zu müssen. Sie besuchten in der *Schreibwerkstatt* einen Ort, an dem sie sich sicher fühlten und Solidarität und Wertschätzung erfuhren. Verbesserung in der Rechtschreibung stellte sich aber erst allmählich ein.

4. Mathematik-Förderstunden

4.1 Die Schwierigkeit, Mathematiklernen nachzuholen

Häufig waren es Mädchen aus den dritten Klassen, die mir vorgestellt wurden, weil ihr Fortkommen im Mathematikunterricht stagnierte. »Kannst du da mal schauen und vielleicht überprüfen, ob eine Rechenschwäche vorliegt?« Solchen Anfragen begegnete ich mit einem mulmigen Gefühl. Jens Holger Lorenz (1999b, 43) schreibt: »Lernschwierigkeiten [in Mathematik] aufgrund kognitiver oder in der Persönlichkeit des Schülers bzw. der Schülerin liegender Defizite und Idiosynkrasien sollten bereits in der Eingangsstufe erkannt und mit Hilfe anderer Einrichtungen wie der schulpsychologischen Beratungsstelle angegangen und, wenn möglich, behoben worden sein. Je länger Lernprobleme aufgrund solcher Faktoren andauern, umso schwieriger ist es, sie zu therapieren, und umso ungünstiger ist ihre Prognose.«

Es ist sehr aufwändig, nach zwei bis drei Jahren mit traditionellem Mathematikunterricht Zugang zu der jeweiligen Problematik zu finden, die diesen Kindern das Lernen vermutlich von Anfang an sehr erschwert hat. An die Fördererfolge dürfen keine allzu hohen Erwartungen gestellt werden. Die Geschichte von Hanna ist als Ausnahme anzusehen. Ihr Beispiel habe ich dennoch aufgenommen, um zu zeigen, dass unter ausreichend günstigen Bedingungen Entwicklung im Bereich des Mathematiklernens nachgeholt werden kann. Zunächst aber sollen hier die Geschichten der drei Mädchen Vanessa, Giannina und Berim die Schwierigkeiten verdeutlichen, die eine nachholende Förderung mit sich bringt.

4.2 Vanessa, Giannina, Berim – »Ich kann nicht gut Minus«

Vanessa kommt zum ersten Mal zu mir. Wir setzen uns auf den Boden. Damit ist eine Situation geschaffen, die sich von den Gewohnheiten im Unterricht unterscheidet. Wir fühlen uns sicher. Wir sprechen darüber, warum sie bei mir ist. Sie ist ein bisschen verlegen. »Ich kann nicht gut Minus. Plus geht – so einigermaßen«, sagt sie. Ich ziehe die Schachtel mit dem Rechenzug herbei. In Vanessas Augen ist das nur Spielzeug.

Aber sie lässt sich auf das Angebot ein. Sie zeigt mir in der nächsten halben Stunde ein wenig von dem, was sie in Mathematik schon verstanden hat. Mit dem Rechenzug transportieren wir Holzwürfel von hier nach da. Die Holzwürfel stehen für Kisten, die der Zug geladen hat. Die Orte bekommen Namen. An den Stationen gibt es Vorräte. Wir laden Kisten auf, an der nächsten Station werden einige wieder abgeladen, die übrigen werden zur nächsten Station weitertransportiert. Ich möchte, dass mir Vanessa sagt, wie viele Kisten noch auf dem Zug sind, wenn von den 18 aufgeladenen Kisten an der ersten Station 5 und der nächsten 6 Kisten abgeladen wurden. Diese Fragen versteht Vanessa. Es ist nahe liegend, dass sie die Kisten, wenn sie so konkret vor ihr stehen, abzählt.
Nun denkt sie sich selbst Aktionen aus. Ich fordere sie auf zu vergleichen: Der Kistenstapel an dieser Station ist jetzt größer als an der anderen. Es stapeln sich ... Moment, 1 ... 2 ... 3 ... Vanessa zählt 16 Kisten ab. Dort sind es nur 1 ... 2 ... 3 ... Vanessa zählt bis 9.
»Wie viele sind es denn hier mehr als dort?«
»16.«
Sie versteht die Frage nach dem Unterschied nicht. Ist es ihr möglich, vorausschauend zu ermitteln, mit wie vielen Kisten der Zug weiterfahren wird, wenn wir an der dritten Station wieder 6 Kisten aufladen? Sie will sich die Wagen genau ansehen, um mir eine richtige Antwort geben zu können. Sie zählt die Holzwürfel ab: die auf dem Wagen und die an der Station. Eine Antwort bleibt aus. Stattdessen fragt sie: »Und wenn ich den Zug ganz voll mache?« Wie die meisten Kinder ist sie daran interessiert, »ganz viele Steine, so viele, bis der Zug ganz voll ist«, aufzuladen. Auf die Frage hin, wie viele Kisten das dann wohl wären, beginnt Vanessa wieder, die Würfel zu zählen. Sie erkennt: In jedem Wagen sind zehn Kisten. Sie hat eine Idee, und ihre Augen leuchten: 10, 20, 30 ... Sie reiht die Zehnerzahlen aneinander und landet bei der Zahl 100.
Kann sie zurückblickend erzählen, was wir bis hierher nacheinander getan haben? Sie blickt mich fragend an. Also schreibe ich am PC für sie auf, wie wir vorgegangen sind. Ich nenne die Stationen, die der Zug angefahren hat, die Kisten, die wir abgeladen und aufgeladen haben – den ganzen Handlungsverlauf. Als ich Vanessa bitte, noch einmal nachzulesen, ob ich alles richtig erinnert und richtig aufgeschrieben habe, erschrickt sie: »Ist das jetzt so eine Textfrage?« Nein, sie solle nur noch einmal prüfen, ob ich alles richtig aufgeschrieben habe. Ich lese ihr die Notizen vor. Als ich ende, bin ich

nicht sicher, ob sie in den Worten den Handlungsverlauf, den wir zuvor vollzogen haben, wiedererkannt hat.

Manchmal sind die Kinder so sehr mit ihren Schwierigkeiten in Mathematik identifiziert, dass ein unbefangener Zugang zu mathematischen Phänomenen für sie nicht mehr ohne Weiteres möglich ist. Die Schwierigkeiten, die in der Arbeitssequenz mit Vanessa, die jetzt im dritten Schuljahr ist, deutlich wurden, sind nicht ungewöhnlich. Es »treten im Laufe der Schulzeit immer wieder Lernprobleme auf, die eng mit dem Verständnis des Stoffes, d.h. mit den Besonderheiten der Rechenverfahren, der arithmetischen Begriffsbildung und der Lösungswege bei mathematischen Problemaufgaben verbunden sind. (...) Sie können, überspitzt formuliert, als ›didaktogen‹ (...) charakterisiert werden« (Lorenz 1999b, 43). Die betroffenen Kinder haben während der ersten Schuljahre, in denen sie sich unter den Augen der Lehrerin durchgewurstelt haben, viel Zeit verloren. Ihre Lernschwierigkeiten, die »durch das unglückliche Zusammentreffen einer bestimmten Veranschauungsart, einer bestimmten methodischen Vorgehensweise oder eines didaktischen Prinzips mit den Vorkenntnissen und Lernbesonderheiten eines individuellen Schülers bedingt« (a.a.O.) sind, haben sich bis dahin in fürs Rechnen ungeeigneten Gewohnheiten manifestiert. Häufig war in ihrem Mathematikunterricht nicht notwendig mehr zu lernen, als Symbole nach bestimmten Regeln zu manipulieren. Es ist für sie ein Spiel mit Symbolen, mit Glück wenden sie die »richtige« Regel an. Sie nutzen das Abzählen als Strategie und nehmen dabei die Finger zur Hilfe. Sie haben keinen Mengen- oder Zahlbegriff ausgebildet. Einen Zusammenhang zwischen konkreten Mengen im wirklichen Leben und den Zahlenspielen im Mathematikbuch gibt es für sie nicht. Ich erinnere mich an Drittklässlerinnen in einer meiner Fördergruppen, die ich fragte, warum sie Rechnen lernen sollten. Ich schaute in verständnislose Gesichter und erhielt zur Antwort: »Weil wir in der Schule sind ...?« Sie bekamen den Auftrag, ihren Alltag bezüglich dieser Frage unter die Lupe zu nehmen. Am nächsten Tag berichteten sie, dass man zum Beispiel beim Auto sehen könne, wie schnell es fahre, zum Beispiel sei 100 schneller als 50. Das Haus, in dem man wohne, habe eine Hausnummer. Nein, welche Hausnummer das Nachbarhaus habe, wisse man nicht. Auf der Uhr könne man sehen, wie viel Uhr es sei, zum Beispiel, dass es 8 Uhr ist, wenn es morgens zum Unterricht klingelt. Und mit 2 Euro könne man zum Beispiel ein Eis kaufen oder so. Ich wurde neugierig und fragte nach: »Könnte man auch zwei Eis für zwei Euro bekommen, wenn eines nur 1,20 Euro kostet?« Oder: »Weißt du denn, wie viele Stunden du von 8 Uhr bis mittags um 1 Uhr in der Schule warst?« Das Ergebnis war erschreckend. Auch diese Mädchen »können Plus ganz gut rechnen. Aber Minus ... hm ...«

Diese Kinder merken natürlich, dass sie etwas nicht können. Aber wonach sollen sie fragen? Sie kassieren wieder und wieder eine schlechte Note. Manchmal ist ihnen zum Weinen zumute, denn sie haben sich doch so angestrengt und gehofft, es gelänge ihnen endlich einmal ein Ergebnis, für das sie ein Lob erhielten. Was fehlt den betroffenen Kindern?

Sie können nach mehr als zwei Schuljahren »Rechentraining« und »Verfahrenstraining« das bisher Gelernte nicht einfach wieder über Bord werfen. Berim erteilte mir diesbezüglich eine eindringliche Lehre.

> Berim gibt sich wirklich sehr viel Mühe zu verstehen, von was ich spreche, wenn ich Zehner bündele, Teilmengen abdecke, Vorstellungsbilder zu provozieren versuche. Nach vielen Stunden und einem ersten Versuch, die gewonnenen Überlegungen auf den Umgang mit Geld zu übertragen, merke ich, dass Berim für sich längst ein »Rechensystem« für das Rechnen im Zahlenraum bis 100 gefunden hat. Ihre Rechenstrategie besteht aus einer Kombination aus abzählendem Fingerrechnen und knappen Zahlennotizen, die sie auf ein Blatt oder einfach mit dem Finger auf die Tischplatte »zeichnet«. Besonders schwierig ist auch hier das Subtrahieren, wenn der Zehner unterschritten werden muss. Im Umgang mit Geld erweist sich ihr System aber trotz allem als recht zuverlässig. Ich entschließe mich sofort, von dem mühseligen Versuch der nachholenden Lernhilfe abzusehen. Auch wenn ich ihr Verfahren bis zum Schluss nicht restlos durchschaue, ermutige ich sie, ihre eigene Strategie zu üben und zu vervollkommnen. Berim erlebt dadurch eine Anerkennung, die unseren Kontakt während der Förderstunden sehr entspannt. Unsere Rollen haben sich umgekehrt. Jetzt versuche ich, *ihre* Rechenwege genau zu verfolgen. Ich melde ihr zurück, was ich verstehe, und wir merken beide, wie sie auf ihren Rechenwegen an Geschick und Schnelligkeit zulegt.

> Anders Giannina. Sie will unbedingt »Rechnen lernen, zum Beispiel mit so Zahlen wie 145 376«. Wie viel ist das? Das ist unvorstellbar viel. Sie ist fasziniert von großen Zahlen. Also beginnen wir mit dem Zählen.

Ich schlage ihr vor, die Perlen zu zählen, die in einer großen Kiste im Regal stehen. Giannina schätzt: »Vielleicht sind es 100 Perlen?« Die beiden anderen Mädchen wollen sich von Gianninas Schätzung absetzen und meinen, es seien vielleicht 90 oder 115 oder vielleicht sogar 1 Million Perlen. Wir basteln eine »Zählmaschine«, die »per Hand« bedient wird. Jede Stelle des Stellenwertsystems bekommt eine Schiene, die am oberen Ende mit einem Zahlenblock abschließt. Auf den Blöcken lassen sich Ziffernblätter von der 0 bis zur 9 weiterblättern. Die Schienen werden wie Spalten nebeneinander gelegt und miteinander verbunden. Die Kinder beginnen mit dem Zählen der Perlen, indem sie Perle für Perle in die rechte Schiene legen. Parallel dazu wird der Zahlenblock geblättert: Da steht 0, dann 1, dann 2, und so fort. 9 Perlen liegen inzwischen in der rechten Schiene. Als die zehnte Perle hinzukommt, »kriegt die Maschine einen Rappel«, denn es fehlt auf dem Block das »Zählblatt« mit der 10. Ich weise die Kinder an, die zehn Perlen in einen kleinen Becher umzufüllen. Der wird in die Schiene links daneben gesetzt. Den Block der rechten Schiene setzen wir zurück auf 0. Der eine Becher (der zehn einzelne Perlen enthält und nun in der Schiene links daneben steht) wird auf dem zu dieser Schiene gehörenden Block mit 1 angezeigt. Die Ziffernblöcke zeigen also eine 1 und rechts daneben eine 0 an. »Da steht ja 10! Das ist ja so viel, wie wir gezählt haben!« Je mehr Perlen in die Zählmaschine wandern, desto freudiger erwarten die Mädchen, wie die Ziffernanzeige auf den Blöcken »umspringt« und die zweistelligen Zahlen anzeigt, die der Anzahl der gezählten Perlen entspricht. Das Zählen geschieht auf diese Weise nach dem Prinzip des Abakus.
Parallel zu unserer Arbeit mit der »Zählmaschine« lernt Giannina den Zahlenraum bis 10 zu differenzieren, bis ihr jede darin enthaltene Menge zum Begriff geworden ist und sie die Mengen zueinander in Beziehung setzen und vergleichen kann. Die Übungen lassen sich gut für die Kinder der kleinen Gruppe nach Schwierigkeitsgraden differenzieren.
Zum Schluss sind es 2437 Perlen, die wir während der letzten Wochen in die Zählmaschine eingespeist und auf diese Weise gezählt haben. Zweitausendvierhundertsiebenundreißig! Wir veranstalten einen Schätzwettbewerb in Gianninas Klasse. Sie geht mit der Kiste voller Perlen von Kind zu Kind und notiert deren Schätzungen.

Die Kinder der Gruppe lernen in den nächsten Stunden mit Hilfe der aneinandergehängten Ziffernblöcke, sich im erweiterten Zahlenraum bis 10 000 problemlos zu orientieren. Zuletzt benutzt Giannina eine verkleinerte Ausführung der »Zählmaschine« zum Lösen von Additions- und Subtraktionsaufgaben. Sie blättert geschickt die Einer, die Zehner, die Hunderter und die Tausender. Die schriftliche Addition und Subtraktion wird für Giannina ein leichtes Spiel.

Weder mit Berim noch mit Giannina hatte ich nach einem halben Jahr »Mathe-Förderung« erreicht, dass sie im Unterricht ihrer Klassen hätten mitarbeiten können. Ungünstige Bedingungen eines Mathematikunterrichts können in der Regel nicht durch gezielte Maßnahmen im Förderunterricht kompensiert werden. Aber die beiden Mädchen hatten in dieser gemeinsamen Zeit ein wenig von ihrem Gefühl für sich selbst zurückgewonnen. Mit den Lehrerinnen gelang keine Verständigung darüber, wie sie im Unterricht der Klasse Berim und Giannina hätten unterstützen können. Es fällt traditionell arbeitenden Lehrkräften schwer, besondere Problemlösungsstrategien bei ihren Schülerinnen und Schülern zu tolerieren und weiterzuentwickeln. Sie haben Schwierigkeiten, sich auf Alternativen zu den Klassenarbeiten als Leistungsnachweisen einzulassen. Für die betroffenen Kinder blieben Tests Nachweise ihres Nichtkönnens.

Giannina wollte sich mit ihrer Situation in der Klasse nicht abfinden. Sie beharrte auch im neuen Schuljahr darauf, wieder in die Förderstunde aufgenommen zu werden. Täglich nach der Pause suchte sie mich deswegen auf. Ihre Lehrerin wusste davon nichts. Nach den Herbstferien nutzten wir die Zeit, während der in der Klasse gefrühstückt wurde, um etwa zwanzig Minuten gemeinsam zu arbeiten. In dem verbleibenden dreiviertel Jahr bis zum Übergang in die weiterführende Schule wurden Gianninas Rechenkompetenzen noch ein wenig »alltagstauglicher«. Sie übte den Umgang mit Geld, mit Längen und Gewichten und – vor allem – mit Kalender und Uhr.

4.3 Hanna lernt Mathematik – »Wann machen wir Rechnen?«

Hannas Technik, mit Zahlen umzugehen, fand völlig abgespalten von jeglichem mathematischen Denken statt. Sie handhabte Ziffernreihen, die untereinander gesetzt waren und deren unterste mit einem Pluszeichen versehen war, indem sie an den Fingern hinauf- und hinunterzählte. Ein wenig anders war das Hinauf- und Hinunterzählen geregelt, wenn vor der unteren Zahl ein Minuszeichen stand. Sie beherrschte die

Technik bravourös. Hanna verhaspelte sich selten, vorausgesetzt, sie konnte ungestört bei der Sache bleiben. In diesem engen Tunnel, den sie mit dem reinen Befolgen von Regeln beim Umgang mit Ziffern um sich herum errichtet hatte, kamen Fragen danach, was mehr oder weniger sei, danach, wie viel von etwas fehlte, wie viel man brauchte, was übrig bliebe usw. nicht bei ihr an. Es fällt mir schwer, diesen Eindruck von abgrundtiefem Nichtverstehen in Worte zu fassen. Wenn ich Hanna unterstützen wollte, so konnte ich mir dies nur als Einzelmaßnahme vorstellen. Die Umstände erlaubten es glücklicherweise, dass man Hanna diese exklusive Unterstützung zukommen lassen konnte.

Meine Hilfe sagte ich unter der Voraussetzung zu, dass Eltern, Lehrerin, Kinderarzt und Ergotherapeut mir die Regie überlassen würden. Ab sofort würden sich also nicht mehr vier oder gar fünf Personen zugleich, zwar in wohlmeinender Absicht, aber mit jeweils individuellen Vorstellungen von Förderung, auf Hanna stürzen. Die Mutter musste sich von der Vorstellung verabschieden, dass sie zu Hause mit Hanna weiterhin Übungsaufgaben abarbeiten würde, die sie in großer Auswahl in entsprechenden Abteilungen der Buchhandlungen fand. Die Lehrerin musste es wagen, darauf zu verzichten, von Hanna die Mitarbeit in ihrem Mathematikunterricht zu verlangen. Das fiel ihr leichter, nachdem wir uns mit der Mutter darüber verständigt hatten, die Noten in Mathematik auszusetzen. Hanna schrieb keine Tests mehr mit. Die Mutter musste dem Kinderarzt gegenüber Stellung beziehen, der unter der Diagnose Dyskalkulie und ADS (ohne Hyperaktivität) für die Gabe von Metylphenidat plädierte. Der Ergotherapeut war zur Zusammenarbeit mit mir zu gewinnen und offen für eine neue Strategie. Wir vereinbarten, dass er sich auf ein handwerkliches, kreatives und lebenspraktisch-konkretes Angebot beschränken würde. Handwerkliche Tätigkeiten könnten mithilfe einfacher Zeichnungen geplant werden. Hanna wäre in ihrem Vorstellungsvermögen angesprochen. Handlungen wie Messen, Wiegen, Vergleichen würde er besondere Beachtung schenken und auf genaues Abzeichnen besonderen Wert legen. Das Rechnen im engen Sinne und insbesondere der Umgang mit den Zahlzeichen bliebe mein Ressort. Diese Absprachen brachten allen Beteiligten eine gewisse Entlastung.

Einen Erfolg konnte ich nicht garantieren, aber ich sagte zu, mit Hanna noch einmal einen »Grund legenden« Einstieg ins Mathematiklernen zu versuchen. Ich würde mich eng an Hanna und ihren Voraussetzungen orientieren. Methodisch und didaktisch fühlte ich mich gut gerüstet. Ich teilte der Mutter meine Gedanken zu dem Vorgehen, das ich plante, mit und erklärte und begründete didaktische und methodische Schritte, die Hanna eventuell gehen würde: Ich würde mit Hanna im vorzahligen Erfahrungs- und Lernbereich die gemeinsame Arbeit beginnen wollen. Ich müsste berücksichtigen, dass ich damit ein Mädchen anspräche, das schon fast neun Jahre alt war. Es sei nicht voraussehbar, für welche ersten Schritte ich Hannas Bereitschaft zur Mitarbeit gewinnen könnte. Die Richtung unserer Schritte würden wir erst im Gehen finden können.

Nach einer Bedenkzeit stimmte die Mutter meinen Bedingungen zu. Sie ging mit mir das Risiko eines Experimentes mit offenem Ausgang ein. Ich sicherte ihr zu, dass sie jederzeit mit Fragen und Ängsten, die sie umtrieben, zu mir kommen könnte.

Hanna nimmt es gelassen, dass ich mit ihr als Erstes einen Spaziergang machen möchte. Ich spüre keine Ressentiments. Wir werden von nun an öfter solche Gänge in den nahen Ort machen.
Wir blicken die Straße entlang und stellen fest, dass auf der einen Straßenseite sehr viel mehr Autos geparkt sind als auf der anderen Seite. Unterwegs sehen wir uns Hausfassaden an und vergleichen die Anzahl der Fenster. Beim nächsten Mal nehmen wir ein Klemmbrett mit und zeichnen eine Fassade mit ihren Fenstern ab: Welches der vier Fenster zuerst? Dieses da oben, links? Gut, jetzt dieses und dann noch das andere, da ganz rechts, hier daneben … Es ist nicht so einfach, das genau hinzubekommen. Auf einem anderen Spaziergang lenke ich den Blick auf die Kanaldeckel. Wo überall sind welche? Es sind ganz schön viele! Das merken wir bald, nachdem wir angefangen haben, sie zu registrieren. Wir lassen keinen aus. Schau, dort, vor dem Haus ist auch einer. Daneben, vor dem nächsten Haus, ist auch ein Kanaldeckel. Auf dem Rückweg zur Schule prüfen wir, ob wohl zu jedem Haus ein Kanaldeckel gehört. Wie viele das wohl sind? Wenn vor jedem Haus ein Kanaldeckel ist, müssen es genauso viele Kanaldeckel sein, wie es Häuser hier in der Straße gibt … Das ist eine Formulierung bzw. ein Erkenntniszusammenhang, der Hanna als »Gedanke« nicht geläufig ist. Das sehe ich ihr an. Wie viele Häuser es wohl in dieser Straße gibt …? Es entstehen Fragen, die mit Mathematik zu tun haben. Ob aber Hanna das merkt, weiß ich nicht.
Die Spaziergänge sind sehr zwanglos. Ich gebe meinen spontanen Einfällen nach. Es muss für Außenstehende aussehen, als hätten wir keinen Plan. Ich weiß nicht, was Hanna denkt. Sie spricht nicht viel. Vorsichtshalber schließe ich jeden Spaziergang so rechtzeitig

ab, dass wir noch »Zeit haben, ein wenig Mathe zu machen«. Ich möchte, dass ihr bewusst ist, warum wir miteinander arbeiten. Sie soll nicht den Eindruck gewinnen, wir mogelten uns um das Eigentliche herum. Zurück im Schulzimmer, spreche ich mit ihr über Zahlen. Mathematik ist für die meisten Schülerinnen und Schüler identisch damit, Zahlen zu bewegen. Wir betrachten die Dinge, die uns im Förderraum umgeben, und stellen Anzahlen fest. Mit dem Auftrag, die Treppenstufen im Schulhaus zu zählen, was wir Schritt für Schritt gemeinsam tun, verbinde ich Fragen. Sind es hinunter genauso viele Stufen wie hinauf? Sind es genauso viele Stufen von der ersten zur zweiten Etage, wie wir sie vom Erdgeschoss zur ersten Etage gezählt haben? Hanna zählt also noch einmal hinunter und dann weiter hinauf. Die Zählketten enden jeweils mit einer anderen Zahl. Hanna stutzt. Ich versuche nicht, die Verwirrung aufzulösen.

Eines Tages fragt Hanna: »Wann machen wir Rechnen?« Ich sage ihr, dass wir die ganze Zeit schon »Mathe machen«. Ich erzähle ihr die Geschichte vom Hirten, der für jedes seiner Schafe, das er auf die Weide entlässt, ein Steinchen in den Korb »zählt« und am Abend mit Hilfe dieser Steinchen prüft, ob alle Schafe zum Pferch zurückgekommen sind. »Hast du was gemerkt? Der Hirte braucht gar keine Zahlen und rechnet doch.« Man kann also auch ohne Zahlen rechnen. Zahlen gab es nicht schon immer, und ich berichte darüber, dass es Zeiten und Kulturen gegeben hat, in denen andere mündliche Zählsysteme und Zahlenschriftsysteme galten als die, die wir heute benutzen (vgl. Dehaene 1999, 109ff.). Man hat sich zum Beispiel mit dem Nennen der Finger und Zehen und anderer Körperteile über Anzahlen verständigt. Wenn man zum Beispiel sagte »linke Hand«, meinte man so viele, wie es sind, wenn wir »fünf« sagen. Das funktionierte wie eine Bildersprache. Zuerst findet Hanna das komisch, sie lacht. Wir probieren aus, uns mittels einfacher symbolischer Zeichnungen, die etwas von dem Bedeuteten veranschaulichen, zu verständigen. Wir schreiben uns gegenseitig Briefchen. Ein Herz heißt »liebe« oder »lieber«. Für »Hanna« zeichne ich eine Strichfigur mit einem Pferdeschwanz und einem H. Für »in zwei Tagen« stehen zwei Sonnen, für »am Morgen« vereinbaren wir eine aufgehende und analog dazu für »am Abend« eine untergehende Sonne. Unser Vokabular wird um Zeichen für Anzahlen erweitert, als es um solche abstrakten Begriffe wie Jahre geht, die zum Beispiel das Alter angeben sollen. Zuerst einmal behelfen wir uns mit Strichlisten. Wir sammeln unsere »Vokabeln« in einem kleinen Wörterbuch. Wenn man einmal damit angefangen hat, wird es sehr schnell sehr kompliziert. Der Rückgriff auf unser bewährtes Schriftsystem und unsere gewohnte Zahlenschrift wird umso plausibler. Hanna beginnt zu verstehen, dass Ziffern »nur« Zeichen sind …

Wir experimentieren im Spiel mit lebensnahen Handlungsabläufen, in denen Dinge in bestimmten Mengen vorkommen oder verwendet werden. Aus Sand und Kleister formen wir »Pralinen«. Die Mengenverhältnisse für die Mischungen aus Sand (5 mal 1 Esslöffel voll), Kleister (1 Esslöffel voll) und Farbpulver (½ Esslöffel voll) sind festgelegt. Wir füllen mit unseren Pralinen-Kreationen leere Pralinenschachteln. Wir formen sie mit zwei Teelöffeln, damit sie genau in die für sie vorgesehenen Mulden der Schachteln passen. Die Einsätze mit den Mulden geben die genaue Anzahl der Pralinen für eine Schachtel vor. Es bleiben Pralinen übrig oder es fehlen welche, die noch hergestellt werden müssen. Hanna hat Freude daran, jede Praline mit einer kleinen bunten Perle zu verzieren. Die Perlen holt sie aus dem Regal, eine Handvoll. Sie sollten für die Pralinen, die wir heute gemacht haben, reichen. Oder fehlen noch welche? Wie viele?
Größere Perlen wickeln wir als »Bonbons« in kleine Stücke Alufolie. Damit erweitern wir das Sortiment des Kaufladens, den die Kinder einer anderen Klasse im Förderraum eingerichtet haben. Wir schaffen Ordnungen in unsere »Berge von Bonbons«. In jede Tüte – wir basteln sie aus Bäckereipapier, das wir für unsere Zwecke passend zuschneiden – müssen genau gleich viele Bonbons gefüllt werden. Die Tüten erhalten Aufschriften, die über den Inhalt und die Menge informieren. Wir geben auch Preise für unsere Süßigkeiten an. Wir stellen Plakate und Hinweisschilder her und machen mit Abbildungen von offenen Pralinenschachteln Appetit auf die Leckereien, die wir verkaufen wollen. Die Kinder der Klasse werden neugierig. Die Mädchen entwickeln zusammen mit Hanna Rollenspiele, für die gebastelt und geknetet wird. Sie finden unter den Überschriften »Restaurant«, »Supermarkt«, »Süßigkeitenfabrik« statt. Manchmal sind die Mädchen so in ihr Spielen vertieft, dass sie die Spielzeit auf die große Pause und mit Erlaubnis der Klassenlehrerin manchmal in den nächsten Unterricht hinein ausweiten dürfen (vgl. S. 247).
Nach dem Einkaufen und Verkaufen rekapitulieren wir: Diese alle haben wir verkauft, es sind nur noch so viele von dieser Sorte da.

Weißt du noch, wie viele es am Anfang waren? Wie viele müssen wir nachliefern?

In all diesen Handlungssituationen werden »zwangsläufig« Mengen und Anzahlen festgelegt, unterschieden und verglichen, und doch kommen Zahlen »nur beiläufig« ins Spiel. Ich weise Hanna, die immer unbefangener wird, auf Zusammenhänge hin. Strukturen werden deutlich. Die Zeichnungen, die Hanna anfertigt, sind erste Abstraktionen vom konkreten Tun. Beim Zeichnen muss sie sich an die vorangegangene Handlung erinnern. Sie vollzieht Mengenveränderungen in ihrer Vorstellung nach und zieht Schlüsse aus dem, was sie erinnert. Wenn ich Zahlwörter benutze, hat das für Hanna zwar Wiedererkennungswert, jedoch erscheinen sie für sie wie in einem neuen Licht. Es entstehen im wahrsten Sinne »erhellende« Momente. Nachdenklich zählt Hanna jetzt Mengen ab: 1......2......3...4...5...6...7..8..9..10. Es hört sich anders an als das Aufsagen einer Zahlenreihe. Sie beginnt zu verstehen: Zahlen sind Bezeichnungen für Anzahlen und nicht länger nur Stationen in einer Abzählkette. Sie sind jetzt mit Vorstellungsbildern von Mengen verbunden.

Das Bündeln kommt hinzu. Was hat es mit den Worten »immer zehn« auf sich? Wie viel ist 100? Was ist der Unterschied zwischen 5 Dingen und 4 Dingen? Sind 5 Dinge auch 4 Dinge? Manchmal rauchen uns buchstäblich die Köpfe. Aber allmählich kommt Ordnung in alles. Beim Darstellen der Zahlen bis 100 hilft uns der Rechenzug (Kutzer). Für jegliche Zahl zwischen 1 und 100 zeichnen wir einen Rechenzug, der entsprechend der Zahlen »mit Kisten beladen ist«. Wir breiten alle gemalten Züge auf zusammengeschobenen Tischen aus. Andere Kinder staunen, wenn wir auf ihre Fragen antworten: »Das sind alle Zahlen bis 100. Ein Zug mit einer Kiste, ein Zug mit zwei Kisten, ein Zug mit 99 Kisten ... Dann fehlt noch genau eine Kiste und wir sind bei 100 angekommen.«

Das Begreifen des Stellenwertsystems nimmt eines Tages großen Raum ein. Auf einer langen Reihe Nullen rückt das Ziffernkärtchen mit der 1 immer eine Stelle weiter nach links und verdeckt eine 0. Der Ausgangspunkt für diese Erkenntnis ist die Arbeit mit der »Zählmaschine« (vgl. S. 287).

Es tauchen andere Fragen auf, die nach kreativen Lösungen für ihre Veranschaulichung verlangen. Der Zusammenhang von Zeiträumen, in denen sich bestimmte Handlungen abwickeln, wird für die praktische Darstellung eine besondere Herausforderung.

> Wir basteln uns ein Maßband für die Zeit, rollen es ein und verstauen es in einer flachen Schachtel, die einen Schlitz hat, aus dem das Band hervorlugt. Auf Los rollen wir es ab und markieren das Band nach einer Minute, nach zwei Minuten, nach drei und so fort. Das gelingt uns natürlich nicht präzise. Unsere »Streifenuhr« funktioniert nur, wenn wir dabei auch auf die richtige Uhr schauen. Aber wir können mit der »Streifenuhr« leicht ausrechnen, wie viele Pralinen in 10 Minuten herzustellen sind, wenn wir in 5 Minuten 8 Pralinen schaffen. Wir rollen das Band aus und postieren unser Konfekt daneben. Mathematische Relationen werden anschaulich.

Diese wenigen Blitzlichter auf die Arbeit mit Hanna geben einen Eindruck davon, über welche Zeiträume wir hauptsächlich mit dem Erwerb von Vorläuferfähigkeiten befasst waren, die einem erfolgreichen Erwerb mathematischer Begriffe zugrunde liegen. Der Übergang von da in die Zahlenwelt war mit vielen, deutlich spürbaren »Aha-Erlebnissen« verbunden. Es kam zu bewegenden Entdeckungen, die Hanna manchmal in treffsicheren Sätzen zum Ausdruck brachte. Als sie angefangen hatte, Zahlzeichen als Mengenbezeichnungen zu verstehen, quittierte sie zum Beispiel die Rechnung 36 – 32 = 4 mit dem erstaunten Ausruf: »Da hast du so große Zahlen und dann kommt nur 4 raus.« Später einmal, als ich sie bei der Rechnung 25 + ... = 59 an die Rechenzüge erinnerte, registrierte sie überrascht: »Cool, das kann man sich ja vorstellen!«

Hanna konnte während dieses Schuljahres ihre Fähigkeit, »mathematisch« zu denken, so weit entwickeln und dabei rechnerische Kompetenzen ausbauen, dass ihr Lernen zu Beginn des vierten Schuljahres allmählich wieder in den Klassenunterricht eingefädelt werden konnte. Ich war der Lehrerin behilflich, ihr Angebot im Mathematikunterricht der Klasse flexibel und in Abstimmung auf Hannas Kompetenzen (und die einiger anderer Schülerinnen und Schüler mit Schwierigkeiten) zu gestalten. Dort erwarb Hanna zusammen mit ihren Mitschülerinnen und Mitschülern im Laufe des vierten Schuljahres die grundlegenden Fertigkeiten, die als Voraussetzung für den erfolgreichen Besuch der weiterführenden Schule gelten.

5. Sprachförderung für Kinder mit nichtdeutscher Muttersprache

Das Kollegium hatte sich entschieden, klassenübergreifende Maßnahmen zur Sprachförderung zu installieren. Als ich Mitarbeiterin in dieser Schule wurde, übertrug man mir diese Aufgabe. Die »Sprachfördergruppe« bestand aus elf Jungen und Mädchen aus den ersten bis dritten Schuljahren. Ihre Lernleistungen in den sprachgebundenen Arbeitsbereichen entsprachen nicht ihren intellektuellen Möglichkeiten. Im Klassenunterricht war die Mitarbeit der Kinder wegen ihrer mangelnden Deutschkenntnisse ernsthaft behindert. Marie-Cécile Bertau schreibt zu der Bedeutung einer gut ausgebildeten sprachlichen Basis für das Lernen in der Schule: »Die im Kleinkindalter unabhängig verlaufenden Entwicklungslinien von Denken und Sprechen werden etwa im dritten Lebensjahr untrennbar verbunden, die Wörter dienen nun nicht mehr bloß der äußeren Benennung von Dingen, sondern auch der Kennzeichnung von Konzepten des Denkens. Wörter werden so zu Trägern von Begriffen und zu Mitteln des Denkens: Das Denken kann mit ihnen operieren. Damit das Denken sich der sprachlichen Basis bedienen kann, muss diese in ausreichendem Maße vorhanden und sicher beherrscht sein, das heißt: Der Wortschatz eines Kindes muss ausreichend ausgebildet sein. Diese Ausbildung geschieht innerhalb kommunikativer Interaktionen, ob mit Erwachsenen oder anderen Kindern. (...) Die Verschränkung kommunikativer und kognitiver Fähigkeiten bedeutet, dass interaktionelle Armut sich negativ auf die gesamte Entwicklung des Kindes auswirkt: Die kommunikativ-sozialen Funktionen von Sprache sind ebenso wie die kognitiven Funktionen beeinträchtigt. Diese Armut mag sich äußern als ein Nichtbeherrschen von sozial-sprachlichen Formen (wie man miteinander spielt, wie man etwas fragt), das sich fortsetzt in einem Nicht-umgehen-Können mit Aufgaben und Problemen. Die fehlende Zuwendung, die den notwendigen Hintergrund für die sprachliche und kognitive Entwicklung bildet, wirkt sich nicht zuletzt gravierend negativ auf die Motivation, das Interesse und das Selbstvertrauen des Kindes aus« (Bertau 2002, 22ff.). Die Förderarbeit, die von mir erwartet wurde, sollte hier positiv Einfluss nehmen.

5.1 »Jetzt haben wir Sprachförder« – Besser als nichts, aber oft nicht genug

Die Gruppe der betroffenen Jungen und Mädchen kam täglich nach der Pause im Freiarbeitsraum zusammen. In einem offenen Gespräch am Anfang der Stunde unterhielten wir uns, die Kinder schmiedeten Pläne und verabredeten sich. Es entwickelte sich eine kleine solidarische Gemeinschaft. In der gemeinsamen Zeit fanden die Kinder einen geschützten Rahmen für ihre Aktivitäten. Nicht das Fehlen sprachlicher Kompetenzen mit allen seinen Konsequenzen für die schulischen Leistungen stand im Fokus. Vielmehr waren die sprachliche Identität und das Ausdrucksbedürfnis der Kinder die Orientierungsmarken für die Gestaltung der Angebote. Ich lud die Kinder zu unterschiedlichen Tätigkeiten und zur Mitarbeit in kleinen Projekten ein. Meine Aufgabe sah ich darin, sie in ihren Aktivitäten zu begleiten, ihnen Sprachanlässe zu geben und sie zum Sprechen zu ermutigen.

> Es ist Montag. Die Kinder sind heute in der Anfangsrunde kurz angebunden. Sie belegen sogleich die geräumige und reich ausgestattete Spielecke, wo sie ausführliche Spielszenen entwickeln. Ich beobachte die Spielhandlungen und höre den Kindern zu. Hài Manh, im zweiten Schulbesuchsjahr, verhält sich schweigsam und abwartend. Antonio und Efkan verständigen sich über die Aktion der Polizei, die gegen den Wilderer vorgehen soll. Ich gebe den Jungen die Worte für die Gegenstände und Figuren, die sie benutzen, und beschreibe Zusammenhänge, Handlungsabfolgen, Beweggründe, wie ich sie, während ich aufmerksam der Spielhandlung folge, verstehe.

»Spielen ist Ausdrucksverhalten. Es ist in besonderer Weise die eigentliche Sprache des Kindes. Als konkreter symbolischer Ausdruck der Gestaltung und Darstellung von Wirklichkeit ist freies Spielen eine bedeutsame Unterstützung des Hineinwachsens in den Gebrauch der abstrakten Sprache« (Haupt 1999, 38).

> Ein anderer Tag. Ich lese ein Stück der Geschichte von der kleinen weißen Ente Loni und dem Hasen Lino vor (Maute-Schonig 2000). Die Geschichte selbst bleibt als Vorlesefragment stehen, denn Zuhören ist noch schwierig für die Kinder. Aber der Kern der Geschichte, in der sich die kleine weiße Ente wagemutig in ein unbekanntes Land aufmacht, berührt sie. Loni sucht Freunde, das ist klar. Ich stelle den Kindern Material zur Verfügung, mit dem sie kleine Enten basteln.

Ein reger Austausch begleitet das Arbeiten. Vieles muss bei der Herstellung von Pappmaché und für die Ausgestaltung der Federkleider besprochen werden. Ich lege Wert darauf, dass die Arbeitsabfolgen verständlich und genau in Worte gefasst werden. Manchen Ausdruck, den ich anbiete, oder eine Formulierung, die ich wähle, müssen die Kinder nachsprechen.

Nach der Bastelarbeit erwachen die kleinen Enten im Spiel zum Leben. Dies geschieht im Fluss des Erzählens. Gegenseitiges Zuhören gelingt nun leichter. Das Interesse an dem, was die Mitspieler sagen, leitet die Aufmerksamkeit und den Spielverlauf. Im Dialog differenzieren sich die Enten-Geschichten aus. Neue sprachliche Möglichkeiten müssen gefunden werden, um auch Details auszudrücken. Hài Manhs gespannte Aufmerksamkeit ist deutlich zu spüren, auch wenn er nicht in Dialoge mit den Kindern einsteigt. Er lässt zwar seine Spielfiguren nicht mitsprechen, hat aber sichtlich Freude an den gespielten Erzählungen und folgt mit seiner kleinen Ente dem Spielverlauf, den die anderen bestimmen.

Kristin Wardetzky und Christiane Weigel (2008, 66) erklären: »Hören verbindet uns mit der Welt. Zu-Hören ist gerichtetes Hören. Im Zuhören verwandelt sich reaktives in aktives Hören. Zuhören schließt Zuwendung, Aufmerksamkeit, Konzentration ein. Damit wird Zuhören zu einer Grundvoraussetzung menschlicher Kommunikation. Nur über Zuhören kommen dialogische und Verstehensprozesse in Gang.«

Heute dürfen die Kinder frei mit Tonerde kneten und formen. Hier findet Hài Manh, der noch nicht bereit ist zu sprechen, Ausdrucksmöglichkeiten. Er zeigt eine besondere Vielfalt in seinen Kreationen. Die kleinen Figuren halten Gerätschaften in den Händen. Gefäße werden mit kleinen Dingen gefüllt. Mit Toren und Brücken wird die Umgebung der Figürchen ausgestaltet. Meine vorsichtigen Nachfragen, ob die Leute arbeiten, ob sie gerade auf dem Weg zu einem anderen Ort sind, ob es für die Leute gerade Morgen oder schon Abend ist, bleiben vorerst noch unbeantwortet. Hài Manhs Miniatur-Bildwerke müssen für sich sprechen. Aber wer weiß – die begleitende Sprache gibt möglicherweise der inneren Vorstellungswelt des Kindes Kontur …

Da die mündliche Sprache, in der die Kinder sich ausdrücken mussten, nicht ihre Muttersprache war, gewannen alle anderen Ausdrucksmöglichkeiten besondere Bedeutung. Mit den Bildern, die das symbolische Spielen, das Gestalten mit Tonerde, das Zeichnen hervorbrachten, wiesen die Kinder einen Weg zu ihren inneren Welten, ohne dafür einen bestimmten Wortschatz beherrschen zu müssen. Der Ausdruck in den ikonografischen Äußerungen zeigt Qualitäten des inneren Erlebens. Das bestätigten auch Zeichnungen, die nach dem Besuch einer Baustelle angefertigt wurden. Beredter Ausdruck dieses Aufeinandertreffens von innerer und äußerer Welt war der Bagger in Hài Manhs Bild, dessen Schaufeln an ein »mit Zähnen bewehrtes großes Maul« erinnerten. Da, wo die äußere Sprache wenig Modulationen zulässt, weil ein differenzierter Wortschatz für die Mitteilung von Erlebensqualitäten noch fehlt, kann die Nutzung bildnerischer Ausdrucksmöglichkeiten besonders wichtig sein.

Einmal stelle ich den Kindern nach einer Sequenz in der Spielecke Stempel und dicke Stifte zur Verfügung. Ich fordere sie auf, Wörter, die zu den Erlebnissen in der Bauecke passen, zu stempeln oder zu notieren. Die Erstklässler gehen spielerisch mit Buchstaben und Schrift um, es entstehen zunächst keine brauchbaren Wortbilder. Die Kinder haben Spaß daran, wilde Stempelbilder zu produzieren. Marlene aus dem zweiten Schuljahr allerdings hat Lust, eine ganze Geschichte zu schreiben. Sie erhält die Gelegenheit dazu. Für die anderen Kinder notiere ich am Computer die Geschichten, die ich zuvor als Beobachterin in der Spielecke mitverfolgt habe. Die Kinder müssen mir helfen, die Wörter für die Texte zu finden. Ich benutze eine große Schrift und schreibe mit Großbuchstaben. Die Kinder erhalten Ausdrucke der Texte als bleibende Spuren ihrer Erzählung.

Das Diktieren ist eine schriftsprachliche Betätigung, befreit von dem Erfordernis, schon schreiben zu können. Während ein Kind seine Erlebnisse diktiert, besteht die Möglichkeit, korrigierend in Aussprache, Wortwahl und Satzbau einzugreifen. Während ständiges Korrigieren im mündlichen Redefluss nicht angebracht ist, steht die Bedeutung der Korrektur bei einer aufgeschriebenen Geschichte außer Frage. »Mit dieser Methode wachsen die Kinder in die Welt der Schriftsprache hinein, ohne die abstrakte Bedeutung von Schrift bereits zu kennen« (Winner 2002, 59).

Alltägliche Ereignisse sind ein großer Lernbereich für sprachliches Verhalten. Im Rahmen ganz konkreter und lebenspraktischer Vorhaben konfrontierte ich die Kinder mit alltagsnahen Situationen, in denen sie zupacken und sich verständigen mussten.

> Die neuen Regale für unseren Förderraum sind angekommen. Wir montieren sie gemeinsam. Das Miteinander und das gegenseitige Sich-zur-Hand-Gehen ist zu koordinieren, und verlässliche Abklärungen sind notwendig. »Halte hier, nein hier – die rechte Leiter, halt die mal fest«, »Jetzt darfst du den Bohrer benutzen«, »Zähl mal vier Schrauben ab«, »Nein, das sind keine Nägel, das sind Schrauben«, »Ja, Nadeln gibt es auch. Das ist noch etwas anderes«. Ich mache Fotos davon, wie die Kinder die Bohrmaschine ansetzen und wie sie die Teile zusammenschrauben. Antonio hilft sehr geschickt. Dafür wird er von den anderen bewundert. »Toll. Wieso kannst du das so gut?« Wir finden gemeinsam heraus, dass er zu Hause, im Hof hinter dem Haus, einen provisorischen Verschlag gebaut hat, wo er seine Spielsachen aufbewahrt.

> In einer anderen Stunde ist ein Einkauf der Kontext für Gespräche. Einkaufszettel werden geschrieben, der Stadtplan studiert. Auf dem Weg zu den Geschäften kommen wir an einer Baustelle vorbei, die Anlass für Fragen, Überlegungen und auch Fantasien bietet. Fotografien dokumentieren die Aktion. Zurück in der Schule fertigen die Kinder Zeichnungen des Weges, wie er von der Schule in den Ort führt, an. Auch die Baustelle wird auf den Zeichnungen festgehalten. Die Schaufeln des Baggers sind auf Hài Manhs Bild bis ins Detail ausgearbeitet.

> Ich habe stets einen Fotoapparat zur Hand und dokumentiere, was in unserer Förderstunde passiert. Es ist noch früh im Jahr und wir pflanzen die Tulpenzwiebeln vom Vorjahr ein. Die ganze Aktion wird in allen ihren Schritten festgehalten. Die Fotos liegen eine Woche später vor. Sie zeigen die Kinder in Aktion. Auch die Missgeschicke, ein umgekippter Blumentopf und vergossenes Wasser, sind festgehalten. Die Fotos veranlassen die Kinder im Nachhinein, Erinnerungsbilder hervorzuholen und als Erzählung in Worte zu fassen. Die Gewandteren unter ihnen ordnen den Fotos schriftliche Notizen zu.

Das Wiedererzählen reichte über situationsbezogene Mitteilungen und Dialoge hinaus. Der Erinnernde muss sein »Bewusstsein aus dem gelebten Augenblick zurückziehen und in die erinnerte Zeit mit ihren Handlungen, Verhaltensweisen und Gefühlen versetzen« (a.a.O. 89). Erinnerungen müssen aus Vorstellungsbildern konstruiert werden, in denen die erlebte äußere Welt auf innere Bilder trifft (vgl. Merkel 2000, 89). Die Erzählungen werden persönlich.

> An einem anderen Tag kommen die Kinder aufgeregt aus der Pause. Es interessiert mich, was passiert ist. Das Gespräch ist emotional aufgeladen. Für Gefühle müssen Worte gefunden werden. Ich mache Vorschläge, wie die Kinder ihre Betroffenheit, ihre Wut, ihre Bitten dem Spielgefährten gegenüber in Worte fassen können. Hài Manh hört zu. Er gehört nicht zu den Betroffenen. Er wird von den anderen nicht angesprochen. Seine Blicke verraten, dass er das Gespräch jedoch aufmerksam verfolgt, und hin und wieder richtet er sich plötzlich auf. Würde er gerne etwas sagen? Seine Haltung fällt mir auf. Wie ein kleiner Ringer sitzt er breitbeinig da und stemmt seine zu Fäusten geballten Hände in die Leisten, die Ellenbogen weit nach außen gestellt. Vielleicht imitiert er jemanden, will jemanden darstellen, der an seiner Stelle da sitzt.
>
> Später sind es Situationen in der Spiel- und Bauecke, in denen Auseinandersetzungen geführt und Absprachen getroffen werden müssen: »Ich habe die Steine zuerst gehabt.« »Du wärst der Polizist.« »Ich brauche ein Pferd.« Anliegen müssen verständlich ausgedrückt werden. Antonio entscheidet, lieber alleine zu spielen. Da stupst Hài Manh ihn an: »Ich will mit dir.« Zum ersten Mal werde ich Zeugin dessen, dass er sich jemandem sprachlich zuwendet.

Die Interaktionen und kommunikativen Situationen wiesen über die reine Verständigung in den jeweiligen aktuellen Kontexten hinaus. Unabhängig vom Grad seiner Deutschkenntnisse hatte jedes Kind seine persönliche Art, in Kontakt zu treten und in der Gruppe und mit mir zu sprechen und dabei Mimik und Gestik einzusetzen, Stimmlagen und Lautstärken zu nutzen, sich zuzuwenden oder abzugrenzen. Gefühle kamen zum Ausdruck, wenn sie Auseinandersetzungen führten. In der Art zu sprechen und Sprachliches zu nutzen, zeigten sie sich in ihren Temperamenten und Bedürfnissen, in ihren Wünschen und Neigungen.

Mit einem zunehmenden Gefühl für die sprachlichen Strukturen wurden die Kinder in Wortgebrauch, Satzbau und Grammatik sicherer. Ausdrucksqualitäten für Gefühle wurden um Nuancen erweitert. Verständigungsschwierigkeiten gingen wir geduldig nach.

Aber Hài Manhs Verhalten begann mir Sorgen zu machen.

5.2 Hài Manhs Lerngeschichte als Weg in die Sprache

Was ist los mit Hài Manh?

Für Hài Manh schien es nicht infrage zu stehen, verlässlich jeden Tag zur Sprachförderstunde zu erscheinen. Aber ich konnte nicht erkennen, ob er von den Stunden profitierte. Immer mal wieder kam mir in den Sinn, dass er möglicherweise einfach nur »brav« war und deshalb an der Zusammenarbeit festhielt.

Hài Manh war im zweiten Schuljahr. Seine schulischen Leistungen lagen inzwischen weit unter dem Klassendurchschnitt. Die Klassenlehrerin prophezeite, dass er das Ziel der Grundschule nicht erreichen würde. Im Verlaufe seines ersten Schuljahres war für Hài Manh eine sonderpädagogische Überprüfung beantragt worden. Im Gutachten war beschieden worden, dass »erhebliche sprachliche Defizite« Hài Manhs Lernentwicklung behinderten; die Förderung in diesem Bereich obläge der Grundschule, und daher wurde eine Umschulung in die Förderschule nicht erwogen.

Man berichtete mir, dass er in den Pausen mit anderen Kindern spiele: Er sei ein Junge, der wie die anderen über den Schulhof renne, seinen Mitschülern nachrufe, mit ihnen raufe, sich verbünde, Partei ergreife, in Auseinandersetzungen gerate und die Oberhand zu behalten suche. Aber auch dort konnte ich ihn mir nur als ein in der Kommunikation sehr verhaltenes Kind vorstellen, auch wenn die Interaktionen mit den Mitschülern für seine Lehrerin anderes suggerierten. Angelegentlich bekam ich erzählt, dass er auch einmal hämisch zu jemandem gewesen sei, der ihm schwach erschienen war. Im Klassenunterricht orientiere sich Hài Manh an seinem Nachbarn, bei dem er notfalls abschreibe. Aber offensichtlich war es so, dass Hài Manh den Kontakt zu den deutsch sprechenden Kindern in seiner Klasse bis jetzt nicht dazu hatte nutzen können, seine Sprachkenntnisse zu verbessern und ein Kommunikationsverhalten zu entwickeln, das ihm im Lernen weiterhelfen würde.

Ich erfuhr von Bemühungen, Hài Manh in seinem Lernen zu unterstützen: Seine ältere Schwester, die die Realschule besuchte, half ihrem Bruder verlässlich bei den Hausaufgaben. Seine Eltern versuchten, mit ihrem Sohn deutsch zu sprechen, kannten sich in der deutschen Sprache aber selbst nicht gut aus.

Ich tastete weiterhin jeden Kontext, in dem wir unterwegs waren und miteinander agierten, auf Möglichkeiten ab, sich sprachlich zu verhalten. Kinder erleben »Sprache als Bestandteil der Situation« (Winner 2002, 73). In alltäglichen Situationen, in denen »sprachliche Handlung und gegenständliche Handlung eng verzahnt« (a. a. O.) stattfinden, lässt sich sprachliche Verständigung gut unterstützen. In konkreten Handlungskontexten kann man durch eigenes sprachbewusstes Verhalten dazu beitragen, dass sich der Wortschatz der Kinder erweitern kann und die Ausdrucksweisen sich ausdifferenzieren können. Ich half den Mädchen und Jungen, sich sprachlich zu verhalten, indem ich mich an den Dialogen beteiligte. Ich fädelte mich sprachlich in die gemeinsame Handlung und das gemeinsame Erleben ein. Im Bewusstsein, »Sprachvorbild« für diese Kinder zu sein, kam es mir einerseits darauf an, meine Ausdrucksweise dem Sprachverstehen der Kinder anzupassen, und andererseits das Sprachangebot in einer Weise anspruchsvoll zu gestalten, dass sie ihre Kompetenzen im Verstehen und im Gebrauch der deutschen Sprache ausdifferenzieren konnten.

Darüber hinaus ging es in der Arbeit mit den Kindern der kleinen Fördergruppe aber stets noch um etwas anderes. Über die besondere Situation von Kindern, deren Muttersprache nicht Deutsch ist, berichten Kristin Wardetzky und Christiane Weigel (2008, 70): »Gezwungen, sich in der meist nur mangelhaft erlernten deutschen Sprache zu verständigen, litten viele Kinder darunter, in der Schule ihrer ursprünglichen sprachlichen Identität beraubt zu sein. (…) Es wurde deutlich, dass die Erfahrung der sprachlichen Zurücksetzung nicht unerheblich dazu beitrug, dass Kinder das Zuhören und Lernen verweigerten.«

Aber Hài Manh verweigerte sich nicht. Ich registrierte, dass er sich geschickt ohne Worte durch den Alltag manövrierte. Er verstand – offensichtlich – genug, um viele Situationen zu bewältigen. Er war vor allem ein aufmerksamer Beobachter. Im freien symbolischen Spielen, im kreativen Gestalten mit bildnerischen Mitteln, im Spiel mit Buchstaben und Schrift und in der Durchführung der lebenspraktischen Vorhaben begegneten wir uns. In seinem Verhalten wirkte er selbstbewusst und keineswegs »verschüchtert« – sofern man nicht von ihm verlangte, dabei zu sprechen. Aber während ich die anderen Kinder, auch den zurückhaltenden Antonio, erfolgreich in Dialoge einbinden konnte, reagierte Hài Manh bestenfalls mit einem scheuen Ja oder Nein. Ich nahm wahr, wie er hin und wieder meinen Blick suchte. Aber wenn ich ihn direkt ansprach, wendete er sich ab. Wünsche und Bedürfnisse schienen wie eingeschlossen zu sein. Ich hatte Glück, wenn ich eine seltene, kaum merkbare mimische Veränderung, ein kurzes erwartungsvolles Aufschauen während des Spielens, ein flüchtiges Hinschauen, ein Nicken oder ein Kopfschütteln auf eine in den Raum gestellte Frage, ein Stocken, einen fragenden Blick oder ein unverständliches Murmeln von ihm einfangen konnte. Oft war deutlich spürbar, dass er wie »auf dem Sprung« war – und doch brachte er kein weiteres Wort heraus. Ich versuchte aus den spärlichen Signalen herauszulesen, was er wohl mitteilen wollte, und wendete mich ihm freundlich fragend zu. Aber es entstand kein »aus-gesprochener« Kontakt zwischen ihm und mir.

In meinem Kopf klang bei seinem Anblick stets die hilflose Frage an: WARUM SPRICHST DU NICHT? Wenn sich unsere Blicke einmal begegneten, schien in seinen Augen die große Gegenfrage zu der meinigen zu stehen: WIE KANN ICH SPRECHEN?

> Unter den Jungen und Mädchen der Sprachfördergruppe kommt auf einmal die Frage auf, wie man etwas Bestimmtes auf Jugoslawisch, Indonesisch, Italienisch, Türkisch, »Zigeunerisch« sagt.
> Die Kinder berichten nacheinander: »Ich bin Türkei.« Und: »Mein Land ist Italienisch.«
> »Und du?«
> Hài Manh springt über seinen Schatten und antwortet: »Vietnam.«
> Jedes Kind nennt ein Ding in seiner Sprache und sagt, wie es in Deutsch heißt. Hài Manh lässt sich nicht ermutigen, auch ein Wort in »seiner Sprache« in die Runde zu geben.
> Als alle Kinder stolz »ihre Sprache« präsentiert haben, sind vielleicht zehn Minuten vergangen. Die Kinder haben einander respektvoll zugehört. Die Atmosphäre ist emotional hoch aufgeladen.

Diese kurze Episode ließ mich aufhorchen. Die Frage, wie ich Hài Manh unterstützen könnte, wurde drängender. Ich entschied, die Sprachförderung anders zu organisieren. Die große Sprachfördergruppe wurde in Teilgruppen aufgelöst. Es war möglich, Hài Manh zusätzlich zu zwei Gruppenstunden, die er mit Antonio und Efkan bei mir verbrachte, eine Einzelstunde zur Verfügung zu stellen. Mit der Einzelstunde erhoffte ich mir eine Chance, mit Hài Manh in Kontakt zu kommen.

Es wird sich zeigen, dass Hài Manh offensichtlich im Inneren – ganz im Gegenteil zu seiner äußeren Wortlosigkeit – wie überfüllt war von innerer Sprache und inneren, emotional hoch aufgeladenen Bildern, die den Weg nach draußen nicht fanden. Die Wörter und Begriffe, die ihm zur Verfügung standen, reichten bei Weitem nicht aus, um die inneren Vorstellungsbilder in Sprache zu fassen. Es war, als schwimme er hilflos in einer überbordenden inneren Bilderwelt auf der Suche nach einem Ufer …

»Ich will schreiben« – Hài Manh kommt in der Sprache an

Davon, dass ein Kontakt gleich zu Beginn der gemeinsamen Arbeit gelingt, kann man nicht unbedingt ausgehen. Also bin ich gespannt und ein wenig aufgeregt, als Hài Manh zum ersten Mal zu *seiner* Stunde kommt. »Ist es okay, heute hier zu sein ohne die anderen Kinder?« Hài Manh nickt. Er ist einverstanden damit, von nun an einmal in der Woche eine Zeit bei mir zu verbringen, die ganz alleine ihm gehört. Ich weiß nicht, was er von dieser Stunde erwartet, und ich ahne zu diesem Zeitpunkt auch nicht, was mich erwartet. Wir begegnen uns beim ersten Mal, so kommt es mir vor, etwas verlegen, obwohl wir uns doch schon fast ein halbes Jahr kennen. Ich bin da und wir können etwas zusammen machen. Er darf sagen, was er tun möchte. Er kennt den Raum, in dem wir uns treffen, und weiß, welche Materialien, Spiele, Medien zur Verfügung stehen. Ich begegne Hài Manh freundlich und abwartend. Ich erkläre ihm, er könne wählen zu spielen oder zu basteln oder zu schreiben. Oder hat er eine andere Idee oder Vorstellung? Er entscheidet: »Ich will schreiben.« Soll ich »Sekretärin« sein? Nein, er möchte selbst schreiben. Das bringt mich etwas aus der Fassung. Ich hege Bedenken. Wie könnte ich das »auffangen«, wenn es – davon gehe ich aus – nicht gelingt? Kurz überlege ich, ob ich abwenden möchte, was ich befürchte, entscheide dann aber, dass ich erst sehen muss, was wirklich passiert.

Also hole ich breit linierte große Papierbögen aus meinem Fach. Hài Manh nimmt sich einen Bleistift und beginnt. Er sitzt dicht über das Blatt gebeugt und schreibt geschwind drauflos. Ich sitze eng neben ihm, irritiert, und versuche mitzuverfolgen, was sich da tut. Kaum ist es mir möglich, etwas von dem, was zwischen seiner Nase und dem Blatt Papier geschieht, zu erhaschen. Hài Manh reiht in großer Geschwindigkeit Wort an Wort. Ich komme kaum nach. Ich kann die Wörter mühsam entziffern – aber fügen sie sich zu einer Geschichte? Der Text, der auf das Papier fließt, ergibt noch keinen Sinn für mich. Ich versuche, den Inhalt nachzuvollziehen, um den es ihm gehen mag, und mache mir parallel Notizen. Murmelnd lese ich die Wörter, während er schreibt, so gut es geht mit. Ich erkenne: Max … Schiff … Ich frage nach: »Max? Ist er es auf dem Schiff?« Nicken.

»Wohin fahren sie? … Meer?« (1/2002)

Aus dieser ersten »Erzählung« ist für mich ein schlüssiger Handlungsablauf kaum zu erahnen. Die Geschichte bleibt in diesem rudimentär angelegten Text für mich verborgen. Die Stunde ist zu Ende und Hài Manh kehrt in seine Klasse zurück.

Ich hole tief Luft. Was hatte ich erwartet? Was habe ich da gerade erlebt? Hài Manh hat in der Einzelsituation so wenig wie in der Gruppe den Versuch gemacht, mit mir laut sprechend zu kommunizieren. Stattdessen ... Ich versuche, mir klarzumachen, was geschehen ist: Hài Manh hat die Gelegenheit für den Versuch genutzt, mir eine Erzählung aufzuschreiben. Meine Verblüffung könnte im Moment nicht größer sein. War das für ihn ein Sprung ins kalte Wasser? Wie viel Mut hat dazu gehört? Oder war ein aufatmendes »Endlich ...« zu spüren?

Der erste Kontakt mit Hài Manh in der Einzelsituation war also nach einer kleinen Verlegenheitsminute gelungen. Er hatte mich – in seiner »Verlorenheit zwischen den Sprachen« – gleich zu Beginn unserer Zusammenarbeit zum Zeugen für den Ort in seinem Inneren gemacht, an dem er – wie lange schon? – Wörter und Ausdrücke und satzartige Gebilde sammelte, die für Geschichten standen!

Es begann eine Spurensuche. Die Gewährung des Zutritts zu diesem Ort erlaubte mir, ihn kennenzulernen. Unser gemeinsames Schreiben würde vorerst *seine* Weise sein, mit mir zu sprechen – in *seiner* Sprache. Die Schrift floss aus ihm heraus, als sei »ein Stöpsel gezogen« worden. Hài Manh ließ sich kaum bremsen. Ich folgte ihm und kam fast nicht mit. Ich machte es zu meiner Aufgabe, seinen Weg zu seinen inneren Vorstellungsbildern, so gut es mir möglich war, mit ihm gemeinsam zu gehen und die Erzählungen, die dabei hervordrängten, zusammen mit ihm zur Sprache, zur Welt zu bringen. Damit verankerte er sich in der Situation, in der wir beide uns befanden. Zugleich brachte er uns darüber hinaus zu den Bildspuren *seiner* Geschichte.

Die Spuren, denen wir von nun an folgten, verwandelte er in Wörter und Satzfragmente, mit deren Hilfe er – so gut er es vermochte – Erlebtes und Vorgestelltes in eine Ausdrucksform brachte. Er wollte, dass wir diesen Weg über die schriftliche Äußerung fanden.

Dankbar hört er, während ich seiner Schreibtätigkeit folge, meine Fragen. Er antwortet mit einem Nicken oder einem Nein und ergänzt vielleicht ein Wort oder kombiniert die Wörter, die er bereits aufgeschrieben hat, schreibend noch einmal anders. Er registriert, wie ich seine sehr vagen Antworten in eigenen Formulierungen unterbringe, die ich auf einem eigenen Blatt neben seinem Blatt notiere. Sein Selbstgeschriebenes ist für mich weiterhin kaum lesbar. Gemeinsam kreisen wir um die Inhalte, nähern uns dem Kern, bis wir uns darüber verständigt haben, wie er ausdrücken möchte, was wir über seine Geschichte, die er erzählen will, herausfinden.

Anfangs entstanden Textfragmente, die mehr oder weniger unverständlich für mich blieben. In gewisser Weise war es vielleicht zunächst auch für Hài Manh nicht absehbar, was da in Erscheinung trat, weil möglicherweise die äußere Geschichte erst im Augenblick des Erzählens entstand (vgl. Merkel 2000, 86f.). Es kann vermutet werden, dass sie der »erzählenden Selbstvergewisserung« (a.a.O. 77) diente und nach der »Bestätigung durch einen Zuhörer, der die inneren Wahrnehmungen und Bilder mit dem Erzähler teilt« (a.a.O. 78), verlangte. Hài Manh sah im Schreiben ein Medium für sein Ausdrucksbedürfnis, so unvollkommen das Ergebnis zunächst auch erschien.

»Max« als die zentrale Figur seiner ersten Äußerungen war für die nächsten Wochen der Protagonist der Fortsetzungskapitel, die in zwei Versionen aufgeschrieben wurden. Es gab den Text einmal so, wie Hài Manh ihn aufschrieb. Parallel entstanden meine Notizen, in denen ich den Inhalt festzuhalten versuchte, den Hài Manh »gemeint« hat.

Während für mich viele Fragen offenstanden, gewann Hài Manh Vertrauen.

Zu Hause begann er, kleine Zettel vollzuschreiben. Er brachte sie in die Schule mit und übergab sie mir. Auch hier ging es ihm darum, mir etwas zu erzählen. Er musste mir beim Entziffern der Sätze helfen, und wir versuchten herauszufinden, was er hatte sagen wollen. Aus dem, was wir glaubten verstanden zu haben, verfassten wir gemeinsam eine lesbare Version.

Die Arbeit war weiterhin eine Spurensuche. Immer blieb ich unsicher zurück, wenn Hài Manh die Stunde verließ. Hatte ich wirklich jeweils verstanden, was er während des Schreibens gedacht hatte?

Ich wünschte mir für unser Fortkommen mehr Sicherheit und suchte nach äußeren Anlässen für seine Art der Schriftproduktion. Gemeinsame Erlebnisse würden es uns ermöglichen, die Ausdrucksgenauigkeit besser zu kontrollieren.

Ich statte Hài Manh mit einem einfachen Fotoapparat aus und gehe mit ihm auf Motivsuche. Ich lerne ihn besser kennen, sehe, dass sein Blick

auf die Blumen, den kleinen Teich und die Vögel auf dem Gelände rund um die Schule fällt. Erwartungsvoll holen wir die Abzüge im Fotogeschäft ab. Die Fotos beschriften wir gemeinsam.
Ich hole auch die Fotografien wieder hervor, die ihn in der Spielecke zeigen und die Spielszenen dokumentieren, die er gestaltete. Wir finden Worte für das, was abgebildet ist, und notieren sie als Bildunterschriften. Beim Betrachten der Spielszenen auf den Fotos tauchen auf einmal die Geschichten von Max wieder auf. (2/2002)

Hài Manh möchte heute wieder spielen. Nicht immer steht uns dafür die Spielecke zur Verfügung. Ich biete ihm das relativ kleinformatige Spielmaterial aus dem Scenotestkasten an. Damit lässt sich das Spielfeld auf eine halbe Tischbreite begrenzen. Hài Manh lässt – zunächst noch ganz ohne Worte – fast alle zur Verfügung stehenden Figuren auftreten. Dieses Angebot bleibt einige Wochen lang für ihn interessant, wenn er alleine zu mir kommt. (4/2002)

Inzwischen änderte sich sein Verhalten in der Gruppe.

Die drei Jungen haben die Spielecke für sich alleine. Die Kinder reden miteinander, greifen Wünsche auf, bringen sich mit eigenen Vorstellungen in das gemeinsame Spielen ein. Hài Manh beginnt mitzureden – in einzelnen Worten. Er lässt es zu, dass ich zuhöre und verstehe. Ich fasse das, was ich sehe und denke in Worte. Ich wage es, nachzufragen. Er antwortet – scheu, flüsternd, meist nur mit einem einzelnen Wort, vielleicht auch einmal in Zwei- bis Dreiwortsätzen. Er korrigiert, ergänzt und versucht weiterzuerzählen, soweit ihm das mit dem wenigen, was er spricht, möglich ist. Ich werde mutiger und biete eigene Ideen an. Ich erweitere das Spielmaterial um rasch geknetete oder aus Papier hergestellte Figuren, Gebäude, Pflanzen. Notwendige Details können so ergänzt und begrifflich gefasst werden. Die Spielszenen greifen über die Spielecke in den gesamten zur Verfügung stehenden Schulraum hinaus.

Hài Manh hatte begonnen zu sprechen. Es war wie ein Dammbruch. Die Ereignisse überschlugen sich.

Eines Tages, als Hài Manh wieder mit den Figuren des Scenotestkastens spielt, erlaubt er, dass ich mitschreibe, was er mit den Figuren inszeniert. Ich erzähle laut, was ich sehe, und lese laut mit, was ich aufschreibe. Er findet eigene Worte und probiert, Sätze zu formulieren. Ich notiere sie, er spielt und ergänzt meine Bemerkungen, er kommt ein wenig in Fluss. Den rasch hingeworfenen Text schreibe ich anschließend am Computer ab. Hài Manh schaut fasziniert, fast andächtig zu, wie seine Geschichte als geschriebener Text auf dem Bildschirm erscheint.

Eine Woche später. Hài Manh baut die Figuren der Szenerie aus der Vorwoche wieder auf und setzt die Geschichte fort. In der Geschichte spielt er selbst eine Rolle. Er hat einen Sohn, den er »Junior« nennt. Mit ihm besucht er seinen Onkel und seine Tante. Es gibt ein Baby, einen Hund, eine Kuh, ein Krokodil und einen hungrigen Fuchs. Es findet eine Entführung und eine Rettung statt.

Auch in den Gruppenstunden griff er die Szenen wieder auf. Die Geschichten, die mit Hilfe der Figuren ihren Verlauf nahmen, begannen förmlich aus ihm hervorzusprudeln.

Er »erzählte« von nun an alle seine Geschichten mit Hilfe der kleinen Figuren des Scenotestkastens. Gleichzeitig sprach er Worte, noch sehr wenige, die ich für ihn zur Erzählung zusammenfügte. Vereinzelt schienen Begriffe auf Hintergründe der Ereignisse hinzuweisen. Seine Erzählungen, Erklärungen, Kommentare flossen bruchstückhaft einfach aus ihm heraus. Der Schatz an Worten vermehrte sich rasch und stetig. Die Stunden verflogen und waren geprägt von freudiger Erwartung.

Bald wollte Hài Manh seine Geschichten ohne Umwege über das Spielen gleich in den Computer diktieren. Die Texte erzählten nun Fernsehfilme nach. Oder sie entstammten den Comics, von denen er manchmal ein Exemplar zur Schule mitbrachte. Manchmal waren es beschriebene Zettel, die er mir übergab und die ich übertragen sollte. Er lieh sich Bilderbücher in der Stadtbücherei aus, die er mit mir zusammen nacherzählen mochte. Er zeigte mir Hefte aus dem Unterricht. Er wünschte sich, dass ich die Themen des Sachunterrichts mit ihm bespreche. Er wollte alles verstehen, er wollte alles aussprechen.

Das zweite Schuljahr war fast zu Ende, als Hài Manh einen ersten biografischen Text diktierte, für den er die Formulierungen mit mir zusammen fand:

Ich

Ich bin Hài Manh.
Ich habe eine Schwester. Sie ist 11 Jahre alt.
Sie ist in einer anderen Schule. Sie ist in der
5. Klasse. Bald ist sie in der sechsten Klasse.
Ich habe einen Onkel. Er ist schon alt. Er wohnt
nicht bei uns, sondern er wohnt in Hainbach.
Meine Tante wohnt in Altburg. Mein Opa und
meine Oma wohnen auch in Altburg.
Und wir wohnen in Hofbach, Hauptstraße 10.
Dort wohnen mein Vater, ich, meine
Schwester, meine Mutter. Meine ganze Familie
kann unsere Sprache sprechen. Und
zwischendurch kann ich auch schon ein
bisschen unsere Sprache sprechen. Die
Sprache ist Vietnamesisch.
Meine Schwester ist in Polen geboren. Ich
bin in Deutschland, in Hofbach geboren.
Mein Papa und meine Mama sind in Vietnam
geboren. (5/2002)

Da – da war sie. Seine Geschichte. Die Antwort auf viele Fragen, die mich in der Arbeit mit Hài Manh umgetrieben hatten. Der Hinweis auf »seine Sprache«. Er konnte »seine Sprache« nicht sprechen! Ich sah einen achtjährigen Jungen, der verloren gegangen war zwischen den Sprachen, verloren gegangen zwischen der Sprache seiner Eltern und der Sprache seines Aufenthaltslandes. »Ich bin Hài Manh …«

In einer Flut von Texten, die nun in rascher Folge entstanden, kam ein Erleben in die Sprache und damit an die Oberfläche zum Außen, an eine Grenze, die er öffnete. Er hatte den Schlüssel gefunden. Hài Manh vertraute mir seine Wörter an. Er schilderte Erlebnisse, machte Ferienpläne, berichtete von Alltagsereignissen, beschrieb Bilder, die er gesehen hatte. Nicht nur in der Schule, auch zu Hause, an seinen Nachmittagen, schrieb er. Er brachte die Texte mit in unsere Stunden und bat mich, sie ihm am Computer aufzuschreiben. Für die Textblätter legte er zu Hause einen Ordner an. Er erzählte auch von einem Buch, das er geschenkt bekommen hatte und dem er seither seine Texte anvertraute. Man könne es abschließen, merkte er an.

Dann kam der Tag, an dem er sich selbst an den Computer setzte und darauf bestand, die Geschichte, die er im Sinn hatte, alleine zu schreiben. Hài Manh war jetzt im dritten Schuljahr. Am Ende der Stunde druckten wir folgenden Text aus:

> *ES gibt viele verschienenen*
> *Sprache:Ängland,Englisch,Frannnsösich,Türkei,Japaner,*
> *Samurei,Cieneschich,Vietnameschich,Emu.*
> *Wissen mussen:Tatzan Sprache ist Tiere Sprache.*
> *Man darft nicht denn anderen Kinder aus*
> *lachen:Die Deutscher Kinder lachen immer die Aus*
> *länder ,die deutscher mögen keine Ausländer. Die*
> *Deutscher Streschen sogar ihre zunge aus.*
> *Man darft niemanden ärgern:b..z*
> *schlagen,schiempfen,blödewörtersagen* (11/2002)

In diesem Text reflektiert Hài Manh sein Thema: die Vielfalt der Sprachen, die Verständigung, das Fremdsein, die Mühen des Ausdrucks, sein Bedürfnis nach Kontakt und die fehlende Achtung. Mit Selbstbewusstsein vertritt er aber auch eine Haltung: »Man darf nicht andere Kinder auslachen. Man darf niemanden ärgern, zum Beispiel schlagen, schimpfen, blöde Wörter sagen.«

Mit diesem Text setzte Hài Manh eine Zäsur. Das Spielen mit den anderen Jungen in der Gruppenstunde wurde zur Nebensache. Eines Tages nahm er an diesen Stunden nicht mehr teil. Auch dafür fand er Worte in einem seiner Texte:

> ***Dinosaurier***
> *Ich möchte am nächsten Mittwoch*
> *Dinosauriergeschichten schreiben.*
> *Aber heute bin ich beschäftigt, weil der*
> *Efkan mich zum Spielen gebracht hat.*
> *Ich bin ganz sicher, dass ich am nächsten*
> *Mittwoch nicht von Efkan zum Spielen*
> *gebracht werde. Dann erzähle ich euch*
> *die Geschichte von den Dinosauriern. Und ich*
> *sag' euch was ganz Wichtiges.*
> *Fortsetzung folgt.* (1/2003)

Unzählige Geschichten folgten. Sie hießen *In der Schule*, *Ich habe am Samstag eine Pistole gekriegt*, *Gute Besserung*, *Vor den Osterferien*, *Mein Leben in der letzten Woche*, *In den Osterferien*, *Deine Frau ist ein unbekanntes Wesen*, *Geschichten aus der Gruft*, *Am langen Wochenende*. Fortan schrieb er in der Regel die Geschichten selbst. Er legte jedoch großen Wert darauf, dass wir seine Texte nun immer sorgfältig rechtschriftlich überarbeiteten.

Hài Manh war in der Sprache angekommen.

6. Kinder auf emotional bedeutsamen Wegen unterstützen

Hài Manh hatte mit seinen acht Jahren schon einen schwierigen Weg hinter sich. Seine »Lernschwierigkeiten« entpuppten sich als eine tief in seine Seele eingeprägte Verunsicherung. Er war nicht in der Lage, uns davon zu berichten. Der Weg heraus aus der notvollen Situation war verschlungen. Ausdrucksmöglichkeiten mussten gefunden werden. Die Geschichte zeigt einmal mehr, wie vorsichtig wir uns manchmal an die gemeinsame Arbeit mit einem Kind herantasten müssen. Wir werden dem Kind nicht gerecht, wenn wir seine Schwierigkeiten als Defizit abtun. Wir unterstützen es nicht allein damit, dass wir Übungen anbieten, die sich auf ein Symptom beziehen. Entwicklung ist ein Geschehen im Kontext vielfältiger Bedingungen und alles andere als geradlinig. Entwicklung geschieht in der Bezogenheit zu anderen Menschen. Die vertrauensvolle Zusammenarbeit ist eine wichtige Komponente in der Förderung, emotionale Sicherheit die Basis. Die Unterstützung eines Kindes besteht manchmal darin, die Seelenarbeit zuzulassen und zu begleiten. Das Vertrauen in die Entwicklungsimpulse der Kinder ist eine wichtige Voraussetzung in der gemeinsamen Arbeit. Förderung und Entwicklungsunterstützung brauchen eine sichere emotionale Basis.

6.1 Unterstützung emotionaler Entwicklung als Aufgabe der Schule

Manchmal wurde mir über Kinder berichtet, die emotional sehr verstört waren. Von einigen war bekannt, dass schwierige Ereignisse in der Familie oder dem familiären Umfeld zur schweren psychischen Belastung für die Kinder geworden waren. Das konnten die Trennung der Eltern, der Tod eines nahen Verwandten, die Krankheit des Geschwisterkindes, Erfahrungen mit Gewalt, psychische Erkrankung eines Elternteils, Verlassenwerden, Missbrauch, Flucht aus einem Kriegsgebiet oder anderes sein. Oder es war eine schwere Erkrankung oder Behinderung des Kindes selbst, die es schwierig machte, den eigenen Lebensbewegungen zu folgen »in Freundschaft mit sich selbst und den anderen und dem Leben so wie es ist« (vgl. Haupt 2001, 22). Manchmal stimmte der Verlust eines Haustieres, das Fehlen des Freundes nach einem Umzug, der Weggang eines geliebten Lehrers eine Zeit lang traurig. Im Unterricht wurden diese Kinder vielleicht stiller, waren unkonzentriert, weniger aufmerksam, missgestimmt, aggressiv. Ihr Verhalten zeigte vielleicht depressive Züge. Oder sie wurden besonders fordernd und dominant.

Auch im Rahmen der Schule gibt es Möglichkeiten, Kinder zu entlasten, indem man ihnen Ausdrucksräume eröffnet, die frei von Leistungserwartungen, Anweisungen, Bewertungen, Interpretationen, lehrgangsähnlicher Unterweisung sind. Das sind Räume, in denen sie sich ihrer selbst vergewissern können. Für ein Kind, das emotional belastenden Erfahrungen ausgesetzt ist, kann es eine Hilfe sein, in einem geschützten Raum und in Gegenwart einer wohlwollend zugewandten Bezugsperson das Wagnis einzugehen, sich mit seinem Zorn, seinen Verletzungen, dem Schmerz und der Trauer auseinanderzusetzen, indem es kreativen Ausdruck dafür findet. Im Spiegel der erwachsenen Person, die das Kind frei von Erwartungen begleitet und offen für das ist, was zum Ausdruck drängt, kann sich ein Kind in seinem Selbst erleben. Es kann sich für das Kind eine tiefe Gewissheit einstellen, dass es ist, wer es ist, hier und jetzt, dass es kann, was es kann, weiß, was es weiß, fühlt, was es fühlt, und dass es so in Ordnung ist (vgl. Ehrenstein 1999).

Eine geeignete Weise, Kinder in der Grundschulzeit emotional zu unterstützen, bietet das freie symbolische Spielen, das Kindern manchmal als Einzelförderung angeboten werden muss. Kinder nutzen die Möglichkeit, symbolisch zu spielen, aber auch im Rahmen eines offenen Lernraums, wie er auf Seite 276 beschrieben ist. Malen, Tanz, Musik, Theater, Geschichten erzählen, Sprechen und Schreiben gehören ebenfalls dazu. »Indem wir Bewegungen, Klänge, Bilder, Sprache finden für das, was uns wichtig ist, verstärkt sich unser Erleben, unser Spüren, unsere Bewusstheit von dem, was geschieht. In Ausdruck und Mitteilen gestalten wir Beziehung, Anteilnahme wird möglich, Verstehen und Verstanden werden, Annahme, Mitgefühl und Austausch« (Haupt 2001, 118).

Sebastian, der an Mukoviszidose erkrankte Junge, der in den vorliegenden Texten mehrfach zur Sprache kam, malte in der *Malwerkstatt*[39] großformatige Bilder, in denen er dem Schleim, der ihm die Luft nahm, Form und Farbe verlieh. Aber er malte auch sich, vier Mal, in jeweils jahreszeitlich anders gestalteter Umgebung. Er stellte die Bilder in einem

[39] Die Arbeit in diesen Förderstunden basiert auf dem freien, begleiteten Malen, das Bettina Egger in Orientierung an Arno Stern (1978) entwickelt hat (Egger 1980 und 1984).

Rondell auf, das er umschritt, während er Erklärungen zu den Bildern abgab. Zeit und Zeiträume spielten für ihn mit seiner Erkrankung eine bedeutsame Rolle.

Da war aber auch David, ein Junge mit einer angeborenen Querschnittslähmung. Seine Eltern hatten große Schwierigkeiten zu akzeptieren, dass die Behinderung ihres Sohnes nie nur ein körperliches Merkmal sein würde, sondern untrennbar zu Davids Leben gehörte und nichts ihn davon befreien konnte. Die Eltern stimmten einer weiteren Operation zu in der Hoffnung, dass sie ihn im Ergebnis ein wenig »weniger behindert« machen würde. David fürchtete sich sehr davor. In einer kleinen Malgruppe erhielt er Gelegenheit, sich mit dem, was ihm so große Angst machte, auseinanderzusetzen. Er setzte einen entsetzlichen Horror in Bildsprache um.

Die Begleitung der Prozesse, die sich in der *Malwerkstatt* ereignen, beschreibt Christina Studer (2003, 71f.): »Aus der Position der Außenstehenden heraus unterstütze ich die Stimme des Kindes, ohne irgendwelche Konzessionen eingehen zu müssen. Manchmal gelingt es mir so, einer Schwierigkeit oder Verletzung, einer Stärke oder einer besonderen Kraftquelle Resonanz zu geben, die sonst ungehört geblieben wäre. (…) Für das Kind (…) bedeutet diese Erfahrung: ›Jemand hat mich erkannt‹.«

Ursula Haupt berichtet von einem Jungen mit Muskeldystrophie, der seine Lehrerin, die eine Geschichte von einer Sonnenblume und einem Samenkorn erzählte, darum bat, »ihm diese Geschichte noch einmal zu erzählen und noch einmal. (…) In der Symbolik dieser Geschichte [vom Werden und Vergehen] und im Kontext der zugewandten Beziehung, die er durch seine Lehrerin erlebte, hatte er eine Annahme seiner selbst und seiner schwierigen Lebenssituation gefunden« (Haupt 2001, 72).

Manche Kinder brauchen Hilfe dabei, ihre Ausdrucksmöglichkeiten zu entdecken oder wiederzuentdecken. Die Geschichte von Hài Manh zeigt, wie schwierig es sein kann, eine Verbindung von der inneren Not »nach draußen« herzustellen. »In Schulen wird meist der Versuch unternommen, Ausdrucksgestaltung im Unterricht lernzielorientiert zu vermitteln: Wortschatz, Rechtschreibung, Satzbau, Aufsatzgestaltung, Bewegungsabläufe, Notenkenntnisse, Instrumentenspiel, graphische Formen, Perspektive, Farblehre, Materialkunde, Bildkomposition … (…) Selbstverständlich ist es im Verlauf eines Lern- und Entwicklungsprozesses auch bedeutsam, tradierte Formen und Gestaltungen kennenzulernen und sich damit auseinanderzusetzen. Wenn das aber zu früh und überwiegend geschieht, wird die eigene Entwicklung der Kinder eingeengt und unterdrückt« (Haupt 2001, 118f.). In der Ausdrucksförderung geht es zunächst in erster Linie darum, sich im Gebrauch der Möglichkeiten zu erproben und herauszufinden, welche Ausdrucksmittel gerade jetzt gemäß sind.

Für Hài Manh war es wichtig, dass jemand seine verschlungenen Pfade, die er selbst noch nicht kannte, mitging. Der Weg entfaltete sich als Entdeckungsreise, auf der ich, als seine Begleiterin, Werkzeuge und Material beisteuerte: Stifte, Papier, Wörter, Figuren, Tonerde, Farben, Bilder, Spielmaterial, einen Fotoapparat. Er lernte die Werkzeuge zu nutzen, indem er mit ihnen experimentierte. Ich ging mit ihm spazieren, ich setzte mich zu ihm in die Spielecke, ich stand als Sekretärin zur Verfügung, ich lieh ihm meine Sprache, während er noch schwieg, ich ging mit ihm dahin, wohin er mich führte. Ich reichte ihm die Hand, und er hielt sich daran fest, bis er sie nicht mehr brauchte.

6.2 »Die Hài-Matt-Welt« – Sprache als Heimat

Im zweiten Halbjahr des dritten Schuljahres bat Hài Manh um das Einverständnis, seinen Freund Matti mitzubringen. Ich erfuhr, dass die beiden sich regelmäßig außerhalb der Schule trafen, Pläne schmiedeten und sich »Aktionen« ausdachten. Sie erzählten mir von einem geheimen Ort, den sie am Nachmittag aufsuchten. Für ihre Freundschaft hatten sie einen Namen erfunden: »Hàimatt«.

Wenn sie zu mir kamen, setzten sie sich stets sogleich an den Computer und begannen zu schreiben. Sie sprachen nicht viel, und während sie sich von Zeit zu Zeit murmelnd verständigten, erschienen auf dem Bildschirm Geschichten, die zu schreiben sie sich am Nachmittag zuvor vorgenommen hatten. Manchmal wünschten sie sich, dass ich das Schreiben für sie übernahm. Sie entwarfen komplexe Bandengeschichten. Sie betitelten die Krieger mit fantasievollen Namen. Es fanden Königskämpfe statt. Heldenfiguren traten auf. Krieger und Retter überwanden Todesängste. Viele solcher und ähnlicher Episoden kamen zu Papier.

Mit ihren abenteuerlichen Geschichten hatte sie ein Thema gepackt, das sie nicht losließ. Sie fassten einen Entschluss: Sie wollten ein Buch schreiben. Das dritte Schuljahr ging zu Ende. Nach den Ferien, so nahmen sie es sich vor, wollten sie damit beginnen. Zu diesem Zeitpunkt ahnten wir drei nicht, was sich da entwickeln würde.

Als die Ferien vorüber waren, kamen die beiden Jungen wieder regelmäßig in die *Schreibwerkstatt*. Sie hatten ihr Vorhaben nicht vergessen. So begann ihre Geschichte:

> ***Die Hài-Matt-Welt***
>
> *Die Hàimatt-Hauptburg ist die größte Burg*
> *von uns. Dort wohnt unser Gefolge.*
>
> *Wir sind Hài Manh und Matti,*
> *Matti und Hài Manh.*
> ...

Der Text wurde immer umfangreicher. Das Buch wuchs und wuchs. Manchmal schrieb einer der beiden Jungen an der Geschichte weiter, während der andere Illustrationen zeichnete. Ich wurde gebeten, die Texte zu lesen. Wir suchten gemeinsam nach passenden Formulierungen. Ich gab Rückmeldungen, wenn zum Verständnis des Inhalts weitere Informationen nötig waren. Das erste Halbjahr des vierten Schuljahres ging zu Ende.

Dann gab es einen unerwarteten Einschnitt. Die Klassenlehrerin glaubte, die Versäumnisse nicht länger vertreten zu können, die durch das Fehlen im regulären Unterricht entstehen würden. Sie wollte die Förderstunden nicht mehr zulassen.

Das war für die beiden Jungen ein Affront, den sie nicht akzeptierten. Sie nahmen ihre Sache in die Hand und konfrontierten ihre Lehrerin mit ihrem dringenden Anliegen. Sie argumentierten. Sie baten mich, für sie zu sprechen. Die Klassenlehrerin bestand auf einer Bedenkzeit. Zu den festgelegten Zeiten standen sie vor meinem Raum und erfuhren immer wieder nur, dass die Klassenlehrerin noch keinen Bescheid gegeben habe. In dieser Zeit schrieben Hài Manh und Matti auch zu Hause an ihrem Buch weiter. Sie brachten mir die Texte zum Korrigieren. Manchmal kam einer der beiden alleine. Ich besprach mit ihm die Korrekturen, die ich eingefügt hatte. Am Nachmittag lasen sie die Ausdrucke und planten einen nächsten Abschnitt. Die beiden Jungen zeigten sich beharrlich, bis mit der Lehrerin ein Kompromiss gefunden war. Eine Unterrichtsstunde wöchentlich wurde ihnen zugestanden.

Über die vielen Monate war das Buch zu stattlichen elf Kapiteln und siebenundfünfzig beschriebenen DIN-A5-Seiten angewachsen. Das

Schuljahr ging zu Ende, und es stand der Wechsel in die weiterführende Schule an. Hài Manh und Matti mussten für ihre Geschichte einen Abschluss finden. Es gelang ihnen noch nicht ganz. Nach den Ferien kamen sie noch einmal in den altvertrauten Raum, um mir das Ende ihrer Geschichte zu überreichen.

Sie schließt am 11. Oktober 2004 mit den Worten:

> *Matti ging zurück zu seiner Burg in England und Hài Manh ging zurück zu seiner Burg in Griechenland. Aber sie gingen auch immer wieder durch die unterirdischen Gänge zurück zur Hauptburg. Sie trafen sich dort oft. Denn sie regierten beide immer nur von der Hauptburg aus, weil die ihre Lieblingsburg war und weil sie dort immer zusammen waren. Dort erledigten sie immer die Geschäfte für ihr Land. Noch oft dachten sie an ihre vielen Abenteuer zurück und wie sie alles durch den Sieg über Baby Body wieder gutmachen konnten für die unschuldigen Leute, die unter Baby Body sterben mussten.*
>
> *Hài Manh und Matti am 11.10.2004*

Ein gebundenes Exemplar dieses beachtlichen Werkes für jeden von uns bildete den Abschluss unserer gemeinsamen Arbeit.

Im wahrsten Sinne des Wortes war den beiden Jungen während dieser gemeinsamen Zeit etwas wie Heimat entstanden. Der konkrete Raum war ihnen *Kontaktraum*, *Sprachraum* und *Ausdrucksraum* geworden; hier waren sie zu Hause. Hài Manh war sich dessen vermutlich bewusst. Sein Gefühl für sich selbst war gewachsen. Er war jetzt zehn Jahre alt. Während der langen Zusammenarbeit hatten wir uns kennengelernt und wir vertrauten einander. Unser Abschied war der Abschied aus einer

Beziehung. Als die Jungen zu Besuch kamen, um ihr Buch abzuholen, überreichten sie mir einen Brief. Er war mit Fotos von ihnen und mit ihren Adressen versehen. Offensichtlich brauchte der Abschied noch ein Zeichen. Der Brief war mit dem Computer geschrieben und hatte eine eigenwillige Formatierung. Er enthielt einige selbst gewählte Worte und das Gedicht »Der Zauberstein« von Roswitha Fröhlich (Gelberg 1986, 272).

> ***Wir möchten ihnen danken das***
> *wir bei ihnen Geschichtenwerk-*
> *statt schreiben konnten*
> *Wir haben viel gelernt.*
> *Deshalb schenken wir ihnen*
> *dieses Gedicht und Geschenk!*
>
> ***Roswitha Fröhlich: Der Zauberstein***
>
> Ich ging allein
> im Mondenschein,
> da hab ich ihn entdeckt
> den Stein, den Stein,
> den Zauberstein
> der Tote auferweckt.
>
> Ich hob ihn auf
> und trug ihn fort
> weit in den dunklen Wald.
> Wie war der Stein,
> der Zauberstein,
> in meiner Hand so kalt.
>
> Im Morgenlicht,
> als Mond und Nacht
> zur Ruhe sich begaben,
> hab ich den Stein,
> den Zauberstein
> tief unterm Moos begraben.
>
> Und eines Tages,
> vielleicht, vielleicht,
> dass einer ihn entdeckt,
> den Stein, den Stein,

den Zauberstein,
der Tote auferweckt.

Ich schenke dir diesen Glücksstein.
Manchmal,
wenn du traurig bist,
dann wünsche ich dir
Glück mit dem Stein.
Dann wirst du so glücklich sein
Wie ein Sonnenstrahl in weißem Sand.

Die Worte drücken etwas von dem aus, was Hài Manh während unserer Zusammenarbeit empfunden haben musste: »Und eines Tages, vielleicht, vielleicht, dass einer ihn entdeckt, den Stein, den Stein, den Zauberstein, der Tote auferweckt …«

Hài Manh sprach bis zuletzt immer nur wenig. Beredter Ausdruck seiner selbst waren seine Geschichten, die er handschriftlich oder am Computer niederschrieb. Seine Texte hat er nie in seiner Klasse gezeigt. Aber er hatte in Matti einen Freund gefunden, dem er vertraute und mit dem er die wichtigste Zeit seiner ersten Schuljahre teilte. Er hatte ein großes Stück Unabhängigkeit gewonnen.

Abschließend

Jene Kinder, die einen üblichen Anfangsunterricht in der Grundschule für ihre Entwicklung nicht genügend gut nutzen können, stellen die Lehrkräfte vor Probleme, die in den traditionellen schulischen Strukturen nicht einfach aufgefangen werden können.

Noch empfinden es viele Lehrerinnen und Lehrer als ein besonderes Wagnis, die Prinzipien, die ihre Tätigkeit bisher leiten, ernsthaft auf den Prüfstand zu stellen. Es ist gut, auf gleichgesinnte Menschen im beruflichen Kontext zu treffen, wenn man die Fragen des Unterrichtens neu stellen will. Es geht darum, die Gestaltung des Unterrichts und das, was die Kinder brauchen, »zusammen« zu denken:

Die Kinder, die zu uns kommen, wollen mit ihren Lebensgeschichten, ihren Erwartungen, ihren Wünschen, Nöten und Hoffnungen gesehen werden. Gefordert sind die persönliche Offenheit in der Begegnung mit ihnen, die Achtung vor ihren Lebensaufgaben und die Bereitschaft, ihnen entgegenzukommen und sie in ihren Anliegen ernst zu nehmen. Schritt für Schritt müssen die Lehrkräfte ihren Unterricht so weiterentwickeln, dass sich Lernräume *öffnen* und sich vielfältige *integrative Situationen* ergeben. Kinder müssen erzählen und gemeinschaftlich an Lerninhalten arbeiten können. Sie müssen in einem gemeinsamen Schulalltag spielen, streiten, feiern, weinen und lachen können. Das einzelne Kind soll »seine« Gruppe als Ort der Geborgenheit erleben können, wo es in seiner Einzigartigkeit geachtet wird, auf Solidarität trifft, Kontakt findet und das Gruppenleben mitgestaltet. Manche Kinder brauchen eine Zeit lang eine persönliche, ganz individuell gestaltete Begleitung, um sich (wieder) ihrer selbst zu vergewissern und sich in der Gruppe für die gemeinsame Arbeit öffnen zu können.

Unter der Komplexität und Vielschichtigkeit unterrichtlicher Situationen und Prozesse dürfen wichtige Lernanliegen und Inhalte nicht verloren gehen. Die Strukturen müssen es den Lehrkräften erlauben, das Lernen der Kinder aufmerksam zu verfolgen und methodisch zu begleiten. Lehrkräfte dürfen mit der schwierigen Aufgabe, ihren Unterricht weiterzuentwickeln, nicht alleine gelassen werden. Sie brauchen Kooperationspartner. Die Möglichkeit, kollegial zusammenzuarbeiten, muss in kooperativen Strukturen verankert werden. So sind die notwendigen Veränderungen im Unterricht Teil der Schulentwicklung.

Erfahrungen, die ich in unterschiedlichen Teamzusammensetzungen machen konnte, bestätigen, dass es unter bestimmten Voraussetzungen möglich ist, Kinder mit Behinderungen in der Grundschule mitzunehmen und den damit verbundenen Erfordernissen gerecht zu werden. Daniel, Lena, Mia, Hài Manh, Hanna, Okan und viele, die nur am Rande erwähnt wurden – sie alle waren Kinder, die die Grundschule an ihrem Wohnort besuchten und dort auf besondere Hilfen beim Lernen angewiesen waren. Ich habe versucht, ihre besonderen Lernwege zu schildern und die Bedingungen aufzuzeigen, unter denen sie lernen konnten.

Es ist nicht einfach, unter der Voraussetzung traditioneller schulischer Strukturen entsprechende Rahmenbedingungen zu schaffen. Die traditionellen schulischen Systeme haben ein außerordentliches Beharrungsvermögen, und es besteht die Gefahr, dass sich für Kinder mit Behinderungen in den allgemeinen Schulen ungünstige Entwicklungen ergeben. Deshalb sind mir zwei abschließende Bemerkungen wichtig:

Die Anzahl der Kinder mit Lernschwierigkeiten und psychosozialen Problemlagen steigt. Kulturelle Dissonanzen, seelische Gefährdungen, prekäre Verhältnisse usw. sind mitverursachend. Die Zusammenhänge sind vielfach beschrieben. Mit den bisherigen Möglichkeiten einer allgemeinen Schule können wir die Anforderungen kaum bewältigen. Nun bringt die inklusive Schulentwicklung zusätzliches Personal in die allgemeinen Schulen. Das wird als Entlastung begrüßt. Es ist den Lehrkräften nicht zu verdenken, dass sie Aufgaben entsprechend zu delegieren versuchen. Da ich als Fachkraft aus der Sonderpädagogik auch angehalten bin, präventiv zu intervenieren, verschließe ich mich den Anliegen der Kolleginnen und Kollegen nicht, wenn sie entsprechende Hilfen nicht nur für die Kinder mit einer schwerwiegenden Behinderung, sondern auch für ihre in der Entwicklung gefährdeten Schülerinnen und Schüler brauchen. So kommt es, dass ein Teil der Förderangebote, die in diesem Buch beschrieben wurden, auch Kinder mit sogenannten Teilleistungsproblemen in Deutsch oder Mathematik oder mit Förderbedürfnissen im sozial-kommunikativen Bereich, mit Sprachproblemen und Verhaltensauffälligkeiten betraf, deren Problemlagen zum originären Aufgabenbereich der Grundschule (vgl. MBK 1993) zählen. Jedoch wird die Ressourcenaufstockung in ihrer Zielrichtung missverstanden, wenn die zusätzlichen Fachkräfte aus der Sonderpädagogik die Lösung für die Probleme der Grundschule bringen sollen. Gottfried Biewer (2009) mahnt, dass in der Debatte um die Integration jener Risikokinder »Behinderung nur noch einen Aspekt von Benachteiligungen ganz unterschiedlicher Gruppen darstellt« (172) und die Gefahr besteht, dass die besonderen Förderbedürfnisse behinderter Kinder sich »im allgemeinen Bedarf auflösen könnten« (173).

Dieser Gedanke berührt ein Zweites:

Es ist die Verantwortung der allgemeinen Schulen, sich für *alle* Kinder zu öffnen und sich dementsprechend weiterzuentwickeln. Schritten in dieser Richtung steht derzeit noch vielfach die Ansicht entgegen, dass die Sonderpädagogik und die allgemeine Pädagogik getrennte Bereiche seien. So werden Förderbedürfnisse nach wie vor in den Kategorien »sonderpädagogisch« und »nicht sonderpädagogisch« verortet. Die Ergebnisse sonderpädagogischer Überprüfungen korrespondieren oft mit Annahmen des Gutachters oder der Gutachterin über Förderbedingungen in den infrage kommenden Schulen. Im Rückschluss wird dann angenommen, dass für ein Kind, dem sonderpädagogischer Förderbedarf bescheinigt wird, die üblichen Fördermöglichkeiten in einer Grundschule nicht ausreichen. Die Zuständigkeit wird dann bei der Fachkraft aus der Sonderpädagogik gesehen. Meine Erfahrung ist, dass, entsprechend dieser Ansicht, notwendige Lernangebote für Kinder mit besonderem Förderbedarf in der Grundschule in großem Umfang in klassenunabhängigen Fördermaßnahmen münden. Diese werden in erster Linie den Fachkräften aus der Sonder- und Sozialpädagogik überantwortet. Manchmal sind es die Integrationsfachkräfte, die die Förderung der betreffenden Kinder übernehmen. Das kann so weit gehen, dass ein Kind bei Abwesenheit »seiner« Lernbegleiterin zu Hause bleiben muss, sofern eine Vertretungskraft vom Träger kurzfristig nicht gestellt wird. Wenn in Kollegien die Arbeit der Fachkräfte auf lange Sicht als eigener schulischer Bereich gesehen und nicht im Laufe der Zeit in die »normale« Unterrichtsarbeit integriert wird, müssen die Lehrkräfte bedenken, dass durch die Entlastungswirkung bestehende Verhältnisse eher gefestigt werden und Desintegration begünstigt wird.

So ist die Arbeit an den notwendigen Veränderungen schulischer Systeme eine große Herausforderung und vorerst eine Gratwanderung. Allen

Beteiligten – Lehrkräften, Eltern, Mitarbeiterinnen und Mitarbeitern der Schuladministration, dem Schulträger, den Jugend-, Sozial- und Gesundheitsämtern – wird eine hohe Aufmerksamkeit abverlangt, um die Veränderungsprozesse steuern zu können und Bedingungen zu gestalten. Die Entwicklung *Einer Schule für alle* erfordert es, dass die Kolleginnen und Kollegen einer Schule sich in aller Offenheit und gemeinsam über die Bedürfnisse der Kinder verständigen und über die Anliegen der Förderung nachdenken. Auf dem Weg der Schulentwicklung können sie durch die zunehmende Integration sonderpädagogischer Förderaspekte in die allgemeinpädagogische Konzeption ihrer Schule Notlösungen und Übergangslösungen überwinden. Jede einzelne Lehrkraft braucht den Mut, sich auf neue Orientierungen einzulassen und noch unwegsames Gelände zu betreten und zu erforschen.

Dank

In der Zusammenarbeit mit Steffi Seiberth standen mir alle Türen offen für die Erprobung neuer und ungewohnter Wege in der Grundschule. Mit ihr entstand die Idee zu diesem Buch. Die gemeinsamen Jahre gehören zu den schönsten meiner Berufslaufbahn.

Renate Hegelin war eine leidenschaftliche Grundschullehrerin. Sie half mir über manche Zweifel hinweg. Von systembedingten Begrenzungen ließ sie sich nicht schrecken. Sie realisierte in ihren Klassen trotz vieler Hindernisse in all den Jahren ihrer Berufstätigkeit ein lebensvolles Lernen.

Ursula Haupt, emeritierte Hochschullehrerin, lehrte mich, vom Kind aus zu denken. Ihr verdanke ich das genaue Fragen, Hinhören und Hinsehen in der Zusammenarbeit mit ihnen. Auf meiner Suche nach einer Sprache für die Beschreibung der Lerngeschichten wurde ich von ihr ermutigt. In vielen Gesprächen mit ihr entstanden Grundlagen für dieses Buch.

Literatur

Amt für Jugend, Familie, Senioren und Soziales (Jugendamt) der Stadt Koblenz (2008): Arbeitshilfe »Integrationshilfe an Schulen«. Koblenz.

Andresen, Sabine (2013): Ethik ist kein Luxus! In: Erziehung und Wissenschaft 6, 25.

Bambach, Heide (1994): Ermutigungen. Nicht Zensuren. Ein Plädoyer in Beispielen. Lengwil.

Bartnitzky, Horst (2010): Individuell fördern – Kompetenzen stärken. In: Grundschule aktuell 109, 6–11.

Bauer, Joachim (2005): Warum ich fühle, was du fühlst. Intuitive Kommunikation und das Geheimnis der Spiegelneurone. Hamburg.

Bauer, Joachim (2011): »Schmerzgrenze«. Vom Ursprung alltäglicher und globaler Gewalt. München.

Bertau, Marie-Cécile (2002): Kommunikative Fähigkeit: ein zentrales Konzept für die Förderung von Sprache. In: Deutsches Jugendinstitut (Hrsg.): Sprachförderung im Vor- und Grundschulalter. München, 15–34.

Biewer, Gottfried (2009): Vom Verschwinden der Etiketten zum Verlust der Inhalte. Kritische Anmerkungen zur heilpädagogischen Kategorisierung im internationalen Vergleich. In: Bürli, Alois u. a. (Hrsg.): Integration/Inklusion aus internationaler Sicht. Kempten, 169–176.

Bildungsserver Rheinland-Pfalz (2000): Integrierte Fördermaßnahmen. foerderung.bildung-rp.de/integrierte-foerdermassnahmen.html

Bildungsserver Rheinland-Pfalz: Inklusiver Unterricht an Schwerpunktschulen. sonderpaedagogik.bildung-rp.de/sonderpaedagogische-foerderung.html

Boban, Ines; Hinz, Andreas (Hrsg.) (2003): Index für Inklusion. Lernen und Teilhabe in der Schule der Vielfalt entwickeln. Halle.

Böttinger, Claudia (2007): »Schlaue Füchse« im Mathematikunterricht. In: Grundschule 4, 23–26.

Bohl, Thorsten; Kucharz, Diemut (2010): Offener Unterricht heute. Konzeptionelle und didaktische Weiterentwicklung. Weinheim.

Burzel, Erika (1996): Phantasiewerkstatt. Lebensorte für Kinder. Neuwied u. a.

Cloerkes, Günther (1997): Soziologie der Behinderten. Heidelberg (3. neu bearbeitete Auflage 2007).

Cottmann, Kathrin (Hrsg.) (2010): Mathematik: Anfangsunterricht. Aus der Reihe: Start in den Unterricht. Seelze.

Czerny, Sabine (2010): Was wir unseren Kindern in der Schule antun ... und wie wir das ändern können. München.

Czisch, Fee (2004): Kinder können mehr. Anders lernen in der Grundschule. München.

Dehaene, Stanislas (1999): Der Zahlensinn oder Warum wir rechnen können. Basel u. a.

Deutscher Philologenverband (DPhV) (2011): Inklusion durch Kooperation. Berlin. http://www.dphv.de/fileadmin/user_upload/positionen/bildungspolitik/standpunkte/Profil_Artikel_Inklusion.pdf

Dietze, Torsten (2011): Sonderpädagogische Förderung in Zahlen – Ergebnisse der Schulstatistik 2009/10. In: Zeitschrift für Inklusion 2. http://www.inklusion-online.net/index.php/inklusion/article/view/105/106

Eberhart, Sieglinde (2008): »Soll ich euch was vorlesen?« – Über die Kunst des Vorlesens und freien Erzählens. Neustadt (unveröffentlichtes Manuskript).

Egger, Bettina (1980): Faszination Malen. Praktisches, Erzieherisches, Anregendes. Bern. (8. veränderte Auflage 2009).

Egger, Bettina (1984): Bilder verstehen. Wahrnehmung und Entwicklung der bildnerischen Sprache. Bern. (7. Auflage 2006).

Egger, Bettina (2002): Malen als Lernhilfe. Bern, 5. Auflage. Ehrenstein, Monika (1999): Freies Malen und Gestalten mit körperbehinderten Kindern. In: Hansen, Gert; Haupt, Ursula (Hrsg.): Kreative Schüler mit Körperbehinderungen. Düsseldorf, 51–65.

Ehrenstein, Monika (2002): »Was steht da?« Mehrfachbehinderte Schüler finden Zugang zur Schriftsprache. In: Boenisch, Jens; Daut, Volker (Hrsg.): Didaktik des Unterrichts mit körperbehinderten Kindern. Stuttgart, 127–139.

Ehrenstein, Monika (2006): »Was machst du da? Wie geht das?« – Mehrfachbehinderte Kinder entdecken Schrift. In: Wieczorek, Marion (Hrsg.): Faszination Lesen und Schreiben. Zugangswege zum Schriftspracherwerb für Kinder mit Körperbehinderungen. Baltmannsweiler, 33–50.

Ehrenstein, Monika (2007): Ein Schulort für Sebastian und Matthias. In: Haupt, Ursula; Wieczorek, Marion (Hrsg.): Brennpunkte der Körperbehindertenpädagogik. Stuttgart, 150–178.

Fröhlich, Roswitha (1986): Der Zauberstein. In: Gelberg, Hans-Joachim (Hrsg.): Überall und neben Dir. Gedichte für Kinder. Weinheim, 272.

Gallin, Peter; Ruf, Urs (1995): Schüler schreiben Textaufgaben. In: Mathematik lehren 68, 16–22.

Gaschke, Sarah (2009): Familie Powerpoint. In: DIE ZEIT 47, 19.

Gewerkschaft Erziehung und Wissenschaft (GEW) (2013): Gewerkschaftstag 2013 – Beschluss 3.12. Auf dem Weg zu einem inklusiven Schulsystem. www.gew.de/Binaries/Binary105376/3-12_ds142_Beschluss.pdf

Grünecker, Nora (2012): Inklusiver Schriftspracherwerb. In: Metzger, Klaus; Weigl, Erich (Hrsg.): Inklusion – praxisorientiert. Berlin, 76–100.

Grundschulverband (Hrsg.) (2010): Grundschule aktuell 111, 18–19.

Grundschulverband – Arbeitskreis Grundschule e.V. (2006): Sind Noten nützlich und nötig? Ziffernzensuren und ihre Alternativen im empirischen Vergleich. Eine Expertise von Brügelmann, Hans u.a. Frankfurt.

Häring, Gudrun (Hrsg.) (2010): Mathematik: Klasse 3. Aus der Reihe: Start in den Unterricht. Seelze.

Hasselhorn, Marcus; Schneider, Wolfgang (Hrsg.) (2011): Frühprognose schulischer Kompetenzen. Tests und Trends. Jahrbuch der pädagogisch-psychologischen Diagnostik, Band 9. Göttingen u.a.

Haupt, Ursula (1985): Die schulische Integration von Behinderten. In: Bleidick, Ulrich (Hrsg.): Theorie der Behindertenpädagogik. Berlin, 152–197.

Haupt, Ursula (1999): Kreativität und (ihre) Behinderung. In: Hansen, Gert; Haupt, Ursula (Hrsg.): Kreative Schüler mit Körperbehinderungen. Düsseldorf, 26–50.

Haupt, Ursula (2001): LEBEN ist JETZT. Düsseldorf.

Haupt, Ursula (2002): Wege der Integration. Erfahrungen und Problemlagen in Kindergarten und Schule. In: ASbH-Brief 1, 8–13.

Haupt, Ursula (2003): Körperbehinderte Kinder verstehen lernen. Auf dem Weg zu einer anderen Diagnostik und Förderung. Düsseldorf, 3. überarbeitete Auflage.

Haupt, Ursula (2006a): Wie Lernen beginnt. Grundfragen der Entwicklung und Förderung schwer behinderter Kinder. Stuttgart.

Haupt, Ursula (2006b): Spielend lesen lernen? – Symbolisches Verhalten als Grundlage des Schriftspracherwerbs. In: Wieczorek, Marion (Hrsg.): Faszination Lesen und Schreiben. Zugangswege zum Schriftspracherwerb für Kinder mit Körperbehinderungen. Baltmannsweiler, 67–81.

Haupt, Ursula (2011): Behindert und gefördert. Kinder mit Körperbehinderungen in unserer Gesellschaft. München.

Haupt, Ursula (2013): Diagnostik: Entwicklung sehen – Förderung erleichtern. In: Bundesverband für körper- und mehrfachbehinderte Menschen e.V. (bvkm) (Hrsg.): Kinder mit cerebralen Bewegungsstörungen. Band 4. Düsseldorf.

Heimlich, Ulrich (2003): Integrative Pädagogik. Eine Einführung. Stuttgart.

Heusinger, Renate (2002): Zum Umgang mit Regeln des Miteinanders in der Freiarbeit. In: Drews, Ursula; Wallrabenstein, Wulf (Hrsg.): Freiarbeit in der Grundschule. Offener Unterricht in Theorie, Forschung und Praxis. Frankfurt/M., 111–125.

Hölzel, Brigitte (2007): Mathematik in der jahrgangsgemischten Schuleingangsstufe – ein Erfahrungsbericht. In: de Boer, Heike; Burk, Karlheinz; Heinzel, Friederike (Hrsg.): Lehren und Lernen in jahrgangsgemischten Klassen. Frankfurt/M., 160–170.

Hollenweger, Judith (2009): Konzeptionen von Behinderungen und ihre Wirkungen im Kontext Schule. In: Bürli, Alois u.a. (Hrsg.): Integration/Inklusion aus internationaler Sicht. Bad Heilbrunn, 177–187.

Holt, John (2004): Wie kleine Kinder schlau werden. Selbständiges Lernen im Alltag. Weinheim, unveränderter Nachdruck der 4. Auflage von 1998.

Institut für schulische Fortbildung und schulpsychologische Beratung des Landes Rheinland-Pfalz (IFB). Fachbereich Schulpsychologischer Dienst (2006): Mainzer Einschulungsspiel.

Jianghong, Chen (2005): Der Tigerprinz. Frankfurt.

Jooß, Diana (2005): Aspekte der Integration an einer Schwerpunktschule am Beispiel eines Kindes mit Mukoviszidose. Unveröffentlichte Examensarbeit.

Juul, Jesper (2010): Dein kompetentes Kind. Auf dem Weg zu einer neuen Wertgrundlage für die ganze Familie. Hamburg, 2. Auflage.

Kästner, Erich (1976): Emil und die Detektive. Hamburg, 121. Auflage.

Kalff, Dora M. (1996): Sandspiel. Seine therapeutische Wirkung auf die Psyche. München, 3. Auflage.

Kazemi-Veisari, Erika (2004): Kinder verstehen lernen. Wie Beobachten zu Achtung führt. Seelze-Velber.

Klemm, Klaus (2010): Jugendliche ohne Hauptschulabschluss. Analysen – Regionale Trends – Reformansätze. www.bertelsmann-stiftung.de/bst/de/media/xcms_bst_dms_32343_32344_2.pdf

Klemm, Klaus (2012) (Im Auftrag der Bertelsmann Stiftung): Zusätzliche Ausgaben für ein inklusives Schulsystem in Deutschland. http://www.bertelsmann-stiftung.de/bst/de/media/xcms_bst_dms_35784_35785_2.pdf

Kopp, Rainer (2009): Warum Vertrauen so wichtig für das Lernen ist, woran es bei uns hapert, und was wir ändern können. In: Höhmann, Katrin u.a. (Hrsg.) (2009): Lernen über Grenzen. Auf dem Weg zu einer Lernkultur, die vom Individuum ausgeht. Opladen, 67–80.

Kükelhaus, Hugo (2006): Organismus und Technik. Gegen die Zerstörung der menschlichen Wahrnehmung. Soest.
Kutzer, Reinhard (1998): Mathematik entdecken und verstehen, Bd. 1. Kommentarband zum Schülerbuch. Frankfurt/M.
Kutzer, Reinhard (1998): Rechenzug. Arbeitsmittel zum Unterrichtswerk »Mathematik entdecken und verstehen«. Hünfeld.
Land Rheinland-Pfalz (2000): Sonderschulordnung Rheinland-Pfalz. GVBL 2000, 219. http://landesrecht.rlp.de/jportal/portal/t/sgw/page/bsrlpprod.psml?pid=Dokumentanzeige&showdoccase=1&js_peid=Trefferliste&documentnumber=4&numberofresults=4&fromdoctodoc=yes&doc.id=jlr-SoSchulORPrahmen&doc.part=X
Landesarbeitsgemeinschaft (LAG) Gemeinsam Leben – Gemeinsam Lernen e. V. (2011): Eckpunkte für eine zukunftsfähige Schulpolitik. www.gemeinsamleben-nrw.de/sites/default/files/Schulpolitische-Eckpunkte.pdf
Landesarbeitsgemeinschaft (LAG) Rheinland-Pfalz Gemeinsam Leben – Gemeinsam Lernen e. V. (2012): 5. Mai 2012 – Europäischer Protesttag zur Gleichstellung behinderter Menschen. Stellungnahme der Landesarbeitsgemeinschaft. www.gemeinsamleben-rheinlandpfalz.de/5. Mai 2012.pdf
Lange, Udo; Stadelmann, Thomas (2001): Das Paradies ist nicht möbliert. Räume für Kinder. Weinheim.
Lanzinger, Heinrich (1997): Mathematik in der Schule für Geistigbehinderte – Ein weites Feld. In: Lernen konkret 16, 2–27.
Lembcke, Marjaleena (1998): Als die Steine noch Vögel waren. Zürich.
Lemler, Kathrin; Gemmel, Stefan (2005): Kathrin spricht mit den Augen. Wie ein behindertes Kind lebt. Neureichenau.
Lettner, Franz (2008): Sei schlauer als deine Faust. Die Jury von ZEIT und Radio Bremen stellt vor: Bart Moeyaerts Kinderbuch »Mut für drei«. In: DIE ZEIT 21, 58.
Lorenz, Jens Holger (1992): Anschauung und Veranschaulichungsmittel im Mathematikunterricht. Mentales visuelles Operieren und Rechenleistung. Göttingen u. a.
Lorenz, Jens Holger (1993): Veranschaulichungsmittel im arithmetischen Anfangsunterricht. In: Lorenz, Jens Holger (Hrsg.): Mathematik und Anschauung. Untersuchungen zum Mathematikunterricht. Köln, 122–146.
Lorenz, Jens Holger (1997): Kinder entdecken die Mathematik. Braunschweig (5. Auflage 2001).
Lorenz, Jens Holger (1999a): Woran zeigt sich Rechenschwäche? In: Landesinstitut für Erziehung und Unterricht (Hrsg.): Schwierigkeiten im Mathematikunterricht in der Grundschule. Prävention – Diagnose – Motivation – Förderung. Stuttgart, 17–29.
Lorenz, Jens Holger (1999b): Analyse und Behebungsmöglichkeiten von Fehlern bei schriftlichen Rechenverfahren und im Sachrechnen in den Klassen 3 und 4. In: Landesinstitut für Erziehung und Unterricht (Hrsg.): Schwierigkeiten im Mathematikunterricht der Grundschule. Prävention – Diagnose – Motivation – Förderung. Stuttgart, 43–51.
Lorenz, Jens Holger (1999c): Vorschläge für eine veränderte Unterrichtskultur. In: Landesinstitut für Erziehung und Unterricht (Hrsg.): Schwierigkeiten im Mathematikunterricht in der Grundschule. Prävention – Diagnose – Motivation – Förderung. Stuttgart, 52–60.
Lorenz, Jens Holger (2000): »... den Blick der Lehrerin oder des Lehrers auf das Denken der Kinder richten ...« – Interview von Barbara Rütz. http://grundschu-

le.bildung-rp.de/lernbereiche/mathematik/wissenschaftliche-artikel/interview-mit-professor-lorenz.html
Lorenz, Jens Holger (2001): Zahlen haben keine Größe. http://grundschule.bildung-rp.de/lernbereiche/mathematik/wissenschaftliche-artikel/zahlen-haben-keine-groesse-lorenz.html
Lorenz, Jens Holger u. a. (2007): Mathematikus 1–4. Braunschweig.
Lorenz, Jens Holger; Radatz, Hendrik (1993): Handbuch des Förderns im Mathematikunterricht. Hannover.
Lück, Gisela (2003): Handbuch der naturwissenschaftlichen Bildung. Freiburg im Breisgau, 2. Auflage.
Maute-Schonig, Doris; Schonig, Bruno (2000): Lesen lernen im Anfangsunterricht. Leselernkonzept mit den Geschichten von der »Kleinen weißen Ente«. Zusatzmaterialien. Weinheim.
Merkel, Johannes (2000): Spielen, Erzählen, Phantasieren. Die Sprache der inneren Welt. München.
Meyer, Hilbert (2013): Seminarqualität und Seminarentwicklung. Die Rolle der Schulleitung bei der Unterrichtsentwicklung. Sprockhövel (unveröffentlichtes Manuskript).
Ministerium für Bildung und Kultur des Landes Rheinland-Pfalz (1993): Förderung von Kindern mit Lernschwierigkeiten und Lernstörungen in der Grundschule. Verwaltungsvorschrift vom 30. August 1993 (943 B – Tgb.Nr. 56/93) Fundstelle: GAmtsbl. Nr. 15/1993, 502.
Ministerium für Bildung, Wissenschaft, Jugend und Kultur (MBWJK) des Landes Rheinland-Pfalz (2008): Sonderpädagogische Förderung an Schwerpunktschulen und an Förderschulen in der Primarstufe und in der Sekundarstufe. Mainz. http://sonderpaedagogik.bildung-rp.de/sonderpaedagogische-foerderung/an-schwerpunktschulen-und-an-foerderschulen-broschuere/teil-3/zeugnisse.html
Ministerium für Kultus, Jugend und Sport in Baden-Württemberg (2006): Projekt »Schulreifes Kind« (Start im September 2006). Stuttgart.
Muth, Cornelia (2007): Dialogische Pädagogik. Oder: Der Gestaltansatz im pädagogischen Feld. In: Gestaltkritik 1. www.gestalt.de/muth_paedagogik.html
Noll, Heike (2002): Lehren und Lernen in einer kindgerecht vorbereiteten Umgebung. In: Drews, Ursula; Wallrabenstein, Wulf (Hrsg.): Freiarbeit in der Grundschule. Offener Unterricht in Theorie, Forschung und Praxis. Frankfurt/M., 206–218.
Ortmann, Monika (1993): Grundschullehrer und Sonderpädagogen in Prozessen der schulischen Integration von Kindern und Jugendlichen mit Behinderungen. In: Zeitschrift für Heilpädagogik 6, 383–394.
Pennac, Daniel (2009): Schulkummer. Köln, 3. Auflage.
Peschel, Falko (2002): Qualitätsmaßstäbe – Hilfen zur Beurteilung der Offenheit von Unterricht und Vorschläge zur Leistungsmessung. In: Drews, Ursula; Wallrabenstein, Wulf (Hrsg.): Freiarbeit in der Grundschule. Offener Unterricht in Theorie, Forschung und Praxis. Frankfurt/M., 160–177.
Peschel, Falko (2006): Offener Unterricht: Idee, Realität, Perspektive und ein praxiserprobtes Konzept in der Evaluation. Baltmannsweiler, 2. unveränderte Auflage.
Pollert, Manfred (2011): Nicht fragen! – Ein Schulleiter im sozialen Brennpunkt erzählt. In: Stähling, Reinhard; Wenders, Barbara (Hrsg.): Ungehorsam im Schuldienst. Der praktische Weg zu einer Schule für alle. Baltmannsweiler, 129–137.
Polster, Ervin und Miriam (1988): Gestalttherapie. Theorie und Praxis der integrativen Gestalttherapie. Frankfurt (erweiterte Neuauflage 2001).

PRO Förderschule (2011): Inklusion ausbauen – Förderschulen erhalten und stärken. Positionen zum Ausbau der Inklusion und zur Weiterentwicklung der Förderschulen in Rheinland-Pfalz. www.lv-rlp.de/news/Grundpositionen_PRO_Foerderschule.pdf

Projektunterricht. https://de.wikipedia.org/wiki/Projektunterricht; abgerufen am 21. Juli 2013.

Reichen, Jürgen (2001): Hannah hat Kino im Kopf. Die Reichen-Methode. Hamburg.

Reichen, Jürgen (2004): Lesen durch Schreiben – Basissoftware. Teil des Lernpakets »Lesen durch Schreiben«. Version 3.0

Röbe, Edeltraut (2005): Leistung in der Grundschule. In: Bartnitzky, Horst (Hrsg.): Beiträge zum pädagogischen Leistungsbegriff. Pädagogische Leistungskultur: Materialien für Klasse 1 und 2. Frankfurt, 34–48.

Rowling, Joanne K. (1998): Harry Potter und der Stein der Weisen. Hamburg.

Ruf, Urs; Gallin, Peter (2003a): Dialogisches Lernen in Sprache und Mathematik. Band 1: Austausch unter Ungleichen. Grundzüge einer interaktiven und fächerübergreifenden Didaktik. Seelze-Velber, 2. Auflage.

Ruf, Urs; Gallin, Peter (2003b): Dialogisches Lernen in Sprache und Mathematik. Band 2: Spuren legen – Spuren lesen. Unterricht mit Kernideen und Reisetagebüchern. Seelze-Velber, 2. Auflage.

Schäfers, Heidemarie (2009): Das lernende Individuum oder wie wird eigentlich gelernt? In: Höhmann, Katrin u. a. (Hrsg.): Lernen über Grenzen. Auf dem Weg zu einer Lernkultur, die vom Individuum ausgeht. Opladen, 41–66.

Schipper, Wilhelm (2005): Rechenstörungen als schulische Herausforderung. In: SINUS-Transfer Grundschule. Mathematik-Modul G4: Lernschwierigkeiten erkennen – verständnisvolles Lernen fördern. Kiel. www.sinus-grundschule.de

Schöler, Jutta (1999): Die Aufgaben der Schulleitung bei der gemeinsamen Erziehung behinderter und nichtbehinderter Kinder. In: Gemeinsam leben – Zeitschrift für integrative Erziehung 3, 118–124.

Siegel, Daniel (2013): The Mindful Brain – das achtsame Gehirn. In: Hüther, Gerald u. a. (Hrsg.): Damit das Denken Sinn bekommt. Freiburg im Breisgau, 6. Auflage, 38–55.

Speck, Otto (2010): Schulische Inklusion aus heilpädagogischer Sicht. Rhetorik und Realität. München.

Speck, Otto (2011): Wage es nach wie vor, dich deines eigenen Verstandes zu bedienen! Ideologische Implikationen einer Schule für alle. In: Zeitschrift für Heilpädagogik 3, 84–91.

Spiegel, Hartmut; Selter, Christoph (2001): Kinder & Mathematik. Was Erwachsene wissen sollten. Seelze-Velber.

Staabs, G. von (2004): Scenotest. Göttingen, 9. unveränderte Auflage von 1939.

Stern, Arno (1978): Die Expression. Der Mensch zwischen Kommunikation und Ausdruck. Zürich.

Struck, Peter (2012): Kinder lernen heute anders. In: Frankfurter Rundschau 26.10.2012. www.fr-online.de/schule/peter-struck-ueber-schule-kinder-lernen-heute-anders,5024182,20715816.html.

Studer, Christina (2003): Kinderwerkstatt Malen. Mit Kindern auf dem Weg der eigenen Bilder. Aarau.

Trautmann, Thomas (2002): Heterogenität und Kommunikation. Dimensionen von Freiarbeit in der Grundschule. In: Drews, Ursula; Wallrabenstein, Wulf

(Hrsg.): Freiarbeit in der Grundschule. Offener Unterricht in Theorie, Forschung und Praxis. Frankfurt/M., 23–33.

Voß, Reinhard (1995): Vom Eigen-Sinn und vom Wider-Sinn. In: Voß, Reinhard (Hrsg.): Das Recht des Kindes auf Eigensinn. Die Paradoxien von Störung und Gesundheit. München, 2. bearbeitete Auflage, 11–26.

Wallrabenstein, Wulf; Drews, Ursula (2002): Zur aktuellen Diskussion um Freiarbeit. In: Drews, Ursula; Wallrabenstein, Wulf (Hrsg.): Freiarbeit in der Grundschule. Offener Unterricht in Theorie, Forschung und Praxis. Frankfurt/M., 10–22.

Wardetzky, Kristin; Weigel, Christiane (2008): Sprachlos? Erzählen im interkulturellen Kontext. Erfahrungen aus einer Grundschule. Baltmannsweiler.

Werkstatt für behinderte Menschen (WfbM): http://de.wikipedia.org/wiki/Werkstatt_f%C3%BCr_behinderte_Menschen

Werning, Rolf; Urban, Mathias (2001): Kooperation zwischen Grundschullehrern und Sonderpädagogen im gemeinsamen Unterricht. In: Zeitschrift für Heilpädagogik 5, 178–186.

Widmer-Rockstroh, Ulla (2010): Wege zur inklusiven Schule. In: Grundschule aktuell 111, 3–7.

Wieczorek, Marion (2005): Zur Problematik des Mathematikunterrichts bei Schülern mit Körperbehinderungen. In: Zeitschrift für Heilpädagogik 6, 235–241.

Wieczorek, Marion (2006a): Leselehrmethoden oder Kinder auf der Suche nach dem Sinn von Zeichen. In: Wieczorek, Marion (Hrsg.): Faszination Lesen und Schreiben. Baltmannsweiler, 9–31.

Wieczorek, Marion (2006b): Bildungsprozesse in früher Kindheit – Entwicklungsgemäße Lese- und Schreibförderung. In: Wieczorek, Marion (Hrsg.): Faszination Lesen und Schreiben. Baltmannsweiler, 51–65.

Wieczorek, Marion (2006c): Narratives Lernen oder Aufsatzunterricht? In: Wieczorek, Marion (Hrsg.): Faszination Lesen und Schreiben. Baltmannsweiler, 83–101.

Wild, Rebeca (1995): Erziehung zum Sein. Kempten, 7. überarbeitete Auflage.

Wild, Rebeca (2003): Freiheit und Grenzen – Liebe und Respekt. Weinheim.

Winner, Anna (2002): Konzepte und Angebote zur Förderung kommunikativer Kompetenzen und des sprachlichen Denkens bei Kindern von null bis sechs Jahren in Kindertagesstätten. In: Deutsches Jugendinstitut (Hrsg.): Sprachförderung im Vor- und Grundschulalter. München, 35–109.

Wittmann, Erich Ch. (2001): Ein alternativer Ansatz zur Förderung »rechenschwacher« Kinder. www.mathematik.uni-dortmund.de/ieem/mathe2000/pdf/foerderansatz.pdf

Wocken, Hans (2012): Das Haus der inklusiven Schule. Baustellen – Baupläne – Bausteine. Hamburg, 3. Auflage.

Die Praxiseinblicke in Kapitel 5 des ersten Teils sowie weitere in verschiedenen Kapiteln des zweiten Teils wurden von Frau Stephanie Seiberth gegengelesen und autorisiert. Sie war für den Unterricht, der in den jeweiligen Abschnitten beschrieben wird, mitverantwortlich.